古典文獻研究輯刊

二二編

潘美月・杜潔祥 主編

第 **15** 冊

輯校民國詞話三十種

楊傳慶、和希林 輯校

國家圖書館出版品預行編目資料

輯校民國詞話三十種／楊傳慶、和希林 輯校 — 初版 — 新
北市：花木蘭文化出版社，2016〔民 105〕
目 2+326 面；19×26 公分
（古典文獻研究輯刊 二二編：第 15 冊）
ISBN 978-986-404-508-2（精裝）
1. 詞話 2. 詞論
011.08   105001920

ISBN-978-986-404-508-2

9 789864 045082

古典文獻研究輯刊
二二編　第十五冊　　　　　　ISBN：978-986-404-508-2

輯校民國詞話三十種

輯 校 者　楊傳慶、和希林
主　　編　潘美月　杜潔祥
總 編 輯　杜潔祥
副總編輯　楊嘉樂
編　　輯　許郁翎
企劃出版　北京大學文化資源研究中心
出　　版　花木蘭文化出版社
社　　長　高小娟
聯絡地址　235 新北市中和區中安街七二號十三樓
　　　　　電話：02-2923-1455／傳眞：02-2923-1452
網　　址　http://www.huamulan.tw 信箱 hml 810518@gmail.com
印　　刷　普羅文化出版廣告事業
初　　版　2016 年 3 月
全書字數　235480 字
定　　價　二二編 15 冊（精裝）新台幣 28,000 元

輯校民國詞話三十種

楊傳慶、和希林　輯校

輯校者簡介

楊傳慶，男，1981 年生，安徽六安人。文學博士。任教於南開大學文學院，從事詞學研究。出版專著《鄭文焯詞及詞學研究》，編著有《詞學書札萃編》等。在《文學遺產》、《文獻》、《詞學》等刊物發表文章多篇。

和希林，男，1984 年生，河南衛輝人。文學博士。任教於南陽師範學院文史學院，從事詞學研究。在《詞學》、《古代文學理論研究》等刊物發表學術論文二十餘篇。

提　　要

本編輯校三〇種民國詞話，其中二七種輯自民國報刊，高毓浵《詞話》、王蘊章《秋平雲室詞話》、夏仁虎《談詞》三種由著者文集錄出。另附錄民國詞品二種。本編所輯詞話內容豐富，既有對詞史上重要詞人詞作的賞析評論，也有對近代、民國詞人詞作的錄評，前者如蕭滌非《讀詞星語》、巴壺天《讀詞雜記》等，後者如方廷楷《習靜齋詞話》、翁麟聲《怡簃詞話》等。方、翁等人詞話實有存人存詞之功，另如楊全蔭《綰春樓詞話》、無名氏《閨秀詞話》更體現了民國時期閨秀詞學研究的自覺。本編所輯詞話不乏探討詞藝、詞體者，如周焯《倚琴樓詞話》、夏仁虎《談詞》、譚覺園《覺園詞話》等對詞法、詞律、詞韻多有總結。本編所輯詞話還往往涉及詞學理論與批評方面的內容，如《漚盦詞話》對於王國維以「境界」論詞的詮解，陳運彰《紉芳簃說詞》對於清代詞學的評論等。民國時期詞話眾多，形態多樣，本編所輯僅為其中一小部分，可供詞學愛好者與研究者閱讀使用，希望能對今人認識民國詞話，研究民國詞學及梳理詞學學術史有所助益。

目次

凡　例

一　本編共詞話三〇種，二七種載於民國報刊，高毓澎《詞話》、王蘊章《秋平雲室詞話》、夏仁虎《談詞》三種自著者文集錄出。

一　本編所收詞話，著者多非詞學名家，然其言說無論精當與否，皆可助今人考察民國詞學之情狀。

一　本編不以著者出生年份編次詞話，而以詞話刊佈時間先後爲準。

一　本編所收詞話，皆在詞話題下注明出處，並係以著者小傳，若爲連載者，必詳爲注明報刊卷第與日期。

一　原文錯訛之處，若屬著者之誤，則以「編者按」注明；若屬手民之誤，則徑行改正，不出校語。

一　詞話中所引詞作及其它文獻，或與通行本所載不同，不□□對校；原稿空闕處及偶有漫漶之字，以□代之，特此說明。

一　本編詞話各則序號爲輯校者所加。

綰春樓詞話

楊全蔭 著

《綰春樓詞話》，楊全蔭著。刊於《婦女時報》1912 年第 7 期。楊全蔭，字芬若，江蘇常熟人，儀徵畢幾庵之妻，其父楊圻（字雲史）爲民國政壇名人，其母李道清爲李鴻章孫女，著有《飲露詞》，爲一代才女。楊全蔭深受家族文化尤其是母教影響，工詩文，精於詞，著有《綰春詞》、《綰春樓詩詞話》，輯有清代閨秀詞《綠窗紅淚詞》。

春雨簾纖，薄寒料峭，小樓兀坐，意態寂寥。追憶昔日所讀諸閨秀詞集，清辭麗句，深印腦海，每不能去。際此多暇，一一寫出，編寫詞話，藉以排遣時日。拉雜錄之，不及刪潤，序述殊慚蕪陋，海內彥達，肯加匡謬，是全蔭所馨香企禱者也。壬子清明後三日，芬若自記。

一

余於詞，酷嗜《花間》，每有仿製，殊痛未似。近讀仁和孫碧梧女史（雲鳳）所著《湘筠詞》，置之《花間集》中，直可亂楮葉矣。爲錄其《菩薩蠻》數闋。其一云：「華堂宴罷笙歌歇，夜深香裊爐煙碧。酒醒小屏風，燭花相對紅。　玉釵金翠鈿，柳葉雙蛾淺。日午未成粧，繡裙雙鳳凰。」其二云：「翠衾錦帳春寒夜，銀屏風細燈花謝。鴛枕夢難成，綠窗啼曉鶯。　愁來天不管，鬢墜眉痕淺。燕子不還家，東風天一涯。」其三云：「日長深柳黃鸝囀，繡床風緊紅絲亂。微雨又殘春，落花深掩門。　高樓眉暗蹙，芳草依然綠。

酒醒一燈昏，思多夢似眞。」其四云：「爐煙裊裊人初定，紗窗月上梨花影。春色自年年，故人山上山。　露寒風更急，此景還如昔。記得倚闌干，夜深人未眠。」其五云：「小庭春去重簾下，東風一霎吹花謝。底事惜分飛，高樓啼子規。　舉頭還見月，脈脈傷行色。今夜莫教寒，有人羅袂單。」碧梧爲隨園女弟子，郭頻伽評其詞謂「寄意杳微，含情遠渺，彷彿飛卿、端己之間」，殊非過譽。

二

碧梧女史小令單詞固絕似《花間》，長調亦殊有宋人意境。其《水龍吟》《遊絲》一闋，搖曳纏綿，極委宛之致。曼聲長吟，殊令人有意軟心銷之概。詞云：「雨晴乍暖猶寒，清明時節閒庭院。飛花簾幕，輕煙池館，繡床針線。曲曲迴腸，悠悠愁緒，隨伊縈轉。颺芳郊翠陌，流雲去水，渾無著，教誰管。　九十韶華過半。記南園、踏青歸晚。紅香影裏，綠陰疏處，飄揚近遠。搖漾吟魂，薔騰午夢，頓成春懶。但垂垂斜日，小闌人靜，晝長風軟。」

三

通州陳無垢女史契，（其祖大科，仕清爲大司馬）幼適孫安石。安石家中落，以契無子，不相得，契婢異居，契乃歸母家。久之，落髮事焚修，然不廢吟詠。晚而益貧，至併日以食，隱忍不以告人，病數月起，覆水窗前，脫手墮樓死，人咸惜之。其境之哀有如此。事見《眾香詞》。女史有《菩薩蠻》詞云：「今生浪擬來生約，從今悔卻從前錯。腰帶細如絲，思君君不知。　五更風又雨，兩地儂和女。著意待新驪，莫如儂一般。」哀而不怨，怨而不怒，此之謂矣。讀者能勿爲之腸斷。

四

鄭蓮，字採蓮，爲新城陶響甫先生家侍婢，有《春草》詞，調寄《菩薩蠻》云：「春風二月江南路，春山如畫春光妒。綠幔卷高樓，黛痕眉上愁。　薄煙團幾里，拾翠人歸矣。又聽子規啼，如絲雨下時。」末二語含蘊無窮，得意內言外之旨。康成詩婢而後，僅見斯人。

五

王西樵先生士祿曰：「《菩薩蠻》迴文有二體，有首尾迴環者，如邱瓊山《秋思》、湯臨川《織錦》是也；有逐句轉換者，如蘇子瞻《閨思》、王元美《別思》是也。然逐句難於通首。近時惟丁藥園擅此體云云。」近讀《眾香詞》，蓉湖女子有《菩薩蠻》《仿王修微迴文》一首，殊極奇妙。詞云：「鏡開休學新粧靚，靚粧新學休開鏡。離別怕遲歸，歸遲怕別離。　　綠痕螺黛促，促黛螺痕綠。千萬約來年，年來約萬千。」迴環一氣，情文相生，當不在丁藥園之「書寄待何如。如何待寄書」下也。（蓉湖女子，《眾香詞》謂其本名家，爲宦室婦，文才敏妙，篇什甚多，特以外君戒其吟詠，故不以姓字傳云云。）

六

又長洲沈散華女士纕《浣妙詞》中亦有迴文《菩薩蠻》。詞云：「墜華紅處顰眉翠，翠眉顰處紅華墜。春惜可憐人，人憐可惜春。　　隔窗疏雨急，急雨疏窗隔。門掩便黃昏，黃昏便掩門。」又孫碧梧女士《湘筠詞》《菩薩蠻》迴文云：「小簾疏雨花飛曉，曉飛花雨疏簾小。寒峭覺衾單，單衾覺峭寒。　　燕歸傷客遠，遠客傷歸燕。愁莫倚高樓，樓高倚莫愁。」又吳江沈宛君女士宜修《鸝吹詞》中迴文云：「古今流水愁南浦，浦南愁水流今古。清淺棹人行，行人棹淺清。　　問誰憑去信，信去憑誰問。多恨怯裁歌，歌裁怯恨多。」又云：「曲闌凭遍看漪綠，綠漪看遍凭闌曲。流水去時愁，愁時去水流。　　井梧疏葉冷，冷夜疏梧井。橫笛晚舟輕，輕舟晚笛橫。」諸作亦佳，因並錄之。

七

吳縣曹宜仙女史景芝，爲同邑陸元第室。著《壽研山房詞》，有《梅魂》一闋，調寄《綺羅香》，詞極悽咽，殆亦別有所悼邪！爲錄如下。詞云：「院宇蕭條，美人何處，腸斷黃昏片月。誰弔芳妍，枝上數聲啼鴃。依舊似、軃來邪，悄地共、華燈明滅。影亭亭、小立蒼苔，乍警清露更悽絕。　　東風輕颺似許，尋遍闌干只有，半庭春雪。澹露空濛，誤卻棲香蝴蝶。但一縷、縈住湘雲，扶不起、珊珊瘦骨。還只怕、玉笛吹殘，亂愁千萬疊。」

八

吳三桂引滿清兵入關除李闖，說者謂三桂以闖據其愛姬陳圓圓，憤而出此。故吳梅村祭酒《圓圓曲》有「衝冠一怒爲紅顏」之句。滿清主中夏幾三百年，其發端始於一圓圓？然則圓圓亦歷史上可紀之人物矣。圓圓著有《舞餘詞》，余僅見其小令二闋，因亟錄之，讀者知圓圓固不僅以貌取勝也。《荷葉杯》《有所思》云：「自然愁多歡少。癡了。底事倩傳杯。酒一巡時腸九回。推不開。推不開。」《轉應曲》《送人南還》云：「隄柳。隄柳。不繫東行馬首。空餘千縷秋霜，凝淚思君斷腸。腸斷。腸斷。又聽催歸聲喚。」（圓圓，武進人。名沅，亦字畹芬，事詳陸次雲所作《圓圓傳》。）

九

舊日閨中女兒，每值鳳仙花開，多擷花捶汁，染指甲上，紅斑深透，以爲美觀。年來女界昌明，群趨學校，指甲多剪去，以利操作。纖纖春蔥，乃不獲見。而染指甲事，亦遂不復道。吳門葛秀英女史玉貞，有《醉花陰》詞一闋詠其事，錄之用誌舊日紅閨雅事。詞云：「曲闌鳳子花開後。搗入金盆瘦。銀甲暫教除，染上春纖，一夜深紅透。　點絳輕濡籠翠袖。數亂相思豆。曉起試新妝，畫到眉彎，紅雨春山逗。」集詩難，集詞猶不易。以詞句有長短，詞韻有平仄。一字一句，俱有譜律束縛，不容假借也。葛秀英女士《澹香樓詞》中有數闋，無縫天衣，殆同己出。爲錄其寄夫子之作三章。其一《憶王孫》云：「畫堂深處麝煙微。（顧敻）閒立風吹金縷衣。（韓偓）紅綃帶緩綠鬟低。（白居易）落華飛。（王勃）不見人歸見燕歸。（崔魯）」其二《虞美人》云：「庭前芳樹朝朝改。（李嶠）尙有餘芳在。（韋莊）年光背我去悠悠。（沈叔安）恰似一江春水、向東流。（李後主）　此時欲別魂俱斷。（韓偓）試取鴛鴦看。（李遠）不挑紅燼正含愁。（鄭谷）別有一番滋味、在心頭。（李後主）」其三《巫山一段雲》云：「麗日催遲景，（公乘億）羅幃坐晚風。（趙嘏）自盤金線繡眞容。（王建）翻疑夢裏逢。（戴叔倫）　離恨卻如春草。（李後主）滿地落花慵掃。（李珣）思量長自暗銷魂。（韓偓）蛾眉向影矉。（劉希夷）」其贈雙妹兼以送別，調寄《生查子》云：「桃花落臉紅，（陳子良）困立攀花久。（白居易）垂柳拂粧臺，（歐陽瑾）搯翠香盈袖。（趙嘏）　不敢共相留，（盧綸）去是黃昏後。（韓偓）欲去又依依，（韋莊）幾日還攜手。（韓偓）」玉貞以如許清才，惜不永於壽，年十九便卒。造物忌才，於斯益信。

一〇

毗陵錢冠之（孟鈿）女史，爲錢維城女，（維城官刑部尚書，諡文敏）崔龍見室。賦性至孝，嘗剪臂療父疾。生平嗜龍門《史記》，研索殊有心得。旁通韻事，所著《浣青詩餘》，其小令余已選入《綠窗紅淚詞》矣。茲記其《楊花》《長亭慢》一闋，詠事殊極宛約，余謂頗有南宋詞人氣息也。詞云：「似花似雪渾無緒。過眼韶光，者般滋味，數點霏微，畫簷飄盡，向何許。斷腸堪寄，更莫向、章臺路。便折得長條，已不是、舊時眉嫵。　　遲暮。望天涯漠漠，忍見亂紅無數。池塘夢醒，倩鶯兒、喚他重訴。卻又被、曉風吹去。更淒冷、一天煙雨。算只有灞橋，幾曲縮愁千縷。」

一一

外子幾庵客京邸時，在廠肆以百錢購得抄本詞一冊。才可廿餘翻，末數頁蟲蝕過半，漫漶不能卒讀，可辨識者約廿餘闋。字迹娟好，詞復淒豔，題名《卷繡詩餘》，不著姓名，書角有小印，審視爲「夢芙女史」，不知爲誰氏手筆。茲記其《浣溪沙》云：「寒食清明奈怨何。傷春人已淚痕多。可堪春在病中過。　　徒有相思縈遠夢，了無情緒畫雙蛾。子規底事斷腸歌。」

一二

德清俞繡孫女士綵裳，爲曲園先生女公子，適錢塘許祐身。所著《慧福樓詞》，多長調，頗有可誦語，爲錄一闋，以誌嘗鼎一臠之意，始信淵源家學，不同流俗也。其《長亭怨慢》云：「正三月、落花飛絮。歲歲魂銷，綠波南浦。賸有紅箋，斷腸留得斷腸句。一江春水，量不盡、情如許。欲別更徘徊，但淚眼、盈盈相覷。　　日暮。縱歸舟不遠，已抵萬重雲樹。無眠強睡，怕孤負翠衾分與。想別後、獨自歸來，對羅帳、淒涼誰語。只兩地相思，挑盡一燈疏雨。」（是闋原題注云：春暮隨家大人返吳下，靜壹主人坐小舟送至城外，賦《南浦》一闋見贈。別後舟窗無事，因倚此調寄之云。）

一三

又曲園先生孫女俞慶曾，字吉初，爲繡孫姪女。亦工詞，著《繡墨軒詞》。一門風雅，俞氏見之矣。其《浪淘沙》云：「往事慣消魂，銀甲金尊。蛛絲

應罩舊題痕。孤館簾垂燈上早，疏雨江村。　　夢裏暫溫存，只欠分明。花陰燕子鎖重門。兩地酒醒香炖後，一樣黃昏。」《踏莎行》《秋夜》云：「秋露冷冷，秋風細細，秋蟲切切如私語。有人不寐倚秋燈，銀屏疏影秋如水。

秋入愁腸，愁生秋際，秋聲聽徹無情緒。開簾獨自看秋星，秋河隱隱微波起。」《浣溪沙》云：「惜別情懷幾度猜。熏籠閒倚漏聲殘。霜濃鴛瓦繡衾寒。　　度曲怕拈紅豆子，送人記泊綠楊灣。銷魂又是月初三。」《浪淘沙》《七夕》云：「羅襪縱情多，不解淩波。年年此夕問嫦娥。碧海青天明月裏，畢竟如何。　　涼露濕金梭，風卷雲羅。相思細細訴黃姑。無賴天雞催曉處，寂寞銀河。」余謂吉初小令，清麗處遠出其姑母綵裳女史之上。

一四

倚聲之道，自唐迄今，作者林立，專集選本，高可隱人。惟女史之以詞名者，論專集則有《漱玉》、《斷腸》媲美兩宋；論選本，則千餘年來，僅見《藝蘅》而已。（藝蘅名令嫻，梁氏，粵之新會人。卓如先生女。）藝蘅選本，上溯唐五代，下迄有清。博視竹垞《詞綜》，而無其浩瀚；精視皋文《詞選》，而矯其嚴苛。繁簡斟酌，頗具苦心。藝蘅亦一詞壇之功臣與？

一五

孫碧梧女史《湘筠館詞》中有《蘇幕遮》一闋，聲調雖胎息於范文正之「碧雲天，黃葉地」，而詞境則絕似晏小山，是《湘筠》集中佳構也。詞云：「白蘋洲，黃葉渡，雲靜秋空，人逐飛鴻去。目斷高樓天欲暮，遠水孤帆，衰草斜陽路。　　漏聲沈，桐陰午。江闊山遙，有夢遠難度。簾外霜寒風不住，明月蘆花，今夜知何處。」

一六

魯山孫湘笙女史（汝蘭）《參香室詞》有《採蓮詞》戲用獨木橋體，調寄《百尺樓》云：「郎去採蓮花，儂去收蓮子。同心共一房，儂可如蓮子。儂去採蓮花，郎去收蓮子。蓮子同房各一心，郎莫如蓮子。」淵淵古馨，樂府之遺響也。

一七

余近有《綠窗紅淚詞》之輯，集有清一代閨秀之作。體仿《花間》，專收小令、中調，詞宗《飲水》，意取哀感頑豔，類多傷春別怨之辭，悉屏酬酢贈答之什。積時六月，共選詞凡九十五家，二百三十一首。書成，置案頭，自共吟諷而已。吾友唐素娟（英）見之，極加謬許，題二十字於冊端，曰：「無字不馨逸，無語不哀涼。一讀一擊節，一讀一斷腸。」朋儕聞之，多來索觀，頗有聳余印布者。然自鏡選例未精，未敢率付梓人也。

一八

陽湖莊蓮佩女士盤珠，嫁同邑吳孝廉軾，年廿五便卒，著《秋水軒詞》一卷，多淒咽之音。如柳絮詞《蘇幕遮》云：「早抽條，遲作絮，不見花開，只見花飛處。繞砌縈簾剛欲住，打個盤旋，又被風吹去。　　野棠村，荒草渡。離卻枝頭、總是傷心路。待趁殘春春不顧，葬爾空池，恨結萍無數。」淒惋幽咽，眞傷心人別有懷抱矣。

一九

先母合肥李夫人（自署道清，字味蘭）年未三十，便即仙去。生平極嗜倚聲，所作恒散置奩篋中，自謂殊不足存，每不加珍惜。辭世後，家大人檢點殘篇，爲刊《飲露詞》一卷，不及廿闋。嗚呼！吾母畢生心血，盡於此矣。每一展讀，涕爲淋浪。茲錄存九闋，用誌吾哀。至先母詞之品高意遠，當世君子已有定評，吾不敢贅一辭也。《浣溪沙》云：「小閣紅簾均未休。碧煙狼藉百花洲。春陰暗暗夢悠悠。　　蝴蝶路迷芳草遠，黃鸝聲住水東流。古來誰得倩春留。」《浪淘沙》《春閨》云：「柳葉淡如煙，柳絮如綿。黃鶯紫燕共纏綿。一片飛花斜月裏，紅過秋韆。　　無語下珠簾，怕聽啼鵑。閒愁棖觸上眉尖。一曲琵琶渾不是，廿五冰弦。」《浣溪沙》云：「春水悠悠滄遠空。無言閒立畫橋東。夕陽影裏落花中。　　有恨門開千嶺綠，無情簾捲一庭紅。黃昏惆悵雨和風。」《青玉案》《暮春》云：「海棠澹白胭脂褪。更寂寞、無人問。九曲迴腸君莫訊。如今猜透，春愁離恨。總是詞人分。　　博山一線春寒緊。侍女初將翠袖進。何處銷魂銷不盡。碧紗簾外，飛花成陣。又是黃昏近。」《更漏子》《秋思》云：「菡萏香，龍鬚冷。簾子風搖難定。還對鏡，更

添衣。玉墀清漏稀。　　畫樓近，天涯遠。夢裏醉半恩怨。無可奈，不堪尋。小庭秋雨深。」《菩薩蠻》云：「博山香定爐煙直，薄妝閒坐西窗側。棋罷正思眠，畫屏春夜寒。　　玉堦苔蘚薄，花雨簾纖落。春恨自闌珊，梨花半不開。」《相見歡》云：「晝長正自堪眠，雨簾纖。半是開花時候，落花天。　　春如夢，閒愁重，總堪憐。無奈去年今日，到今年。」《菩薩蠻》云：「蓮塘夜靜簫聲起，銀屏夢覺涼如水。玉臂捲湘簾，星河秋滿天。　　悠悠今夜怨，只有鴛鴦見。清影不分明，巧雲移月行。」

閨秀詞話

無名氏 著

《閨秀詞話》，刊於《時事新報》新增月刊《時事彙錄》第一號「文藝」專欄，民國二年（1913）十二月出版，計三八則。原稿未署著者姓名，今稱爲無名氏撰。據《閨秀詞話》中數次提及與況周頤（玉梅）的詞學交往，可知著者是況氏友人，是清季民初致力於閨秀詞研究的一位詞學家。無名氏《閨秀詞話》是雷瑨、雷瑊輯《閨秀詞話》（民國十四年（1925）掃葉山房石印本）的重要參考，雷氏輯《閨秀詞話》中多次提及「無名氏《閨秀詞話》」。雷氏輯《閨秀詞話》參照了無名氏《閨秀詞話》三十三則，其中直接引用十九則，其餘也在無名氏《閨秀詞話》基礎上增刪而成。然雷氏所輯常有誤處，後輩學者亦多沿其誤。

一

女子才力薄弱，故工詩者少，而賦性幽婉，最近於詞。《斷腸》、《漱玉》，卓然名家，雖逸才之士，莫能過之矣。有清一代，閨秀能詞者尤眾，搜羅彙集，不下數百家。平居多暇，時加點校，因從友人所請，日舉數首，輯爲《詞話》，且云當程督之，勿令以疏懶而中止也。

二

錢令芬字冰仙，會稽人，有《竹溪詞草》，記其《清平樂》云：「韶華如許，又聽黃鸝語。幾陣輕風兼細雨，多謝東君作主。　枝頭紅杏堪誇，酒帘到處橫斜。滿目青山綠水，不知春在誰家。」適丹徒戴少梅，戴亦能詞，惜未見也。

三

俞曲園先生次女繡孫，字綵裳，幼而明慧，曲園題其所居爲「慧福樓」，曰冀其福與慧兼也。性嗜詩，及歸武林許氏，又致力於詞。所作如《虞美人》寄仲讓小姑云：「當時玉笛紅窗裏。不識愁滋味。無端一別各西東。負了闌干幾度月明中。　年來折盡離亭柳。贏得人消瘦。雲山總是萬重遮。昨夜相思有夢、到天涯。」《如夢令》云：「春色漸歸芳樹。愁思暗和疏雨。莫去倚闌干，簾外輕寒如許。無語。無語。誰識此時情緒。」皆清婉可誦。後以產卒。未卒前一月，盡焚其稿。曲園檢其舊藏，序而刻之，名《慧福樓幸草》，意取《論衡》所云：「火燔野草，其所不燔，名曰幸草也。」凡詩七十五首，詞十五首。

四

吳清蕙，字佩湘，吳縣人，同郡彭南屏室，有《寫韻樓詞》行世。愛其《蝶戀花》云：「自別蘇臺春色遠。萬縷千絲，那得重相見。絮影漫天飛歷亂。東風著意吹難轉。　玉井瓶沈音信斷。芳草多情，綠過長洲苑。明月曾窺當日面。畫梁空牘將泥燕。」集中載戲作《念奴嬌》、《一叢花》二首，疑爲調南屏挾伎泛舟之作。如《念奴嬌》云：「綠波煙煖，記當時載酒，尋春勝處。七里香風佳麗地，有個蘭舟仙侶。」又云：「羨他元白才華，評詩鬭酒，風月年年度。一闋新詞剛譜就，試遣雪兒歌舞。解佩情深，傳巾意密，韻事留佳句。」《一叢花》下闋云：「尊前私語太匆匆。密意倩誰通。苧蘿訪得芳蹤後，早又是、煙月空濛。」其詞可見也。嘗讀臨川夢曲本悼俞二姑事，謂女子多爲才所誤，因題《浣溪沙》云：「玉茗詞章久擅名。紅牙閒譜牡丹亭。干卿何事太多情。　文士襟懷原磊落，女兒心性本幽貞。誤人端的是聰明。」

五

南海吳小荷亦有《寫韻樓詞》，與佩湘同姓，同以其樓名集，而才力不逮，所作少竟體完善者。惟邠州道中寄懷《南歌子》上闋云：「暖護桃花蕊，寒飄燕子翎。東風吹夢似浮萍。且把一衾愁緒、伴啼鶯。」殊有清味。

六

唐人初爲詞，本由詩體流變，亦不甚分別也。如《憶江南》、《花非花》、《楊柳枝》等，詩詞並列其體。《竹枝》竟是七言絕句，後人亦以爲詞。予謂此類惟當辨其意境耳。或言閨閣小詩，多有類詞者，因舉錢塘章安貞《香奩》數首云：「入簾晴雪暗殘缸，踏雪看梅故啓窗。徑滑不愁寒不惜，生憎蓮瓣印雙雙。」又「乞巧穿針事等閒，怪郎饒舌暈羞顏。問儂若也生天上，鵲駕銀河肯曉還。」又「郎似月圓儂鏡圓，鏡圓常定在郎前。月圓到處儂難管，知送清光阿那邊。」又「結習難除笑自家，金盆夜搗鳳仙花。玉纖染就羞郎見，翠袖擎杯一半遮。」

七

漱玉詞「香冷金猊，被翻紅浪，起來慵自梳頭」，第二句自來誤解。予案：四字亦隨人所用，《樂章集》云：「酒力漸濃春思蕩。鴛鴦繡被翻紅浪。」《清眞集》云：「象牀穩，鴛衾漫展，浪翻紅縐。」此猶晤之詞也。若辛稼軒云：「被翻紅錦浪，酒滿玉壺冰。」取語雖同，而用意各別。易安此詞，本言褰被而起，故紋疊波瀾。嘗見人手識其下云：「香冷金猊爲何時，被翻紅浪爲何事。」顧猶暢然言之者。情之所感，男女同也。予辨之曰：「《禮》：『婦人不夜哭，嫌思人道。』易安空□寄遠，焉得思存媱媟，以受譏嘲乎？」近聞某氏女喜吟詠，偶襲此詞，其夫遂與之疏，可云陋矣。

八

文道羲《雲起軒詞鈔》有《長亭怨慢》和素君寄遠一首，其下闋云：「文園病也，更堪觸傷春情緒。便月痕、不上菱花，儘難忘、衣新人故。但乞取天憐，他日剪燈深語。」並附素君詞云：「甚一片、愁煙夢雨。剛送春歸，又催人去。鷗外帆孤，東風吹淚墮南浦。畫廊攜手，是那日、銷魂處。茜雪尙吹香，忍負了、嬌紅庭宇。　　延佇。悵柳邊初月，又上一層眉嫵。當初已錯，認道是、尋常離緒。念別來、葉葉羅衣，已減了香塵非故。恁短燭依篷，獨自擁衾愁語。」詳其往復，明爲男女相愛之辭，乃後見程子大《美人長壽盦集》中亦載此首，則攘爲己作，惟改「已錯」爲「見慣」，「離緒」爲「歌舞」，「羅衣」爲「春衣」，似反不逮原作，抑又何也。

九

婚姻嘉禮，以合兩姓之歡，而女子適人者，必流涕登車，蓋不如是，則人將笑之，非其情也。偶見仁和孫秀芬《洞仙歌》自述婚事云：「畫堂銀燭，照氳氳瑞氣。吉日良時是誰筮。看門闌，喜聚冰上人來，人爭羨，兩座軿軒太史。　　曉妝雲鬢掠，玉鏡臺前，試點青螺暈眉翠。偷檢彩羅箱，絛脫雙金，循環意、袖中私繫。怪無語、人前鎮含羞，算只有菱花知儂心喜。」末語可謂曲盡隱微。又定情後作《菩薩蠻》云：「沉沉漏箭催清曉，鴨爐猶賸餘香裊。吹滅小銀燈，半窗斜月明。　　繡衾金壓鳳，好夢同郎共。含笑語檀郎，何須更斷腸。」風流繾綣，令人意消。

一○

通州范伯子先生，為吳摯甫弟子，詩文與張季直、朱曼君齊名。時人稱為「三鳳」。繼妻桐城姚倚雲，亦有清才，著《蘊素軒詩稿》，附伯子集以行。詞不多作，僅見其《好事近》一首云：「供養水仙花，窈窕佩敲簪折。一片歲寒清思，共幽香雙絕。　　碧天雲淨雪初消，又見風吹葉。人意鐘聲俱遠，有一輪冰月。」

一一

宜興蔣萼工詩，早歲知名，老為丹徒縣教諭，對客輒談故事及身所經歷，終日不倦。娶同邑儲嘯鳳，賢而早卒，每舉其所著《哦月樓詩餘》告人，且自歎以為弗及也。錄其《一剪梅》云：「旭日東昇上海棠，紅映雕梁，綠映瑤窗。曉妝才罷出蘭房。羅袂生香。錦襪生涼。　　風送飛花處處颺。鴨喋廻塘，燕啄廻廊。流鶯也解惜春光。半學調簧，半勸飛觴。」又《惜分飛》云：「簾幕深沈人靜悄。杜宇數聲啼了。夢醒紗窗曉。博山寶篆香猶裊。　　睡起凝妝渾覺早。窺鏡眉痕略掃。著意東風小。海棠一夜開多少。」

一二

宋劉改之以《沁園春》詠美人指甲及美人足，體驗精微，一時傳誦。詞體本卑，雖纖巧，無傷也。後人紛紛傚之，俱無足道。惟元邵復孺美人眉目二首，差堪媲美耳。近讀錢塘女史孫蘭友《聽雨樓詞》，亦依其調詠指甲云：

「雲母裁成，春冰碾就，裹住蔥尖。憶綠窗人靜，蘭湯悄試，銀屏風細，絳蠟輕彈。愛染仙葩，偶挑香粉，點上些兒玳瑁斑。支頤久，有一痕鈎影，斜映腮間。　摘花清露微沾。剖繡線、雙虹掛月邊。把霓裳悄拍，代他象板。藕絲自雪，搯個連環。未斷先愁，將修更惜，女伴燈前比併看。消魂處，向紫荊花上，故逞纖纖。」又詠後鬢云：「青縷針長，靈犀梳小，妝成內家。正蘭膏試後，微黏繡領，紅絲繫處，低襯銀叉。背面丰神，鏡中側影，愛好工夫著意加。端詳久，要雙分燕尾，雅稱盤鴉。　春寒較重些些，被護耳、貂茸一半遮。甚羅巾風掩，輕籠頸玉，鬢雲醉舞，欲度腮霞。蟬翼玲瓏，鸞釵句惹，鬢畔斜承半墜花。香閨伴，問垂髫攏上，幾許年華。」此則現身說法，宜其工妙矣。

一三

蘭友小詞時有瀟灑出塵之概，其《浣溪沙》云：「細雨和風灑竹扉。憑闌心逐濕雲歸。故山回首夢依依。　冐樹花疏蛛網密，縑書人瘦蠹魚肥。病深愁重易霑衣。」摘句如：「月上珠簾和影卷」，又「半夜秋聲千里夢，三年心事數行書」，皆可喜也。

一四

北方無四聲之辨，吟諷多乖音節。漁洋、秋谷，一時宗匠，而作近體詩，必依譜用字，嘗兢兢焉。詞律細如毫芒，故工者尤少。或舉新城陶夢琴詞相質，歎此才正是非易，況閨閣中乎？因錄《浣溪沙》秋夜云：「銀漏聲沈篆半殘。幾回親自注沈檀。莫將纖指故輕彈。　怕向水精簾下立，今宵偏是十分寒。桐陰扶月上闌干。」《卜算子》舟行云：「雲重壓篷低，沙積闌篙住。雨後山光綠不分，送入天邊去。　岸闊見長蘆，村遠惟疏樹。薄暮漁人泛艇歸，泊向荒煙渡。」

一五

夢琴又有《菩薩蠻》和鄭響甫侍婢春草詞一首云：「濛濛綠遍天涯路，青袍未免妨相妬。日落上西樓，閨中亦有愁。　長亭三十里，都是春光矣。牆外曉鶯啼，惱人惟此時。」婢名採蓮，其原作云：「春風二月江南路，春山

如畫春光妒。綠幔卷高樓，黛痕眉上愁。　　薄煙團幾里，拾翠人歸矣。又聽子規啼，如絲雨下時。」不謂康成詩婢猶有嗣音。

一六

常熟歸佩珊夫人，有女青蓮之目，龔定盦題其集云：「一代詞清，十年心折，閨閣無前古。」又云「紅妝白也，逢人誇說親睹。」今觀其《聽雪詞》，凡二十首，清而不肆，疏而未密，非擅世之才也。至其和定盦《百字令》一首云：「萍蹤巧合，感知音得見，風前瓊樹。為語青青江上柳，好把蘭橈留住。奇氣拿雲，清談滾雪，懷抱空今古。緣深文字，青霞不隔泥土。

更羨國士無雙，名姝絕世，仙呂劉樊數。一面三生眞有幸，不枉頻年羈旅。繡幕論心，玉臺問字，料理吾鄉去。海雲東起，十光五色爭睹。」氣甚充盈，而集中未載，然則世所流傳，固未得其全矣。

一七

仁和陳嘉，字子淑，適同邑高望曾，貞靜好禮，妙解文辭。咸豐、庚申，邁洪楊之難，自杭州東渡錢塘，避居蕭山之桃源鄉。有《洞仙歌》述途中所見云：「錢江東去，蕩一枝柔櫓。大好溪山快重睹。算全家、數口同上租船，凝眺處，隔岸峰青無數。　　桃源今尙在，黃髮垂髫，不識人間戰爭苦。即此是仙鄉，千百年來，看雞犬、桑麻如故。問何日扁舟賦歸歟，待掃盡欃槍，片帆重渡。」事定歸杭州，辛酉冬，復被圍城中，食且盡，嘉春粟進姑，自啗糠粃。城破，奉姑出奔，會大風雪，餓不能興，乃屬姑於妯娌而死。所著有《寫眉樓詞稿》，凡二十四首，佳者如《柳梢青》詠新柳云：「望裏魂銷。和煙和雨，綠徧亭皋。半拂征塵，半牽離恨，亂逐風飄。　　踏青才過花朝。聽一路、鶯聲畫橋。淺蹙孿眉，微開倦眼，低舞纖腰。」《踏莎行》花朝云：「芳草侵階，落花辭樹，韶光一半隨流去。杏餳門巷又清明，踏青試約鄰家女。　　旅燕初歸，流鶯欲語，垂楊綠徧閒庭宇。二分春色一分陰，一分不定晴和雨。」《如夢令》春盡日聞杜鵑云：「試問春歸何處。幾度欲留不住。樓上子規啼，似向東風說與。歸去。歸去。滿院落紅如雨。」逸樓嘗謂其人足傳其詞，其詞亦足傳其人，信然。

一八

義寧陳彥通以一詞見示，云其鄉某女所作。芬芳秀逸，致可誦也。調《木蘭花慢》云：「甚菱花瘦了，漸秋信，到闌干。正羅帕新愁，香篝舊病，夜雨江南。無端。歲華誤盡，問西風、何事獨盤桓。無奈尊前意緒，醉餘翻怯輕寒。　情難。對影休看。隄外柳，又摧殘。悵字渺銀鉤，神消玉笛，幽夢闌珊。深關。機回淚灑，祝從今、巢燕莫輕還。未到茱萸時節，料量衣帶先寬。」

一九

余舊見綾枕一方，繡《清平樂》詞，旁有「珠君」小印，不署姓氏，詞意幽怨，決為閨中所製。嘗屢和其韻，卒不能工。其詞云：「懨懨春睡。睡又思量起。鳳股釵橫雲鬢墜。沾惹粉香脂膩。　無情無緒空閨。憑他寄夢天涯，卻怨春風多事。朝朝闌入羅幃。」

二〇

《夢影樓詞》，每多沈鬱悲涼之作。如《高陽臺》送沈湘佩入都及詠斜陽二首已為近代選家所錄。予謂其規摹易安，亦有似者，非他人所及。如《惜餘春慢》餞春云：「杏燕修巢，柳鶯撒戶，春事十分完九。昏昏心上，怕雨思晴，鬢也不曾梳就。才得湘簾半掀，便道西園鼠姑開久。臁野塘風緊，晚來吹蕩，落花紅皺。　曾記向、陌上春遊，調鶯撲蝶，攜得雙鬟柑酒。因循幾日，脂鯀粉頜，紅得夕陽都瘦。無計留春不歸，但把海棠，折來盈手。教侍兒知道，者回春色，零星還有。」

二一

錢塘關鍈，字秋芙，幼耽禪理，因署妙妙道人。有《夢影樓詞》，自言學道十年，綺語之戒，誓不墮入。然其嫁後諸作，傷離怨別，情語綢繆，愛根終在，豈能掃除重障邪？如《清平樂》云：「畫梁春淺。簾額風驚燕。不信天涯人不見。草也池塘生遍。　東風吹淺屏紗。飛飛多少楊花。何怪兒家夫婿，一春長不還家。」又《河傳》七夕懷藹卿云：「七月，初七，病懨懨。樓上茶瓜上筵，別離似今頭一年。天天，懶將針線拈。　驀記當初樓上坐，

人兩個，上了羊燈火。一更多，傍銀河，問他，鵲兒曾見麼。」

二二

秋芙妹侶瓊詞，亦婉約。其《清平樂》云：「晚樓鴉定，簾卷東風緊。弱酒亂澆心上冷。搖碎一窗燈影。　零魂不肯輕銷。無端瘦減儂腰。卻又無愁無病，等閒過到今朝。」

二三

徐積餘初刻閨秀詞六集，余嘗見之，未遑留意。近況玉梅以余爲《詞話》，特舉一編相贈，則增附至八集，都若干家，以舊所儲藏，互校有無，亦良可爲樂耳。玉梅方輯《繪芳詞》，凡古今詠美人形體者，靡不搜錄，五色並馳，不可殫形，因慫恿付刻，他日必能流傳士女間也。

二四

余既錄錢冰仙《竹溪詞草》，今復見長洲吳冰仙《嘯雪庵詞》。冰仙，一字片霞，爲梅村從女弟，工書善畫，兼擅絲竹。其詞亦有情韻，玉梅最愛誦其《鵲橋仙》七夕云：「華針穿月，蛛絲織巧，河畔鵲橋催度。相逢謾道是新歡，反惹起、舊懷無數。　沈沈鳳幄，依依鴛夢，愁殺曉寒歸路。羲和若肯做人情，成就他、雲朝雨暮。」

二五

新建夏鹽人，詩學郊島，尤善爲詞，娶左文襄女孫綴芬，淑愼多才，倡和相樂。鹽人《暎庵詞》載《暗香》、《疏影》，題云：「樓中列盆梅數株，先春破萼，嫣然一枝，除夕綴芬置酒花下，以風琴歌白石此詞，因各倚聲和之。」綴芬作《暗香》云：「四山寒色。漸冷魂喚醒，燈樓橫笛。細蕊乍舒，雪底闌邊好攀摘。驚聽催春戲鼓，休閒擱、吟箋詞筆。趁此夕、一醉屠蘇，花暖燭瑤席。　南國。思寂寂。歎歲去歲來，萬感縈積。翠禽漫泣。仙夢羅浮那堪憶。清漏簾間滴盡，疏竹外、雲封殘碧。怕暗暗、年換也，有誰見得。」《疏影》云：「苔盆種玉。倚繡屏婀娜，深夜無宿。碧袖天寒，朔管頻吹，

淒風弄響簷竹。熏籠紙帳烘才煖，但笑索、枝南枝北。想姹紅、悉待春來，讓卻此花開獨。　　同向燈筵送歲，醉顏對鏡淺，杯映眉綠。末世悲歌，及早收身，可有孤山林屋。宵殘臘賸忽忽去，瞬息奏、落梅酳曲。恐漸攜、臥陌長瓶。酒漬掃香裙幅。」沈思健筆，雖鬚人無以過也。今綴芬已卒，聞遺集方付雕鏤云。

二六

古有為人作書與婦者，無過以文為戲，敷陳藻采，然寄書者必將其意，受書者亦宜會其誠，不以假手於人而有所隔也。至於惜別懷人，情自我發，莫能相代。良以無其事則無其情，無其情則文不能至，又安所貴邪？近見會稽商景蘭《錦囊詩餘》有《十六字令》代人懷遠，云：「瓜，今歲須教早吐花。圓如月，郎馬定歸家。」又《眼兒媚》云：「將入黃昏枕倍寒。銀漢指闌干。半輪澹月，一行鳴雁，雲老霜殘。　　憑著飄英風自掃，小院掩雙鐶。離情難鎖，苕苕江水，何處關山。」又《菩薩蠻》代人憶外云：「蠟花香動煙中影，紗窗半掩羅幃冷。孤雁宿沙汀，寒砧夢裏聲。　　夢來相憶地，難訴相思意。夜雨渡芭蕉，懷人正此宵。」再三為之，殊不可解。景蘭，明吏部尚書商周祚女，祁忠惠公彪佳室。

二七

華陽曾懿，字伯淵，適湖南觀察使某。治家賢能，於家政、裁縫、烹飪諸學，皆有專書述之，兼通醫理，餘暇則為詩詞，有《浣月詞草》。錄其《如夢令》云：「春水粼粼波縠。南浦銷魂時候。風雨阻歸期，隔住行人那岫。消瘦。消瘦。鎮日簾垂永晝。」《採桑子》詠秦淮云：「湖山罨畫秦淮好，王謝堂前。雙燕呢喃，芳草斜陽水拍天。　　六朝金粉銷魂地，桃葉溪邊。撫景流連，亞字闌干丁字簾。」又「清秋澹冶秦淮好，瘦了青桐。紅了江楓，金碧樓臺醉夢中。　　山河舊影依稀在，涼月惺忪。廿四橋東。一片秋心玉笛風。」《菩薩蠻》云：「東風已綠西堂草，詩魂爭奈離情攪。好景豔陽天，年年愁病兼。　　畫屏金縷鳳，香鎖深閨夢。別緒滿關山，人閒心未閒。」

二八

周止菴爲《四家詞選》，冠以《序論》，所見多獨到處。其側室山陽蘇佩蘘工詞，有《望海潮》云：「濛濛疏雨，漸敲朱戶，西風吹逗簾旌。深閣晝眠，重幃暗鎖，鶯啼殘夢偏驚。春盡絮飛輕，共海棠落去，千片無聲。此際魂銷，但將離恨，寄春行。　清池水上橋橫。被行人遮住，隔岸初晴。斜日樹邊，檐前燕子，銜泥虛傍琱楹。人倚越山屏。是爲花憔悴，減卻芳情。冷落香籌，又隨雲想度長更。」《婆羅門引》云：「西風過後，更無落葉作秋聲。錦機偏動幽情。萬里天涯路窄，何處月長盈？歎滄波一片，輕換陰晴。　凝眸短檠，渾未辨舊時明。況又蕭蕭細雨，遙夜爭鳴。繁華夢久，怕相將都付與雲屏。愁玉女立盡殘更。」《大聖樂》詠落梅云：「瘦骨亭亭，偏宜妝澹，共春爭色。褭數枝、簾外湘雲，一片清波誰惜，天涯傾國。最恨掃紅東風勁，送零亂、幽香隨翠陌。無言處，謾凝立畫闌，猶見遺迹。　多情忍教抛擲，料雙燕、歸來難自識。算春光情鍾，桃李那管，離愁狼藉。嫩柳搓黃，含煙露，更嗚咽。長堤悲倦客。斜陽晚，悵空寫生綃盈尺。」數詞開闔動蕩，蓋能深得止菴之法者。

二九

語溪徐自華，亦字寄塵。其妹蘊華，字小淑，俱以能詞入某社中。嘗見小淑《惜紅衣》詞並序，庶幾有白石意度。序云：「往歲旅居吳淞，數繫艇石公長崎間。江灣荷花數十頃，夏景幽寒，終日但聞泉響。每值夕峰收雨，湖氣彌清，臨去憮然。欲索李隱玉表姊寫意，王碧棲詞丈題冊而未竟。病窗經歲，轉眼薰來。曉起舒襟，塡此寄意。」詞云：「盆石堆冰，屏紗障日，曉來無力。強起推奩，含情鏡花碧。藥薰細褭，鈎軟燕、簾前嗔客。湛寂。一枕藤陰，約溪人將息。　蓮汀柳陌。來去鳴篋，舊遊半陳迹。經年興致膡憶。斷灣北。載得米家詩畫，煙水刺船尋歷。只半峰殘雨，猶待碧山詞筆。」友人某君見而愛之，因用其韻作《憶舊》詞云：「解帶量愁，吟詩計日，倦抛心力。過雨聽潮，江干亂山碧。驚窺鬢影，誰更認、當筵狂客。幽寂。閒倚柳陰，覺離亭消息。　昏鴉古陌。曾試遊驄，東風劃塵迹。都無燕雁漫憶。水雲北。後約許扶殘醉，重訴此時經歷。奈正酣春夢，禁得斷腸詞筆。」

三〇

吳江陳佩忍，爲其里中節婦袁希謝刻《寄塵詩詞稿》，並誌其後云：「希謝故與里中顧、董二母齊名，號吳江三節婦。刊其詩詞爲《素言集》行世，顧所著不全，余嘗於其族孫成洛家見節婦手寫本，填詞略多，因假錄焉。未幾成洛亡，余以頻年遷徙，此詞亦遂散失。今年秋，養疴吳趨，而成洛之弟文田重以斯本見畀，故刊而傳之。」其詞如《阮郎歸》七夕戲贈織女云：「今宵腸斷各東西。不堪新別離。無聊且去理殘機。相思意緒迷。　　河畔望，景依稀。餘情繞石磯。早知會後更淒其，何如未會時。」《南柯子》月中遠眺云：「皎月懸如鏡，微雲淡似羅。恍將樓閣浸澄波。不羨揚州，更好二分多。顧影憐秋菊，臨風矗翠蛾。闌干斜倚待如何。思欲凌空，飛去伴嫦娥。」味皆淡適。寄塵詩比詞爲少，而勝於詞。有《題深院梨花燕獨歸圖》絕句云：「幽情無限付梨花，深院沈沈掩碧紗。燕子亦甘同寂寞，雕梁夜冷月痕斜。」王湘筠以爲淒然欲絕，有心人當不能卒讀也。

三一

盤珠，陽湖人，莊有鈞女。其母夢珠而生，故名。字蓮佩，幼穎慧，好讀書，女紅精巧，然輒手一編不輟。卒時年二十有五。垂絕復蘇，謂其家人曰：「余頃見神女數輩，抗手相迎，云：須往侍天后，無所苦也。」余觀其詞，故多淒苦之音。言爲心聲，宜其短折。至如《菩薩蠻》冬夜作云：「梅枝正壓垂垂雪，梅梢又上娟娟月。雪月與梅花，都來作一家。　　也知人世暫，有聚翻成散。月落雪消時，梅花賸幾枝。」又《浪淘沙》海棠盛開以詞誌感云：「夢斷小紅樓，宿雨初收，鬧晴蜂蝶上簾鈎。一院海棠春不管，儂替花愁。　　吟賞記前遊，轉眼都休。風前扶病強擡頭。知道明年人在否，花替儂愁。」一則於聚時悟離散之相因，一則於盛時悲榮華之易謝，豈眞所謂湛然了徹，不昧宿根者邪？天上徵文，竟濟長吉，夫亦可以無恨矣。

三二

武陵王夢湘，於近代閨秀中獨好莊盤珠《秋水詞》。嘗手錄一過，推爲清世第一。又謂其馨逸不減《斷腸》，高邁處駸駸入《漱玉》之室。至譚復堂選《篋中詞》，僅錄四首。余以王君所稱或逾其量，而譚選則有未盡。集

中如《醉花陰》清明云：「春好翻愁春欲去。燕子銜飛絮。何處響餳簫，楊柳門前，幾點清明雨。　　紙灰飛過棠梨樹。斜日無情緒。芳草古今多，誰定明年，重踏青郊路。」《浣溪沙》云：「睡起紅留枕上紋。病餘綠減鏡中雲。畫簾窣地又斜曛。　　倦蜨分明尋斷夢，浮萍容易悟前因。無聊天氣奈何人。」《踏莎行》青霄里舟中夜歸云：「待放蘭橈，重過菊徑，人和涼月同扶病。輕帆未掛恨行遲，掛時又怕西風勁。　　剪燭嫌頻，推篷怯冷，荒涼野岸三更近。草梢露重寂無聲，孤螢照見秋墳影。」《天仙子》春暮送別凝暉大姊云：「蜨到花間飛不去。人在花前留不住。春歸人去一時同，春也誤。人也誤。無數落花攔去路。　　昨夜同聽簾外雨。梅子青青幾許。留人不住奈春何，行一步。離一步。怎怪鷓鴣啼太苦。」皆幽咽宛轉，令人輒喚奈何也。

三三

　　上海趙儀姞《瀡月軒詩餘》，強半為酬贈題物之作，然風格清華，不為所掩。得葉小鸞眉子研拓本賦《瑞雲濃》詞並小序云：「研側刻八分書『疏香閣』三字，背刻小楷八十四字云：『舅氏從海上獲研材三，琢成分貽予兄弟。瓊章得眉字研云：天寶繁華事已陳，成都畫手樣能新。如今只學初三月，怕有詩人說小鸞。素袖輕攏金鴨煙，明窗小几展吳牋。開盦一研櫻桃雨，潤到清琴第幾絃。己巳寒食題。』下有小印篆文『小鸞』二字。研已歸粵東某氏，今所見者，秀水計氏拓本也。」詞云：「紅絲片玉，螺香猶沁腴紫。素袖頻番井華洗。櫻桃雨潤，記伴著、瑤宮仙史。夢影鎮恩恩，化飛雲逝水。

　　十樣新圖，誰拓出、初三月子。細字銀鈎認題識。優曇花謝，想膜拜、猊牀禪偈。墨暈流芬，小鸞似此。」

三四

　　往在東京，見秋璿卿集，詩非其佳者，詞則間有好句。惜都不記憶，近從繡華處見其絕句四首，藻思綺合，清麗芊綿，雖當代才人猶不能過，何止閨閣之美也。題為《贈曾筱石夫婦並呈皈師》，云：「一代雕蟲出謝家，天教宋玉住章華。秋風卷盡湖雲滿，柱籟流馨開細花。」「曲屛徙倚見珠衣，離合神光花際飛。石竹礙簾苔印澀，赤簫攜手並斜暉。」「掛席南來楚水清，遙聞奇論稱簪纓。蓮裳何幸逢文苑，廣樂流聲下鳳城。」「海氣蒼茫刁斗多，

微聞繡斾動吳歌。綠蛾蹙損因家國，繫表名流竟若何。」璚卿本字蓮裳，其父官湘中，故嫁於曾氏筱石者，其兄公䀹師即曾廣鈞重伯，重伯又字䀹庵，此詩附載重伯所著《環天室支集》中，謂爲法越戰後所作，故第四首云爾俳惻忠，璚卿爾時故自不凡矣。紹興之難，竟隕蛾眉，其事傷心，其才猶爲可惜也。

三五

顧子山《眉綠樓詞》有《過秦樓》天津旅舍和女子題壁之作，並附載原詞云：「月舊愁新，宵長夢短，今夜如何能睡。燈疑淚暈，酒似心酸，一樣斷腸滋味。獨自背著窗兒，數盡寒更，懶尋鴛被。更空槽馬齧，荒陲人語，嘈嘈盈耳。　　空歎息，落絮沾泥，飛花墮溷，往事不堪題起。美人紅拂，俠客黃衫，不信當時若此。試問茫茫大千，可有當年，崑崙奇士。提三尺青萍，訪我枇杷花裏。」昨偶見時賢嚼梅《咀雪庵筆錄》載此事云：「天津旅舍，舊傳有高芝仙校書題壁詞，調寄《過秦樓》。」案：其詞即顧氏所見者，互相印證，知非虛誣，惟後有跋語，則顧所未錄，意其時或先遭剝蝕也。跋云：「妾良家女，爲匪人所誘，誤墮風塵，荏苒三年。朝夕惟以眼淚洗面，紛紜人海中，古押衙向何處求也。北平高氏第三女芝仙留題。」

三六

又用《金明池》調題柳如是鎮紙拓本，序云：「震澤王研農，藏河東君書鎮，青田石，高寸餘，刻山水亭樹。款云：『仿白石翁筆』小篆五字，面鐫『崇禎辛巳暢月柳蘼蕪製』十字。研農方搜輯河東君詩札爲《蘼蕪集》將以付梓，適得此於骨董肆，云新出土者。自謂冥冥中所以酬其晨鈔暝寫之勞也。余見其拓本，因題此闋，即用《蘼蕪集》中詠寒柳韻。」詞云：「片玉飛來，脂香粉豔，解佩疑臨蘭浦。誰拾得絳雲殘燼，歡細帙早成風絮。膩芳名、巧逐茗華，揮小草、依約芝田鶴舞。伴十樣濤箋，摩挲纖手。記否我聞聯句。　　玉樹南朝霏淚雨。共紅豆春蕪，飄零何許。霑幾縷、綠珠恨血，只畫裏、山川如故。二百年、洗出苔痕，感詞賦多情，燃膏辛苦。想蘇小鄉親，三生許認，試聽深簹幽語。」自注：河東君，本楊氏，小字影憐，盛澤人。

三七

丹徒陳敬亭，研解經學，配同邑張靜宜則。能詩，閨房講肄，儼若分科，然雍容相得也。其子克劬、克勤，皆承母教。梓行遺集有《倚雲閣詩餘》三種。余與某君同坐閱之，問何首最佳，某君舉其《國香慢》詠水仙云：「沉湘何處。歎蘼蕪杜若，飄零無數。洛浦寒深，宛宛流年，望斷美人遲暮。江皋風雨朝還夕，只相伴、寒梅千樹。恨蒼梧、落木蕭蕭，一派江聲流去。　　最好移來妝閣，看星眸素靨，翠幄低護。盆盎波深，照影亭亭，羅襪不教塵污。明璫翠珮今何在，又怨入、東風無語。暗香風露。問甚時、寫入瑤琴，待倩伯牙重譜。」余笑曰：「此點竄彭元遜詞為之，且非《國香慢》本調，但以《疏影》改名，又誤增『暗香風露』四字耳。不如其《點絳唇》春陰一首，尚存本色。」今錄之云：「門徑惝惝，苔痕濃淡籬根繞。過春社了，燕子歸來早。　　鄉夢難憑，一覺晨鐘曉。簾櫳悄，篆煙猶裊，此際愁多少。」

三八

王貞儀字德卿，江寧人，宣城詹枚室。記誦淹貫，最嗜梅氏天算之學，所著有《術算簡存》五卷，《星象圖釋》二卷，《籌算易知》、《重訂策算證訛》、《西洋籌算增刪》、《女蒙拾誦》、《沉疴囈語》各一卷，《象數窺餘》四卷，《文選詩賦參評》十卷，《繡帙餘箋》十卷，《德風亭初集》十四卷、二集六卷。詞多登臨弔古之作，然非其至者。錄其《浪淘沙》吉林秋感云：「關塞冷西風，沙霧迷濛，可憐秋去又恩恩。凝望亂煙衰草外，離恨無窮。　　最好故園中，黃菊丹楓。蟹螯雙擘酒盈鍾。此景那堪回首憶，愁見歸鴻。」《清平樂》由平原過東方曼倩故里云：「衛河西去，斜指沙洲路。此是歲星名里處，大隱金門堪慕。　　懸珠編貝空遊，書生歎息封侯。歸念細君分賜，詼諧竟爾風流。」《沁園春》過羊叔子故里云：「路指前途，汾水之南，太傅江鄉。羨戈戟臨戎，輕裘裝束，旌旗領隊，緩帶飄颺。談笑兵符，風流將術，卓識誰能與抗行。還回想，想東吳信壓，西晉功揚。　　偶來此地堪傷。想蓋世才華百戰場。剩麥穗千畦，實垂宿雨，棗林萬樹，花發新香。舊里嘗存，殘碑可讀，揮淚何須上峴岡。而今事，歎推賢已矣，更謬青囊。」

倚琴樓詞話

周焯 著

　　《倚琴樓詞話》，周焯著。刊於 1914 年《夏星雜誌》第一、第二期，分別署名「周焯」、「周太玄」。周焯（1895～1968），號朗宣，後改名周無，號太玄。四川新都人，祖籍江西金溪，周亮工後人。生物學家。早歲耽詩詞，清宣統元年（1909）入成都高等學堂，與李劼人、郭沫若等同學。1918 年與李大釗等倡立「少年中國學會」，後留學法國，在巴黎大學獲得理學博士學位，從事生物學研究。1930 年應成都大學校長張瀾之聘回國，1932 年任國立四川大學理學院院長兼生物系主任。1949 年後歷任中國科學院動物研究所一級研究員，科學出版社社長等職。編著有《中國動物圖譜》、《動物心理學》等。詩詞作品多存於《周太玄日記》之中，有《桂影疑月詞》（未出版），今人編有《周太玄詩詞選集》。

一

　　清新之詞興人山水之思，當以春水爲最；悲忘之詞增人忠義之氣，是則當讓辛劉。詞雖小道，感人最深，徒尚頑豔，無足觀也。文道希廷式《南鄉子》病中詞云：「一室病維摩，且愛閒庭掩雀羅。煮藥翻書渾有味，呵呵。老子無愁世則那？　　莽莽舊山河。誰向新亭淚點多。惟有鷓鴣聲解道：哥哥。行不得時可奈何？」詞意沈鬱，不勝風雨陸沈之感，讀之令人愴然欲涕。

二

　　作詞筆貴靈空，意貴縹緲，用筆宜熟，造意須生，每見自來警句，字爲人所常用，意則人所未道，其精絕處在人意外，又在人意中，若專事雕琢，

未免澀晦，徒費心血而已，法夢窗者多膺斯病，不知夢窗才氣過人，決不爲累，然玉田猶時病之，故堆砌雕琢，填詞者切不可犯。

三

學古人而泥於古人，用古人而爲古人所用，斯爲詞家大病。偶見周星譽《東鷗草堂詞》，有《踏莎行》云：「珠箔閒垂，銀屛慵展，櫻桃斗帳金鳧暖。綠楊池館閉春陰，捲簾人比東風懶。　　眉葉青銷，臉花紅斂，纖腰打疊遊絲軟。懨懨病過海棠時，一身都被春愁縞。」《柳梢青》云：「回首淒然，松陵城郭，一路寒蟬。藕葉圍涼，蘋花遙暝，人在秋邊。　　相思昨夜燈前。酒醒後、疏楊暮煙。對月心情，阻風滋味，又過今年。」兩詞正好，惟「捲簾人比東風懶」，「酒醒後，疏楊暮煙」等句，若無「簾捲西風，人比黃花瘦」，「今宵酒醒何處，楊柳岸曉、風殘月」在前，自可出一頭地，其奈運意用筆皆無獨到，適見小家剿竊而已。如辛棄疾之「長恨復長恨」，石帚之「猶記深宮舊事，那人正睡裏，飛近蛾綠」，用古翻新，何等氣力。有石帚、稼軒之氣力而用古翻新則可，否則將東鷗之不若矣。東鷗又有《浪淘沙》一闋，清新可愛，傑搆自不可磨，其詞云：「六曲小屛山，杏子衫單，笙囊各水玉鳧殘。雙燕和人同不睡，商略春寒。　　香霧濕雲鬟，迤邐慵彈。重門深瑣蠣牆南。牆裏梨花花外月，花下闌干。」冒鶴亭謂使十八女郎執紅牙板歌之，恐聽者迴腸蕩魄，信然。

四

詞意貴含蓄不盡，必使人讀之有咀嚼味方好，古人詞不可及處，正在此。不然，據景直書，簡淡無味，使人一讀即不欲再，而期以不朽，豈可得哉？邦彥詞云「流潦妨車轂」，「衣潤費爐煙」；辛棄疾詞云「不知筋力衰多少，但覺新來懶上樓」；于湖詞云「花影吹笙，滿地淡黃月」，何等力量！江陰蔣春霖詞有「寫遍殘山賸水，都是春風杜鵑血」，又「青衫無恙，換了二分明月，一角滄桑」，諸句亦新穎可愛。朱湛廬盛稱宋張東澤以詞名入詞尾，實不知實先開自呂嵒矣，字洞賓，關右人，咸通中，舉進士不第，攜家隱於終南。工詩詞，其《梧桐影》詞云：「落日斜，西風冷。今夜詩人來不來？教人立盡梧桐影。」

五

段弘章賦荼蘼《洞仙歌》詞云「如此江山，都付與斜陽杜宇。是曾與，梅花帶春來，又自趁梨花，送春去」。絕妙！和靖之「萋萋無數，南北東西路」；六一之「千里萬里，二月三月，行色苦愁人」；聖俞之「滿地斜陽，翠色和煙老」，詠卓均能各盡其妙。

六

「風雨萋萋，雞鳴喈喈。風雨如晦，雞鳴不已」。寫景入神，令千古詞人一齊擱筆。

七

余友成都李劼人君，性清峭，潔然自喜，工詩詞。其《浣溪沙》云：「百尺高樓水接天。輕風微雨畫闌前。似無愁到酒杯邊。　曉院落花紅似淚，夜窗人影淡於煙。最宜渴睡是春寒。」「燕繞梅梁樹點空。山光雲影入簾櫳。醉人端是楝花風。　兩岸鴨頭新漲綠，幾行鴉背夕陽紅。杖藜閒步畫橋東。」「飛紫無端舞鷓鴣。清明前事已模糊。半階紅雨落花初。　一水惹情牽遠浦，萬山將意渡平蕪。計程人已過巴渝。」又遺余《醜奴兒》小照詞云：「天涯同是飄零客，一度思君。一度銷魂。千里相逢紙上身。　煩君瘦骨殷勤，比恨是誰深。淚是誰新。繡鏡燈前仔細分。」遺胡選之魏時小照詞云：「清狂古道蜀中李，可似當時。哪似當時。清濁由君定是非。　無端寸紙花前影，有意揮題。無意揮題。待到相逢再係詞。」「深杯淺酒東風裏，物換星移。猶記當時。紅淚青衫痛別離。　情懷底事如流水，近把秋姿。遠寄天涯人影，憑君判瘦肥。」

八

江安朱策勳篤臣先生善詞，學稼軒頗能得其精意，其《高陽臺》詞云：「笑海柔腸，磨天鐵膽，一齊交付歸船。生幾何時，蹉跎四十年。童年聽說江南好，到江南春已闌珊。更淒愁，兩鬢成霜，萬突無煙。　而今老大歸何處，六芙蓉江南，勸我先還。莫問遊蹤，留些淚點難乾。無心再做糊塗夢，悔青侯、未學酣。怕啼鵑。如此鶯花，如此江山。」

九

又《南浦》秋水詞云:「傍柳岸行來,看一波不興,秋和天染。霜氣白,蘆花彌漫處,消融諸雲成片。別離多了,又低頭數,南歸雁。十分潔淨紅醉葉,遍學桃花亂點。　　今年苦雨添愁,漾斗柄西搖,月長星扁。偏問鱸魚挑舫去,了夢鄉心願。飄飄載酒,泛溪自恰蓴芽短。錦鱗遙寄鴛機信,約我重陽重見。」詠楊柳《蘭陵王》詞云:「雨絲直。楊柳秋來又碧。江南岸曾記,年裏揉煙作天色。揚州是故國。偏挽錦颿愁旅客。闌干外,飄去又來,才隔花梢二三尺。　　飛棉沒蹤迹。已百度陽關,千幅蓬席。時花新酒忙寒食。枝一樹臨水,兩珠當岸,今宵人去駐冷驛。轉頭問南北。　　淒惻。綠雲積。最不管離人,天涯孤寂。隋堤淺淺青蕪極。只茫茫葭浦,起聲漁笛。模糊天遠,似微霧、淡欲滅。」又《瑞龍吟》詞云:「仙庵路。遙隔野荒田,一層層樹。林間煙火模糊。寺僧負米,依溪北去。　　且延步。曾記杏花門巷,絳雲飄雨。亂點煙鬟,飛開又綴,東風裙屐。　　今我重來杯酒,綠肥紅瘦,秋風橫起。須自酌青梅,澆網塵句。蛇跳蕩,總是驚人語。何妨再勾留,幾日親翻詞譜。付與年年,燕子和煙,捽入桃溪柳鋪。說向癡兒女。來歲好,鶯花鮮明如故。繡車遲早,可向前村駐。」自序云:秋日與友人飯二仙庵,回想百花投生時,鬟朵衣雲,恍如前日,風塵客子,蹉跎易老,憔悴依人,萬古如此,因製此曲,以見人生夢影。二仙庵在錦官城西南,工部草堂北,森木蓊蔥,幽靜宜人。每歲春二三月,花會即設於此,鬟影衣香,花鬚柳眼,頗極一時之盛,故詞云云。

一〇

填詞著力處當以一二字點全闋之眼,如稼軒春晚詞云「煙柳暗南浦」,只一「暗」字,而全闋精神俱見,不必再以晚春景物多事點綴。如下之「點點飛紅」,「十日九風雨」則又均從「暗」字出來矣。

一一

豔詞最難,當以苦醫俗,以境界醫邪蕩,字眼語氣,猶須細加詳審。如梅溪之「恐鳳鞋挑茱歸來,萬一灞橋相見。」草山之「彈到斷腸時,春山眉黛低。」又「夢魂縱有也成虛,那堪和夢無。」六一之「算伊渾似薄情郎,

去不來、來便去。」身份柔情，各得其正，若後主之「爛嚼紅茸，笑向檀郎唾」，人賞其麗，吾驚其蕩。

一二

稼軒、龍洲，鞿鞚奔被，沈鬱雄渾，其獨到處乃才氣學問使然，非等閒者可與之京。蓋當山河破碎，衣冠浸淫之秋，二公胸懷忠義，坎壈不遇，其悲鬱忠勇之氣，無可發泄，乃盡泄之以詞，故其詞旨詞意獨到之處即志趣過人之處，非惟詞是務者所能夢見。其得天也厚，其處遇也艱，其懷志也悲，故能言所欲言，大而不闊，雄而不狂，綺而不猾，穠而不纖，鏗鏘綿密，無往不可。世有才遜稼軒，志僅詞客而欲逐影追塵於千古下者，吾知其必無成也矣。

一三

兩宋詩之三唐，清眞詩之老杜，稼軒詩之太白，而石帚詩之退之也。詞至白石而大，清正宏圖，各極其妙。且又深詣音律，故其改正《滿江紅》，自度《暗香》、《疏影》諸曲，均協律入微。一整宿病，廣元三年丁巳四月曾上書論雅樂，並進《大樂議》一卷，《琴瑟考古圖》一卷，使古樂得傳，厥功亦偉矣。惜今人作詞，不重音律，遂令古樂存而若亡，世有白石，曷亟興乎？

一四

予友維揚畢幾庵君工詩詞，著作頗富，其夫人楊芬若女士，亦工詩，尤擅於詞。曾撰有《縮春樓詩詞話》各一卷，詩詞若干卷，人有近代女詞家之稱。今復得見其最近諸詞，珠璣滿紙，清正穠綺，若置諸《漱玉》、《斷腸》之間，可亂楮葉。《珍珠令》云：「鷓鴣唱斷江南路。春光暮。早吹落櫻桃飛絮。彈淚向東風，奈東風不語。　　一寸柔腸愁萬縷。撥瑤瑟心情難訴。難訴。又院宇黃昏，瀟瀟疏雨。」《醉桃源》云：「晚妝樓上夕陽斜。無聊掩碧紗。東風不管病愁加。開殘紅杏花。　　香篆冷，繡簾遮。春深別恨賒。可堪夢裏說還家。魂銷天一涯。」《怨春風》云：「落花風裏。鶯啼鈎起愁絲。夢裏分明是舊時，怕重展臉粉殘脂。　　醒來蹙損雙眉。斷腸處，天涯草萋。忍淚送春歸，綠楊枝上，紅瘦斜暉。」《太常引》云：「斷腸春色可憐宵。心

事湧於潮。魂倩不禁銷。奈夢裏、蓬山路遙。　　桃花簾外，嫩寒如水，吹瘦小紅簫。銀燭不勝嬌。早又是、盈盈淚消。」《七娘子》云：「沈沈簾幕人儸愁。杏花殘，又是愁時候。南浦春波，大堤細柳，一般慘綠東風後。　　尊前怕說相思久。怨江南，容易開紅豆。無賴哀箏，聲聲依舊。銷他絃底春魂瘦。」

（以上《夏星雜誌》1914 年第 1 期）

一五

納蘭容若所著之《飲水》、《側帽》詞，繼響南唐，齊名陳、朱，最擅長小令，字字句句均係性情語，而悱涼天成，綿纏獨到，如有神助。其得天也厚，故雖生長華膴，而不作一穠麗語；其涉世也淺，故不作一寒酸語；不知人間有不幸事，故不作一抑鬱語；語語以眞性情，眞學問出之，故又不作酬酢語。蓋惟文人最眞，亦惟文人最假，其入世稍深，經歷既廣，所謂眞性情者漸漸滅，而酬酢徵逐之事乃多，故其爲詞非性情語而市井語也。然其閱世至深，則又至眞，蓋能出世者也，其爲詞必如孤雲野鶴，來去無迹，而作眞性情語。故不入世者，固眞入世，而出世者，亦眞以眞性情爲詞，則其詞爲個人之言，非眾人之言，爲獨到之言，非膚淺之言。張玉田謂作壽詞最難，蓋不難於用意措詞，而實難於捨己從人作酬酢語也。非作酬酢語難，作酬酢語而見眞性情實難。作酬酢語而見眞性情，吾於古今則未見其人，非不能也，實不可能也。然作出世語而眞者尚多，作不入世語而眞者實少，千餘年惟南唐後主及納蘭容若二人而已。學詞者學清眞、白石、夢窗、玉田易，學後主、容若實難，此其所以可貴也耶。

一六

窮而後工，詞亦云然，非只窮其身，蓋必窮其心，心窮而後志苦，志苦而後情幽且眞，不然南唐、容成朱輪綠綺，不可以爲詞矣。近代詞人如張璚隱《得毋相忘詞》之《齊天樂》云：「年華三十春花夢，柳枝折殘離恨。不信詞人，淒涼萬種，都在眉痕鬢影。西風鳳鏡。試重照春衫，翠煙銷盡。如此蕭條，東華門外寶騘冷。　　天涯消息自警，歎斜陽一角，闌干紅贛。萬朵梅花，春寒勒住，不放江南夢醒。玉簫誰聽。試打疊愁心，銷歸酩酊。只恐

瑤尊，淚痕和酒凝。」程子大《美人長壽盦詞》《高陽臺》云：「殢雨蓬心，彈潮舵尾，春江斷送蘭橈。冷浸魚天，一枝涼月吟簫。返魂新柳誇三絕，做顰眉、淚眼蠻腰。繫灣頭，縱有他生，不似虹橋。　　當初喚玉簾衣襻，已心心心上，長遍愁苗。鏡海頹廊，居然有個鸚招。過頭風浪年時事，待萍鷗、送上離潮。怕橫江、萬斛詩愁，酒薄難消。」《小樓連苑》云：「可憐人日天涯，年年春夢花前冷。絲絲細雨，愔愔薄霧，艸堂芳訊。中酒心情，試燈天氣，峭寒偏忍。倩疏簾放了，闌干四面，遮不住，梅花影。　　醉裏憑肩悄問，問東風、乍催芳信。十分僝愁，三分成夢，七分成病。燕翦嬌黃，苔紋恨碧，個儂香徑。掩窗紗六扇，銀哥多事，喚愁人醒。」謝枚如章鋌《酒邊詞》《珍珠簾》云：「小山都做傷春色。況簟寒簾幕，尖風惻惻。落葉爾何心，偏亂飛庭側。香魂應有歸來日，只扶上枝頭難得。頃刻。已消盡脂痕，瑣窗漸黑。　　塵世多少空花，便各自繁華，百年奚極。幻夢不須陳，但歸真太逼。平生久慣飄零恨，管此後、轉蓬南北。誰識。臞瘦影中間，愁陰如織。」《喝火令》云：「好夢原無據，愁多夜屢醒。對人無賴遠山青。最是酒闌燈炧小，膽怯凄清。　　河漢三千里，更籌二五聲。幾番顒頒可憐生。為汝焚香，為汝寫心經。為汝素來多病，減算祝雙星。」各詞均能苦矣。

一七

作詞密麗非病，澀滯實病，疏闊非佳，空靈乃佳。可解而不可解謂之澀滯，不可解而可解謂之空靈。其詞眼消息，一二字即可判之空靈，章句一字失檢，即可陷為澀滯，而澀滯者，亦一二字即可救之。近人漢州張祥齡子馥所作《半篋秋詞》，其中澀滯之病殊多，每每以一二字或一二句害及全闋，偶一研讀，輒為之扼腕者再。如用片玉韻和淚薦季碩《月下笛》詞云：「雪弄山谷，湖光飛翠，蕩搖空碧。離懷阻抑，隔浦何人橫玉笛。倚危樓，低問歸鴻，可曾伴侶逢舊識。歎塵篋蠹管，飄零都盡，恨填胸臆。　　因思往事，記小閣紅闌，玉蔥曾拍。長楸走馬，那會青衫羈客。把從前，粉痕酒痕，暗和蜜炬成淚滴。枉啼鵑、喚遍春歸，萬里無消息。」《蝶戀花》用馮延巳韻云：「畫舸排停堤上樹，楊葉眉嬌，密護春千縷。獨抱秦箏移雁柱。眼波暗逐黃衫去。水面紅鱗吹柳絮。龍吻濺濺，玉碎飛香雨。隔坐避人絃解語，關心只有春知處。」「弄月溪唇時未久，不見人來，只見花依舊。小病懨懨非中酒。玉顏甚比梅花瘦。　　前度歌橈曾繫柳。因甚湖邊，心事新來有。日暮倦招翠袖，

憑欄立盡黃昏後。」等詞，《月下笛》之「玉蔥曾拍」，《蝶戀花》前闋「眼波暗祝黃衫去」之「黃」字，後闋「玉顏甚比梅花瘦」之「甚」字，其病全闋甚深。即所謂一二字失檢即可病及全闋者也。然詞中亦不乏佳者，摘之如左，《阮郎歸》云：「自知恩愛不如初。多情總說如。欲邀憐寵訴音書。翻招情義疏。　　金斗重，玉屏孤。眉攢待熨舒。寫恩寫怨總成虛。何如一字無。」

一八

作詞只先求無病，平妥後再求高妙，方是大家路數。下筆之時，即須要將眼光放得高遠，用意選詞方才不陷於卑弱。至於用字，尤須深加磨煉，方不蹈一二字失檢，即爲全闋減色之病。至於骨格氣魄，則在平時之抱負蓄養，非可強而至也。

（以上《夏星雜誌》1914 年第 2 期）

鏡臺詞話

陳去病 著

　　《鏡臺詞話》，陳去病著。刊於《女子雜誌》1915 年第 1 卷第 1 期，署「病倩雜著」。陳去病（1874～1933），字佩忍、巢南、伯儒，別字病倩，筆名有季子、南史氏等，號垂虹亭長。江蘇吳江同里人。近代詩人、社會活動家，南社創始人之一。著有《浩歌堂詩鈔》、《明末遺民錄》、《五石脂》等，輯刊有《吳江縣志》、《笠澤詞徵》、《松陵文集》、《杏廬文鈔》、《百尺樓叢書》等。

一

　　詞肇於唐，盛於宋，衰於元明，而再振於清，然則清之詞，將彷彿乎宋之徒歟？亦未也。唐宋研精聲律，其詞多可入簫管，而清賢俱謝不能，此古今優劣之比較略可觀矣。往讀李易安論詞之作，輒用傾倒，茲特迻錄如下，庶能得此中消息已。

　　論云：樂府聲詩並著，最盛於唐。開元、天寶間，有李八郎者，能歌擅天下。時新及第進士開宴曲江，榜中一名士，先召李，使易服隱姓名，衣冠故敝，精神慘沮，與同之宴所。曰：「表弟願與坐末。」眾皆不顧。既酒行樂作，歌者進，時曹元謙、念奴為冠，歌罷，眾皆咨嗟稱賞。名士忽指李曰：「請表弟歌。」眾皆哂，或有怒者。及轉喉發聲，歌一曲，眾皆泣下。羅拜曰：「此必李八郎也。」自後鄭、衛之聲日熾，流靡之變日煩。亦有《菩薩蠻》、《春光好》、《莎雞子》、《更漏子》、《浣溪沙》、《夢江南》、《漁父》等詞，不可遍舉。五代干戈，斯文道熄。獨江南李氏君臣尚文雅，故有「小樓吹徹玉笙寒」、「吹皺一池春水」之詞。語雖奇甚，所謂「亡國之音哀以思」也。

逮至本朝，禮樂文武大備。又涵養百餘年，始有柳屯田永者，變舊聲作新聲，出《樂章集》，大得聲稱於世；雖協音律，而詞語塵下。又有張子野、宋子京兄弟，沈唐、元絳、晁次膺輩繼出，雖時時有妙語，而破碎何足名家！至晏元獻、歐陽永叔、蘇子瞻，學際天人，作爲小歌詞，直爲酌蠡水於大海，然皆句讀不葺之詩爾。又往往不協音律，何耶？蓋詩文分平仄，而歌詞分五音，又分五聲，又分音律，又分清濁輕重。且如近世所謂《聲聲慢》、《雨中花》、《喜遷鶯》，既押平聲韻，又押入聲韻；《玉樓春》本押平聲韻，又押上去聲，又押入聲。其本押仄聲韻者，如押上聲則協；如押入聲，則不可歌矣。王介甫、曾子固，文章似西漢，若作小歌詞，則人必絕倒，不可讀也。乃知詞別是一家，知之者少。後晏叔原、賀方回、秦少游、黃魯直出，始能知之。又晏苦無鋪敘。賀苦少重典。秦即專主情致，而少故實。譬如貧家美女，非不妍麗，而終乏富貴。黃即尚故實而多疵病，譬如良玉有瑕，價自減半矣。

去病案：此篇於源流正變，推闡極致，其所評騭諸家是非優劣，尤似老吏斷獄，輕重悉當，洵乎深得詞家三昧矣。沈東江謙嘗云：男中李後主，女中李易安，極是當行本色。今日思之，斯言良信。

二

歐陽公《蝶戀花》春花詞起句「庭院深深深幾許」，連叠三字，風調絕勝。易安居士酷愛之，遂用其語別成數闋，亦可謂風流好事矣。然余所最佩者莫如《聲聲慢》一闋，劈頭連用數個叠字，豈非大珠小珠落玉盤乎？而煞尾更綴以「點點滴滴」四字，真所謂回頭一笑百媚生也。

三

毛稚黃嘗以易安「清露晨添，新桐初引」係《世說》全句，用得渾妙，因謂詞貴開宕，不欲沾滯，忽悲忽喜，乍遠乍近，乃爲入妙。如李詞本閨怨，而結云「多少游春意」，「更看今日晴未」，忽而開宕，不但不爲題束，並不爲本意所苦，直如行雲，舒卷自如，人不覺耳。斯言真能將妙處道得出來，然余更因是知易安此作殆爲詞論所云有鋪敘，又典重，多故實，而兼情致者歟。

四

李又嘗作《醉花陰》詞致趙明誠云：「薄霧濃雲愁永晝，瑞腦銷一作噴金獸。佳節又重陽，寶枕紗廚，半夜秋初透。　東籬把酒黃昏後，有暗香盈袖。莫道不銷魂，簾捲西風，人比黃花瘦。」明誠自媿弗如，乃忘寢食三日夜，得十五闋，雜易安作，以示陸德夫。德夫玩之再三日：只有「莫道不銷魂」三句絕佳，政易安作也。李復有《如夢令》云：「昨夜雨疏風驟，濃睡不消殘酒。試問捲簾人，卻道海棠依舊。知否？知否？應是綠肥紅瘦。」極為人所膾炙。明誠卒，易安祭之云：「白日正中，歎龐翁之機捷；堅城自墮，憐杞婦之悲深。」文亦黯絕。或傳其再適張汝舟，此出怨家誣陷，不足信也。嘗考德甫之歿，漱玉年四十餘，維時正值紹興南渡，倉皇奔走，艱苦迭嘗，讀《金石錄後序》已略可覩，而曾謂其能從容再適乎？且既再適矣，而尚忍掇拾遺稿，與之作跋，並闡述其生平行狀乎？是固不辯而知其誣也。蓋德甫雖暴卒，而其所寶藏猶多，漱玉以一嫠婦提攜轉側，安得不引人豔羨，而盜竊攘奪之事斯接踵而至矣。及以玉壺興訟，而仇隙益滋，此蜚語之所由相逼而來也。《金石錄》一序，易安其亦有悔心歟？故曰有有必有，無有得必有失，乃理之常。人亡弓，人得之又何足道。蓋所以為好古之戒至深且切，而再適之誣，亦大白矣。

五

朱晦庵嘗以魏大人詞與易安並論，謂為本朝婦人之冠。魏夫人詞不多見，世亦罕知之，惟曾慥《樂府雅詞》載十首，均清絕韻絕，果不在易安下也。如《好事近》云：「雨後晚寒輕，花外早鶯啼歇。愁聽隔溪殘漏，正一聲凄咽。　不堪西望去程賒，離腸萬回結。不似海棠陰下，按涼州時節。」《阮郎歸》云：「夕陽樓外落花飛。晴空碧四垂。去帆回首已天涯，孤煙捲翠微。　樓上客，鬢成絲。歸來未有期。斷魂不忍下危梯。桐陰月影移。」《點絳唇》云：「波上清風，畫船明月人歸後。漸消殘酒。獨自憑闌久。　聚散匆匆，此恨年年有。重回首。淡煙疏柳。隱隱蕪城漏。」清微咽抑，搖弄生姿。斷句如「三見柳綿飛，離人猶未歸」，融化龍標詩意，頗覺含渾。「寬盡春來金縷衣，憔悴有誰知。」亦是少婦本色。而余尤愛其《減蘭》兩闋：「西樓明月，掩映梨花千樹雪。樓上人歸，愁聽孤城一雁飛。　玉人何處？又見江南春色暮。芳信難尋，去後桃花流水深。」「落花飛絮，杳杳天涯人

甚處。欲寄相思，春盡衡陽雁漸稀。　　離腸淚眼，腸斷淚痕流不斷。明月西樓，一曲闌干一倍愁。」迴環宛轉，如往而復，使置之茗柯《詞選》，不幾以《金荃》、《陽春》目之耶？

六

同時幽棲居士朱淑眞，相傳爲文公姪女，以所適非偶，著《斷腸集》，時有怨語。或且以《生查子》詞病之，而不知爲歐九作，則其被誣也深矣。嘗觀其詩有與魏夫人飲宴唱和之作，所謂「飛雪滿群山」者是已。詞尤與漱玉齊名，如《生查子》：「寒食不多時，幾日東風惡。無緒倦尋芳，閒卻秋千索。　　玉減翠裙交，病怯羅衣薄。不忍捲簾看，寂寞梨花落。」「年年玉鏡臺，梅蕊宮妝困。今歲未還家，怕見江南信。　　酒從別後疏，淚向愁中盡。遙想楚雲深，人遠天涯近。」斷句如「欹枕背燈眠，月和殘夢圓。」「多謝月相憐，今宵不忍圓。」「十二闌干閒倚遍，愁來天不管。」「滿院落花簾不捲，斷腸芳草遠。」「亭亭佇立移時，拚瘦損、無妨爲伊。」「把酒送春春不語，黃昏卻下瀟瀟雨。」俱極清新俊逸，意態橫生，一若聰明人不嫌作癡語，眞所謂嬌憨絕世也。又其《清平樂》云：「嬌癡不怕人猜。和衣睡倒人懷。最是分攜時候，歸來懶傍妝臺。」《柳梢青》云：「箇中風味誰知。睡乍起、烏雲任欹。嚼蕊挼英，淺顰輕笑，酒半醒時。」此尤豈門外漢所能道其隻字耶？

香豔詞話

胡旡悶　編著

《香豔詞話》，胡旡悶著。刊於《鶯花雜誌》第二期（1915 年），署名「旡悶」。胡旡悶，女，生卒年不詳，號凝香樓主人，廣東人。1915 年主編《鶯花雜誌》，並在該刊發表著作，著意編著歷代閨秀詩詞史料，並能從事戲曲創作。著有《閨秀詩傳》、《香豔詩話》、《香豔詞話》，後彙爲《凝香樓奩豔叢話》出版。

一

遼蕭后有《十香詞》，其搆禍之由也。雖事出冤誣，然以帝后之尊，爲奸婢作書，且詞多近藝，自貽伊戚，夫復何言。獨喜其《迴心院詞》，則怨而不怒，深得詞家含蓄之意。斯時柳七之調尚未行於北國，故蕭詞大有唐人遺意也。詞云：「掃深殿，閉久金鋪暗；遊絲絡網塵作堆，積歲青苔厚階面。掃深殿，待君宴。」「拂象牀，憑夢借高塘；敲懷半邊知妾臥，恰當天處少輝光。拂象牀，待君王。」「換香枕，一半無雲錦；爲是秋來展轉多，更有雙雙淚痕滲。換香枕，待君寢。」「鋪翠被，羞殺鴛鴦對；猶憶當時叫合歡，而今獨覆相思塊。鋪翠被，待君睡。」「裝繡帳，金鈎未敢上；解卻四角夜光珠，不教照見愁模樣。裝繡帳，待君貺。」「疊錦茵，重重空自陳；只願身當白玉體，不願伊當薄幸人。疊錦茵，待君臨。」「展瑤席，花笑三韓碧；笑妾新鋪玉一牀，從來婦歡不終夕。展瑤席，待君息。」「剔銀燈，須知一樣明；偏是君來生彩暈，對妾故作青熒熒。剔銀燈，待君行。」「爇薰爐，能將孤悶蘇；若道妾身多穢賤，自沾御香香徹膚。爇薰爐，待君娛。」「張鳴箏，恰恰語嬌鶯；一從彈作房中曲，常和窗前風雨聲。張鳴箏，待君聽。」按蕭后小字觀音，

工書，能歌詩，善彈琵琶，天祐帝敕爲懿德皇后，帝游畋無度，蕭后諷詩切諫，帝疏之，作《迴心院詞》，寓望幸之意也。宮女單登，故叛人重元家婢，亦善箏及琵琶，與伶官趙惟一爭能，后不知，已遂與耶律乙辛謀害后，更令他人作《十香詞》，訛云宋國忒裏蹇作，乞后書之，遂誣后與惟一通，以《十香詞》爲證，因被害。忒裏蹇，皇后也。

二

無名氏女郎《玉蝴蝶》詞云：「爲甚夜來添病，強臨寶鏡，憔悴嬌慵。一任釵橫鬢亂，永日薰風。惱脂消榴紅徑裏，羞玉減蝶粉叢中。思悠悠，垂簾獨坐，倚遍薰籠。　　朦朧。玉人不見，羅裁囊寄，錦寫牋封。約在春歸，夏來依舊各西東。粉牆花影來疑是，羅帳雨夢斷成空。最難忘，屏邊瞥見，野外相逢。」武林卓珂月云此詞當時甚爲馬東籬、張小山諸君所服。或曰洞天女作。詳見元之《夢遊詞序》中。詞共十有八闋，周勒山《林下詞選》錄其半。

三

龔定山尙書與橫波夫人月夜泛舟西湖，作《醜奴兒令》四闋，自序云：「五月十四夜，湖風酣暢，月明如洗，繁星盡斂，天水一碧。偕內人擊艇子於寓樓下，剝菱煮芡，小飲達曙。人聲既絕，樓臺燈火，周視悄然。惟四山蒼翠，時時滴入杯底，千百年西湖，今夕始獨爲吾有。徘徊顧戀，不謂人世也。酒語情話，因口占四調以紀其事。子瞻有云『何地無月，但少閒人如吾兩人。』予則謂何地無閒人，無事尋事如吾兩人者，未易多得爾。」詞云：「一湖風漾當樓月，涼滿人間。我與青山。冷澹相看不等閒。　　藕花社榜疏狂約，綠酒朱顏。放進嬋娟。今夜紗窗可忍關。」又云：「木蘭掀蕩波光碎，人似乘潮。何處吹簫。輕逐流螢度畫橋。　　白鷗睡熟金鈴悄，好是蕭條。多謝雙篙。折簡明宵不用招。」又云：「情癡每語銀蟾約，見了銷魂。爾許溫存。領受嫦娥一笑恩。　　戲拈梅子橫波打，越樣心疼。和月須吞。省得濃香不閉門。」又云：「清輝依約雲鬟綠，水作菱花。蘇小天斜。不見留人駐晚車。　　湖山符牒誰能管，讓與天涯。如此豪華。除卻芳樽一味賒。」

四

葉天寥虞部《牟不軒留事》云：「仙仙十三四時，即羈迹秦淮，將有錦江玉壘之行。遠望故鄉，淒心掩泣，真所云『侯門一入深如海』也，余甚傷焉。今年十七，又作巫山神女，向楚王臺下去矣。酒間聞之，悵然感懷，口占《浣溪沙》二詞云：『一片歸心望也休。西陵千里水東流。　　杜鵑芳草楚天秋。　　老去未消風月恨，閒來重結雨雲愁。欲緘雙淚寄亭州。』又，『金粉傷情別石頭。六朝煙柳繫離憂。破瓜人泣仲宣樓。　　桃葉渡邊春易去，梅花笛裏夢難留。子規斜月一悠悠。』」

五

天寥又云：侍女隨春，年十三四，即有玉質，肌凝積雪，韻彷幽花，笑盼之餘，風情飛逗。瓊璋極喜之，寫作《浣溪沙》詞云：「欲比飛花態更輕。低回紅頰背銀屏。半嬌斜倚似含情。　　嚊帶淡霞籠白雪，語偷新燕怯黃鶯。不勝力弱懶調箏。」昭齊和云：「翠黛新描桂葉輕。柳枝婀娜倚蓮屏。風前閒立不勝情。　　細語嬌喃嚊亂蝶，清矑淚粉怨殘鶯。日長深院惱秦箏。」蕙綢和云：「髻薄金釵半嚲輕。佯羞微笑隱湘屏。嫩紅染面作多情。　　長怨曲欄看鬥鴨，慣嚊南陌聽啼鶯。月明簾下理瑤箏。」宛君和云：「袖惹飛煙綠雨輕。翠裙拖出粉雲屏。飄殘柳絮暗知情。　　千喚懶回拋繡鵡，半含微吐澀新鶯。嚊人無賴戞風箏。」諸詞俱用「嚊」字，以此女善嚊，嘗面發赤也。宛君又有「長愛嬌嚊人不識，水剪雙眸欲滴」之句。余亦作二闋云：「初總銀篦攏鬢輕。添香朝拂美人屏。生來腦胦白風情。　　殘麝翠分明月雁，小檀黃入曉春鶯。故憐斜撥學新箏。」「紅袖垂鬟旖旎輕。闌干閒倚杏花屏。半將嚊語寄深情。　　金釧粉痕香畫鳳，玉釵脂膩滑流鶯。坐來簾下即彈箏。」按隨春一名紅于，葉小鸞歿後，歸龐氏，別字元元。龐蕙纕有《病中聞家慈同元姨為予誦經誌感》《鷓鴣天》云：「終歲慊慊怯往還。盈盈兩袖淚痕潛。一心解織愁千縷，雙鬢慵梳月半彎。　　鴛被冷，瑣窗寒。翻輕畫閣纖紅顏。枕函稽首殷勤意，不盡箋題寄小鬟。」（見《林下詞選》）

六

桐城方太史納姬合肥，龔中丞賦《燭影搖紅》催粧詞，詞既纖穠，序尤

綺麗，今載《香嚴集》中。序云：「何來才子，自負多情。選豔花叢，既眼苟於冀北；效顰桃葉，空夢繞於江南。無處尋愁，歌燕市酒人之曲；有官割肉，慳金門少婦之緣。願得一心，合爲雙璧。今且窮搜粉譜，恰遇麗姝。縮鬟相思，能誦義山之句；投珠未嫁，欣挑客座之琴。眉黛若遠山，臉際若芙蕖，風流放誕，驚絕世之佳人。玉釵掛臣冠，羅袖拂臣衣，微笑遷延，快上國之公子。錦茵角枕，良夜未央；白雪幽蘭，新歡方洽。兼以花枰月拍，並是慧心，璧版烏絲，時呈纖手。搴玉堂之紅藥，比金屋之奇姿。可謂勝絕一時，風華千載者矣。昔宋玉口多微詞，自許溫柔之祖，而其告楚王曰，天下之美無如臣里，臣里無如東家之子。嘻，何隘也。燕趙多佳，夙驚名貴，文鴛擇棲，未肯匹凡鳥耳。豈必聽子夜於吳趨，載莫愁於煙艇，乃稱雅合哉！」詞云：「一揖芙蓉，閒情亂似春雲發。淩波背立笑無聲，學見生人法。此夕歡娛幾許，換新粧、伴羞淺笞。算來好夢，總爲今番，被它猜殺。　宛轉菱花，眉峰小映紅潮發。香肩生就靠檀郎，睡起還憑榻。記取同心帶子，雙雙綰、輕綃尺八。畫樓南畔，有分鴛鴦，預憑錦札。」

七

梁司徒伎有名文玉者，最姝麗，嘗裝淮陰侯故事，悔菴於席上調《南鄉子》詞贈之云：「珠箔舞蠻鬟。淺立黮黮宛轉歌。忽換猩袍紅燭豔，醮科。錦襯將軍小黛蛾。　鬒髮尚盤螺。一辮絲鞭燕尾拖。爲待情人親解取，誰何。春草江南細馬馱。」蓋晉女未字者，鬒後垂辮，解辮則破瓜矣。司徒見詞大喜，命文玉酌巨羅，再拜以獻，盡醉而歸。

八

江夏女子周炤，字寶鐙，豐神娟媚，兼善詞翰，歸漢陽李生雲田，李固好遊，篋中藏炤自寫《坐月浣花圖》，雙鬟如霧，髣髴洛神。廣陵宗定九題《風流子》詞云：「梧桐庭院下，黃昏後、又復捲簾鉤。見花影一天，蟾光如晝。太湖石畔，煙裊瓷甌。新涼也，畫屏間冷簟，蘭藥正嬌秋。低喚碧鬟，戲持銀甕，露珠輕瀉，細潤香柔。　漢宮人似否，簷前月、偷看瀲瀲含羞。寧讓海棠春睡，宿酒初收。縱花愁婉娩，禁寒賺暖，浣花人見，更惹閒愁。何日雙攜畫卷，同玩南樓。」或云寶鐙又字絡隱，某觀察女，爲雲田副室，

年十九，所至雖謹自蔽匿，人得窺見之，炤蓋天人也。

九

李雲田既娶周寶鐙，復迎侍兒掃鏡於吳門，無錫嚴蓀友賦《瑞龍吟》一闋調之云：「吳趨里。誰在小小門庭，溶溶煙水。柔枝乍結春愁，盈盈解道，塗粧綰髻。　情難擬。不比舊家桃葉，綠陰深矣。檀郎近約相迎，雀釵新黛，玉符空翠。　休問石城艇子，更堪腸斷，竹西歌吹。唯有泰娘橋邊，離夢猶繫。漢皋珮冷，別是傷心地。待攜向、蘭缸背底。菱花偷展，誰照郎心切。探春試問，春風來未。蜂子憐新蘂。香破也，報來幽窗慵起。吟牋賦筆，待伊次第。」

一〇

汪蛟門記夢云：「己酉夏，夜夢二女子，靚粧淡服，聯袂踏歌於瓊花觀前，唱史邦卿《雙雙燕》詞，致『柳昏花暝』句，宛轉嘹亮，字如貫珠。詢其姓，曰衛氏姊娣也。及覺，歌聲盈盈，猶在枕畔。爰和前調云：『伊誰豔也，看袖拂霓裳，廣寒清冷。柔情綽態，卻許羅襟相併。行過玉勾仙井。更翩若驚鴻難定。衛家姊妹天人，不數昭陽雙影。　溜出歌聲圓潤。聽落葉回風，十分幽俊。最堪憐處，唱徹柳昏花暝。驚醒烏衣夢穩。真難覓、天台芳信。魂銷洛水巫山，獨抱枕兒斜憑。』」

一一

古平原村店中，姑蘇女子題壁《鷓鴣天》一闋，有「收拾菱花把劍彈」之句。庚申春暮，某觀察之任虔南，和詞云：「瓜字初分碧玉年。花枝憔悴一春前。陌頭塵涴文鴛錦，柳外風欺墮馬鬟。　郵壁上，墨光懸。柔腸百疊念鄉關。才人廡養千秋恨，箏柱調來拭淚彈。」頗有白香山商婦琵琶之感。附錄姑蘇女子原詞云：「弱質藏閨十六年。嬌羞未敢出堂前。眉顰曠道悲新柳，袖卷輕塵擁翠鬟。　腸欲斷，意戀懸。北頭何處是鄉關。臨粧莫遣紅顏照，收拾菱花把劍彈。」

一二

西湖女子沈方珠，字浦來，善詩能文，以蘭次代葬其祖，願以身歸之，而憚於入署，常以《減字木蘭花》寄吳，有「若肯憐才，攜取梅花嶺外栽」之句。後以事不果，遂抱恨而卒。

一三

廣陵吳壽潛，字彤本，號西瀛，其妻賀氏，名字，字乃文，吳與之情好甚篤，常戲作《你我詞》贈之，調《一七令》曰：「我。情埋，愁裏。無奈事，如何可。薄幸些些，癡頑頗頗。眼下總成空，心中全未妥。堪嗟泣慰牛衣，難負書乾螢火。慢言枕上枉封侯，還憐有夢卿同我。」「你。前來，語子。誇弄玉，隨蕭史。視我何如，憐卿乃爾。時事笑秋雲，韶光悲逝水。難忘孔雀屏前，常記櫻桃帳底。一生苦樂任天公，白頭惟願我和你。」按此調有平仄二韻，始於唐人送白樂天，即席指物爲賦，作者頗多，然諸譜中不載，惟楊升庵有風花雪月四作，彤本蓋偶與其婦爲之耳。後十年，乃文死，彤本不勝哀悼，諸名士爲作輓歌甚多，彤本亦有無夢詞，調《子夜》歌曰：「夜臺難道情俱死，如何只我思量你。你若也思量，應知我斷腸。待夢來時省，夢也無些影。畢竟是多情，怕添離恨生。」

一四

萊陽姜仲子，嬖所歡廣陵妓陳素素，號二分明月女子，後爲豪家攜歸廣陵，姜爲之廢寢食，遣人密致書，通終身之訂。陳對使悲痛，斷所帶金指環寄姜，以示必還之意。姜得之，感泣不勝，出索其友吳彤本題詞，吳爲賦《醉春風》一闋，其詞曰：「玉甲傳芳信。金縷和香襯。懸知掩淚訴東風，問。問。問。明月誰憐，二分無賴，鎖人方寸。　　情與長江並。夢向巫山近。好將環字證團圞，認。認。認。有結都開，留絲不斷，些些心印。」吳蘭次以《二分明月女子集》、《鵑紅夫人集》寄弟玉川，乞其婦小琬夫人題跋，夫人有絕句云：「郵筒才到一緘開，明月娟紅寄集來。閨閣文人應下拜，吳興太守總憐才。」又「朝來窗閣曉粧遲，小婢研朱滴露時。歌吹竹西明月滿，清輝多半在君詩。」

梅魂菊影室詞話

王蘊章　著

　　《梅魂菊影室詞話》，王蘊章著。分別刊於：《雙星雜誌》1915 第二、三、四期，第二、三期署名「蓴農」，第四期署名「鵲腦」；《文星雜誌》1915 年第一期，記云「續《雙星》第四期」，署名「西神」；《春聲》1916 年第二集、三集，署名「紅鵝生」。其中刊於《雙星雜誌》九則，刊於《文星雜誌》六則，刊於《春聲》一五則，故《梅魂菊影室詞話》共計三〇則。王蘊章（1884～1942），字蓴農，江蘇金匱（今無錫）人。因家鄉有西神山，故取別號西神殘客，簡稱西神，又由西神諧音為洗塵、屟塵、樨塵，又號紅鵝生、二泉亭長、鵲腦詞人、窈九生等，室名梅魂菊影室、雲外朱樓、篁冷軒、秋平雲室、玉晚香移、海山仙龕、雪蕉吟館等等，光緒二十八年（1902 年）中副榜舉人。清末，應上海商務印書館之聘，主編《小說月報》及《婦女雜誌》10 餘年。民國初遊歷南洋各國，作《南洋竹枝詞》百首。後回上海，歷任上海滬江大學、南方大學、暨南大學國文教授，上海《新聞報》編輯，上海正風文學院院長。王蘊章工書法，擅長戲劇、小說創作，是鴛鴦蝴蝶派作家之一。又長於詩詞，曾加入南社，並發起組織淞社、春音詞社。王氏著作等身，詞學方面的著作除《梅魂菊影室詞話》《秋平雲室詞話》外，還有《詞學》、《詞學一隅》、《詞史厄談》、《然脂餘韻》、《梁溪詞話》等。

一

　　平望有鴛胆湖，一名鴛鬥湖，煙波淡沱，頗為幽勝。張虛堂家於此，作漁父塡詞閣，繪圖索題。郭頻伽為題《漁家傲》詞云：「渺渺平湖天在水。鴛胆佳名，合是詞人里。小閣高懸明鏡裏。窗乍啓。閒鷗宿鷺飛來矣。　　家

風好個元眞子。雨細風斜，漁父詞清綺。定有樵青將曲記。畫眉未？赤闌橋外簫聲起。」自注：畫眉橋亦在平望。此詞靈芬詞中未載。

二

海鹽黃韻珊作《桃溪雪》、《帝女花》、《茂陵絃》、《淩波影》、《鴛鴦鏡》、《脊令原》、《居官鑒》傳奇七種，俊逸清新，一時傳誦。其所著《倚晴樓詩餘》亦能脫去凡近，時出新意，雖雄警微有不逮。倘於風清月白時，令解事雙鬟，著杏子單衫，薰都梁茉莉，靜坐花陰簾角間，倚紫玉簫，曼聲歌之，不啻聽一聲河滿也。《蘇幕遮》云：「客衣單，人影悄。越是天涯，越是秋來早。雨雨風風增懊惱。越是黃昏，越是蟲聲鬧。 別情濃，歸夢渺。越是思家，越是鄉思少。一幅疏簾寒料峭。越是消魂，越是燈殘了。」前調《題趙笛樓〈笛樓圖〉》云：「碧雲高，良夜靜。樓在花陰，月在花陰等。燕子夢長吹欲醒。四面青山，對面青山應。 豔情飄，幽緒警。各處黃昏，各樣愁人聽。未是秋來先已冷。一樹垂楊，一樹相思影。」《採桑子》云：「玲瓏亭子分三面，一面迴廊。一面紅牆。一面闌干靠夕陽。 木樨香和茶煙膩，才出紗窗才整羅裳。人倚西風語亦涼。」又云：「去年此刻曾相見，略訴殷勤。略解溫存。略有思量未當眞。 今年此刻重相見，瘦了眉痕。肥了愁根。難道秋來例病人。」《喝火令》《題潘補之同年希甫〈花隱庵塡詞圖〉》云：「韻細流鶯和，香疏粉蝶慵。冷扶殘醉倚東風。唱起花深深曲，心事海棠紅。 窄徑依微遠，迴廊宛轉通。吹笙良夜有誰同。一樹春陰，一樹月空蒙。月在無人庭院，人在月明中。」

三

《香消酒醒詞》，仁和趙秋舲著。秋舲少飲香名，南宮早捷，而仕宦不進，窮愁潦倒以歿。故其所作，亦多哀怨噍殺之音。然豔而失之纖，清而失之滑，以擬《倚晴》，彌復不逮。蓋《倚晴》取徑雖不甚高，時能以偏師直闖宋人之壘，秋舲則信手拈來，未能於文從字順外更進一步。余初學爲詞，喜其清圓流麗，輒誦不去口。旋覺其山溫水軟，一覽無餘，非如小李將軍之畫樓臺金碧，步步引人入勝也，乃屏不復觀。然其佳處如白香山詩，老嫗都能解。秋燈宵籟，輒復成吟，如「還是芭蕉，解得儂心苦。一句一聲相對訴，

隔個紗窗，說到天明住。」《蘇幕遮》《聽雨》「心是梧桐身是柳，到得秋來都瘦。」
《憶羅月》「玉闌干，金屈戌，簾外長廊，廊響弓弓屐。鬢影春雲衫影雪，如
水裙拖，幅幅相思褶。　阮絃鬆，笙字澀。心上燒香，香上心先滅。安得
返魂枝底葉，便作青蟲，也褪花蝴蝶。」《蘇幕遮》「雨聲多，梧葉墜。點點相
思，點點相思淚。貧裏相如秋更累。得酒偏難，得酒偏難醉。　鼓三通，
燈一穗。入夜還愁，入夜還愁睡。四壁寒蟲心叫碎，夢也全無，夢也全無謂。」
以上諸首，皆無愧作家。集後附南北曲數套，較詞尤勝，蓋曲固不厭其纖佻
也。余猶愛誦其《拜月曲》中「我初三見你眉兒瘦，十三覷你粧兒就，廿三
窺你龐兒鬥，都只在今宵前後。何況人生，怎不西風敗柳」數句。

（以上《雙星》1915 年第二期）

四

　　《東鷗草堂詞》，祥符周星譽著。星譽，字畇叔，著作甚富。詞學辛柳，
非其所長，而時有佳致。亦如項羽讀書不成，去而學劍，而又不肯竟學者也。
《洞仙歌》十闋，旖旎風流，別開一格。於詩為多郎、玉溪，於書為河南、
松雪，足為全集壓卷，錄之如下：「繡帆收了，正雨絲初歇。七里香塵熨柔
碧。看綠楊陰外，樓閣溟蒙，是多少、春睡初醒時節。　犀帷催喚起，餳
眼慵揉，剗襪跉蹄向人立。檀笺遞完時，低頸回身，傍孃坐、恁般羞澀。又
小婢催人去梳頭，向鏡裏流眸驀然偷瞥。」其一「呵鈿縮翠，坐棗花簾底。
花鈿斜簪小鴉髻。想粧成力怯，換了鸞衫，停半晌、才見盈盈扶起。　問
名佯不說，淺笑低聲，暗裏牽衣教孃替。羅畔坐隨肩，道是知情，卻便又、
恁憨憨地。也忑煞難猜個人心，笑事事朦朧者般年紀。」其二「深深笑語，
膩緗桃花影。削哺金泥護春暝。看珠燈出玩，錦奩藏彄，卻難得、隨意猜來
都準。　起身鬆繡鼲，瑣步伶仃，釵尾丫蘭顫難禁。怯醉泥秋簽，親蘸毫
犀，替抵牡丹雙鬢。似欲向郎言又還停，但小靨緋紅可憐光景。」其三「荼
蘼風軟，散閒愁無數。吹送青鳧到花步。算鴛鴦卅六，排作郵簽，好說與、
記個相思程譜。自注：吳江至蘇計三十六里　尋春三度也，永福橋西，門閉枇
杷舊時路。小隔又生疏，道罷勝常，更沒些、離情低訴。但伴笑兜鞶倚孃邊，
問梅雨連宵別來寒否。」其四「卓金車子，接么孃來早。鸚鵡銀籠隔花報。
聽纖纖繡屜，才近胡梯，驀一陣、抹麗濃香先到。　進房攏袖立，瘦蝶腰
身，寫上紅簾影都俏。側坐錦墩邊，女伴喁喁，盡背地、贊伊嬌小。看悄撚

羅巾不擡頭，怎比在家時更矜持了。」其五「猜花輸後，露些些驕惰。怯飲瓊蘇繭眉鎖。把銀蕉殘酒，笑倩郎分，消受這、一抹口脂紅浣。　　雁箏擫義甲，唱罷回簧，豔歌名蓮箭沉沉月西矮。席散點紗燈，臨去殷勤，問明日、郎來送麼。正風露街心夜涼時，囑換了輕容下樓方可。」其六「吳綃三尺，屑輕煤初畫。錦髻瓊題恁姚冶。只花般性格，藕樣聰明，描不出、留待填詞人寫。　　翻向么令豔，細字紅蠶，鳳紙烏絲替親界。譜上女兒青，偷拍鬙尖，低唱向、黃梔花下。好宜愛宜薰喚眞眞，瓣一片誠心向伊深拜。」其七「閒情新賦，把靈犀一點。寫入香羅白團扇。好羞時低障，浴後輕櫳，長傍著、小小桃花人面。　　橫塘重寄與，滿握冰蠶，比似華年一分見。畫裏說春愁，紅飾窠溫，反輸與、翠禽雙占。倘長得隨伊鏡臺邊，便掃地添香也都情願。」其八「離腸一寸，化萬千紅豆。底事花前又分手。便不曾春去，也是無憀，況又到、深院月黃時候。　　玉鵝衾底夢，酒雨香雲，薄福蕭郎怎消受。無計贖珍珠，待說成名，可知道、甚時能殼。便僥倖雙棲也生愁，看半搦弓腰恁般纖瘦。」其九「江湖載酒，遍青衫塵積。玉笛聲中過三七。道漂零杜牧，慣解傷春，原不爲、歌扇酒旗淒悒。　　惺惺還惜惜，儂自憐花，此意何曾要花識。一霎畫屏前，香夢迷離，儘後日、思量無益。待提起重來又傷心，怕門巷斜陽落紅如雪。」其十

五

《畫梅樓倚聲》四卷，武進湯雨生都尉著。雨生以武家子殉難金陵，大節凜然。而詞乃纏綿往復，一唱三歎之遺，足與畫筆並傳。如《鷓鴣天》蘇州作云：「春風綠水楊花命，細雨紅樓燕子家。」《採桑子》題畫有感云：「白鷗家在蘋風裏，秋水長天。細雨空煙。一別天涯思渺然。美人不記青衫濕，宛轉冰絃。江月彈圓。仍上當年送客船。」皆有晏家風格。雨生一門風雅，眷屬神仙，如雙湖夫人、碧春女公子皆以詩畫著稱。紅豆雙聲，不乏言情之作。其《喝火令》詞云：「中酒迎人懶，調鸚挽髻遲。開簾已是又中時。團扇羞看細字，前夜定情詩。　　鬥草輸群佩，含毫褪口脂。堂前冷落賞花厄。姊去吹簫，小妹去彈絲。郎去紅牙低按，儂去唱郎詞。」歇拍翻古樂府，中婦、小婦入詞，抑何綺麗乃爾。

（以上《雙星》1915 年第三期）

六

　　道光朝曹太傅振鏞當國，陶文毅澍督兩江，兼鹽政。時以商人藉引販私，國課日虧，私銷日暢，至有根窩之名，謀盡去之。而太傅世業鹺，根窩殊夥，文毅又出太傅門下，投鼠之忌，甚費躊躇。因先奉書取進，止太傅覆書，略曰：苟利於國，決計行之，無以寒家為念，世寧有餓死宰相乎？文毅遂奏請改章，盡革前弊。其廉澹有足多者，惟其生平洊歷要津，一以恭謹為宗旨，深惡後生躁妄之風。門生後輩有入諫垣者，往見輒誡之曰：毋多言，妄意興。由是西臺務循墨守位，浸成風氣矣。晚年恩禮益隆，身名俱泰，門生某請其故，曹曰：「無他，但多磕頭，少開口耳。」道咸以還，仕途波靡，風骨銷沉，濫觴於此。有無名氏賦《一剪梅》詞云：「仕途鑽刺要精工，京信常通，炭敬常豐。莫談時事逞英雄。一味圓融，一味謙恭。　　大臣經濟在從容。莫顯奇功，莫說精忠。萬般人事要朦朧。駁也無庸，議也無庸。」其二云：「八方無事歲年豐，國運方隆，官運方通。大家裏贊要和衷。好也彌縫，歹也彌縫。　　無災無難到三公。妻受榮封，子蔭郎中。流芳身後更無窮。不諡文忠，便諡文恭。」損剛益柔，每下愈況，孰謂之前，未始非太傅盛德之累矣。

七

　　吳縣張商言塤《碧簫詞自序》云：故人蔣舍人心餘乞假還，過吳門，飲予舟中。喜讀予詞，納於袖，以醉墮江。寒星密霧，篙工挽救，群譁如鼎沸。既得無恙，而此卷亦不就漂沒。明日心餘詞所謂「一十三行眞本在，漪波紋皺了桃花紙」也。一時興會泰甚，幾與波臣為伍。文士愛才，狂態如見，而至今思之，殊饒風味也。

八

　　《蘆川詞》，宋張元幹著。黃蕘圃於蘇州元妙觀西骨董鋪見宋刻原版，欲以重價易之，而竟為北街九如堂陳竹厂豪奪以去。蕘圃大恨，旋又得舊鈔本《蘆川詞》，行款與宋版同，因託蔣硯香向陳竹厂處假得宋版對校。知舊鈔本係影宋，每葉板心有「功甫」二字者，其字形之敧斜，筆畫之殘缺，纖悉不訛，可謂神似。而中有補鈔一十八翻，不特無「功甫」字樣，且行款間

有移易，無論字形筆畫也。因倩善書者影宋補全，撤舊鈔非影宋者，附於後以存其舊。葊圃珍惜殊甚，加跋至八段，並於社日獨坐聽雨，題兩詩於後。詩云：「陰晴剛間日，風雨迭相催。未斷清明雪，頻驚啓蟄雷。麥苗低欲沒，梅蕊冷難開。我亦無聊甚，看書檢亂堆。今朝說春社，雨爲社公來。試問有新燕，相期探早梅。自注：向有詞云『燕子平生多少恨，不見梅花』，眞妙語也。近年梅信故遲，社日猶未盛。停針忘俗忌，自注：余家婦女以針線爲事，無日或輟。扶醉憶鄰醅。自注：余斷酒已五年，雖赴席有酒戰者，從壁上觀之。日覺愁城坐，頻看兩鬢催。自注：余處境不順已歷有年矣，惟書可以解憂，今有憂而書不能解，若反足以起吾憂者，知心境益不堪矣。」後跋「佞宋主人漫筆」。書淫墨癖，知此老於此興復不淺也。葊圃歿後，此書歸罟里瞿氏，後又由瞿氏歸豐順丁氏，今歸涵芬樓，繆藝風假以鏤版，每半頁七行，行二十三字，字大如錢，精彩飛舞，誠詞林之環寶也。

九

《相山居士詞》二卷，宋王之道彥猷著；《樂齋詞》一卷，宋向鎬豐之著；《綺川詞》一卷，宋倪稱文舉著；《龜峰詞》一卷，宋陳經國著；《王周士詞》一卷，宋王以寧周士著。均舊鈔本，合爲一冊，係朱氏結一廬所藏。余按：汲古閣《宋百家詞》，已刻者六十二家，未刻者三十八家，知不足齋從毛氏轉錄，朱氏復從知不足齋轉錄，而書佚不全，僅存此冊，片羽吉光，彌可寶貴。今夏友人攜以見示，上刻「結一廬藏書」印，下刻「布衣暖，菜根香，詩書滋味長」及「錢塘何元錫字敬祉，號夢華，又號蝶隱」兩方印，知此書曾歸何氏矣。五家詞，竹垞《詞綜》俱有甄錄。《龜峰詞》一卷，皆作《沁園春》，尤跌宕多姿，中有一首序云：「予弱冠之年，隨牒江東漕闈，嘗與友人暇日命酒層樓。不惟鍾阜、石城之勝班班在目，而平淮如席，亦橫陳樽俎間。既而北歷淮山，自齊安浙江泛湖，薄遊巴陵，又得登岳陽樓，以盡荊州之偉觀。孫、劉虎視遺迹依然，山川草木，差強人意。泊回京師，日詣豐樂樓以觀西湖。因誦友人『東南嫵媚，雌了男兒』之句，歎息者久之。酒酣，大書東壁，以寫胸中之勃鬱。時嘉熙庚子季秋下浣也。」詞云：「記上層樓，與岳陽樓，醴酒賦詩。望長山遠水，荊州形勝；夕陽枯木，六代興衰。扶起仲謀，喚回玄德，笑殺景升豚犬兒。歸來也，對西湖歎息，是夢邪非？　　諸君傅粉塗脂，問南北戰爭都不知。恨孤山霜重，梅凋老葉；平堤雨急，柳泣殘絲。玉

疉騰煙，珠淮飛浪，萬里乘風吹鼓鼙。原夫輩，算事今如此，安用毛錐！」豪雄感慨，直摩稼軒之疉。餘亦皆感懷君國而作，蓋南渡後傷心人語也。後有禹金跋云：「詞多哀憤，時作壯語，略似辛稼軒。南宋國事，以付葛嶺賈浪子，而疏遠之臣有懷如此。」千載興慨，可謂龜峰知己矣。

（以上《雙星》1915 年第四期）

一〇

　　近與虞山龎檗子、秣陵陳倦鶴有詞社之舉，請歸安朱古微先生爲社長。古微先生欣然承諾，且取然燈之語，以「春音」二字名社。第一集集於古渝軒，入社者有杭縣徐仲可、通州白中疉、吳縣吳癯安、南潯周夢坡、吳江葉楚傖諸人。酒酣，各以命題請，古微先生笑曰：「去年見況夔笙與仲可有遊日人六三園賞櫻花唱和之詞，去年之櫻花堪賞，今年之櫻花何如？即以此爲題，調限《花犯》，可乎？」時中日交涉正亟也，眾皆稱善。越數日而先後脫稿。古微先生作云：「翦輕陰，娥娥怨粉，嫣然帶濃醉。萬姝嬌睇。渾未譜群芳，驚賦多麗。倚天照海搖花氣。仙雲臨鏡起。問檻曲、移春多少，夭妝齊豔水。　　東風駐顏怕無方，蓬山外，眼亂千紅荷地。香夢警，閒庭院，夜闌容易。窺牆處、更誰記省？蛾黛斂、東鄰妍笑裏。恁倦竚，十洲芳約，危闌休去倚。」夔笙先生作云：「數芳期，風懷倦後，多情誤佳麗。霧霏煙媚。重認取飛瓊，天外環珮。晚晴畫罨餘霞綺。闌干心萬里。漸暝入、銷魂金粉，滄洲餘淚幾？　　東風鬢絲黏香塵，啼鵑外，滿眼斜陽如水。拋未忍，探芳信，繫驄前地。仙山路、舊雲恨遠，顒頷畫、濃春殘醉裏。更夢警，玉窗寒峭，笙歌鄰院起。」兩作一以雄健勝，一以密麗勝，自非詞壇耆宿不辦。余作則卑無高論，妄許附驥，殊有瓦礫廁金銀之慨，姑錄之以誌一時雅興：「數繁華，番風第幾，仙山豔雲錦。嫩陰催暝。憐潤洗蠻姿，輕換芳信。軟塵占舞凌波穩。鵑魂愁未醒。鬥曉色、一天霞綺，滄洲餘淚影。　　尋春問春在誰家，如今望，斷否蓬萊金粉。香夢淺，扶殘醉，膩妝嬌困。窺牆慣、賦情最苦，容易到、斜陽花外冷。但記取，玉窗人杳，啼紅心事近。」此調格律甚嚴，取清眞、夢窗兩家對較，去上聲之必不可移易者，共三十四字，記之如下：「數」必上、「第幾」必去上、「豔」必去、「潤洗」必去上、「信」必去、「占舞」必去上、「穩」必上、「未醒」必上、「鬥曉」必去上、「綺」必上、「淚影」必去上、「斷否」必上上、「粉」必上、「夢淺」必去上、「膩」

必去、「慣」必去、「最苦」必去上、「外冷」必去上、「但記取」必去去上、「杳」必上。古微先生之「約」字用入聲，從夢窗「但恐舞一簾蝴蝶」體也。「事近」必去上。束縛至此，可謂難矣！第二集檗子以所得河東君妝鏡拓本命題，調限《眉嫵》；第三集夢坡值社，假座於雙清別墅，攜舊藏宋徽宗琴，爲鼓《一再行》，即拈《風入松》調屬同人共賦。名園雅集，裙屐風流，傍晚同遊周氏學圃，復止於夢坡之晨風廬，盡竟日之歡而別。翌日，夢坡首賦七律一章紀之，同社諸子各有和作，亦詞社中一段佳話也。

一一

元和戈順卿持律最嚴，力正萬氏之訛，所著《詞林正韻》，近時填詞家奉爲圭臬，可謂詞學功臣矣！然其所作，往往不能自遵約束。余曩時作《秋宵吟》，即攻其闕，說見《南社叢刻》中。又如夾鍾羽之《玉京秋》，宜用入聲叶韵，不可叶上去，見所著《詞林正韻·凡例》中，及自作「楊柳岸」一首，用「院」字上去韵。《憶舊遊》調結七字，當作「平平去入平去平」，第四字不宜用入，歷引各家詞證之，及自作「問東風」一首，結云「山花已盡紅杜鵑」，「盡」字非入，何恕於責己耶？芬陀利室主人謂此句何不作「山花淚濕紅杜鵑」？質之順卿，當亦首肯。

一二

余曩作《洞仙歌》十闋，蓋梅魂菊影，根觸閒情，不無法秀之呵，遂蹈泥犁之戒者也。四負齋主獨見而賞之，貽書稱許，且媵以平韻《滿江紅》一闋，有「抵封侯、十闋洞仙歌，播旗亭」之句，不虞之譽，徒增慚汗。近見上海李小瀛《枝安山房詞》中有《洞仙歌》四闋，則眞寫生妙手也。詞云「一帆風雪，約胥臺小住。笳鼓聲中訪春去。驀相逢，邂逅人面桃花，猶記得，舊日芳洲蘭杜。　　漫天烽火裏，綠慘紅愁，飛絮東風更無主。更重問奈何，天甫定，驚魂還省識，別來媚嫵。笑鸚鵡知名隔簾呼，卻不問滄桑問人安否？」其一「葭灰初動，覺針樓春早。門外西風尙料峭。向妝臺，癡坐私語無聲，肩憑處，別有暖香盈抱。　　嬌憨憐姊妹，簾角潛窺，悄齧紅巾昵人笑。薄醉倩扶歸，深巷重重，偏謊道、獸環對了。判一宿空桑話三生，但何處巫峰怎生能到。」其二「酒闌雲散，聽沈沈更漏。眉月初三下牆久。看燈昏，鴛帳篆冷猊爐，人靜也，幾陣新寒輕逗。　　慵妝輕卸後，卸到羅

裳，故作嬌嗔復停手。引臂替郎肩，一笑回眸，又攬取、繡衾覆首。只軟玉溫香可憐生，問小小春魂那堪消受。」其三「雲癡雨膩，正連宵徵逐。歡唱無歸又相促。怕牽衣，話別後會先期，明鏡裏，春色眉山雙蹙。　　柔腸縈宛轉，尺幅紅綃裏，贈鮫宮碎珠玉。人海易秋風，錦華年，須珍惜、蟬明蛾綠。願掃盡欃槍報平安，待舊燕歸來冶遊重續。」其四右作迴腸盪氣，一往情深，香草哀音，以《金荃》豔體出之，自非個中人，固莫能印證斯語耳。

一三

《枝安山房詞》，小令最佳。《點絳唇》云：「兩岸垂楊，門前流水明於鏡。宵來人靜。露立秋衫冷。　　水上紅樓，樓上紅燈暝。西風定。碧紗窗映。約略釵鬟影。」《醉太平》云：「瑤琴懶橫，銀燈懶明。芭蕉故作秋聲，一聲聲怕聽。　　巫山夢醒，眉山淚盈。新涼已怯桃笙，待秋深怎生。」《清平樂》云：「晝長人靜，繡倦尋芳枕。睡起羅衫斜未整。玉臂簟紋紅印。　　無聊獨倚妝臺，侍兒剛報花開。開到階前夜合，檀郎今夕歸來。」清圓流麗，脫口如生，所謂嘗一滴知大海味也。

一四

近讀《滄江樂府》詞，輒多心賞之作，臚列於下。嘉定程序泊《浣溪沙》云：「咫尺紅樓夢轉遙。更無人在更魂消。一簾花影下如潮。　　記得同燈還避影，零星舊事訴無憀。乍寒時節可憐宵。」鎮洋汪稚泉《臨江仙》云：「蘭月流波銀箭咽，比肩人影窗西。眉尖傳語太迷離。蚖膏羞照鏡，麝屑替薰衣。　　悄說輕寒今夜減，妍春暖護雙棲。頰潮紅暈鬢雲低。海棠濃睡好，多事曉鶯啼。」《蝶戀花》云：「銀鑰沈沈深院靜。一點冰丸，簾隙窺人冷。拂檻芭蕉聲不定。黃昏疲了缸花影。　　酒到今宵偏易醒。倦倚紅蕤，往事和愁省。那更懨懨添小病。藥煙吹上屏山暝。」

一五

寶山沈小梅，亦《滄江樂府》中之一人。蔣劍人嘗稱其《蝶戀花》云：「約住海棠魂未醒，嫩寒作就春人病。」《浣溪沙》云：「荻絮因風疑作雪，柳絲弄暝不成煙。夕陽紅上鷺鷥肩。」元人集中名句也。如此尖新，豈不可

喜！然石帚、夢窗，尚須加一層渲染；淮海、清真，則更添幾層意思。加渲染、添意思，正欲其厚也。若入李氏、晏氏父子手中，則不期厚而自厚，此種當於神味別之。劍人嘗以「有厚入無間」之說論詞，此寥寥數語，尤度盡金針不少。

（以上《文星雜誌》1915 年第一期）

一六

夢窗丙稿中《丹鳳吟》一闋，爲陳宗之芸居樓賦也。按：宗之名起，即睦親坊開書肆陳道人也。睦親坊即今杭城弼教坊。又按：《南宋六十家小集》，錢塘陳思彙集本朝人之詩集尾書刊於臨安府棚北大街陳氏書籍鋪者是也，題曰「群賢小集」。又陳起宗之編前賢拾遺五卷，此編較《群賢小集》流傳尤少。《瀛奎律髓》云：寶慶初，史彌遠廢立之際，錢塘書肆陳起宗之能詩，凡江湖詩人，皆與之善，刊《江湖集》以售，劉潛夫《兩嶽稿》與焉。宗之賦詩有云「秋雨梧桐皇子府，春風楊柳相公橋」，哀濟邸而誚彌遠，本改劉屏山句也。或嫁「秋雨」、「春風」之句，爲敖器之所作，言者並潛夫《梅詩》論列，劈《江湖集》板，二人皆坐罪，宗之坐流配。於是詔禁士大夫作詩。如孫花翁之徒，改業爲長短句，紹定癸巳彌遠死，詩禁解，潛夫爲《訪梅絕句》云：「夢得因桃卻左遷，長源爲柳忤當權。幸非不識桃並李，卻被梅花累十年。」此可備梅花大公案也。今《江湖集》宋刻精本，尚存吾鄉蕩口某姓家，相傳康熙初長白某公官某省巡撫，得此書，珍如拱璧。與同起臥，臨歿，屬家人殉葬。其幕友汪亦愛書成癖，急賄近侍，以贋鼎易之，書遂歸於汪氏。及汪氏中落，又流轉入吾鄉。蠹魚三食，今亦只存三十家矣。吉光片羽，猶在人間。遙望鵝湖，隱隱有豐城劍氣，安得叩王將軍之武庫而一讀之。

一七

白石小紅故事，爲詞人所豔稱。按：在白石前者劉几，字伯壽，洛陽人，爲「洛陽九老」之一，神宗朝官秘書監致仕，上柱國通議大夫，築室嵩山玉華峰下，號玉華庵主。有妾名萱草、芳草，皆秀麗善音律。伯壽出入乘牛車吹鐵笛，二草以蘄笛和之，聲滿山谷。出門不言所之，牛行即行，牛止即止。其止也，必命壺觴，盡醉而歸。觀此覺魏晉諸賢，去人未遠。垂虹雪夜，一

曲洞簫，猶未免尋常兒女子態耳。伯壽又嘗於汴妓郜懿家賦《花發狀元紅》慢詞一闋，中有「詠歌才子，壓倒元白」之句，其情致可想見也。見《避暑錄話》。

一八

「無可奈何花落去，似曾相識燕歸來」，《珠玉詞》中妙句也，皋文《詞選》誤爲南唐中主所作，不知何本。按：《復齋漫錄》：晏元獻同王琪步遊池上，時春晚有落花，晏云每得句書牆壁間，或彌年未嘗強對。且如「無可奈何花落去」一句，至今未能對也。王應聲曰：「似曾相識燕歸來」。自此辟置館職，遂躋侍從。又張宗橚《詞林紀事》云：元獻尚有《示張寺丞王校勘》七律一首：「元巳清明假未開，小園幽徑獨徘徊。春寒不定斑斑雨，宿醉難禁灩灩杯。無可奈何花落去，似曾相識燕歸來。遊梁賦客多風味，莫惜青錢萬選才。」中三句與此詞同，只易一字，細玩「無可奈何」一聯，情致纏綿，音調諧婉，的是倚聲家語。若作七律，未免軟弱矣云云。是此詞爲晏作無疑。汲古閣《六十家詞》於此闋下亦注云：「向誤爲南唐二主詞。」

一九

臨川謝無逸以《蝴蝶詩》三百首得名，人稱「謝蝴蝶」，不知其詞亦復含思淒婉，輕倩可人。漫叟題其《溪堂詞》，謂如「黛淺眉痕沁，紅添香面潮」，又「魚躍冰池飛玉尺，雲橫石嶺拂鮫綃」，皆百鍊乃出冶者。余尤愛其《江城子》云：「一江春水碧灣灣，繞青山，玉連環。簾幕低垂，人在畫圖間。閒抱琵琶尋舊曲，彈未了，意闌珊。　　飛鴻數點拂雲端。倚欄看，楚天寒。擬倩東風，吹夢到長安。恰似梨花春帶雨，愁滿眼，淚闌干。」按：《復齋漫錄》：無逸嘗過黃州杏花村館，題《江城子》於驛壁，過者索筆於館卒，卒苦之，因以泥塗焉。其爲當時賞重如此。

二〇

西江詩派，流衍至今，幾於戶祝涪翁，人師文節，才薄者驚其淵古，韻俗者賞其清奇，海藏、石遺，卓爾不群無論矣，餘亦分一勺以自豪，嘗片鬠而知重。然豫章在當日，即有不滿人意之處。徐俯字師川，山谷甥也，《後村

詩話》稱其「高自標樹，不似渭陽」。又《堯山堂外紀》云：徐師川是山谷外甥，晚年欲自立名，客有稱其源自山谷者，公讀之，不樂。答以小啓曰：「涪翁之妙天下，君其問諸水濱。斯道之大域中，我獨知之濠上。」亦可爲狂放不羈矣。師川又有《卜算子》詞云：「胸月千種愁，掛在斜陽樹。綠葉陰陰自得春，草滿鶯啼處。　　不見凌波步，空想如簧語。柳外重重疊疊山，遮不斷、愁來路。」末二語固當與「問君能有幾多愁，恰似一江春水向東流」爭勝。

<h2 style="text-align:center">二一</h2>

楊誠齋爲監司時，巡歷至一郡，二守宴之，官妓歌《賀新郎》詞以送酒，其中有「萬里雲帆何時到」之句，誠齋遽曰：「萬里昨日到」。守大慚，監繫此妓。按：「萬里雲帆」句，葉石林詞也，此妓歌之，未爲有意，遽罹縲紲之辱，郡守亦大煞風景哉？

<h2 style="text-align:center">二二</h2>

近有人持宋槧《片玉詞》求售，爲士禮居舊藏本，後有蕘翁跋云：「己巳秋七日，余友王小梧以此《詳注周美成詞片玉集》三冊示余，謂是伊戚顧姓物。顧住吳趨坊周五郎巷，向與白齋陸紹曾鄰，此乃白齋故物，顧偶得之，託小梧指名售余者。小梧初不識爲何代刻本，質諸顧千里，始定爲宋刻，且云精妙絕倫。小梧始持示余，述物主意，索每冊白金一鎰。後減至番錢卅圓，執意不能再損。余愛之甚而又無資，措諸他所，適得足數二十兩，遂成交易，重其爲未見書也。是書歷來書目不載，汲古鈔本雖有十卷，卻無注。此本裝潢甚舊，補綴亦雅，從無藏書家圖記，實不知其授受源流。余收得後，命工加以絹面，爲之線釘，恐原裝易散也。初見時，檢宋諱字未得，疑是元刻精本。細核之，惟避『愼』字，『愼』爲孝宗諱，此刊於嘉定時，蓋寧宗朝避其祖諱，已上諱或從略耳。至詞名《片玉集》，據劉肅序似出伊命名。然余舊藏鈔本只二卷，前有晉陽強煥序，亦稱《片玉詞》，是在淳熙時，又爲之先矣。若《書錄解題》美成詞名《清眞詞》，未知與《片玉詞》有異同否？又有《注清眞詞》，不知即劉序所云病舊注之簡略者耶？古書日就湮沒，幸賴此種秘籍，流傳什一於千百。余故不惜多金購之。惟是一二同志，老者老，沒者沒，如余之年及艾而身尚存者，又日就貧乏，無以收之，奈何，奈何！

書此誌感。復翁」卷首更有蕘圃題詩。按：毛氏、丁氏所刻《片玉詞》，均有劉肅序而無年月，鄭叔問校勘《清眞詞》，遂指劉肅所序之本爲元刻，而此本於序文下有「嘉定辛未」云云，且書爲盧陵陳元龍注。《江西通志·藝文志》稱元龍宋人，注《片玉詞》十卷，是此書爲宋刻無疑。奇書入手，愛不忍釋，留案頭月餘，朝夕相對，後以物主索價甚昂，許以蕘翁十倍之價，尚不肯讓售，卒爲某公子所聞，以重金豪奪以去。放翁詩云：「名酒過於求趙璧，異書渾似借荊州。」崑山片玉，握瑜懷瑾，豈眞薄福人不能消受耶？回首前塵，眞如牧翁兩漢書爲四明謝象山攜去時也。

（以上《春聲》1916 年第二集）

二三

近從南陵徐積餘丈處假得金繩武刻《十家詞彙》，中有《影曇館詞》一種，爲仁和吳子述承勳作。其詞幽秀冷豔，黃韻珊嘗比之「翡翠淩波，珊瑚篆月」，故是浙派中健者。復堂《篋中詞》曾錄其《探芳信》、《四犯》、《翠連環》諸闋，余猶愛誦其小令數首，錄之如下。《鷓鴣天》云：「消損嬋娟鏡裏容。一春如夢忒惺忪。酒闌憶遠蘼蕪雨，病起知寒芍藥風。　愁忽忽，恨重重。幾時織在素紈中。淚痕界作烏絲格，寫取新詞餞落紅。」《浣溪沙》云：「試換羅衣待月明。玉人先上水西亭。鴛鴦睡了莫吹笙。　渲碧斜行蘋藥毯，糝金橫幅桂花屏。一池秋水浴雙星。」《梅花引》云：「柳花飛，杏花稀。落月催人輕別離。美人兮。美人兮。何處片雲，秦時宮闕西。　畫成重把鴛紋疊，淚流重把鵑痕拭。九張機。九張機。新織袖羅，紅如紅印泥。」《浪淘沙》云：「月湧萬山孤，不許雲扶。涼波另織玉浮圖。除卻美人和醉衲，沒甚稱呼。　攜策狎春鋤，衣薄風疏。瓜皮艇子百錢租。荻作闌干萍作毯，蓼作流蘇。」

二四

積餘丈又惠余《小檀欒室閨秀詞續鈔》，中有柳河東妹絳子詞，附小傳云：「絳子薄其姊所爲，河東歸蒙叟，後絳子猶居吳江垂虹亭，杜門謝客，質釧鐲得千餘金，搆一小園於亭畔，日攤《楞嚴》、《金剛》諸經，歸心禪悅，頗有警悟。嘗謁靈巖、支硎等山，布袍竹杖，飄遙閒適，視乃姊之迷落於白髮

翁者，不啻天上人間。嘉興薛素素女士慕其行，特倩棹擔書，訪絳子於吳門，相見傾倒，遂相約不嫁男子，以詩文吟答，禪梵討論爲日課。乃同至慧泉，溯大江而上，探匡廬，入峨眉，題詩銅塔終隱焉。其後，素素背盟，復至檇李，絳子一人居川中，足迹不至城市。河東君數以詩招之，終不應。未幾，卒。著有《雲鵑閣小集》行世。」《閨秀詞》錄其春柳詞調《高陽臺》，寄愛姊一首云：「過雨含愁，因風助態，江南二月春時。少婦登樓，憐他幾許相思。流鶯處處啼聲巧，織柔條、搖曳絲絲。散黃金、持贈旗亭，勞燕東西。　　逢人莫便纖腰舞，縱青垂若輩，濁世誰知。張緒風流，靈和情更依依。天涯一霎飛花候，也應嗟、墮溷沾泥。怨東風，吹醒芳魂，吹老芳姿。」蓋諷河東君而作也。

二五

　　明張大復《梅花草堂筆記》云曾見閣本《辛稼軒集》，凡二本，而詩餘得半，中有寄調《賀新郎》詠水仙花二闋，愛其婉麗，吟詠累日，詞云：「雲臥衣裳冷。看瀟然、風前月下，水邊幽影。羅襪塵生凌波步，湯沐煙波萬頃。愛一點、嬌紅成暈。不記相逢曾解珮，甚多情、爲我香成陣。待和淚，搵殘粉。　　靈均千古懷沙恨。恨當時、忩忩忘把，此花題品。煙雨淒迷儜慫損，翠被遙遙誰整？謾寫入、瑤琴幽憤。弦斷招魂無人賦，但金杯的礫銀臺潤。愁滯酒，又還醒。」按：此詞與嘉靖李氏刊本及四印齋刊本均有異同，「塵生」作「塵生」，「嬌紅」作「嬌黃」，水仙與紅字太遠，必黃字之訛無疑「恨當時」作「記當時」，「忩忩」作「忽忽」，忩字誤甚「翠被」作「翠袂」，亦袂字佳「礫」作「礫」，「還醒」作「獨醒」。又：大復稱詞有二闋，而僅錄其一，疑「二」字亦一時筆誤，嘉靖本及四印齋本亦止有一闋也。大復又云：閣本用眞行篆隸雜書之，鐫刻遒潤，類名手新落墨者，或云稼軒自爲之。自來刻書，無以眞行篆隸並書者，明人好訛，於此可見。

二六

　　月前過城中舊書肆，見吾宗一元所著《詞家玉律》鈔本。破碎已甚，方命工修理，余欲窺其全豹未能也。僅錄其一序以歸。序云：「余不解音律，而雅好塡詞。刻羽引商，惟譜是賴。顧《嘯餘圖譜》選聲諸書舛錯相仍，余心

識其非而莫能正也。殆萬子紅友《詞律》一書起而駁正之，縷析條分，瞭如指掌，《金荃》一道，幾於力砥狂瀾，然其間亦有矯枉太過者，且序次前後，未盡畫一。批閱為難，思得數月餘，閒重為釐訂，而拘於帖括，迫於饑驅，忽忽未果。今春捷南宮，需次京邸，應酬少暇，始取唐宋諸詞而參酌焉。會陰雨累月，剝啄不斷，濕翠入簾，獨坐小樓，燈光熒熒，漏三下不休，惟聞簾聲樹聲若與余相贈答者。雨霽而書適成，自念生平無他嗜好，《花間》、《蘭畹》所樂存焉。減字偷聲之癖，久貽譏於士林，顧鄙陋如余，謬以詞名上達兩宮，魁首紅雲為之感泣，既自愧且自礪也。繼今以後，惟有手此一編，與周、秦、辛、蘇諸君子尚友千古，以詠歌太平。其敢學俗吏之投筆焚硯，以自棄於盛世哉？是編也，仍名《詞家玉律》者何？亦以折衷於萬子之成書，不敢忘所自來也。康熙癸未孟秋朔日，梁溪王一元題於燕山寄寄園之狃青閣。」按：一元，字宛先，占籍鐵嶺，官內閣中書。自訂存詞一千六百餘首，釐為二十卷，名《芙蓉舫集》。寄園，錢塘趙恒夫給諫園，一元為給諫所拔士，故久居其家。今《芙蓉舫集》亦在，趙氏詳見吳子律《蓮子居詞話》中。紅友之失，攻之者眾，一元以並世之人而糾正其誤，必有可觀。青氈是吾家故物，行購求之，不使流落天壤間也。

二七

《花草蒙拾》，新城王阮亭著，中有一條云：「近日雲間作者論詞，有云『五季猶有唐風，入宋便開元曲』，故耑意小令，冀復古音，屏去宋調，庶防流失。」此語恰中清初詞人之弊。大抵清初人所作小令，雅有《花間》風韻，長調多未講究，未始非此論階之厲也。阮亭力闢其說，謂廢宋詞而宗唐，廢唐詩而宗漢魏，廢唐宋大家之文而宗秦漢，然則古今文章，一畫足矣，不必三墳八索至六經三史，不幾幾贅疣乎？此語辨矣，然阮亭所作，亦以小令為工，習俗移人，可畏哉！

二八

《花草蒙拾》後附董以寧《蓉渡詞話》，僅六則。第四則云：「其年常云：『馬浩瀾作詞四十餘年，僅得百篇。昔人矜慎如此。今人放筆頹唐，豈能便得好句？』余與程村極歎斯言之簡妙。」其年此語，良云簡妙，乃《湖海集》

正坐貪多務得之弊，何耶？至蓉渡所作，大都法秀所云泥犁語耳，可以不論。

二九

潁川劉體仁著《七頌堂詞繹》，以詞之初盛中晚，比之於詩。牛嶠、和凝、張泌、歐陽炯、韓偓、鹿虔扆輩，不離唐絕句，如唐之初，未脫隋調也，非皆小令耳；至宋則極盛，周、張、柳、康蔚然大家；至姜白石、史邦卿則如唐之中；而明初比唐晚，蓋非不欲勝前人，而中實枵然，取給而已，至於神味處，全未夢見。此論殊精，然有明一代，爲詞學最衰之時，比諸晚唐，雖卑之而實尊之。余近輯《梁溪詞徵》，明人著作絕少。一日以語倦鶴，倦鶴曰：「明代詞家，豈惟梁溪人少，即天下能有幾人者！」相與大噱。

三○

詞曲之辨，界根分明。嘗見《儒林外史》載某名士作《春日寄懷詩》：「桃花何苦紅如此，楊柳忽然青可憐」，自矜創獲，識者笑之。謂上句加一「問」字，填於《賀新郎》詞中，尚稱合拍；下句則等諸自鄶可也。此語論詩詞之辨，正可借鏡。阮亭謂：「『無可奈何花落去，似曾相識燕歸來』，定非香奩詩；『良辰美景奈何天，賞心樂事誰家院』，定非草堂詞。」允矣！

（以上《春聲》1916年第三集）

雙鳳閣詞話

朱鴛雛 著

　　《雙鳳閣詞話》，朱鴛雛著。刊於 1916 年《申報・自由談》，分 16 期連載於 5 月 12 日、5 月 15 日、6 月 3 日、6 月 4 日、6 月 5 日、6 月 11 日、6 月 12 日、6 月 16 日、6 月 17 日、6 月 19 日、6 月 21 日、7 月 12 □、7 月 19 日、7 月 20 日、7 月 25 日、8 月 9 日，後收入其與姚鵷雛合刊之《二雛餘墨》（1918 年小說叢報社出版）。朱鴛雛（1894～1921），名璽，字爾玉，號犨兒，別號銀簫舊主，松江（今屬上海市）人。原是松江孤兒院的孤兒，後來被南社名宿楊了公收養爲義子，後經楊了公、姚鵷雛介紹入南社，成爲名噪一時的著名詩人。與姚鵷雛、聞野鶴齊名，號「雲中三傑」，又與姚鵷雛並稱「松江二雛」。1917 年，南社因唐宋詩之爭引發嚴重內訌，柳亞子以南社主任名義將站在宋詩派一邊的朱鴛雛強行驅逐出社。著有《朱鴛雛遺著》、《鳳子詞》、《紅薑繭集》、《銀簫集》、《簾外桃花記》、《二雛餘墨》（與姚鵷雛合刊）等。經比勘，《申報・自由談》本《雙鳳閣詞話》原有三十則，《二雛餘墨》本爲二九則，多出的 6 月 21 日之一則見於《雙鳳閣詞話・續稿》中之第六則前半部分。據《雙鳳閣詞話・續稿》自序，可知其《續稿》作於 1918 年。今據《二雛餘墨》本加以點校，參校《申報・自由談》本。

一

　　甲寅夏日，消暑於松江城南之幾園。疏簾清簟間，稍稍學爲填詞。唐宋以來，莫不涉獵，不欲以門戶之見，害其所好。姚師鵷雛謂同社無錫王蓴農（蘊章），持論亦如是。嘗見其覆鵷師箋云：「夢窗詞，弟亦嫌其過費氣力，清空如玉田，豪雄如稼軒，渾脫如清眞，得其一節，無慚作者。而某公等必欲揚此抑彼，殊近偏激。懷此有年，得公爲證心期，欣快何如也。」箋尾附

二詞：《貂裘換酒》《題鈍艮紅薇感舊記》云：「脫帽悲歌起。數平生一簫一劍，更無知己。不是揚州狂杜牧，十載鬖星星矣。忍更說墜歡重理。駿馬美人都去也，莽乾坤合爲多情死。負此者，有如水。　　狂言忍發君須記。遍相思靈均香草，灃蘭沅芷。結客他年公事了，還我傾城名士。更碌碌嗤他餘子。痛哭山中閒日月，肯如今短盡英雄氣。浮大白，拚沈醉。」《太常引》《題亞子分湖舊隱圖》云：「五湖歸記太無聊。魂也不禁消。何處木蘭橈。看畫裏煙波路遙。　　松陵十四，碧城十二，吹瘦小紅簫。酒醒又今宵，有自琢新詞最嬌。」直合辛、周爲一手矣。

（1926 年 5 月 12 日）

二

　　集詞句爲聯語，頗見風致。集玉田、梅溪云：「石磴拂松陰，幾曲闌干，古木迷鴉峰六六；煙光搖綠瓦，一屏新繡，芙蓉孔雀夜溫溫。」集稼軒、草窗云：「雲洞插天開，欲往何從，一百八盤狹路；湘屏展翠疊，臨流更好，幾千萬縷垂楊。」集晉卿、永叔云：「海棠開後，燕子來時，黃昏庭院；紅粉牆頭，秋千影裏，臨水人家。」集稼軒云：「素壁寫歸來，畫舫行齋，細雨斜風時候；瑤琴才聽徹，鈞天廣樂，高山流水知音。」集清眞云：「錦幄初溫，葡萄架上春藤秀；闌干四繞，蒼蘚松階秋意濃。」集草窗云：「蓮葉共分題，貯月杯寬，笑拍闌干呼范蠡；簀屏掩雙扇，避風臺淺，旋移芳檻引流鶯。」集梅溪云：「竹杖敲苔，倚窗小梅覓句；簾波浸筍，閉門明月關心。」集夢窗云：「數曲闌干，人事迴廊縹緲；一奩越鏡，仙山小隊登臨。」皆自然而渾脫者也。

三

　　詠物之作，以王中仙爲上，其詞旨淒咽，寄託遙深，不足以禁體限之。近見有綺庵者，《沁園春》《賦藕絲》云：「一舸搖紅，三十六陂，人來採香。看碧搓柳線，撩將桂棹，翠牽荇帶，攔斷銀塘。輕擘冰綃，徐舒玉腕，委霧凝霜細較量。閒無事，把金針七孔，爭補荷裳。　　飄煙曳雨情傷。算抽出相思寸寸長。只青錢貫了，同心結小，明珠穿得，續命絲長。織倩湘妃，繰憑漢女，新試羅衫學淡妝。好綠雲深處，繫住鴛鴦。」未知是同社虞山龐蘗

子（樹柏）所作否？

（以上 1916 年 5 月 15 日）

四

《西堂詞》，署雲間莊永祚天申著，茜婉可誦。《憶秦娥》云：「雕闌畔。落紅似醉閒庭院。閒庭院。芹香翠徑，和氣輕扇。　　畫梁雙燕聲如剪。惜春歸去添離怨。添離怨。朱門深處，繡床人倦。」斷句如：《賣花聲》云：「樓外長條親折贈，卻又青青。」《減蘭》云：「倦眠還開，不寐如何有夢來。」尚有《漁家傲》《閨詞》十二首。附錢芳標、范武功和作，不能盡錄。

五

《牟舫詞》，署汪價著。天然散人云：「汪價號三儂，嘉定人，有《三儂嘯旨》。」《牟舫詞》神似玉局。《雨中花》《閨思》云：「春起懶將殘髻束。向鏡面照了還覆。卻裙帶輕拈，鞋尖漫點，斜倚闌干曲。　　風色微薰花氣鬱。已作（去）就一天新綠。看燕子雙雙，鶯兒對對，只有人兒獨。」《點絳唇》《初夏》云：「風色初薰，竹香細細抽新翠。疏簾影裏，小燕窺人睡。　　閒處偷行，領得花滋味。初時喜，歸時心悸，以後長如醉。」《臨江仙》《罨畫溪》云：「廿載前頭溪上宿，山光水色花香。今番重到白鷗鄉。扁舟獨放，野鳥語淒涼。　　碧竹紫藤都化去，當年歌吹興亡。漫登危閣斷人腸。遠峰橫處，依舊有斜陽。」斷句如：《西江月》云：「手搓澀眼倦還眠，好夢重尋一遍。但憑柳悴與花孱。知道曉妝深淺。」馮夢華謂蘇詞有四難：獨往獨來，一空羈靮，一也；含剛吐柔，發其絕詣，二也；忠愛之誠，深以寄託，三也；笑樂哀傷，皆中其節，四也。所以振北宋之緒，挽秦、柳之風，與稼軒各樹一幟，不域於世。世第以豪放目之，非知蘇、辛者也。余謂三儂之詞，能知蘇、辛者也。

六

施子野亦云間人，是李笠翁一流，著有本曲多種。曾於同邑費龍丁（硯）許見之，《花影詞》□卷，與天然散人所錄，稍有出入。《浣溪沙》云：「半是花聲半雨聲。夜分淅瀝打疏櫺。薄衾單枕一人聽。　　密約不明渾夢境，佳

期多半待來生。淒涼情況是孤燈。」《憶秦娥》云：「闌干曲，竹浸一池春水綠。春水綠。消閒棋子，破愁雙陸。　花迸酒負何時贖。多情反被情拘束。情拘束。不堪重見，燕飛華屋。」觀此，風情固不薄也。

（以上 1916 年 6 月 3 日）

七

《秋屏詞》，署碧海逸伶著。《菩薩蠻》云：「酡顏綠髮稱才子，十年不合長如此。柳色黯雕輪，門前春水深。　羞將愁拍促，細按涼州曲。風起赤闌橋，低頭魂欲銷。」「春遊慣說江南好，春光復向江南老。何惜馬蹄遙，東風烏鵲橋。　愁多容易醉，強拾佳人翠。滿院碧桐花，鈎簾日已斜。」「鶯歌欲靜芳塵歇，垂楊滿院花飛雪。蕩子不歸家，空羞雙雀釵。　江南音信斷，望斷江南岸。青草咽斜陽，羅衣黯淡香。」《浣溪沙》云：「放浪青山久不歸。姑蘇臺下鷗鴣飛。古堤疏柳淡煙微。　欲問興亡徒草草，五湖西去又斜暉。一番新恨畫羅衣。」斷句如《菩薩蠻》云：「江晚日初低，猿啼知妾啼。」《江南好》云：「酒旗風急杏花殘，人醉影闌珊。」《臨江仙》云：「夕陽無際山色亂，流中荻花吹動，江月小如錢。」「才子」諸闋，絕似韋莊留蜀之作。於言語文字之外，見其傷心。至詞氣之跌宕風流，讀之蕩氣。暗香水殿，舊國之思，殆自隱于伶邪。嗟嗟！江南花落，老去龜年，安得起天然散人問之，知其為誰某邪！

八

《四香樓詞》，署范武功著。《臨江仙》《金陵》云：「曾繫扁舟桃葉渡，雙柑斗酒頻攜。青山無數夕陽西。畫樓深院，細雨杏花飛。　千古江流流不盡，後湖草冷煙低。客窗何事最淒其。六朝宮樹，夜夜子規啼。」斷句如：《玉蝴蝶》云：「怎消除五更香夢，空斷送一段春天。」原稿為燒痕所廢，未窺全豹。然亦俊才也。與周冰持、莊天申多唱和，又有《茸城紀事詞》，當是雲間人。

九

《口口詞》，署周樨廉著。《沁園春》句云：「望空濛花徑，夢來夢去，參

差柳影，疑短疑長。」為索茗白龍潭蕭九娘家作，亦吾松韻事也。

一〇

《口口詞》，署張頸頑著。《減蘭》云：「愁來何處，遠在門前烏桕樹。近在眉頭，最有眉頭耐得愁。　菱花似月，照出花容紅一捻。無淚沾襟，秋在眉頭愁煞人。」似《憶雲》。

（以上 1916 年 6 月 4 日）

一一

《望雲詞》，口口口著。《望江南》云：「山萬疊，石壁插天關。絕巘雲排孤塔秀，大江煙雨萬松寒。一雁拾蘆還。」《更漏子》云：「玉參差，金口口。牆外曾聞一笑。才轉眼，急回身。綠楊影裏人。　金爐短。犀簟軟。人和影兒都遠。捱夜夜，數更更。今生睡不成。」《水龍吟》《楊花》云：「空中似有還無，白楊一片飛花墜。輕於蕩子，短於閨夢，澹於春思。黏著葳蕤，穿將麗麇，雙環半臂。想漢宮張緒，靈和殿側，懶更三眠三起。　一望盤渦沙嘴，似江天殘雲密綴。曉煙籠破，曉星逼冷，曉風揉碎。桂闕含秋，銀塘抹粉，銅鋪浸水。願隨花飄傍，那人衾枕，偷沾鉛淚。」《清平樂》云：「柳風梅雪，繡幕雲驅月。花氣撲簾香影折，睡暖一雙蝴蝶。　斂眉獨倚金扉，輕寒吹上銖衣。滿池星紅小綠，鳳尖怕蹴香泥。」斷句如：《如夢令》云：「輕薄。輕薄。人被柳絲兜著。」《薄倖》云：「溪心寒月，為流急才圓便缺。」諸詞哀感頑豔，亦松卿、端己之遺。至於深思寄意，其亦勝國遺臣乎。

一二

《空瞳子詞》，不署名。《鷓鴣天》句云：「鳳靴細按新檀板，隔個窗兒分外明。」新意。

一三

天然散人所錄如是，都吾松軼詞，書賈語余，得自一李姓家，然無實據可考。邇來索居無事，與同邑吳遇春（光明）約為選政。遇春之《穀水詩徵》，

自清嘉慶始。余之《穀水詞徵》，依《松風餘韻》、《松江詩鈔》為例，搜採之難，其終乃不可知。世方多故，余等獨作風月閒人想，亦復自笑。余答遇春詩所謂：「世亂還宜論詩格，自教刻意到宮商。」正有不能已者。安得多如天然散人者，饗余深也。

（以上1916年6月5日）

一四

《耐歌詞》，李笠翁著。董石甫《三岡識略》謂其淫蕩不檢，工媚時世，至欲屏於士夫以外。余友同邑張破浪（社浩）則特愛其詞，以為哀感頑豔，皆從性情中來。深非石甫之說，以質於余。余意天下初無美惡，在人人之眼光為變動耳。姑錄其詞，如：《一剪梅》《廣陵》云：「此番再過玉人樓。喚汝回頭。切莫回頭。」《點絳唇》《用情》云：「怕有人聽，一半留將住。」《虞美人》《代柬》云：「當時作俑豈無人，那得繡針十斛刺伊心。」意思固精微深刻者也。

一五

《沁園春》《詠豔》二十首寫本，幀尾有慶雲篆印，字體婉弱，類出閨人之手。其中劉改之四首見於《草堂詞》，外有范纘《美人齒》云：「雙鳳帷中，嫣然微笑，半露朱櫻。向翠簾弄筆，瀋浸墨瀋，繡窗擘線，濕膩紅星。香沁歌珠，脂黏暖玉，怕見枝頭梅子青。沉吟久，更巡簷鴉噪，低叩聲聲。　　　相看恰是芳齡。每閒喂鸚哥剝紫菱。喜含嬌剔罷，春纖甲軟，幽歡齧處，錦被痕輕。甘液流芳，清泉初漱，細嚼花鬚吐畫欄。雕軒下，等檀郎不到，切恨無情。」原注：見《四香樓詞》。當是范武功作。錢葆芬《美人唾》云：「羅袖花輕，點點仍留，鍍金舊箱。記鏡前斑管，欲拈先潤，簾前弱線，已斷猶香。窗紙偷穿，書緘密啓，沾著些些濕不妨。妝臺倦，愛越梅青小，齒軟津涼。　　　有時吹罷笙簧落。幾顆隨風小夜光。更玉魚含後，脂痕隱映，錦衾齧處，檀郎顛狂。不枉如飴，真堪消渴，莫作薔薇曉露嘗。藍橋路，算華池除卻，那覓瓊漿。」原著見《湘瑟詞》，目署申浦漁郎。錢立山《美人腕》云：「碧藕華池，雪向銀盆，皎然素鮮。想雲和斜抱，清輝乍映，霓裳罷按，紅袖輕纏。約鬢微拳，洗妝全露，帶出些兒齒印。偏嬌憨處，似不任鸞繡，故倚郎肩。　　　有時鏤枕欹眠。襯蝤領鴉鬢相近邊。愛無多弱骨，恰勝金釧。

有餘豐膩，渾惹芳煎。搗素何柔，臨書絕勁，不繫朱絲亦可憐。多應是，向洛波深處，採得芝玄。」目署潑湄老人。尚有一峰墨堂數首，未能悉錄。不知其出於何本也。或於是類側豔之什，譏爲纖細，然當春沈晝長，就白梨花底唱之，眞覺鬖角衣波，呼之欲出也。

一六

失名《憶江南》二十首，附黏前幀之後。其詞豔怨沈幽，逼近皇甫。錄其三、十一、十六、十九云：「江南好，梅雨掩重門。不是麝臍浮小鬢，果然獺髓沒雙痕。絮語酒微溫。　瀟瀟響，近共聽黃昏。心似芭蕉長有淚，手無芍藥已消魂。則怕是離樽。」「江南好，麥信一番寒。碧茗焙香松葉路，銀鱘翻雪楝花灘。怊悵又春殘。　梅梢雨，千子綠新幹。幽夢蝶驚虛晝枕，小詞蠅細滿烏闌。和淚寄伊看。」「江南好，別是一家春。彈去金丸花滿地，坐來青翰月隨身。風淺露華新。　江南事，是處可傷神。心似明珠常不定，人如照鏡未曾眞。一載夢頻頻。」「江南夜，最是五更長。昨日事如天上遠，前生人在夢中忙。切莫負春光。　江南恨，難向酒杯忘。殘雨數聲敲玉枕，飛花一點逗紅窗。宿燕已雙雙。」後跋似鄉先輩郭友松（福衡）墨蹟。跋云：閱宋轅文集內載《憶江南》第十九首下半闋，「宿燕」句易爲「切莫負時光」，則知此全篇，係是人所作無疑矣。按轅文名徵輿，號直方，華亭人。

（以上 1916 年 6 月 11、12 日）

一七

《幗篋詞》，華亭閨秀何琢齋著。《浪淘沙》《擬易安》云：「樓外雨濛濛。狼藉芙蓉。澹煙籠樹遠連空。目斷天涯書不至，縹緲征鴻。　獨自下簾櫳。無限離衷。傷心怕聽晚來風。見說重陽將近也，情思偏慵。」《點絳唇》《嘲燕》云：「解得高飛，傍人偏是依門戶。有何相訴。終日喃喃語。　費盡經營，秋到還歸去。無意緒。問家何處。不肯經年住。」斷句如：《踏莎行》《春旅》云：「杜鵑苦說不如歸，欲歸畢竟歸何處。」《醉花陰》《病起》云：「休近小闌干，悵望空庭，不見黃花瘦。」諸詞澹寫輕描，不落粉奩舊調，其在幽棲、漱玉間乎。

（1916 年 6 月 16 日）

一八

《綠窗詞》，口口閨秀韓寒簧著。《賣花聲》《春感》云：「垂柳拂簷前。燕子呢喃。花明鶯媚豔陽天。有限韶光無限恨，辜負春妍。　對鏡怯連娟。縞素淒然。亦知妖冶不堪纏。遠岫正宜山澹澹，村樹籠煙。」「縞素」云云，殆鸞飄鳳泊之人乎。然而詠絮才工，自非凡近也。

一九

《鸝吹詞》，松陵閨秀沈宛君著。《憶王孫》云：「銀鐙花謝酒初醒。夢去愁來月半明。玉漏沈沈夜色清。翠生生。芳草能消幾許情。」《浣溪沙》云：「楓葉無愁綠正肥。多情空自繞漚幾。今宵千里斷腸時。　一棹青山人正遠，半床紅豆雨初飛。別離無奈思依依。」余謂女子之詞，類多弱於氣格，而清輕婉約，別有意味可尋。觀於《鸝吹詞》而益信矣。按宛君為葉天寥室，午夢風流，猶在分湖煙水間也。

二〇

《愁言詞》，宛君長女葉昭齊著。《點絳唇》云：「往事堪傷，舊遊綠遍池塘上。閒愁千丈。暗逐庭蕉長。　自古多情，偏惹多惆悵。人悽愴。寒宵淡月，一片淒涼況。」又有「東風無計，吹破春愁」之句，置之《飲水詞》中，當不能復辨。才地玲瓏，洵不可及已。乃妹瑤期《返生香詞》，知者已多，不錄。

（以上 1916 年 6 月 17 日）

二一

度曲已難，自度曲更難，乃知姜石帚《暗香》、《疏影》諸闋，非捫然妄作可比。曲隸於律，律隸於聲，聲隸於何宮何調，各有絕旨。古者以宮、商、角、徵、羽、變宮、變徵之七聲乘十二律，得八十四調。後人以宮、商、羽、角之四聲乘十二律，得四十八調。蓋去徵聲與二變而不用，則四十八調已非古律，明矣。隋唐以來，相次沿革，逮乎趙宋，發為詩餘，分隸四十八調。調不拘於短長，有屬黃鐘宮者，有屬黃鐘商者，皆不相出入。今則僅以小令、

中調、長調分爲班部，聲律微渺，不可以迹求矣。蘇長公《赤壁懷古》《念奴嬌》調有云：「千古風流人物，人道是三國周郎赤壁。」「卷作千堆雪，雄姿俊發，一樽還酹江月。」鮮于伯機是調云：「雙劍千年初合，放出群龍頭角。」「極目春潮闊，年年多病如削。」張于湖是調云：「更無一點風色，著我扁舟一葉。」「妙處難與君說，穩泛滄浪空闊。」「萬象爲賓客，不知今夕何夕。」是一入聲而通物月屑錫覺樂曷合陌職葉緝十三韻者，可見宋人詞本無韻，任意取押之說，所由來也。自沈去矜創爲詞韻，毛稚黃刻之。（見《西河詞話》）雖有功於詞學，而反失古意。假如上下平三十韻中，惟十一尤獨用，若東冬江陽魚虞佳灰支微齊寒珊先蕭肴豪覃鹽咸皆是通用，雖不知詞者亦能立辨。以獨用之外無嫌韻、通韻之外，更無犯韻，雖不分爲獨爲通，而其爲獨爲通者自了也。

二二

去秋與了公寄父，共治石帚，浸淫其間，自有眞味可尋。項憶雲所謂「不爲無益之事，何以遣有涯之生」，豈不然乎。余無狀，不足造述。寄父則矜持少作，而集其詞，諸闋音節句法，幽情密意，合符古人。如《念奴嬌》一首云：「松江煙浦，問經年底事，琵琶解語。恨入四絃人欲老，別有傷心無數。金谷人歸，翠尊共款，心事還將與。梅邊吹笛，冷香飛上詩句。　　江國暗柳蕭蕭，無人與問，惆悵誰能賦。書寄嶺南封不到，一點芳心休訴。玉笛無聲，朱門深閉，夢逐金鞍去。故人知否，爲君聽盡秋雨。」不特驅使前輩，天衣無縫。而含意深思，別有懷抱，寄父固自謂得意者。

（以上 1916 年 6 月 19 日）

二三

詞名之起原可考者，如《蝶戀花》之梁元帝「翻階蛺蝶戀花情」，《滿庭芳》取吳融「滿庭芳草易黃昏」，《夏雲峰》取「夏雲多奇峰」，《黃鶯兒》取「打起黃鶯兒」，《點絳唇》取江淹「明珠點絳唇」，《鷓鴣天》取鄭嵎「家在鷓鴣天」，《惜餘春》取李白賦語，《浣溪沙》取少陵詩意，《青玉案》取《四愁詩》語，《踏莎行》取韓翃詩語，《西江月》取衛萬詩語，《菩薩蠻》西域婦髻也，《蘇幕遮》西域婦帽也，《尉遲杯》取尉遲恭飲酒大杯也，《蘭陵王》以

其入陣取勇也，《生查子》即張博望乘槎事也，《瀟湘逢故人》柳惲句也，《巫山一段雲》即巫峽事也。此皆楊用修升庵《詞品》考證之語，而都元敬、沈天羽、胡元瑞諸人，於詞調起原，尤多論例。

二四

三年來學詞於姚先生之門，得《春痕詞》若干首。側豔之作，止以導淫悠繆之辭，或將損性。山谷綺語，法秀所呵，良用自疚。然而人天影事，有不忍相忘者，草稿既燼，第留其序。序曰：平生役於世故，而塵役勞勞，稟賦不實，而孕愁漠漠，宜乎局促兩間，莫知其所。沈吟章句，莫極其情矣。爾乃心靈蘭蕙之溫馨，神思裙裾之曼妙，若有人焉。在我之旁，如花之濃，如玉之瓏。若怡其生，若澤其夢。高情無滓，慶壒奇愁，亦破鴻蒙。殊呻窈吟，知所託焉。幽情麗想，莫不逮焉。

（以上 1916 年 7 月 12 日）

二五

自有言語文字以來，音學凡四變矣。毛詩三百五篇，古音賴存。魏晉而下，詞賦日繁，沈約作四聲之譜，於是今音行而古音亡，爲音學之一變。迨至東京，古音愈乖，當時所用之譜，按班、張以下諸人之賦，曹、劉以下諸人之詩，所用之音，撰爲定例，於是今音變而古音愈亡，爲音學之再變。下及唐代，僧守溫創三十六字母圖，以紊古音，於是梵音盛而古音難復，爲音學之三變。宋理宗末年，平水劉安，並二百六韻爲一百七韻。元初黃公紹，因之作《古今韻會》，於是宋韻行而唐韻亡，而古音更無論矣，爲音學之四變。江永言漢雖近古，時有古音，而踳駁舛謬者，亦不少。其故有數端，一則方音之流變；一則臨文不細檢；一則讀古不審，沿古而反致誤；一則韻學不精，雜用流於野鄙；一則恃才負氣，不妨自我作古。觀江氏之言，亦可知古音之湮沒，由來漸矣。陸紹明《言音》一書，發凡道古，言之較詳。至於詞韻如何者，余謂詞本長短句，發軔於唐，張大於宋，是則短調屬唐，長調屬宋。古音本難相論，能隸於古樂府爲上著。不則短調用唐音，長調用宋音，亦原本之微意也。南北雜曲，則無論矣。

（1916 年 7 月 19 日）

二六

詞調之創,用紹詩樂之遺。於四始之中,大旨近於比興。聲有抑揚緩促,則句有長短。曲終奏雅,懲一勸百,亦承古賦之遺風。感人之深,疾於影響。則詞者,合詩樂教而自成一體者也。余嘗讀劉申叔氏之書矣,謂詩篇三百,按其音律,多與後世長短句相符,如《召南‧殷其雷》篇云:「殷其雷,在南山之陽。」此三五言調也。《小雅‧魚麗》篇云:「魚麗於罶,鱨鯊。」此二四言調也。《齊風‧還》篇云:「遭我乎猛之間兮,並驅從兩肩兮。」此六七言調也。《召南‧江有汜》篇云:「不我以,不我以。」此疊句韻也。《豳風‧東山》篇云:「我來自東,零雨其濛。鸛鳴於垤,婦勤於室。」此換韻調也。《召南‧行露》篇云:「厭浥行露」,其第二章云:「誰謂雀無角。」此換頭調也。大抵緩促相宣,短長互用,於後世倚聲之法,已啟其先。足證詞曲之源,實為古詩之別派。至於六朝樂章盡廢,故詞曲之體,亦始於六朝。梁武帝之《江南弄》、沈約之《六憶詩》,實為詞曲之濫觴。唐人樂府,多採五七言絕句。如《紇那曲》、《長相思》,皆五言絕句之變調也。《柳枝》、《竹枝》、《清平調》、《小秦王》、《陽關曲》、《八拍蠻》、《浪淘沙》,皆七言絕句之變調也。《阿那曲》、《雞叫子》,則又仄韻之七言絕句也。《瑞鷓鴣》者,則七言律詩也。《款殘紅》者,則五言古詩也。此亦詞調為詩餘之證。特古人詩調多近於詞,而後世詞調,轉出於詩。蓋古代詩多入樂,與詞相同,而後世之詞,則又詩之按律者也。

(1916年7月20日)

二七

詞律之密,無過宋人。能按律即能入樂,唐人已昌其風。若李太白、溫飛卿輩,其詞曲皆被管絃,以故精於詞律。太白所造《清平調》,玄宗調笛倚歌,李龜年亦執板高唱,且謂平生得意之歌,無出於此。(見《松窗錄》)飛卿工於鼓琴吹笛(見《北夢瑣言》),所作詞曲,當時歌筵競唱(見《雲溪友議》),宰相令狐綯,因宣宗愛唱《菩薩蠻》,令飛卿撰進,而宣宗君臣,叠相唱和。(見《北夢瑣言》)則太白、飛卿,精於詞律,彰彰明矣。蓋詞者古樂之派別,古之詞人必先通音律,默契其深,然後按律以填詞。故所作之詞,咸可播之於歌詠。後世之人,按譜填詞,人云亦云,而音律之深,茫然未解。

則所謂詞者，徒以供騷人墨士寄託之用耳，而詞之外遂別有謂曲，元人雜劇實其濫觴，去古樂遠矣。

二八

宋人之詞，各自成家。少游之詞，寄慨身世，一往情深，而怨悱不亂，悄乎小雅之遺。向子諲《酒邊詞》、劉克莊《後村詞》，眷戀舊君，傷時念亂。例以古詩，亦子建、少陵之亞。此儒家之詞也。劍南之詞，屏除纖豔。清眞絕俗，遠峭沈鬱，而出以平淡之詞。例以古詩，亦元亮、右丞之匹。此道家之詞也。耆卿詞曲，密處能疏，鬎處能平，狀難狀之狀，達難達之情。例以古詩，間符康樂。此名家之詞也。東坡之詞，慨當以慷，間鄰豪放。（如《滿庭芳》、《大江東去》、《江城子》是）龍川之詞，感憤淋漓，（如《六州歌頭》、《木蘭花慢》、《浣溪沙》是）眷懷君國。稼軒之詞，才思橫溢，悲壯蒼涼。（如《遇永樂》是）例之古詩，遠法太沖，近師太白，此縱橫家之詞也。（見《論文雜記》）觀此古之詞人，莫不自闢塗轍，所作之詞，各不相類。豈若後世詞人之依草附木，取古人一家之詞，以自矜效法哉。即使盡心效法，亦當辨別其家數。歸其一旨，不則東拉西雜，復成何理。嘗論近時詞人，多喜蘇、辛詞曲之豪縱，競相效法，浮囂粗獷，不復成詞。此則不善學蘇、辛之失，非蘇、辛之失也。

（以上 1916 年 7 月 25 日）

二九

元人涵虛子所爲《詞品》云：馬東籬如朝陽鳴鳳，張小山如瑤天笙鶴，白仁甫如鵬搏九霄，李壽卿如洞天春曉，喬夢符如神鼇鼓浪，費唐臣如三峽波濤，宮大用如西風雕鶚，王實甫如花間美人，張鳴善如彩鳳刷羽，關漢卿如瓊筵醉客，鄭德輝如九天珠玉，白無咎如太華孤峰，以上十二人爲首等。貫酸齋如天馬脫羈，鄧玉賓如幽谷芳蘭，滕玉霄如碧漢閒雲，鮮于去矜如奎璧騰輝，商政叔如朝霞散彩，范子安如竹裏鳴泉，徐甜齋如桂林秋月，楊淡齋如碧海珊瑚，李致遠如玉匣昆吾，鄭廷玉如佩玉鳴鑾，劉廷信如摩雲老鶻，吳西逸如空谷流泉，秦竹村如孤雲野鶴，馬九皋如松陰鳴鶴，石子章如蓬萊瑤草，蓋西村如清風爽籟，朱廷玉如百草爭芳，庾吉甫如奇峰散綺，楊立齋

如風煙花柳，楊西庵如花柳芳妍，胡紫山如秋潭孤月，張雲莊如玉樹臨風，元遺山如窮崖孤松，高文秀如金盤牡丹，阿魯威如鶴唳青霄，呂止庵如晴霞結綺，荊幹臣如珠簾鸚鵡，薩天錫如天風環佩，薛昂夫如雲窗翠竹，顧均澤如雪中喬木，周德清如玉笛橫秋，不忽麻如閒雲出岫，杜善夫如鳳池春色，鍾繼先如騰空寶氣，王仲文如劍氣騰空，李文蔚如雪壓蒼松，楊顯之如瑤臺夜月，顧仲清如雕鶚衝霄，趙文寶如藍田美玉，趙明遠如太華晴雲，李子中如清廟朱瑟，李叔進如壯士舞劍，吳昌齡如庭草交翠，武漢臣如遠山疊翠，李宜夫如梅邊月影，馬昂夫如秋蘭獨茂，梁進之如花裏啼鶯，紀君祥如雪裏梅花，於伯淵如翠柳黃鸝，王廷秀如月印寒潭，姚守如秋月揚輝，金志甫如西山爽氣，沈和甫如翠屏孔雀，睢景臣如鳳管秋聲，周仲彬如平原孤隼，吳仁卿如山間明月，秦簡夫如峭壁孤松，石君寶如羅浮梅雪，趙公輔如空山清嘯，孫仲章如秋風鐵笛，岳伯川如雲林樵響，趙子祥如馬嘶芳草，李好古如孤松掛月，陳存甫如湘江雪竹，鮑吉甫如老蛟泣珠，戴善甫如荷花映水，張時起如雁陣驚寒，趙天錫如秋水芙渠，尚仲賢如山花獻笑，王伯成如紅鴛戲波。以上七十七人次之。又有董解元、盧疏齋、鮮于伯機、馮海粟、趙子昂、班彥功、王元鼎、董君瑞、查德卿、姚牧庵、高拭、史敬先、施君美、汪澤民輩，凡百五人，不著題評。抑又其次也。虞道園、張伯雨、楊鐵崖輩，俱不得與，可謂嚴矣。

（1916 年 8 月 9 日）

附：雙鳳閣詞話·續稿

丙辰歲撰《詞話》一卷，輟筆至今，垂兩年餘矣。嗜痂諸君，時復見訊，輒以無暇答之，殊自赧也。兩年中，填詞僅十餘闋，而搜採之心，未嘗少泯。恒躑躅舊書攤間，省酒資以求之。復於故家箱篋中，隨時乞讓，親友知其如是，有以零星相饋者，匪不珍而藏之。故私家著述，已積七百餘種，而詞集居其次半。鄉先輩所作，尤加研別，遲我數年，當纂成《松江詞微》數十卷。我友吳君遇春亦允為臂助也。二月十一日，嘿坐家下，風聲雨聲，扇於門外，悄然幾屏，不可自聊，乃搜索故書，續為《詞話》。

一

　　余有宏願，纂《松江詞徵》外，擬纂遜清一代之詞，爲《清詞綜》。清人塡詞之學，著色出奇，軼過前代。欲彙爲大觀，殊匪易易。以余初步邯鄲，止望洋興歎而已。往年撰《清詞人錄》一卷，得七十餘家，均可備《清詞綜》甄別者。《錄》中兼及詞人軼事，略如徐電發之《詞苑叢談》，特繁瑣耳。茲姑錄姓氏、履歷、著作如左：吳偉業字駿公，號梅村，太倉人，崇禎四年進士，清官國子監祭酒，有《梅村詞》二卷；吳兆騫字漢槎，吳江人，順治十年舉人，有《秋笳詞》一卷；王士禎字貽上，號阮亭，新城人，順治十八年進士，官至刑部尚書，追諡文簡，有《衍波詞》一卷；孔尙任字季重，號東塘，曲阜人，聖裔，官戶部郎中；曹貞吉字升六，安丘人，順治十七年舉人，官禮部員外郎，有《珂雪詞》二卷；沈謙；顧貞觀字華峰，號梁汾，無錫人，康熙五年舉人，官國史院典籍，有《彈指詞》三卷；性德原名成德，字容若，滿州正白旗人，康熙十二年進士，官侍衛，有《飲水詞》一卷；朱彝尊字錫鬯，號竹垞，秀水人，召試博學鴻詞，授檢討，有《江湖載酒集》三卷；陳維崧字其年，宜興人，康熙八年以諸生召試博學鴻詞，授檢討，有《迦陵集》三十卷；厲鶚字太鴻，泉唐人，康熙五十八年舉人，乾隆元年薦舉博學鴻詞，有《樊榭山房詞》二卷、又《續集》二卷；王時翔字抱翼，號小山，太倉人，以諸生薦舉，官至成都府知府，有《香濤集》一卷、《紺寒集》一卷、《青綃樂府》一卷、《初禪綺語》一卷、《旗亭夢囈》一卷；黃景仁字仲則，武進人，貢生，議敘州判，未仕，卒，有《竹眠詞》二卷；惲敬字子居，武進人，有《蒹塘詞》二卷；吳翌鳳字伊仲，吳縣人，諸生，有《曼香詞》一卷；郭麐字祥伯，號頻伽，吳江人，諸生，有《蘅夢詞》二卷；楊夔字伯夔，□□人，有《過雲精舍詞》□卷；左輔字仲甫，陽湖人，官至巡撫，有《念宛齋詞》□卷；張惠言字皋文，陽湖人，有《茗柯詞》二卷；張琦字翰風，陽湖人，惠言弟，有《立山詞》□卷；董祐誠字方立，長洲人，有《蘭石詞》二卷；劉逢祿字申受，□□人，有《禮部集》□卷；張景祁字韻梅，仁和人，有《新蘅詞》四卷；周濟字保緒，宜興人，有《止庵詞》二卷；王士進字逸雲，□□人，有《聽雨詞》□卷；承齡字子久，□□人，有《冰蠶詞》□卷；潘德輿字彥輔，□□人，有《養一齋詞》□卷；周之琦字稚珪，□□人，有《金梁夢月詞》□卷；項鴻祚字蓮生，仁和人，有《憶雲詞》三卷；龔自珍更名鞏祚，又名易簡，字璱人，號定盦，仁和人，官禮部主事，有《無著詞》、《懷人館詞》、《影事詞》、《小奢摩館詞》、《庚子雅詞》各一卷；吳葆晉字佶人，

固始人，有《半舸舫館填詞》二卷；孫鼎臣字子餘，善化人，有《蒼莨館詞》、《湘弦詞》各一卷；邊浴禮字袖石，□□人，有《空青館詞》一卷；陳澧字蘭甫，番禺人；許宗衡字海秋，上元人，有《玉井山館詩餘》□卷；蔣士銓字心餘，□□人，有《銅弦詞》□卷；王錫振字少鶴，□□人，有《茂陵秋雨詞》一卷；何兆瀛字青耜，□□人，有《心庵詞》二卷；劉履芬字彥清，江山人，有《漚夢詞》一卷；薛時雨字慰農，全椒人，有《藤香館詞》四卷；蔣春霖字鹿潭，長洲人，有《水雲樓詞》四卷；丁至和字保庵，□□人，有《萍蹤詞》二卷；馮焞字子明，□□人，有《道華堂詞》一卷；顧翰字兼塘，□□人，有《拜石山房詞》□卷；許增；端木埰字子疇，江寧人，同治三年優貢生，特用到閣，官典籍；葉英華字蓬裳，南海人，有《花影吹笙詞》三卷；王闓運字壬秋，湘潭人，有《湘綺樓詞》二卷；莊棫字中白，□□人，有《蒿庵詞》□卷；譚獻字仲修，仁和人，有《復堂詞》二卷；勒方錡；蔣敦復字劍人，寶山人，有《芬陀利室詞》四卷；盛昱字伯熙，宗室，官至國子監祭酒。王鵬運字幼霞，自號半塘老人，又號半塘僧鶩，臨桂人，官禮部給事中，有《袖墨集》、《蟲秋集》、《味梨集》、《鶩翁集》、《蜩知集》、《校夢龕集》、《庚子秋詞》、《春蟄吟》等□卷；鄭文焯字叔問，滿洲人，有《瘦碧詞》、《冷紅詞》、《比竹餘音》等四卷；張祖同字雨珊，長沙人，有《湘雨樓詞》一卷；杜貴墀字仲丹，巴陵人，有《桐花閣詞》二卷；（與梅州吳石華亦名《桐花閣詞》不同。）文廷式字道希，萍鄉人，官至翰林院侍讀學士；黃遵憲字公度，嘉應人，有《人境廬詞》二卷；王仁堪字可莊，閩縣人，甲戌一甲一名進士，官至蘇州府知府；何維樸字詩孫，道州人；況周儀字夔笙，臨桂人，有《第一生修梅花館詞》六卷；朱祖謀字古微，號漚尹，歸安人，官至禮部侍讀，有《彊村詞》四卷、又《前集》、《別集》各一卷；潘博字若海，南海人；曾習經字剛甫，揭陽人，官度支部參議，有《瓔珞詞》□卷；麥孟華字孺博，順德人；馮煦字夢華，金壇人，有《蒙香室詞》二卷；樊增祥字雲門，恩施人，有《樊山詞》□卷；李岳瑞字孟符，咸陽人；夏敬觀字盥人，新建人，有《映盦詞》四卷；桂赤字伯華，香山人；關賡字秋芙，□□人，有《夢影樓詞》一卷。

二

毗陵周騰虎字韜甫，隨父宦陝，見知於林文忠公。時宗滌樓（稷辰）侍

御有聲諫垣，疏論海內英特，以湘陰左宗棠與韜甫名同上，朝旨徵召入，因事不果。後遇湘鄉曾公於皖，哀其數奇，特疏復薦於朝，以疏通致遠、識趣宏深堪任封疆將帥之選入告。旨未下，至滬瀆病死，時論惜之。而嘉善金安清所爲傳，謂左宗棠後積功至閩浙總督，封恪靖伯，當並薦時，猶一公車也。言外若有餘憾焉。韜甫爲人伉爽，常思立身報國，與咕嗶小儒，自有分別。然德清戴子高（望）評其詩，謂指陳利病，感切時務，雅近杜陵。《餐苦華館詩》八卷，其孫荄所刊，附《蕉心詞》一卷，僅十許首。纖麗之作，不能工致，而有二首，如蔣鹿潭，傷離念亂，同其時也。《南浦》《九江琵琶亭故址》云：「危亭漸側，乍憑闌日落九江邊。不盡大江東注，高浪蹴吳天。詞客愁魂何處，問波濤可解惜詩篇。剩寒蘆斷岸，碎磚零甃，蕭瑟積荒煙。

水面琵琶尚在，聽琤琤細語漏漁船。當日江州淚盡，我慣天涯漂泊。盡教人彈徹十三弦。看前溪月上，長吟驚起白鷗眠。」其一不錄。

三

婁縣沈約齋先生（祥龍），號樂志叟，爲劉融齋（熙載）先生高足。桐廬袁爽秋太常（昶）在蕪湖道任，羅致幕下。先生少年遭亂，晚歲里居寡出，著作不絕，誨人亦不倦。所著詩文而外，有《樂志簃詞》一卷，又有《論詞隨筆》二卷，盛道蘇、辛，所詣在是焉。《一萼紅》《江干放歌》云：「大江頭，正涼風浩蕩，卷起萬重秋。帆去帆來，潮生潮落，都教攪入牢愁。便獨倚斜陽望遠，把詩心分付水邊鷗。舊日閒情，少年殘夢，回首悠悠。　客裏青衫憔悴，問家園消息，斷雁蘆洲。雲影蒼茫，林容蕭瑟，今朝休上高樓。空覽遍江山好景，更何人同入醉鄉遊。剩有元龍豪氣，且看吳鈎。」《湘春夜月》《登北固山石帆樓》云：「亂峰中，夕陽紅滿層樓。樓外滾滾寒濤，淘盡古今愁。倚醉登高望遠，看涼風吹動，一帶蘆洲。更水光映處，輕帆歷亂，多少歸舟。　梁朝舊寺，孫家片石，猶伴清秋。弔古蒼茫，空剩有青山無語，碧水長流。英雄事業，算向來都付閒鷗。憑檻久，正江聲幾派，雲痕萬疊，飛上簾鈎。」以視韜甫，懷抱類似，而雄闊過之。先生之哲孫晉之，爲余至交，數宿樂志簃中。俯仰琅玕，鬚眉猶可彷彿。恨餘生晚，已不及見之矣。嘗題其《遺集》云：「五茸城下數家門，短句長謠似後村。儉歲屬文緣世故，殘年作健與詩喧。幕遊聊惜平生意，縑素能收地下魂。絕學至今憐池約，蠹魚無數爲翁存。」晉之好學，家聲以是不墮，而先生慰矣。

四

《鶴緣詞》一卷，陽湖呂庭芷（耀斗）號定子撰。譚仲修爲之序，譚云：定子卓犖，志學純至，少有匡濟之器。通籍盛年，文章侍從。會寰宇兵起，憂危夙抱，不欲旅進循資，濫廁通顯，爲壯士所匿笑，於是遊於四方。覽山海之夷險，擴常變之籌策。惟時封域重臣，壁壘元戎，敬禮相接，咨詢機要。君劍佩奮發，胸有甲兵，然亦用而不盡用，坦然處之。而慷慨之氣，終欲爲康又民物，償其夙志。出入軍中，逡巡有年，晉階監司。方簡授永定河道，未蒞官而逝。又云：定子塡詞婉麗，樂府之餘，而通於比興，可諷詠也。《遺集》傳之其人（謂門人陳養原），君之志行遭遇，必有瑋異而嗟惜之者。所謂以少勝者亦在是。《鶴緣詞》僅二三十首，《浣溪沙》云：「罥戶蛛羅鏤鈿塵。紅牆深處近流鶯。絲絲夢雨玉簫聲。　　柳絮競飛連日煥，桃華嬌助一分晴。畫簾燕子過清明。」《少年遊》云：「笙歌深巷，月華勝水，到處少人行。青漆門邊，丁香似雪，低照粉牆陰。　　共君側帽天街畔，風露近三更。歸夢相邀，青山影裏，吹笛柳冥冥。」《洞仙歌》云：「翠霞缺處，有柳嬌花困。青玉重門鎖芳訊。更虛亭晝掩，冷露絲絲，流水裏，依約棋聲人影。　　仙源眞不遠，猿鶴將迎。也學秦人笑相問。待醉眠花下，一晌雲深。被雲外暖笙吹醒。恁窣地東風妒纖桃，又添得人間，素塵一寸。」《百字令》《觀荷》云：「平堤廿四，暫偸閒存訪，菰煙蔣雨。秋近水鄉才幾日，涼得晚荷如許。露暈疏紅，風搖亂碧，花氣愔愔午。葛衫人影，鷺鶿來共秋語。　　休問環佩當年，畫船吹笛，寂寞橫塘路。一星冷香圍作瞑，簾幕悄無人住。斫藕論錢，拗蓮作饌，狼藉憑誰訴。瘦魂飛盡，夕陽衰柳知否。」數詞即復堂老人所謂婉麗可諷詠者，蓋學《山中白雲》，而微涉綺薄。陳養原（豪）則謂鳳鸞之瑞，未衝霄漢，乃僅以片羽與鶴爲緣。推求立言本末，導源六義，反覆循誦，非一時一境可盡已。

五

《比玉樓遺稿》四卷，山陽黃天河（振均）撰。門人滇南楊文鼎刊其稿，謂天河在咸同間，志存經世，生平服膺亭林之學，頗冀見諸施行，而困於儒官。《遺稿》第三卷爲《比玉詞》，《水調歌頭》《秋夜過柳衣園舊址》云：「老樹作人立，半晌恰無言。應是怕人愁聽，不敢說從前。剩有一輪明月，照著

一灣流水，終夜守空園。千古幻塵耳，相念莫凄然。」　　靜思想，未來事，已過緣。都是無因自造，消息不由天。料得當時歌舞，已分將來零落，留博後人憐。搔首獨歸去，孤棹冷蒼煙。」作解脫語，不致煩嫌。天河有《天壺七墨》及傳奇數種行世，尚有《談兵錄》四卷。序存《遺稿》中，自謂於治亂之機，頗有裁取。然此書已否刊行，不可考矣。

六

出王家營而北，迤邐乎徐沛之間。渲漾乎齊魯之野，未覺泰岱之高，惟見黃水之急。燕京日近，華頂雲飛，亦極天下之壯觀矣。遊迹所同，旅懷非一。征夫多感，勞者能歌，亦人情耳。吳縣倪朗山（世珍），善遊歷，舟極於黃淮，車窮於宣大。蹤迹所至，輒寫錄題壁之什，積廿載，成《鴻雪偶鈔》四卷，附詞一卷。如吳縣曹紫荃（毓英）《更漏子》《庚申北上至王家營道梗回南》云：「五更風，千里月，戍鼓暗催車發。荒驛裏，斷橋邊，酒醒鄉夢寒。　　馱驢背，警人語，撇面亂沙如雨。烽火逼，角聲殘，天涯行路難。」皖桐方士遜《山花子》《臨城驛》云：「水驛山程事遠遊，夢回孤館數更籌。儂是年年爲客慣，不知愁。　　對酒更無人似玉，捲簾惟見月如鈎。多少離情多少感，夜燈收。」鏡西《卜算子》《富莊驛》云：「又是夕陽邊，愁煞濛濛樹。樹外寒山山外雲，雲外鴻飛處。　　回首幾長亭，數了還重數。今日晨星昨夜霜，切莫明朝雨。」海寧羊辛楣（復禮）《大江東去》《秋日南歸，宿楊村驛》云：「亂鴉殘照，看長亭煙柳，絲絲憔悴。回首帝城天際渺，又把離情句起。花下搥琴，酒邊碎築，都是窮途淚。凄涼無限，此身漂轉如寄。

笑我去住無端，一騎匆匆，此日才歸耳。白草黃塵吹道遠，猶是天涯行旅。孤雁隨人，老蟾招手，南望家千里。殘更夢醒，故山低颭吹翠。」編者按：該則「從王家營而北……故山低颭吹翠」，原刊載於 1916 年 6 月 21 日《申報·自由談》。前調《月夜十剎海觀荷索雲門寄龕同作》云：「涼蟾飛白，看綠荷萬柄，風來香滿。隱約雲橫瓊島碧，半是廣寒宮殿。柳外星高，桐間露濕，想像天邊遠。妝樓千尺，土花繡蝕蟬鈿。　　當年避暑離宮，鬧紅深處，四面紗窗茜。水佩風裳無恙在，不信繁華都換。鴛宿花寒，鷺依人瘦，遙盼銀河斷。晶簾如水，幾聲玉笛凄戀。」夫大、小雅，多雍容揄揚之什，而亦不少行旅勞役之歌。十五國風，則盡勞人、思婦、遊子、羈臣、戍卒、征夫所託諷。諸詞工力不同，而遺意同也。蓋柳往雪來，雛飛駱驛，積思一日，觸物萬狀，不

期弔夢數離，凝感作詠，而不能已已。

七

蕭山毛又生（奇齡），即世稱西河先生者。過馬州時，有當爐者馮二名絃，夜聞其歌，倩其同行者導意，又生辭曰：吾不幸遭厄，吹篪渡江，彼傭不知音，豈誤以我爲少年遊耶。次日遂行。後十年見《名媛詞緯》中有馮氏《江城子》二闋，是讀又生新詞所作。其詞曰：「綠陰何處曉啼鶯，弄新聲，最關情，一夜寒花，吹落滿江城。讀得斷碑黃絹字，人已渡，暮潮橫。」又曰：「蘭陵江上晚花飛，冷煙微，著人衣，無數新詞，最恨是桃枝。待得蘭陵新酒熟，桃葉好，送君遲。」又生著於《詩話》，謂誦之殊自凄惋，聞其詞倩桐鄉鍾王子代作者。然又有《武陵春》《春晚》、《虞美人》《賦得落紅滿地》二詞，亦甚佳。想皆不出其手，而其意則有不可已者。前人所傳《子夜》、《莫愁》諸詞，想皆似此耳。

八

前編曾著錄女子詞數十首，茲續有所獲，最錄於後。宋盧氏女，天聖中父爲縣令，隨父從漢川歸，《蝶戀花》《題泥溪驛壁》云：「蜀道青天煙霧翳。帝里繁華，迢遞何時至。回望錦川揮粉淚，鳳釵斜嚲烏雲膩。　綬帶雙垂金縷細。玉佩珠瓔，露滴寒如水。從此鸞妝添遠意，畫眉學得遙山翠。」語甚韶秀，是才美者。延安夫人，蘇丞相子容之妹，《更漏子》云：「小闌干，深院宇，依舊當時別處。朱戶鎖，玉樓空，一簾霜日紅。　弄珠江，何處是，望斷碧雲無際。凝淚眼，出重城，隔溪羌笛聲。」極寫傷亂之象，而「朱戶」三句，故宮寂寞，如在畫中。魏夫人，丞相曾子宣室，朱晦翁歎爲本朝婦人之能文者，《菩薩蠻》云：「溪山掩映斜陽裏，樓臺影動鴛鴦起。隔岸兩三家，出牆紅杏花。　綠楊堤下路，早晚溪邊去。三見柳綿飛，離人猶未歸。」《好事近》云：「雨後曉寒輕，花外早鶯啼歇。愁聽隔溪殘漏，正一聲凄咽。　不堪西望去程賒，離腸萬回結。不似海棠花下，按涼州時節。」《擊裙腰》云：「燈花耿耿漏遲遲，人別後，夜涼時。西風瀟灑夢初回。誰念我，就單枕，斂雙眉。　錦屏繡幌與秋期，腸欲斷，淚偷垂。月明還到小窗西。我恨你，我憶你，你爭知。」三詞歇拍處，均以動宕出之。深情一

往，詞筆疏秀，無拖沓之病。是從能文得來。美奴，陸藻侍兒，《卜算子》云：「送我出東門，乍別長安道。兩岸垂楊鎖暮煙，正是秋光老。　一曲古陽關，莫惜金尊倒。君向瀟湘我向秦，魚雁何時到。」疏爽不佻，古音可接。慕容岩卿妻某氏，《浣溪沙》云：「滿目江山憶舊遊。汀花汀草弄春柔。長亭艤住木蘭舟。　好夢易隨流水去，芳心猶逐曉雲流。行人莫上望京樓。」姑蘇雍熙寺月夜，有客聞婦人歌此詞，傳聞於時。岩卿驚曰：此亡妻昔時作也。詢之，乃其妻殯處。詞雖不工，而聲情鮮爽。此婦鬼而韻者也。王清惠，宋昭儀入元為女道士，號沖華，《滿江紅》《題驛壁》云：「太液芙蓉，渾不似舊時顏色。曾記得承恩雨露，玉樓金闕。名播蘭簪妃后裏，暈潮蓮臉君王側。忽一朝鼙鼓揭天來，繁華歇。　龍虎散，風雲滅。千古恨，憑誰說。對河山百二，淚沾襟血。驛館夜驚塵土夢，宮車曉碾關山月。願嫦娥相顧肯從容，隨圓缺。」詞氣懇摯，以深婉為悲涼，筆極名貴。文信國讀至「隨圓缺」句，曰：「夫人於此少商量矣。」針砭之意深哉。《東園友聞》云：此詞或傳為昭儀下宮人張瓊英作。說亦不可沒也。金德淑，亦宋宮人，入元歸章丘李生，《望江南》云：「春睡起，積雪滿燕山。萬里長城橫縞帶，六街燈火已闌珊。人在玉樓間。」語甚高逸。

九

嬰嬰宛宛之流，往往以姓氏不著，與玉顏同盡。而詞組傳流，足致珍惜。蜀妓某《市橋柳》云：「欲寄意，渾無所有。折盡市橋官柳。看君著上春衫，又相將放船楚江口。　後會不知何日又。是男兒，休要鎮長相守。苟富貴，無相忘，若相忘，有如此酒。」戴石屏妻《碎花箋》云：「惜多才，憐薄命，無計可留汝。揉碎花箋，仍寫斷腸句。道傍楊柳依依，千絲萬縷，抵不住一分情緒。　捉月盟言，不是夢中語。後回君若重來，不相忘處，把杯酒澆奴墳上土。」《市橋柳》與《碎花箋》均自度腔，雖不入律，而音節淒惻。如聞出諸粉臆中，字字是淚。二詞俱道送行，一存厚望，一判長辭。搗麝拗蓮，亦極慘酷矣。

裒香樹詞話

龐樹柏　著

　　《裒香樹詞話》，龐樹柏著。《裒香樹詞話》輯自《裒香樹詩詞叢話》，爲龐氏遺著，連載於 1916 年 10 月 9 日、10 月 10 日、10 月 12 日、10 月 13 日、10 月 16 日、10 月 18 日、10 月 19 日、10 月 31 日《民國日報》。龐樹柏（1884～1916），字譬子，號芑庵，別號龍禪居士。江蘇常熟人。同盟會會員，南社發起人之一。曾與黃人等組織「三千劍氣文社」。主講於聖約翰大學。工詩文，擅詞曲，其詞深得朱孝臧讚賞，爲之點定詞集。著有《龍禪室詩》、《玉錚琮館詞》，二者合刊爲《龐譬子遺集》。

一

　　馬湘蘭舊藏一硯，背刻女像，上有「咸淳辛亥阿翠」六字，右旁小字數行，爲湘蘭所題詩，云：「綠玉宋洮河，池殘歷劫多。佳人留硯背，疑妾舊秋波。」其下跋曰：「己丑三月，得此硯，墨池魚損去之。背像眉目似妾，而右頰亦有一痣，妾前身耶？阿翠疑蘇翠。果爾，當祝髮空門，願來生不再入此孽海。守眞記。」按據翠樂籍，工墨竹分隸，咸淳辛亥，宋度宗七年，己丑，明神宗萬曆十七年也。今是硯爲沈石友所得，石友題三絕句云：「片石歷四朝，兩美合一影。想見畫眉長，露滴玉蟾冷。」「洗汲綠珠井，貯擬黃金屋。若問我前身，爲疑王伯穀。」「刻畫入精微，脂香泛墨池。漢家麟閣上，圖像幾人知。」徵余題，乃賦《點絳唇》一解應之，詞曰：「片石摩挲，煙花小劫曾經歷。翠漂香濕。猶似秋波泣。　　應悔癡情，空自前身識。休追憶。馬頭月色。隱約行間墨。」（王伯谷與馬姬書二十七日發秦淮，殘月在馬首，思君尚

未離巫峽也。）

（1916 年 10 月 9 日）

二

　　己酉閏二月，謁漚尹師於吳門聽楓園，甫接顏範，備承獎誘，並出所刻《夢窗四稿》、《半塘詞定》及自著《彊村詞》三種見貽。嗣以拙稿就正，師則繩檢不少。貸余今日所得稍知倚聲途徑者，皆師之力也。師於庚子拳亂，幾遭不測，繼而視學嶺表，力求解組，歸隱吳下，空山歲寒，獨致力於倚聲之學。王半塘謂六百年來真得夢窗之髓者，師一人而已。所著詞已刊者有四卷，近年之作，益趨高夐，如《送伯弢還武陵》，調寄《祭天神》云：「望楚天長短黃昏雨。斷行人、戍鼓聲中啼雁苦。悲秋佩，萎衰蘭，夢醒吳鐙語。背西風一臥，迢迢滄江暮。莫漫觸、蛟龍臥。　　更淒絕、斜日新亭路。山河異，風景是，舉目成今古。問何堪、滄桑危涕，兵火浮家，庾信生平，竟寫江南賦。」此詞乃作於辛亥國變之時，伯弢，陳大令銳也。又《秋晚過樵風別墅，分殘菊一叢，歸以夢窗譜寫之》，調寄《暗香疏影》云：「露黃一擷。向故人帽底，翻窺飛雪。病起重陽，簾卷西風晚寒結。愁味傷秋更苦，惜縹壺、家泉冰潔。記冷香、呼取餘杯，清事隔籬說。　　休道柴桑路遠，小城正歲晚，人事淒絕。獨坐遺芳，便有東風，不改漂搖柯葉。枝頭甘抱枯香死，有霜後、伶俜孤蝶。願此花、從此休開，占斷義熙煙月。」蓋當南京政府成立，有故舊欲以圖書館館長一席勸駕者，師一笑謝之，下半闋云云殆即因此而發也。又《浪淘沙慢》云：「暝寒送，繁霜覆水，暗雨啼葉。檐鐸敲愁乍急，帷燈顫影旋滅。翦不斷、連環情緒疊；是當日、鴛帶親結。問故徑、蘼蕪夢何許，前塵竟拋撇。　　淒切。錦書寄遠終輟，念玉几、金床西風夜，縹緲胡雁咽。嗟攬斷羅裾，寧信長別。恨腸寸折。明鏡前掇取，中心如月。

　　卻剗連峰平於垤。黃塵擁、巨川頓竭；怒雷起、元冬還夏雪。更千歲、倚杵天摧，厚地坼，深盟會與纏綿絕。」蕩氣迴腸，字字拗折，即以詞論，亦恐非夢窗所能及乎？

（1916 年 10 月 10 日）

三

臨桂有兩詞家，半塘老人外，況蕤笙先生周儀也，著有《第一生修梅花館詞》。近者避地滬上，與漚尹師以詞相切磋，根據宋元，守律益嚴，所詠櫻花多至十六闋，即名其居曰餐櫻廡，其詞曰《餐櫻詞》，漚尹為鍥而傳之。《戚氏》詠櫻花第十五云：「倚珍叢，落日搔首海雲東。錦織鶯情，粉含蛾笑，總愁儂。玲瓏。占春工。酥搓蕊破一重重。綠華舊日吟賞，駐馬何似少從容。閬苑環佩，瓊林冠冕，後塵五等花封。算神州載得，西指槎遠，何處相逢。　說與俊約仙蓬。江樹玉秀，綺縞岸雙通。餐英侶，飯抄霞起，餅擘脂融。弔驚鴻。畫舸淚雨，繁花燭轉，記省番風。殢鶯浪蝶，島日町煙，眼底著意妍濃。　舜水祠環繞，憑香豔絕，映帶貞松。怪底星旛未改，付花狂、絮舞暗塵中。劇憐畫省翹冠，翠娥嬋鬢，春好人知重。甚醉鄉、容易韶華送。風雨橫，多少殘紅。膌倦吟、暮色簾櫳。又芳節，蒨雪照春空。作神山夢，瓊枝在手，俯瞰魚龍。」撫寫拘態，敍述羈情，可謂曲其妙矣。又有句云「滄州金粉淚」，五字尤頑豔，得未曾有。漚尹師《題餐櫻詞》，調寄《還京樂》云：「倦懷抱，閱盡斜陽，稍覓微波語。任墜香迷燕，亂紅踏馬，緘情無據。問絳都花事，傷春淚撥閒風雨。並萬感，吟夜醉曉，蠻芳成譜。

舊銷魂處。傍珍叢千繞，而今漲筆狂塵，弦外調苦。沈吟又拍闌干，蕩雲愁、海思如許。坐滄洲，還賺得天涯，文章羈旅。半篋秋蕭瑟，蘭成身世重賦。」蓋同此身世，各有懷抱，相喻於微而已。

（1916 年 10 月 12 日）

四

伯弢丈於庚辛以後極意填詞，所作辭旨淒麗，而賦音朗拔，蓋於近世詞家如半塘、彊村外，能別樹一幟者也，有《扁舟衝雪至下關，入城歲晏，江南寒寂可想，效夢窗體》，調寄《瑞龍吟》云：「秣陵岸。遙想凍樹髡煙，磊沙鋪練。推篷一帶平潮，暮鴉四起，荒城半掩。　步帷濺。因念上街泥雨，怒蹄衝汗。誰知瑟縮氈裘，短轅坐我，清吟自遣。　來去江淮何事，鬢絲催老，年光飄轉。為說昔時梁園，歌舞都換。英辭妙侶，眼底鄒枚賤。還孤憶、弓衣秀句，羊醪清宴。抵死風吹面，萬山動影，空花歷亂。笛裏天涯遠。愁絮裏、江南何時吹散。掛簷素月，窺人遊倦。」《春初，步至莫愁湖，憩

勝棋樓，慨然吟望》，調寄《高陽臺》云：「寒水籠煙，荒碕繫艇，女牆遮卻紅塵。未到花時，湖邊已有遊人。青楊淺覆東西岸，步畫闌都是迴文。恨沈沈闌外高樓，樓外黃昏。　　江南自昔無愁地，甚年來吟眺，但有傷春。絕豔驚才，輸他若個名存。魚天一片，前朝影喚，翠娃收拾垂綸。怎淹留，誤了歸期，自倒空尊。」《題鶴道人沽上詞卷》，調寄《綺寮怨》云：「對雨當風殘夜，早涼吹上衣。暗舞樹、數點狂香，征塵裏、怕見花飛。當年旗亭畫壁，黃河唱、麗日春送淒。念醉中、玉笛羌條，關山遠、怨曲當寄誰。　　悵望去天一涯。昆明舊事，何堪再夢銅犀。露泫雲淒，有蟬淚、灑高枝。滄江故人都老，且漫譜、冷紅詞。悲君自悲。相思待盡處，蠶又絲。」又嘗見其《詞話》三卷，所論無不精，嘗自謂天分太低，筆太直，徒能為作詩之法，作詞則未能。未免過訑謙也。

（1916 年 10 月 13 日）

五

　　《半塘詞》為臨桂王佑遐鵬運所著，漚尹師謂君詞道源碧山，復歷稼軒、夢窗，以還清真之渾化，非過譽也。擬《花間》，調寄《楊柳枝》云：「賦裏長楊舊有名。即看眉樣亦傾城。春風軟入朝元閣，莫更思量作雨聲。」其二云：「飛絮空濛鎖畫樓。年年寒食聽離留。爭信龍池三二月，片風絲雨欲驚秋。」又夔生自廣陵遊鄂，賦詞寄懷卻和，調寄《徵招》云：「幾年落拓揚州夢，樊川倦遊情味。一笛落梅風，又吟篷孤倚。江山仍畫裏。只無那暮天愁羀。白袷飄零，紅簫岑寂，暗銷英氣。　　迢遞。楚天長，懷人處、扁舟舊時曾繫。黃鶴倘歸來，問飛仙醒未。行歌休弔禰。怕塵涴素襟殘淚。斷雲碧、醉拂欄干，正夜空如水。」又題《校夢龕圖》，有序，序曰：「往與漚尹校夢窗詞成，即擬作圖紀之。今年冬，見王慕畫軸，秋林茆屋，二人清坐，若有所思。笑謂漚尹曰，是吾《校夢龕圖》也，不可無詞。因拈此調。圖作於萬曆丁酉，乃能為三百年後人傳神寫意，筆墨通靈，誠未易常情測哉。光緒庚子十月記。」其詞調寄《虞美人》云：「檀欒金碧樓臺好。誰打霜花稿。半生心賞不相違，難得劫灰紅處畫圖開。　　清愁閒對欄干起。自惜丹鉛意。疏林老屋短檠邊，便是等閒秋色盡堪憐。」嘗於沈太侔所輯《今詞綜》中見半塘《玉漏遲》一闋《題蔣鹿潭〈水雲樓詞〉》，為刊本所遺，今補錄於此，

詞云：「玉簫沈舊譜。鼓鼙聲裏，暗愁如訴。濁酒孤吟，惜盡天涯風露。除是楊花燕子，更誰解飄零念汝。江上路。傷心消得，蕪城一賦。　凄涼蕙些蘭騷，歡哀樂無端，如相告語。煙月陳隋，金粉工愁爾許。休怨城笳戍角，算聽到，無聲更苦。慵覓句。疏燈夜窗紅嫵。」

（1916 年 10 月 16 日）

六

乙卯春日，予偕俒鶴、蓴農結春音詞社於海上，請朱漚尹師長之，一時入社者，予三人外，有杭縣徐珂仲可、通州白中磊曾然、烏程周夢坡慶雲、丹徒葉紅漁玉森、長洲吳瞿安梅、吳江葉小鳳葉、華亭姚鵷雛錫鈞。余第二次當社，即以河東君妝鏡爲題，調限《眉嫵》，計得九卷，並錄於此。漚尹云：「認文迴蟠鳳，影落驚鴻，秋水半泓曉。篆取相憐意，菱花瘦，娉婷妝璏巾帽。秀眉倦掃，傍碉東、紅豆枝小。慳情是，一片滄桑影，帶風絮微裊。

誰料玉臺人老。賸故山蘼冷，銅暈孤照。稠髮拋殘後，諸天淚、春來腸斷花貌。絳雲恨繞，費鬮籤、紅翠多少。記親見圓姿，和月滿替娟笑。」仲可云：「是朱顏儒士，白髮尚書，曾此照雙影。拂拭苔花膩滄桑，幻銅駝，留伴塵鏡。點粧未竟，有舊愁煙月重省。（柳詩有『向來煙月是愁端』句）最堪憶，黛色宜深淺，錦峰鬥眉靚。　鈿盒脂匳相併。想絳雲校史，巾帽慵整。一片圓冰小，芙蓉舫，回鸞當日同證。綠音夜永，更漫尋、紅豆村徑。看注語迴環，還認取紛痕凝。」中磊云：「甚藏春雲掩，蕩夕潮乾，青眼倦窺柳。（牧翁贈詩『風前柳欲窺青眼』）映水芙蓉豔消魂，夜新粧，人爲詩瘦。絳雲去後，膩翠冶銀待重繡。試描取，一片蘼蕪影，料紅淚凝久。

唐殿銅傾知否。怎照殘歌舞，還照巾帽袖。棋劫鐙唇語，（牧翁詩『日暮銀鐙算刓棋』）沉吟，算東風多少，紅豆凍花鳳守。待畫眉，間了呵手。但金背摩挲，娥月冷恨依舊。」瞿安云：「算冰澔千點，雨葉雙波，消損舊眉嫵。照取春紅豆琴河，夢菱花，猶記前度。翠鸞自舞，絆柳枝連愛成縷。笑眼起，一樣臨池裏，作（去）如報觀否。　分付評量妝譜。怎澗東人老，巾帽非故。零落蘼蕪怨，清霜後，朱樓誰問仙姥。鬢華細數。賸絳雲，奩豔空補。又魂斷滄桑，圓月影怕回顧。」紅漁云：「悵桃花啼淚，錦樹蘼琴，淮水故凄紅。紅豆莊何在蛾眉，死菱槃，千古冰炯。絳雲燼冷，便翠奩，微帶煙暈。算修到，星罷霜絲並，豔簾下風韻。　撞碎金甌誰省。賸一規明

月依舊，清迴不盡。蘼蕪怨，新妝罷，當時青鬢休映。麝箋淚隱。似美人，鵑血猶沁。笑擎掌犀杯，巾帽影、那堪整。」夢坡云：「認窗窺朱鳥，帳舞青鸞，留得鋒雲影。豔想垂虹，避芙蓉坊，當時飛燕人並。樓畫夢醒，對一規秋水寒瑩。種紅豆，不負相思久，捲簾照春瞑。　　巾帽傷心重整。笑總持垂老，（臥子以江總諷牧翁）猶幻仙境。菱角花開夜，唐宮樣，何年磨洗金炯。（容成侯金炯以善磨鏡名）翠蕪怨永，怕聽來鵑語淒哽。歎詩語催成，釵約渺玉臺冷。」蕈農云：「算香□籤史，影落蛾池，鸞紙麝塵擣。記賦催妝句，芙蓉坊圓，姿春豔雙笑。鋒雲燼了。瘦翠菱，還認鴻爪。漫回首，弱映臨風柳，問眉樣誰好。　　羞照當年巾帽。想暈潮紅膩，彈淚多少。南國鉛華謝蘼蕪，畫紅心，淒斷花貌。鈿釵舊稿，傍綺窗，星候朱鳥。香春換唐宮，留色相守蟾悄。」倦鶴云：「記祠龍江上，化誰人間，宮史鑄天寶。（原係唐鏡）未洗銅仙恨，嬋娟瘦，蘼蕪春豔重照。膩塵麝擣，伴研匜，沈水香裊。賦情在，玉夜芙蓉舫，問詩句誰好。　　朱鳥窗窺春曉。怕鬢霜新染，慵整巾帽。吹落圓蟾影，牽愁處，瓊樓仙佩聲渺。翠菱又老，暈淚痕，村豆紅小。但戔研銀光，殘拓寫黛眉稿。」拙作云：「算華年空數，粉刿難消，留此翠鸞影。漫把丹黃廢，（柳詩『香奩累月廢丹黃』）蘼蕪怨，啼妝曾見珠瑩。舊緣暗省，伴夜釭相照肩並。（柳詩『銀釭一夕為君圓』）又秋水一櫂芙蓉裏，愛眉樣添靚。　　垂老尚書多病。儘鈿釵同在，巾帽羞整。勳業頻看否，南朝事，歌殘瓊樹誰聽。絳灰易冷，看柳星，天上猶炯。記詩語迴環，花月好忍重詠。」

（1916 年 10 月 18 日、10 月 19 日）

七

　　太清西林春，姓顧氏，蘇州人，才色雙絕，為清貝勒奕繪之側室。貝勒自號太素道人，其元配妙華夫人歿，太清寵專房。貝勒著有《明善堂集》，所作詞名《西山樵唱》，太清著有《天遊閣集》，所作詞名《東海漁歌》，閨房唱和之樂比之為錢尚書與柳夫人也。如皋冒鶴亭廣生有《記太清遺事》六首，錄其詩並自注於此，以資考證焉。詩云：「如此佳人信莫愁。出身嫁得富平侯。九年占盡專房寵，（妙華夫人以道光庚寅七月逝）四十文君儻白頭。（太清與道人同生於嘉慶己亥，《明善堂詩》編至戊戌，則太清之寡恰四十齊頭矣。）」「一夜瑤臺起朔風，雕殘金鎖淚珠紅。秦生晚遇潘生死，（秦、

潘皆醫也）腸斷天家鄭小同。（太清於道光甲午正月五日生子，因與己同日，故名載同。是年十二月，以痘殤。）」「寫經親禮玉皇前，（太清曾集《玉皇心印經》，爲五言詩四首）偸罷黃絁便學仙。（太清有道裝小象，道士黃雲谷所畫。）不畫雙成伴王母，石榴可惜早生天。（石榴，太清侍婢名，早卒。）」「信是長安俊物多，紅襌詞句不搜羅。淮南別有登仙犬，一唱雙鬟奈若何。（雙鬟，太清所蓄犬也。雙鬟病，太清拈一字與之，拈得福字，眾皆曰：『吉』。太清曰：『不祥也』。是『示一口田』耳。道人有《金縷曲》云『示一口田埋薄命』，即用本事。）」「貂裘門下列衣冠，（『彩服庭前兒女，貂裘門下衣冠』，太清春燈詞也。）詞到歡娛好最難。忽忽不知春料峭，水精簾外有天寒。」「太平湖畔太平街，（邸西爲太平湖，邸東爲太平街，見道人《上夕侍宴》詩注。）南谷春深葬夜來。（南谷，大房山東，道人與太清葬處。）人是傾城姓傾國，丁香花發一低徊。」

（1916 年 10 月 31 日）

詞　論

聞野鶴　著

　　《詞論》，聞野鶴著。原名《讀書雜記・詞論之部》，刊於《禮拜花》1921 年
第 1 期，由原稿所記「丁巳舊著」，可知著於 1917 年。聞野鶴（1901～1985），名
宥，字在宥，又字子威，號野鶴，上海松江人。民族語言學家，中央民族學院教
授。1920 年前後，一度任職於《民國日報》，與錢病鶴共事，時稱「雙鶴」。後入
商務印書館編輯部工作，經常爲各報副刊撰文。曾任中山大學、燕京大學、山東
大學、雲南大學、西南聯合大學等校教授，華西大學文學院教授兼博物館館長，
四川大學中國文學系教授兼歷史博物館館長，西南民族學院教授，南社和創造社
社員。主要著作有《野鶴零墨》、《四川漢代畫像選集》、《古銅鼓圖錄》、《聞宥論
文集》等。

一

　　古今詞學，概分兩宗，而皆以太白爲祖。其一如《菩薩蠻》之「暝色入
高樓，有人樓上愁」，花間諸子，皆學此種。降而至永叔、淮海、小山，支別
漸繁，而後來之梅溪、夢窗、草窗等屬焉。其一如《憶秦娥》之「西風殘照，
漢家陵闕」，堂廡廣大，李重光頗近之，降而至東坡、稼軒、改之，則專以奔
放爲能矣。唯美成、白石，互有出入。

二

　　詞至美成，可謂一大段落。

三

小山、永叔，在文中似建安七子，僕最愛之。

四

北宋水流花開，南宋翦綵爲花，遂有天機、人事之別。

五

詞中虛字，初學似可以湊長補短，隨意出入，實則虛字亦不盡無干係，此中最有分際。如「暗」字，端己之「柳暗魏王堤」，少游之「無奈歸心，暗隨流水到天涯」，自是神妙。白石之「暗憶江南江北」，已極無聊。公謹之「短歌永、瓊壺暗缺」，則敷衍可厭。

六

詩家好剽古人，詞則尤甚。李重光「離恨卻如春草，更行更遠還生」，六一竊之爲「春愁漸遠漸無窮，迢迢不斷如春水」，少游竊之爲「倚危亭，恨如芳草，萋萋剗盡還生」，咸相距不遠離此者正多。若正中之「雙燕歸來畫閣中」，永叔竊之爲「雙燕歸來細雨中」，則似直錄矣。

七

屯田之「霜風淒緊，關河冷落，殘照當樓」，胎太白之「西風殘照，漢家陵闕」，特境界較狹，氣象較淒。

八

稼軒頗多壯語，最工者爲「易水蕭蕭西風冷，滿座衣冠如雪」，別有悲慨界激之致。次則「千騎弓刀，揮霍遮前後」，十分壯傑。若「氣吞萬里如虎」，則便有獷氣。故知工在境界，決決不能落痕迹中。（「氣」字、「吞」字均痕迹也。）

九

皋文曰「飛卿深美閎約」，介存稱之。近人王國維曰「四字唯正中克當」。劉融齋謂「飛卿精豔絕人」，差近之。

一○

稼軒詞與定盦詩相似，不能學。

一一

詞致悲壯，辛勝於蘇；氣格超妙，蘇勝於辛。

一二

少游之「柳下桃蹊，亂分春色到人家」，疑自唐人「春色滿園關不住」竊來。

一三

虛字一字移不得，則脈絡必緊，層次必齊。

一四

介存曰「白石詩法入詞」，此語大確。白石清遠高妙，第不能當一「深」字。

一五

東坡《楊花》「似花還似非花，也無人惜從教墜」，皋文改爲「盡飄零盡了，誰人解當花看」，似後來居上。大抵竊者詞意尖露易於見賞。若緘蘊工失，斷斷不及。

一六

夢窗之「黃蜂頻撲秋千索，有當時纖手香凝」，癡極，與清照之「唯有樓

前流水，應念我終日凝眸」相似，都不正當。

一七

梅魂曰：「近人詞轉折脈絡，完全呈露，一看便了。」

一八

「秦宮」、「漢苑」、「玉殿」、「金堂」，中仙多用此種字，所謂有故國之思也。近人填塞滿紙，便覺可厭。

一九

北宋人拙直處，今人萬萬不能及。南宋則但有巧密，只須心思，可以躋至。

二○

學夢窗者，往往覺通身熱汗。

二一

白石《長亭怨慢》「韋郎去也，怎忘得玉環吩咐。第一是早早歸來，怕紅萼無人為主」，怊悵宛轉，窮極情致。然此等處似開後來「香消酒醒」等纖惡一派，近人周星譽昀叔，亦是此種。

二二

黃人謂「夢窗於空際轉身」，此語僕至今不解。

二三

梅溪《雙雙燕》，描寫盡致，終恨太小。

二四

「細雨魚兒出，微風燕子斜」，詩語也。「落花人獨立，微雨燕雙飛」，便是詞語，此未可以言傳也。

二五

君特《風入松》「聽風聽雨過清明」、玉田《甘州》「玉關踏雪事清遊」音響甚佳，白石不能有此。

二六

介存言「白石用詩法」，余謂白石用字亦多詩眼。

二七

詞有關國家大局者，屯田之「三秋桂子，十里荷花」是也。有關一生遭際者，東坡之「瓊樓玉宇，高處不勝寒」是也。

二八

人言美成好翻詩意成詞，僕意不第僅翻其意而已，如東坡《東府雨中別子由》詩「庭下梧桐樹，三年三見汝」云云，美成《花犯》之「粉牆低梅花照眼，依然舊風味」，一吹一唱，無不盡合。

二九

人言南渡復稍具典型者，為白石。僕曰「稼軒為近」。

三〇

詞旨悲壯，氣象淒厲，大半是弔古、望遠文章。須知古人遠景都無係屬，只爭弔者、望者是何等人物，便具何等氣象。稼軒之「吳鉤看了，闌干拍徧，無人會，登臨意」以及「目斷秋霄落雁，醉來時響空弦」，自然鬱勃，若「斜陽草樹，尋常巷陌，人道寄奴曾住」，則平平矣。

三一

後主詞備諸氣象，「子規啼月小樓西」，極幽豔之致。「春殿嬪娥魚貫列」，極皇麗之致。「黃昏人倚闌」，極惘悵之致。「夢裏不知身是客」，極哀痛之致。「人生長恨水長東」，極昂闊之致。若「離恨卻如春草，更行更遠還生」以及「一江春水向東流」，尚是下乘。

三二

美成《滿庭芳》「年年如社燕」云云，白石似學此種。

三三

玉田最是清徹，然渾嫻不如片玉，雋秀不如白石，恐是天分不高，抑亦時代爲之也。

三四

介存謂「少游多庸格」，恐未是。馮夢華謂爲「古之傷心人」、「淡語皆有味，淺語皆有致」，則得之矣。

三五

玉田《詞源》，最右白石，至謂效《片玉》易失軟媚，恐是一家之言。

三六

求詞於北宋，耆卿終不能廢，人謂其「淫冶」，介存謂其「森秀」，恐猶是表面之談。大抵寄思太廣，落筆太易，則是大累。

三七

詞中美成，大似詩中工部，雖爲開來之聖，而繼往之功便不足。介存曰「美成沈著拗怒」，「拗怒」固亦詩中一大境界也。

習靜齋詞話

方廷楷 著

　　《習靜齋詞話》，方廷楷著。刊於《小說海》1917 年三卷五號、三卷六號，署名「仙源瘦坡山人輯」。方廷楷，字瘦坡，安徽太平仙源人（今黃山市）。光緒二十五年（1899）、二十七年（1909）兩入縣試。長於詩，曾加入南社，與柳亞子、馮春航、胡寄塵、陳夢坡等唱和交往。柳亞子 1936 年編《南社社友姓氏錄》注其「已故」，知其卒於 1936 年前。著有《香痕奩影錄》、《習靜齋詩話》、《習靜齋詞話》、《論詩絕句百首》等。

　　《習靜齋詩話》中間有詩餘之選，吾友武進惲鐵樵見之，以爲詞入《詩話》，雖前人偶有之，然嫌與《詞話》駢枝，似可刪去。所論極當，爰從其說，盡數汰下，寫於別紙。約可一卷，不忍棄去，強名之曰《習靜齋詞話》云。

一

　　近代詞學，自朱竹垞倡之，屬樊榭和之。樂章之盛，幾欲抗手兩宋，希蹤五代。《紅鹽詞序》云：「詞雖小技，昔之巨公通儒，往往爲之。蓋有詩所難者，委曲倚之於聲，其詞愈微，而其旨益遠。善爲詞者，假閨房兒女子之言，通之《離騷》變雅之義，此尤不得志於時者所寄情焉耳。」旌德江秋珊先生順詒，宏才績學，尤工倚聲，有《明鏡詞》二卷。其友仁和譚仲修序之曰：「秋珊抱才不遇，憔悴婉篤，而無由見用於世。於是玲瓏其聲，有所不敢放。屈曲其旨，有所不敢章。爲長短言數卷，退然不欲附於著作之林，而無靡曼奮末之病，杳杳乎山水之趣，花草之色。」其激賞如是。余謂聲至於

不敢放，旨至於不敢章，是亦《離騷》、《小雅》之意，而出之勞人思婦之口乎。願世之爲詞者，同臻斯境也。《高陽臺》云：「絮影膠空，花魂依夢，春風那許長留。一面天涯，奈何竟付東流。人間俊眼知何限，怎垂青翻在青樓。慘離魂，今日殘春，昨日中秋。　　青衫久被淄塵浣，況半生潦倒，萬事都休。捲簾人瘦，好分一半新愁。美人一霎成黃土，問白楊何處荒丘。料輸他，蘇小錢塘，過客來遊。」《高陽臺》《用夢窗韻》云：「瘦影凌風，幽香媚雪，無人獨倚江灣。翠羽飄零，難留金玉雙環。閒愁萬種黃昏近，趁晚妝都上眉山。更誰看，玉骨支離，珠淚闌干。　　冰肌底作長生藥，恁深盟齧臂，淺爇香瘢。青衫人老，偏憐翠袖單寒。柔腸百結渾難解，怕猿啼莫近溪邊。最關心，水幾時回，月幾時圓。」《惜餘春慢》《春寒》云：「翠抹湘雲，紅黏絲雨，一種春寒難遣。鴛衾怯薄，翠袖愁單，那更峭風似剪。多少閒情舊愁，冷冷清清，纏綿不斷。況天涯行客，惺忪冷夢，夜深誰暖。　　最惱亂弱蕊嬌花，芳時忍俊，直恁東皇不管。雙鉤擱玉，小押閒銀，鎮日繡簾怕卷。誰奏春陰綠章，有限韶光，看來忒賤。任鶯嬌燕澀，獨倚薰籠，冷凝淚眼。」

編者按：「直恁東皇不管。雙鉤擱玉，小押閒銀，鎮日繡簾怕卷。誰奏春陰綠章，有限韶光」，原闕，據上海圖書館所藏清同治 11 年（1872）江順詒《願爲明鏡室詞稿》補。《蝶戀花》云：「空望碧雲愁日暮。半角紅樓，消盡癡魂處。一寸芳心深掩護。分明月照相思路。　　心期硬把良宵誤。夢裏蕾騰，醒也無憑據。舊案崔娘誰解悟。聰明枉說鴛鴦賦。」《金縷曲》《水仙花》云：「冷守東皇令。笑群芳香閉梁園，色枯陶徑。不借東風春煦力，寒破嫩芽齊迸。更葉葉青排翠並。選石安根泥盡浣，女兒身出世原清淨。塵莫污，護明鏡。　　海天舊事宜重省。憶一曲瑤琴罷弄，誰憐孤影。縹緲迎來舟一葉，粉色波光相映。襯玉佩湘環齊整。比似巫山酣睡了，倩南簷曬得螺鬟醒。冰不凍，素心冷。」《虞美人》《用花簾詞韻》云：「燕歸早趁珠簾卷。斜試春風剪。綠窗珍重晚來風。繡幕深深透入夕陽紅。　　無端賺得春人病。一晌疏簾鏡。閒來無計遣眉頭。生來嬌小偏說不知愁。」《唐多令》云：「冷菊傲清霜。三秋桂子香。恁匆匆前度劉郎。翠袖空將修竹倚，憔悴煞杜秋娘。　　春夢爲誰長。春歸燕子忙。訊春風十載淒涼。殘稿零星曾讀遍，重記取斷人腸。」《渡江雲》云：「春深人未起，繡帷雙燕，軟語正遲遲。昨宵枝上雨，虧了花幡，不許峭風吹。多情芳草，想如今、綠遍天涯。空記得、茶煙輕揚，兩鬢易成絲。　　相思，鴛鴦解繡，鸚鵡難傳，有萬千心事。枉費了、深深粉黛，淡淡胭脂。晴絲不入閒庭院，倩紅簫、莫唱新詞。春在眼，金樽且醉芳時。」《浣溪沙》云：「楊

柳當門青倒垂。一雙蝴蝶向人飛。封侯夫壻幾時歸。　　西子湖邊尋舊夢，東風陌上寄相思。一腔春意沒人知。」《醜奴兒》云：「畫堂簾子朝來卷，苦恨斜陽。沒個商量。燕子催歸又一雙。　　可憐私語無人處，不是西廂。不是東牆。小犬金鈴也要防。」

二

　　吾鄉崔弁山先生，爲湯敦甫入室弟子。一時名流，如潘芸閣、徐少鶴、張吉甫、胡玉樵、華榕軒、陶鹿崖、杜晴川，皆與交好。平生喜著述，尤工長短言。其言情處，極婉約有致，如詩家之袁隨園。錄其《旅愁》，調寄《滿江紅》云：「我別無愁，只春日他鄉作客。俾家園許多佳景，概同拋擲。轉眼便驚三月暮，回頭總恨千山隔。聽聲聲盡是子規啼，朝連夕。　　一片片，梅似拭。一點點，桃欲滴。更柳枝可折，柳絲堪織。鴛枕頻縈蝴蝶夢，魚箋莫奮麒麟筆。正徘徊獨對夕陽中，誰橫笛。」《答友人問近況》，調寄《一剪梅》云：「閒居何事老吾身。琴裏三分，書裏三分。有時病作忽惛惛，日映疏櫺，夜撲寒檠。　　阿儂老婦是良姻。喜也相親，怒也相親。一身傲骨犯時瞋，欲有人欣，那有人欣。」《詠懷》，調寄《樂天洞》云：「一帶林泉，四面雲煙。此中之樂樂由天。賓來倒甕，興至攤箋。不求人，不求佛，不求仙。　　我賦歸來，二十餘年。每離寢蓐便窺園。風中嘯傲，月下盤旋。對竹亭亭，花簇簇，鳥翩翩。」

三

　　吾友玉梅，詩才放逸，尤精倚聲。嘗見其與淵一論填詞須求協律，協律須論五音，不考五音，則不能協律。不能協律，則不能歌。不能歌，不得謂之詞也，吳夢窗所謂長短之詩耳。昔張玉田賦《瑞鶴仙》句云：「粉蝶兒撲定花心不去」，「撲」字歌之不協，改「守」字乃協。蓋清濁之分，輕重之節，不可亂也。觀此可知梅公深於此道矣。

四

　　儀徵劉申叔，爲恭甫先生猶子。先生三世治經，爲海內所稱榮。申叔長承庭誨，遂通左氏書，著《讀左札記》，論者嘉其克紹先業。嘗痛祖國舊學淪

亡，偕順德鄧枚子、黃晦聞諸子，創國學保存會於海上，收拾遺聞，刊售《國粹學報》，發明儒術，甚盛事也。申叔詩、古文、詞，皆有師法，詞尤才思洋溢，健麗絕倫，洵足起此道之衰。《讀南宋雜事詩》，調寄《掃花遊》云：「殘山賸水，聽鳥喚東風，鵑傳南渡。繁華暗數。惜珠簾錦幕，美人遲暮。賸有華堂，蟋蟀芳園杜宇。傷心處。將無限閒愁，訴與鸚鵡。　　西湖堤畔路。賸渺渺寒波，蕭蕭秋雨。暮潮來去。送樓臺歌管，夕陽簫鼓。芳草淒迷，夢斷蘇堤煙樹。無情緒。酒醒時、江山非故。」《徐州懷古》，調寄《一萼紅》云：「過彭城。看山川如此，我輩又登臨。繫馬臺空，斬蛇劍杳，霸業都付銷沈。試重向黃樓縱目，指東南半壁控淮陰。衰草平蕪，大河南北，天險誰憑。

千劫興亡彈指，剩碭山雲起，泗水波深。宋國雄都，楚王宮闕，千秋故壘誰尋。溯當日中原逐鹿，笑項劉何事啓紛爭。空歎英雄不作，豎子成名。」《登開封城》，調寄《賣花聲》云：「莽莽大河流，空際悠悠。天涯回首又登樓。百二河山今寂寞，已缺金甌。　　宮闕汴京留，王氣全收。浮雲縹緲使人愁。又是夕陽西下去，望斷神洲。」《元宵望月》，調寄《壺中天慢》云：「滿身花影，看蟾光如許，盈虧幾易。難得南樓同醉月，不負天涯今昔。鼙鼓蕭條，悲笳嗚咽，遼海音書急。扶風歌罷，元龍豪氣猶昔。　　堪歎好夢煙銷，年華水逝，俯仰悲陳迹。千里相思無寄處，惹我青衫淚濕。雲海沈沈，金波脈脈，終古橫空碧。夜鳥驚起，一聲何處長笛。」《無題》，調寄《菩薩蠻》云：「一樹梨花深院隔，遊絲飛去無蹤迹。金瑣闐門開，傳書青鳥來。　　簾櫳殘月曉，夢斷青樓道。曉色綠楊枝，流鶯對語時。」

<h1 style="text-align:center">五</h1>

南匯康秀書，以詩名世，而詞亦秀曼無前。《習靜齋詩話》中曾載其詩，茲更得其詞數闋，亟錄之，以餉世之同嗜者。《垂釣》，調寄《江南春》云：「風細細。日遲遲。一堤芳草綠，數點柳花飛。江村晝永閒無事，且把漁竿坐釣磯。」《春暮》，調寄《風蝶令》云：「稚竹搖新綠，雛鶯學弄機。池塘春暮落紅稀。只有紛紛彩蝶作團飛。　　晚景堪圖畫，垂楊籠釣磯。鯉魚風起夕陽微。數點楊花飛上釣人衣。」《冶遊》，調寄《踏莎行》云：「隴麥垂鬚，春光欲暮。桃花零落飛紅雨。隔溪一帶種垂楊，綠陰深處藏朱戶。　　略彴斜通，分明有路。徜徉緩步且尋去。數聲幽鳥最關情，聲聲似欲留人住。」《七夕》，調寄《鷓鴣天》云：「乞巧深閨笑語柔。橫空銀漢影悠悠。數聲衣

杵鳴村巷，一片笙歌起畫樓。　　涼似水，月如鉤。鵲橋辛苦駕河洲。穿針有個眉峰鎖，憶得蕭郎尙遠遊。」又《拋球樂》句云：「無端杜宇催春去，紅了薔薇綠了蕉。」《搗練子》云：「兩岸黃鸝啼忽住，一聲欸乃見漁郎。」皆絕妙好詞也。

六

或述錢唐毛華孫承基《踏青詞》兩闋。《賣花聲》云：「煙際草痕迷，綠遍蘇堤。踏青深怕路高低。和向郎君低語道，扶過橋西。　　風試剪刀齊，恰試春衣。綠陰陰處聽鶯啼。悔把鳳頭鞋子換，浣了香泥。」《臨江仙》云：「一帶柳陰如畫裏，尋芳到處勾留。東風未免忒風流。吹開裙百褶，露出玉雙鉤。　　行盡沙堤芳草軟，夕陽紅上枝頭。小姑生性太貪遊。長途行不得，喚渡趁歸舟。」二詞清麗芊綿，不減溫李。

（以上 1917 年《小說海》第 3 卷第 5 號）

七

連日得柳亞子、姚鵷雛詞數十闋，鵷雛長於寫豔，亞子工於言愁；鵷雛穠麗似夢窗，亞子俊逸似稼軒。余於鵷雛愛其小令，亞子取其長調。亞子《金縷曲》《巢南就醫魏塘，迂道過此，余小病初痊，冒雨往舟中訪之。復招穎若傾談，竟日而別，詞以紀事》云：「小病愁難療。忽報導先生來也，甚風吹到。倒著衣冠迎戶外，贏得兒童爭笑。算此意旁人難告。小艇垂楊低處泊，有明窗淨几添詩料。令我憶，浮家好。　　深談款款何曾了。依舊是元龍湖海，容顏未老。商略枌榆文獻業，此事解人漸少。賸滿地鴉鳴蟬噪。一客東陽來瘦沈，好共君清話瀾翻倒。奈別後，忘昏曉。」《高陽臺》《楚傖泛舟分湖，尋午夢堂遺址不得，作〈分堤弔夢圖〉以寄慨，爲題此解》云：「午夢堂空，疏香閣壞，芳蹤一片模糊。衰草斜陽，涼風搖動菰蘆。深閨曾煮蕉窗夢，到而今夢也都無。最傷心，鏡裏波光，依舊分湖。　　披圖遙憶當年事，記一門風雅，玉佩瓊琚。一現曇華，無端零落三珠。孤臣況又披緇去，莽中原哭遍榛蕪。剩伊人，弔古徘徊，感慨窮途。」《金縷曲》《楚傖入粵，道出春江，邂逅臥子，開尊鬥酒，樂可知矣。書來索詞，塡此奉寄》云：「百尺樓頭客。最傾心雲間臥子，東南人傑。歇浦遨遊誰把臂，狂殺東江葉葉。這相見何須

—95—

相識。箝口莫談天下事，只高歌痛飲乾坤窄。稽阮放，荊高俠。　酒家壚畔花爭發。笑人間淺斟低唱，都非英物。龍吸鯨吞無算爵，旗鼓中原大敵。似鉅鹿昆陽赤壁。笑問玉山頹也未，好商量死葬陶家側。算此樂，最難得。」《蝶戀花》《寒夜憶內》云：「小別居然愁寂寞。一日三秋，況是三旬約。風雨淒清樓一角。惱人只怨天公惡。　因甚心情容易錯。見也尋常，去便思量著。睡鴨香銷寒夢覺。半床繡被渾閒卻。」鴆雛《惜分飛》云：「淺笑深顰無意緒。煞憶柔情如許。小立花深處。濃春都被君收去。　冉冉春雲忙散聚。記取舊題斷句。銀燭重開處。淚痕紅濕桃花雨。」《長相思》云：「別時愁。會時愁。離合一生雙鬢秋。骨灰情始休。　恨無由。思無由。淺醉初逢一味羞。背人紅淚流。」《生查子》《閨情》云：「深院靜聞鶯，午夢人初醒。舊恨似春潮，一一心頭省。　紅雨慣飛愁，暮色蒼生暝。不語自亭亭，立瘦花前影。」

八

　　南社同人，長於倚聲，足與柳、姚逐鹿詞場者，復有虞山龐檗子樹柏、梁溪王蓴農蘊章。檗子《浣溪沙》云：「垂楊依依畫檻邊。倡條冶葉把愁牽。總教攀折也堪憐。　慘碧山塘春似水，落紅門巷雨如煙。怎生消受斷腸天。」《鷓鴣天》《題病鶴丈石屋尋夢圖》云：「水白霜紅初雁天。西風衰帽又今年。尋來無賴三生夢，畫出銷魂一角山。　山似黛，夢如煙。鐘聲落葉到愁邊。阿誰解得淒涼句，留段斜陽看不完。（金雲門女士遺句也。）」蓴農《乳燕飛》《題風洞山傳奇》云：「一滴眞元血。是天工撐持世界，作成豪傑。猿鶴沙蟲秋燼化，了卻中原半壁。生不幸謀人家國。欲乞黃冠歸里去，聽桃花扇底嬌鶯泣。抽佩劍，四空擊。　靡笄獨抱孤臣節。盡昏昏終朝醉夢，草間偷活。柱木焉能支大廈，萬丈靈光照澈。灰冷透昆明殘刧。遍地皆非乾淨土，莽青山何苦收遺骨。休更向，老僧說。」

九

　　吾鄉孫鵝洲先生，不獨能詠，兼擅倚聲，集中有詩餘數闋，茲錄其《春遊》，調寄《菩薩蠻》云：「東風吹斷簾纖雨，尋芳踏遍青郊路。心醉板橋西，垂楊護酒旗。　春光無近遠，到處流鶯囀。日暮折花歸，餘香尙滿衣。」

《蝶戀花》云：「妝罷登樓愁望遠。楊柳青青，又是春將半。枝上流鶯千百囀。芳心一點如絲亂。　　不恨玉郎音信斷。只悔當時，錯把封侯勸。日日花前珠淚溅，鏡中漸覺紅顏換。」《山花子》云：「隱隱江城漏欲終。背人獨立月明中。兩頰凝紅無一語，怨東風。　　聽得喚眠伴作意，幾番不肯入房櫳。猶自徘徊香徑畔，看花叢。」《賀新郎》云：「生就枝連理。看華堂杯斝合巹，共誇雙美。已是郎才如錦繡，女貌更如桃李。問豔福幾人消此。漸漸更闌銀燭爐，想凝眸暗把芳心遞。呼侍女，展鴛被。　　從前無限相思意。算今宵相思償盡，良緣天啟。怎奈夢迴天又曙，不住雞聲催起。略代整新妝鏡裏。手把風流京兆筆，畫雙蛾一抹遙山翠。簾幕卷，鎮偎倚。」風流旖旎，詞家之最。

一〇

浙東戚又村，善丹青，性傲岸，而與余交好，嘗為余誦閩中王又點《木蘭花慢》詞一闋，題為《興郡客感》云：「洗紅連夜雨，吹不散畫橋煙。歎景物關人，光陰在客，情味如禪。尋思刺船弄水，便歸歟何用置閒田。拚約春風爛醉，恨春輕老花前。　　湖天。碧漲簟紋邊。日日憶家眠。料試衣未妥，暈妝還懶，鬢冷欹蟬。分明片時怨語，說相思金篋已無箋。雨歇西齋淡月，隔牆猶咽幽弦。」王名允晳，生平詞學玉田，頗能神肖。

一一

虞山黃摩西人，天才橫溢，其詞直可抗手辛、蘇，惜以瘤卒。生平著作，半已散佚，然見於《南社集》中者，亦頗不少，茲錄四闋，可想見摩西當年之跌宕情場也。《喝火令》云：「心比珠還慧，顏如玉不凋。研羅裙底拜雲翹。立把剛腸英氣，傲骨一齊消。　　眼借眸波洗，魂隨耳墜搖。低鬟一笑過花梢。可惜匆忙，可惜性情嬌。可惜新詩無福，寫上紫鸞綃。」又云：「再覓仙源路，劉郎鬢欲凋。蒼苔隱約印雙翹。立到下風偷嗅，香氣未全消。　　花底爐煙祝，燈前掛盒搖。茫無頭緒問收梢。何日重逢，何日許藏嬌。何日腮邊雙淚，親手拭鮫綃。」《南歌子》云：「枕匣鸞情活，釵梁燕影橫。千憐萬惜泥呼卿。但覺香濃聲軟欠分明。　　倚玉酬初願，量珠定舊盟。投懷驀地臉波生。只怕桃花年命犯風驚。」又云：「霞頰含嗔暈，山眉斂翠橫。不知何

事又干卿。任爾左猜右測負聰明。　　胡亂賠花罪，慌忙指月盟。天生小膽是書生。爲甚只禁歡喜不禁驚。」

一二

吾鄉林慕周，一號香輪，余未見其人，友人咸稱其善塡詞。嘗遊秦淮，眷一妓，別後不能忘情，於舟中作《後庭宴》、《醉春風》詞兩闋，以寫懷思，悟笙嘗爲余誦之。《後庭宴》云：「暮靄沈山，斜陽掛樹。孤舟獨泊秋江渚。一鈎新月照篷窗，姮娥應解離愁苦。　　思量未帶愁來，何事帶將愁去。者番去也，後會知何處。夢繞水邊樓，魂銷江上路。」《醉春風》云：「如玉人千里。欲見終無計。思量只有夢魂通，睡。睡。睡。單枕愁寒，孤衾怯冷，怎生成寐。　　往事從頭計。幽恨何時洗。消魂無奈又天明，起。起。起。試把相思，寫來箋上，卻將誰寄。」

一三

張烈仲世兄，嘗手錄江蘇蔣小培詞數闋見寄，沈雄悲壯，有稼軒、龍川之遺風，不得目爲粗豪也。《水調歌頭》云：「八九不如意，搔首問青天。將人抵死，磨挫辛苦自年年。不作名場傀儡，便合沙場馳騁，壯志豈徒然。倚酒拂長劍，慷慨繫腰間。　　天下事，非草野，所能言。驀思南宋，朝局怒髮欲衝冠。卻笑中興宰相，慣有和戎妙策，歲幣蕚金錢。五百兆羅卜，牧馬不窺邊。」《客窗聽雨》，《一剪梅》云：「春雨簾纖膩似油。密過機籌。細數更籌。連宵織得幾多愁。旅客眉頭。思婦心頭。　　濁酒頻澆不解愁。望裏鄉樓，夢裏歸舟。十年蹤迹等沙鷗。鈍了吳鈎。敝了貂裘。」《聞雁》，《虞美人》云：「小窗一夜西風緊，梧葉飄金井。燈前白雁兩三聲。不是離人聽得也關情。　　問伊此去歸何處，道向衡陽去。來時帶月過津沽。爲問征人可有一封書。」《聞戴孝侯統帶六營，赴吉林防禦俄人，喜而賦此》，《清平樂》云：「憂時念切，海上妖氛烈。聞道故人新建節，佇看犁庭掃穴。　　吾生七尺昂藏，腰間蓮鍔霜寒。便欲乘風萬里，先驅手斬樓蘭。」

一四

社友姜參蘭詩，已入《詩話》。茲又於《南社叢刻》中，讀其《賀新涼》

《弔史閣部墓》詞一首，激昂排宕，極似蘇、辛。云：「血鑄興亡劫。戀江城忠魂一縷，動人歌泣。何事文山偏入夢，末季又完臣節。縱拋去沙場骸骨。身後了無毫髮憾，只當年未葬高皇側。千載下，共淒絕。　舊時袍笏新朝碣。剩寒宵梅花帶淚，二分明月。我亦臨風來膜拜，別有恨填胸臆。覺萬事從今休說。十日揚州君記否，者乾坤愈逼前途窄。空弔古，唾壺缺。」

一五

番禺潘蘭史，在德時，曾撰《海山詞》一卷，中多記彼邦山水美人。余友寄塵《海天詩話》中，擇錄數首，讀而愛之，惜全帙余未之見也。《一剪梅》《斯布列河春泛》云：「日暖河干殘雪消。新綠悠悠，浸滿闌橋。有人橋下駐蘭橈。照影驚鴻，個個纖腰。　絕代蠻娘花外招。一曲洋歌，水遠雲飄。待儂低和按紅簫。吹出羈愁，蕩入春潮。」《碧桃春》《夏鱗湖在柏林西數里，松山低環，綠水如鏡，細腰佳人夏日多遊冶於此》云：「山眉青抹一奩煙。湖平花滿天。羅裙香影漾紅船。凌波人是仙。　風絮外，醉魂邊。層樓燈又燃。畫筵歌舞繫歸舷。鴛鴦眠不眠。」《搗練子》《與嬉嬋女士遊高列林，林有酒樓臨夏菲利河，極煙波之勝》云：「河上路，翠浮空。萬點蘋花逐軟風。縹緲樓臺如畫裏，捲簾秋水照驚鴻。」

一六

浙中魏鐵三先生，負才不偶，徜徉江湖，生平工倚聲之學。傷時感物，遊宴登臨，往往借長短言，以抒懷抱。其清新拔俗，頗有南宋諸家風概焉。《高陽臺》云：「搗麝留塵，焚香聚影，天涯俊侶曾招。曾幾多時，墜歡一倍迢迢。孤雲漸有飄流意，渺無憑風過清簫。最魂銷，止是當時，不似今宵。

華年莫漫尊前數，甚無端錦瑟，觸撥弦么。別有傷心，酒波分付如潮。東風例把嬋娟誤，好花枝容易紅凋。更無聊。明日華顛，昨日華顛，昨日垂髫。」編者按：「明日華顛，昨日華顛，昨日垂髫」句與詞譜不合，「昨日華顛」當是衍文。《遊萬柳堂》，調寄《摸魚子》云：「問江潭、婆娑萬柳，而今當剩多少。河陽潘令殷勤補，同是一般潦倒。春已老。算如此年光，還有詞人到。虛堂晝悄。只呵壁尋詩，憑欄寄恨，思古發清嘯。　牢落感，槃敦風流已渺。劇憐無限芳草。倡條冶葉渾如帚，可惜不將愁掃。風裊裊。把十丈黃塵，吹滿

閒亭沼。清遊倦了。好款段歸來，斜陽影裏，休聽暮鴉噪。」

一七

《蘿月詞》二卷，閩中許克犖先生膚皞著。先生性好山水，遊輒經月忘返，嘗偕友遊武彝，渡紅橋板，失足墜崖死。茲錄其《滿江紅》《題郵亭壁》云：「秋冷郊原，看一帶平林如畫。歡閱盡嶔崎世路，夢中猶怕。萬里關河長緬邈，千年塵土空悲咤。只垂楊不管別離愁，斜陽掛。　誰苦勸，勞人駕。料不似，青山暇。奈感生髀肉，壯懷難罷。滾滾黃塵隨馬起，悠悠白鳥和煙下。聽笳聲寒月戍樓西，驚心乍。」《蝶戀花》《撥悶》云：「悶卷蘭窗消永晝。小小蛾彎，綠得愁痕皺。人在子規聲裏瘦。落花幾點春寒驟。　坐擁博山薰翠袖。燕姹鶯嬌，不管人僝僽。拍斷闌干吟未就。鸚哥驚醒將人咒。」「子規」句，的是絕妙好詞。當與輞川《陽關三疊》曲，同唱遍旗亭。林薌溪每盛稱先生詞：「品高詣粹，瓣香在邦卿、白石間。」良不誣也。

一八

錢塘陳蝶仙以豔體詩聞，而其長短言，亦復娟媚流麗，不同凡俗。嘗有《南柯子》《詠閨情》兩闋云：「柳葉顰眉黛，桃花襯臉霞。剛剛睡穩莫驚他。分付鬟兒簾外走輕些。　睡起雙鬟軃，羅衾半體遮。橫波無賴向人斜。笑索檀奴親手遞杯茶。」又「嫁去教郎愛，歸來阿母誇。和卿不是別人家。爲甚人前稱我總稱他。　膚色瑩如玉，妝成豔若霞。同心結子縮雙丫。要與郎肩相併照菱花。」《浣溪沙》《贈曲中人翠玉》云：「阿姊年華二八強。大家風度畫眉長。西湖歌舞問端詳。　無限嬌憨羞小妹，若般輕薄笑癡郎。佯言阿母到中堂。」芳馨悱惻，讀之令人香生齒頰。

一九

丹徒吳眉孫清庠，工爲詞，一宗南宋。聞所著有《春風紅豆詞》一卷，惜未寓目，僅於《南社》十一集中，見其《喝火令》《別後寄阿蓮》云：「豆蔻同心結，芙蓉透臂紗。洛陽街上七香車。笑指馬櫻，一樹是兒家。　長命千絲縷，相思一寸芽。青衫門外又天涯。記得沿河，十里紫菱花。記得鮫珠彈出，一曲悶琵琶。」

二〇

邇來海上伶人馮春航之色藝，名震全國。南社同人，若柳亞子、林一厂輩，復力爲揄揚，筆歌墨舞，幾不惜嘔盡心血，爲之辯護。葉楚傖嘗有《菩薩蠻》詞一闋，《戲送一厂歸粵，並調亞子》云：「幾生修到江南住，緣何復向蠻荒去。即不記吳儂，還應戀阿馮。　近來心變了，到處窺覷笑。什麼是相思，分明一對癡。」

二一

社友吳瞿盦，吳中名士，其詩餘已收入《詩話》。頃得其《蝶戀花》詞四闋，讀之令人想見其抑鬱磊落之氣。詞云：「蟣虱浮生同一夢。橫海功名，才大難爲用。試問芻尼誰作俑。可憐困坐醯雞甕。　顛倒天吳翻紫鳳。浪說通侯，不及書城擁。和淚送窮窮不動。白楊風裏銘文冢。」又「拍案悲歌中夜起。生小吳儂，卻帶幽并氣。汴水東奔湘水沸。人間難得埋愁地。　又向華亭聽鶴唳。煙驛燈昏，諳盡勞生計。誰解霜裘溫半臂。少年結客談何易。」又「大道青樓搖策去。錦瑟雙聲，子夜同心句。春水吳艭楊柳漵。匆匆豔夢歡如絮。　白馬青絲惟萬緒。一篋牛衣，孤負當時語。偏又重逢深院宇。小紅不是吹簫侶。」又「悔向名場標赤幟。一霎天風，折了南鵬翅。三十光陰如激矢。觀河面皺而今是。　識字從來憂患始。用盡聰明，笑破河東齒。咄咄書空眞怪事。侏儒飽死臣饑死。」瞿盦工爲傳奇，如《風洞山》、《綠窗怨記》、《鏡因記》、《暖香樓》、《落茵記》、《雙淚碑》諸院本，唱遍旗亭。葉楚傖謂其「才調不讓臨川，音律辨別，精嚴無錯，且增損節拍，獨著新唱，聞瞿盦歌，令人如坐《江城梅花引》中」，殆非虛語也。

二二

歙縣程善之，素工倚聲，《南社集》中，收其詞最夥。嘗有《倦雲憶語》之作，少年情事，縷述無遺，其筆墨亦不在沈三白《浮生六記》下也。茲錄其《虞美人》、《唐多令》詞兩闋入《詞話》，以告海內之知善之者。《虞美人》云：「絳紗窗下珠絨墮，暗遞櫻桃唾。記儂生小慣聰明，怪底閒人偏說是多情。　無端風雨年華暮，催促朱顏故。闌干倚遍怕黃昏，不耐舊人新夢訴溫存。」《唐多令》云：「何處話春愁。花柔草更柔。舊心情度上眉頭。燕子

不曾來入夢，人獨倚小紅樓。　　望遠倦凝眸。韶光幾日留。怕相思錯了簾鈎。桃葉桃根還柳絮，溝畔水自東流。」

二三

長沙鄭蘀庵澤《述感》，調寄《上西樓》一闋云：「萱花誰道忘憂。試回眸。已是隔簾彈淚爲伊愁。　　春信好，東風早，上妝樓。拓起茜紗窗子再梳頭。」風格秀逸，酷肖迦陵。

二四

巢南之詩，已傳誦海內，而其詞之纏綿深婉，如曉霞媚樹，春水浮花，尤極幽豔蕩漾之致。錄其《春暮與景瞻、匪石、癡萍、楚傖、無射旗亭偶集》，調寄《鷓鴣天》云：「薄霧濃雲半帶煙。鷓鴣啼亂奈何天。綠楊巷陌人誰過，細雨櫻桃色可憐。　　情脈脈，意綿綿。愁來且向酒家眠。鱸蓴味美盤飧好，莫問春歸何處邊。」《蝶戀花》云：「寒食清明都過了。盼得春來，又怕春歸早。綠暗紅稀鶯燕老。天涯何處尋芳草。　　獨上高樓思渺渺。感逝懷人，幾度愁盈把。白日蹉跎清興少。落花流水江南道。」巢南嘗輯其邑中自宋至清之詞，凡二百餘家，名曰《笠澤詞徵》，刊於歇浦，其用力可謂勤矣。

二五

讀摩西詞，如入武夷啖荔枝，鮮美獨絕，前已收其數首，茲更錄其《浣溪沙》兩闋，以餉世之同嗜者。詞云：「偷驗紅痕玉臂寒。釧聲入袖炙筍蘭。欠伸不定骨珊珊。　　千手佛香攤掌嗅，十眉月樣並肩看。買花容易養花難。」又「草草蘭盟未忍寒。願爲文簟受花眠。燈前獨坐弄金鈿。　　瘦骨難消纏臂印，枯毫常帶畫眉煙。親探碧海種紅珊。」

二六

近見某君《減字浣溪沙》詞下半闋云：「曲檻半危猶倚笛，中庭小立只低鬟。笑啼宛轉向人難。」蓋謂全歐戰爭，波及青島，我政府方守局部中立也。寫弱國左右做人難之苦衷，隱然言外。

二七

亞子《分湖舊隱圖》，題詩者幾遍海內。詞則以蓴農、檗子兩家爲最。蓴農《太常引》云：「五湖歸計太無聊。鄉思落輕橈。魂也不禁銷。看畫裏溪山路遙。　松陵十四，碧城十二，吹瘦小紅簫。酒醒又今宵。有自琢新詞最嬌。」檗子《剔銀燈》云：「劫外移家何地。寫出水荒煙悴。夢弔疏香，詞搜珍篋，（同社葉楚傖爲天寥後裔，有《分堤弔夢圖》；陳巢南輯《笠澤詞徵》，有《徵獻論詞圖》。）一樣悲秋情味。滴殘清淚。卻輸與冷吟閒醉。　遙想寒燈獨倚。望斷蒹葭無際。故國梅花，扁舟桃葉，我亦難償心事。且拋歌吹。聽漁笛蘋洲夜起。」

（以上 1917 年《小說海》第 3 卷第 6 號）

冰薝詞話

馮秋雪 著

《冰薝詞話》，馮秋雪著。刊於 1919 年《詩聲》月刊，署名「秋雪」。馮秋雪（1892〜1969），名平，號西谷，室名冰薝。廣東南海人。少讀於澳門灌根學塾，後加入澳門中國同盟會會員，參與辛亥革命與討袁鬥爭。之後在澳門參與文教事業，與馮印雪、劉草衣、梁彥明（臥雪）、趙連城（冰雪）、周佩賢（宇雪）、黃沛功等創立澳門文學史上著名文學團體「雪社」，創作舊體詩詞，刊行《詩聲月刊》，1934 年出版七人詩詞合集《六出集》。馮氏還與妻趙連城創辦佩文學校，從事革命活動，並參與抗日戰爭，建國後任廣州市文史館館員。著有《宋詞緒》、《金英館詞》、《甲甲夏詞》、《秋音甲稿》、《水珮風裳集》等，輯有蘇曼殊詩集《燕子龕詩》，並爲之作序。

去歲金風初至，採薪遽憂，晝永夜長，書城坐困，籠愁日淡，煮夢燈熒，連城藥爐事暇，輒於榻前，爲余誦唐宋諸大家長短句，每終一闋，絮絮評高下。有屈古人者，余則如律師，滔滔申辯不已。連城謂余傷氣，古人縱屈，亦不許作辯護士，否則去詞，談野乘，余素不甚喜說部，願反舌，可否亦筆之。積二旬，得百三十則，病中所記，詞多蕪雜。去臘歲除，出而刪汰。冰薝，余與連城讀書之室也，爰取以名篇。中所論者，皆愈後余辯正也。民國第一己未年（1919）初夏，秋雪記。

一

詞者，補詩之窮也。蓋詩於五七言不能盡者，詞能長短以陳之，抑揚緩

促以達之，溫柔細膩以出之，和人之性情，詞之功尤居詩上也。

二

詞或曰詩餘，不知實樂之餘也。六藝，《樂》居其次，而佚亡久。居今日而求樂之似者，不能不取諸詞矣。

三

宋女子李易安（清照）洵一代詞家，果使易笄而弁，則宋代諸公，亦當避軍三舍。其《聲聲慢》、《醉花陰》、《壺中天慢》等，非當代專家所能望其肩背。其《聲聲慢》詞云：「尋尋覓覓，冷冷清清，淒淒慘慘戚戚。」一連十四疊字，匪特不覺其疊，且一疊一轉，一轉一深，一深一折，真化筆也。後人多有仿之者，然自鄶矣。

四

繼漱玉後者，推朱淑真，有《斷腸詞》一卷。辭則可頡頏易安，而情則不及焉。其《菩薩蠻》云：「山亭水榭秋方半，鳳幃寂寞無人伴。愁悶一番新，雙蛾只舊顰。　起來臨繡戶，時有疏螢度。多謝月相憐，今宵不忍圓。」纏綿俳惻，又可伯仲易安矣。

（以上 1919 年《詩聲》第 4 卷第 2 期）

五

李易安之《聲聲慢》一連十四疊字，已是難能可貴，不謂《西青散記》內有《鳳凰臺上憶吹簫》云：「寸寸微雲，絲絲殘照，有無明滅難消。正斷魂魂斷，閃閃遙遙。望望山山水水，人去去隱隱迢迢。從今後，酸酸楚楚，只是今宵。　青遙。問天不應，看小小雙卿，裊裊無聊。更見誰誰見，誰痛花嬌。誰望歡歡喜喜，偷素粉寫寫描描。誰還管，生生世世，夜夜朝朝。」連用四十餘疊字，脫口如生，洵心靈舌慧，前無古人矣。

六

　　詞之疊韻，所在多有，然連迭一韻到底，則罕覯焉。宋蔣捷《聲聲慢》《賦秋聲》云：「黃花深巷，紅葉紙窗，淒涼一片秋聲。豆雨聲來，中間夾帶風聲。疏疏二十五點，麗譙門不鎖更聲。故人遠，問誰搖玉佩，簷底鈴聲。

　　彩角聲吹月墮，漸連營馬動，四起笳聲。閃爍鄰燈，燈前尚有砧聲。知他訴愁到曉，碎噥噥多少蛩聲。訴未了，把一半分與雁聲。」

七

　　詞之有宋，猶詩之有唐。有清一代，詞學大昌，集宋之成者也。吳梅村、顧梁汾也，則可追蹤幼安；曹實庵也，可伯仲方回、美成；納蘭容若，則升南唐二主之堂；朱竹垞、陳其年、厲樊榭也，則容與乎白石、梅溪、玉田、夢窗之間；王小山則直逼永叔、少游；張皋文則集兩宋之精英，開詞家未有之境；項蓮生則從白石、玉田、夢窗而超出其外；龔璱人則合周、辛一爐而冶，作飛仙劍俠之音；蔣鹿潭則與竹垞、樊榭異曲同工，勝朝杜工部也。鹿潭而後，雖有作者，然大都從字句間彫琢，有辭無氣，過此目往，恐成廣陵散矣。

　　　　　　　　　　（以上 1919 年《詩聲》第 4 卷第 3 期）

八

　　月前因沛功先生得交謝君菊初，並介紹入社，破題兒第一課題為「落花」，君填《大江東去》詞云：「朱欄憑眺，看千紅萬紫，已知春暮。記得夭桃曾識面，可奈東風吹去。一段鶯愁，幾番蝶怨，多少銷魂處。杏芳園裏，悄然相對無語。　　回憶漢苑繽紛，楚宮旖旎，觸景添離緒。縱使家僮還未掃，畢竟留他難住。流水無情，斜陽尚在，莫把衷懷訴。春陰乞借，明年更倩誰護。」不匝月，謝君即賦悼亡，君謂「生平未嘗填詞，而首次賦落花，時已心滋不懌，詎料竟成詞讖」云云。雖然，詩讖之說，按諸古籍皆云歷歷不爽，惟我觀之，則未敢決其必然。猶憶八年前，讀書於廣雅書院，時初解吟詠，《秋懷》兩律中有句云：「萬斛愁懷百歲身」，詩成以箋謄寫，分示學友。陳子見而弗悅，曰：「君詩不祥實甚。」余曰：「何謂也？」曰：「萬斛愁懷百日身。」余曰：「余作遒歲字，非日字也，君誤耳。」陳子立出詩箋示余，余亦為咋舌，

果誤寫「萬斛愁懷百歲身」爲「萬斛愁懷百日身」。後學友來言，與陳子同，謂恐成詞讖，蓋皆誤「日」爲「歲」也。時余雖不信，而心終惴惴，恐真成讖。然屈指至今，蹉跎八載，則此詩終不驗也，又何讖之足云乎。（此段與下段乃近著加入，非此編原作，讀者幸毋誤會。）

九

今歲雙星渡河之夕，予約連城塡七夕詞，題爲問仙與傲仙，各賦一題，以闄定。余得問仙，連城得傲仙也。復翻詞牌以定譜，得《踏莎美人》。時已夜午，推窗仰視，雙星閃閃，正渡河時也。拙作下半闋云：「白露橫空，鵲橋延佇。人間天上喁喁語。一年一度歡娛。細問天孫，巧字怎生書。」連城作有云：「夜夜比肩，朝朝檢韻。此情此景而無分。女牛若解悄含顰。應羨阿儂，朝夕畫眉人。」予之問仙詞，問字已嫌問得太過，而連城之傲仙詞，傲字尤突過予前，牛女有知，淚當簌簌落也。詩成，黑雲頓翳，微有雨點，意者其仙姬之淚乎。

（以上 1919 年《詩聲》第 4 卷第 4 期）

一〇

連城最愛《漱玉集》，謂其清新雋逸，別饒豐致，且詞華橫溢，睥睨一代，唐宋諸公，不足道也。余謂其言過當。連城曰：「『寵柳嬌花』之『寵』字，『怎生得黑』之『黑』字，奇險而穩，唐宋諸公，能及否乎。至其詞之純屬天籟，不假雕飾，尤與宋代諸公七寶樓臺者有別。」又曰：「寫真景，男子能之，惟寫真情，非女子不辦。男子縱有能者，亦與真字相去尚遠，試將古今來巾幗詩詞，一讀便知。蓋情字天賦女子獨厚，無可如何者也」云云，是二說，我頗疑之。

一一

連城又曰：鍾梅心之「花開猶似十年前，人不似十年前俊」二語，時人稱道弗置，不知實從李易安之「舊時天氣舊時衣，只有舊懷不似舊家時」句脫胎出來，而情韻鏗鏘不及也。

一二

易安詞之「守著窗兒，獨自怎生得黑」，情語也；「莫道不消魂，簾卷西風，人似黃花瘦」，致語也；「寵柳嬌花寒食近」，麗語也；「只恐雙溪舴艋舟，載不動許多愁」，趣語也；「舊時天氣舊時衣，只有舊懷不似舊家時」，癡語也；「此情無計可消除，才下眉頭，卻上心頭」，苦語也。才思如此，蔑以加矣。

一三

其《漁家傲》云：「天接雲濤連曉霧，星河欲轉千帆舞。彷彿夢魂歸帝所，聞天語，殷勤問我歸何處。」昂藏若千里之駒，此豈女兒家言耶。兩宋諸公，當低首碧茜裙下也。

一四

周止菴批清眞《六醜》云：「不說人惜花，卻說花戀人，已是加倍寫法。而易安之『惟有樓前流水，應念我終日凝眸』二句，比清眞詞更深一層。」蓋清眞詞云：「長條故惹行客，似牽衣待話，別情無極」，則覺物尚有情，而易安則覺眼前事物，俱屬無知，誰可與語，只有強教流水以情，縱不能載歸舟，亦應憐我危樓悵望也，的是更加一倍寫法。

（以上 1919 年《詩聲》第 4 卷第 6 期）

心陶閣詞話

黃沛功　著

《心陶閣詞話》，黃沛功著。刊於 1919 年《詩聲》月刊，署名「沛功」。黃沛功，生卒年未詳，又名浦功，號奉宣，又號心陶閣主、岐江釣徒，廣東香山（今中山）人。清末優增生。中歲以後寓居澳門，任瀚莘學校校友。喜爲詩詞，雪社社友。著有《心陶詩鈔》。

一

　　心餘、容若之《蝶戀花》，各極其妙。心餘詞云：「雨雨風風愁不止。月下燈前，愁又從新起。天許有情人不死。不應更遣愁如此。　暫時撇去仍來矣。才盡天涯，又到人心裏。我愛人愁愁愛汝。一人一箇愁相倚。」容若詞云：「蕭瑟蘭成看老夫。爲怕多情，不作憐花句。閣淚倚花愁不語。暗香飄盡知何處。　重到舊時明月路。袖口香寒，心比秋蓮苦。休說生生花裏住。惜花人去花無主。」眞所謂筆舌互用也。心餘妙句，如「情一往，灩灩溶溶難比，恰似一江春水。」又「記前歲，同在京華懷爾，爾懷亦復相似。」又「料知音各有淚痕雙，誰先墮。」又「卻怪影兒難拆，峭風前拋他獨自。料應偎倚。防人相妒，轉令歡相避。」又「捫胸臆。既相識如斯。不若休相識。」又「不如放眼向青天。立盡松陰，我與我周旋。」容若妙句，如「不恨天涯行役苦。只恨西風，吹夢今成古。」又「一世疏狂應爲著，橫波。作箇鴛鴦消得麼。」又「塞鴻去矣，錦字何時寄。記得燈前伴忍淚，卻問明朝行未。」又「緘書欲寄又還休。箇儂憔悴甚，禁得更添愁。」又「曾記年年三月病，而今病向深秋。」又「腸斷月明紅豆蔻。月似當時，人似當時否。」又「幾時相見，西窗剪燭，細把而今說。」又「不爲香桃憐瘦骨，怕容易減紅情。」

皆別具一副詞筆。曲而能達，爲二公獨步也。

（1919 年《詩聲》第 4 卷第 6 期）

二

《潛確類書》言衡州華光長老，以墨暈作梅花，如影然，黃魯直觀之曰：如嫩寒春曉，在孤山水邊籬落間，但欠香耳。家漱庵畫意，仿雪湖道人，客歲用潑墨法寫梅，蓋雪中景也。余題《清平樂》云：「暗香含雨。黯黯雲遮住。幾個放翁和幾樹。不辨沈沈何處。　　是梅是雪繽紛。非煙非霧氳氲。一樣龍賓驛使，伴伊蕚綠黃昏。」漱庵令弟弼臣，亦善丹青，其畫《美人花間戲臥圖》，生趣天然，栩栩欲活，余題《菩薩蠻》云：「春人慵到扶難起，腰肢倦甚無人倚。贏得十分憨，紅顏花半酣。　　鞦韆方弄罷，眠近酴醿架。綠縟縱如茵，嫌渠香未溫。」余酷愛兩翁之畫，因錄此二闋而並誌之。

三

詠田家要閒淡樸雅，詠漁家要灑脫飄逸。金完顏璹《漁父詞》云：「楊柳風前白板扉，荷花雨裏綠蓑衣。紅稻美，錦鱗肥。漁笛閒拈月下吹。」頗饒風致。及觀厲樊榭《漁家詞》云：「漁事多，奈漁何。漁心太平誰似我。春雨漁蓑。落日漁艖。漁舍水雲窩。約漁兄漁弟經過。聚漁兒漁女婆娑。漁竿連月浸，漁網帶煙拖。歌漁笛，定風波。」其風趣殆更過之。宋人郭振《宿漁家》詩云：「幾代生涯傍海涯，兩三間屋蓋蘆花。燈前笑說歸來夜，明月隨船送到家。」亦佳。

四

賀無庵寓澳門南灣時，學琴於李柏農，所習《雙鶴聽泉》一曲，每當夜靜，爲余一彈再鼓，風濤之聲，與琴聲相贈答，恍置身塵世外也。余偶與無庵別，寄余以《菩薩蠻》云：「南灣日晚多風雨，抱琴獨坐無人語。君去幾時歸，懷君花正飛。　　春山青欲墮，春水愁無那。昨日得君書，還君雙鯉魚。」觀此詞，其志趣可想見矣。乃未幾無庵遷返羊城，余亦南驅北轍，迄無定所，惜未能學琴於無庵，如無庵之學柏農也。

（以上 1919 年《詩聲》第 4 卷第 7 期）

五

清道咸間，粵東三子詩，推重一時，而其倚聲則少流傳。譚康侯詞，尙未之見。若張南山、黃香石詞，偶見於名流筆記中，亦管豹耳。南山《海珠寺》之《滿江紅》云：「一水盈盈，似湧出蓬壺宮闕。遙望處紅牆掩映，碧天空闊。光接虎頭春浪遠，影翻驪夢秋雲熱。看人間天上兩團圓，江心月。

南北岸，帆牆列。花月夜，笙歌徹。願珠兒珠女，總無離別。鐵戟苔斑兵氣靜，石幢燈暗經聲歇。試重尋忠簡讀書堂，英風烈。」香石《西江月》云：「屋角烏雲漬墨，簷前銀竹懸流。愁心滴碎幾時休。怕看遠山沈岫。　安得青天見月，但聞玉漏添籌。曉來花架莫凝眸。打落那邊紅豆。」又《憶仙姿》云：「銀漢迢迢清景。滿院露涼風冷。回憶別離時，又是隔年秋永。人靜。人靜。憑徧一欄花影。」香石素稱方嚴，而詞乃爾風韻，宋廣平賦梅花，不類其爲人，未足奇也。

六

重陽詞不少佳作，而以宋人姚雲文之《紫萸香慢》爲最佳。其詞云：「近重陽、偏多風雨，絕憐此日暄明。問秋香濃未，待攜客，出西城。原自羈懷多感，怕荒臺高處，更不勝情。向樽前、又憶漉酒插花人，只座上、已無老兵。　凄清。淺醉還醒。愁不肯、與詩平。記長楸走馬，雕弓搾柳，前事休評。紫萸一枝傳賜，夢誰到、漢家陵。盡烏紗、便隨風去，要天知道，華髮如此星星。歌罷涕零。」若此等詞，正杜少陵所謂「顧視清高氣深穩」者矣。

七

秦少游在處州時，夢中成《好事近》一闋云：「山路雨添花，花動一山春色。行到小溪深處，有黃鸝千百。　飛雲當面化龍蛇，夭驕掛空碧。醉臥古藤陰下，杳不知南北。」詞語頗奇，非復人間意境。後公南遷，久之北歸，逗遛於藤州光華寺，方醉起，以玉盂汲泉，欲飲，笑視之而化。自來慧業文人，具有夙根，觀此詞益信。

（以上 1919 年《詩聲》第 4 卷第 8 期）

八

宋人詞，有風趣絕佳，雅俗共賞者。辛幼安填《西江月》《示兒》云：「萬事雲煙忽過，一身蒲柳先衰。而今何事最相宜。宜醉宜遊宜睡。　　蚤已催科了辦，更量出入收支。乃翁依舊管些兒。管竹管山管水。」又宋自遜，號壺山，填《驀山溪》《自述》云：「壺山居士，未老心先懶。愛學道人家，辦竹几蒲團茗椀。青山可買，小結屋三間。一徑俯清溪，修竹栽教滿。　　客來便請，隨分家常飯。若肯再留連，更薄酒三杯二盞。吟詩度曲，風月任招呼，外事不相關，自有天公管。」陳眉山亦有詞云：「背山臨水，門在松陰裏。茅屋數間而已，土泥牆窗糊紙。竹床木几，四面攤書史。若問主人誰姓，灌園者陳眉子。　　不衫不履，短髮垂雙耳。攜得釣竿筐筥，九寸鱸一尺鯉。菱香酒美，醉倒芙蓉底。旁有兒童大笑，喚先生看月起。」詞能似此明白如話，句句雅馴，更難於詩。

九

孫子瀟之夫人席浣雲，所居曰長真閣，閨房唱和，令人豔羨。馮秋雪與其夫人趙連城，讀書一室，顏曰冰簃，倩家漱庵繪《冰簃讀書圖》，囑余題詞，余倚《壽星明》云：「冰簃主人，仙侶劉樊，時還讀書。看燈熒縹緗，雙行並坐，香添紅袖，滴露研朱。董氏書帷，孟光食案，月夕風晨酒熟初。南陔近，指杏花深巷，是子雲居。　　今吾。自愛吾廬。愛吟社攤箋集庾徐。況塤篪疊奏，翩翩二陸。唱隨多暇，汲汲三餘。公子親調，佳人相問，一片清泠貯玉壺。閒掩卷，記當年雄武，攬轡登車。」觀此詞，則馮君唱隨之樂，何讓子瀟、浣雲耶。其令弟印雪，有《雲峰仙館圖》，亦漱庵所繪，余題《清平樂》云：「溪山佳處，中有高人住。峰外白雲飛過去，閒煞兩行煙樹。　　客來風月能談，知非捷徑終南。半點紅塵不到，螺青當戶層嵐。」

（以上 1919 年《詩聲》第 4 卷第 10 期）

紅葉山房詞話

霜蟬 著

　　《紅葉山房詞話》，霜蟬著，又名《啼紅詞稿評注》。刊於《民覺》1920 年第 1 卷第 1 期。霜蟬，姓氏生平待考。《啼紅詞稿》爲蔡復靈（又名突靈）所作，蔡氏（1882～1949），筆名尋芳倦客，江西省宜豐縣人，同盟會元老，江西同盟會盟主。在孫中山領導下進行反清革命，曾參與創建「我群社」、「易知社」，又與李烈鈞、黃興交好，故自號少鈞、少黃。曾被孫中山委任爲贛軍副都督，組織革命軍參加萍瀏醴起義。辛亥革命時任瑞州革命軍政府都督兼革命軍司令，歷任江西都督府教育次長、司長，首屆國會參議員，後又參與討袁鬥爭。通經史，能詩詞，有詞集《變風遺操》，據其友熊公福《變風遺操敘》知其尚有《霜蟬詩稿》、《苦竹詞稿》，惜罹劫灰。然由其詩稿名可推「霜蟬」或爲蔡氏又一筆名，《紅葉山房詞話》乃其評注己詞所作。

　　吾友尋芳倦客，盡瘁國家，熱心社會，歷遭失敗，備極慘酷。而其志潔行廉，泥而不滓，所作詩餘，妙精律呂，詠歎淫液，一往情深。其稱文小而其指極大，舉類邇而見義遠，楚些遺風，於今復振。人僅賞其含英咀華，披風抹月，而未解詞客哀時之旨。茲將抄列數作，附以說明，然後知傷心人別人懷抱也。

一

　　己未所作《高陽臺》《感事》一闋云：「爐獸沈香，鏡鸞銷玉，簾櫳不耐春陰。薄晚歸鴻，流丹郤認斜曛。畫梁鸚鵡言猶在，向何人訴與殷勤。擲黃

金，懶倩圖工，慢賦長門。　　仙緣歷盡閒愁苦，又花殘月缺，酒冷燈昏。一枕高唐，覺來雲雨無痕。從今休憶江南樂，任天涯絮果蘭因。斂芳魂，願化東風，莫化纖塵。」（一）（此數目記號指第幾韻，餘準此）猶北風雨雪之意，以比國家危亂，而氣象愁慘也。（二）春陰巨耐，渴望晴天而不可得，以見彼近黃昏之斜陽爲幸，詎非斜陽，乃流霞之餘焰耳。癡想之極，曲盡其致，以喻吾人希望武人護法，不知其實假名遂欲。（三）人民不能爲代議機關之後盾，反責其不行使職權。（四）（五）夤緣求媚於虜廷，以圖私利者，實繁有徒，而君嚴絕之。（六）換頭追敍艱難締造之苦。（七）數載共和，付與槐安一夢。（八）當時紛紛主張南京制憲，君持反對，雖至解散，亦所弗恤。（九）（十）固定精神，決不同流合污，枉己徇人。觀其意緒重重，鋪敍井井，不以富麗取妍，而自然流利，投荒念亂，往復低徊，好色不淫，怨悱不亂，擷風挹雅，其庶幾乎？一結有拔山之力，蓋世之氣，而無撫劍裂眥之態。纏綿懇摯，餘韻悠然，尤耐尋味。詞至此境，洵神化也。

二

《虞美人》《己未花朝》云：「自隨征雁南來後，江上西風瘦。年時花事太匆匆，一任韶光冉冉又西風。　　今年花事何如也，卜個東風卦。沈香亭北待繁華，遮莫來年依舊阻天涯。」自相從中山護法以來，迂徊曲折。以四換頭，而道盡過去、現在、未來四年間事，作短調而峰巒層疊，波浪騰湧，大氣盤旋，得未曾有。其言也，約而博，簡而該，譬而喻，且逆料到次年花朝，亦復如是。人咸謂護法結果，必不至此，以爲詩人浮誇，是其常態。今此遷延之役，庚申花朝，餘幾日矣。三復此詞，可堪浩歎。

三

《祝英臺近》《己未春感》云：「杏花殘，芳意悄，小院東風老。無那流鶯，喚起懵騰覺。謝仙陌上依依，多情楊柳，放青眼親人如笑。　　休憑眺。忙了蝶使蜂媒，趁把餘香醮。燕燕飛飛，飛到幾時了。年年寒食江南，舊時草色，慣惹得羈愁盈抱。」（一）（二）刺護法當局之萎靡。（三）鄰邦提出警告。（四）主張合法和平各團體。（五）（六）鑽營趨赴和會諸人員，君曾通電反對。（七）奔走呼號於滬瀆者。永叔「庭院深深深幾許」之句，人皆愛之。

君之「燕燕飛飛飛到幾時了」，字法、句法、情致，無不酷肖。（八）刺長江某滑督。此詞臚舉事實，寓以褒貶，可謂詞史。人方渴望和議快成，君殊否認。輕輕以「幾時了」三字斷定之。而「年年」、「慣」等字，皆有作意。今又重施設置仲裁於寧之倡議，賜不幸而言中，是使賜多言者也。吾於此詞亦云。

四

《青玉案》詠綠陰云：「東風過盡江南路。草草又春歸去。暗柳黃鸝聲不住。枇杷巷迴，芭蕉鹵冷，舊夢無尋處。　千紅萬紫渾無據。斷送芳華是誰主。翠幕重重深幾許。晝長人倦，黃昏庭院，點破蒼苔雨。」上闋極寫疲糜不振，無正大強固之主張。下闋莊嚴神聖之國會，黑幕中竟有犧牲之陰謀。其條件紊亂不堪。（四）（五）（八）（九）換韻創格。

五

《醉花陰》《感事》云：「韶華消郤情深淺。直恁朱顏變。倦眼待清明，深院誰家，欲把春光占。　匆匆一度尋芳宴。莫又笙歌散。歸騎倚吹鞭，閒殺東風，遍染垂楊岸。」（一）（二）事勢日非，內部感情益惡，態度漸變。（三）乘機伺隙。欲實行其包賣政策。（四）（五）遷延之際，有渙散之虞。（六）各路援軍盡撤，虜庭從容局部運動。

六

《虞美人》迴文一闋，不過施其餘才小技，發爲遊戲之作。然試一尋味，其一片感事傷時之情，自然流露滿紙。至性如此，豈尋常雕蟲刻鵠者可比耶？文云：「年華訴與誰辛苦，遍歷鹹酸趣。綠肥紅瘦怨殘春，甚說看花閒事也勞神。　南天問訊新來燕，極目煩愁遣。遠山流水思悠悠，日落翠蕪平處倚高樓。」「樓高倚處平蕪翠，落日悠悠思。水流山遠遣愁煩，日極燕來新訊問天南。　神勞也事閒花看，說甚春殘怨。瘦紅肥綠趣酸鹹，歷遍苦辛誰與訴華年。」詩之迴文，句同字數，故易。詞則長短不齊，每闋自起一字至末，連屬不斷。故難。此作一氣貫注，渾無接痕而又得自由發攄性靈之妙，殊屬罕覯。

七

如上所舉，尚屬短調，且前後闋字數相等，可分作兩部爲之；若爲長調，而前後闋又有多寡之不同。自起一字延亙連綴。累百餘字，直貫至全首之終者，尤難回。《蘇武慢》云「暗柳噴鶯，慘紅驚蝶，永晝晴闌倚倦。微酣新酒，薄酌閒花，餘香凝味清淺。風動簾波，翠紋橫疊，輕悄靜陰庭院。小窗幽，短夢重（平）溫屏枕，愁春黯黯。　自笑枉怨斷歌殘，剩長懷忘（去）了，去來華序換。滄桑祇怕，綠鬢添絲，幾曾濃興遊散。雲外樓空，城西江曲，到處平蕪青眼。望沈沈日盡，迴天寥碧，山重水遠。」「遠水重山，碧寥天迴，盡日沈沈放眼。青蕪平處，到曲江西，城空樓外雲散。遊興濃曾，幾絲添鬢綠，怕祇桑滄換。序華來去了，忘（平）懷長剩，殘歌斷怨。　枉笑自黯黯春愁，枕屏溫重（去），夢短幽窗小院。庭陰靜悄，輕疊橫紋，翠波簾動風淺。清味凝香，餘花閒酌，薄酒新酣微倦。倚闌晴晝永，蝶驚紅慘，鶯噴柳暗。」累累乎如貫珠，此之謂矣。

八

君迴文詞，尚有一首迴作兩調者，《人月圓》云：「屏山掩映翠嵐淺，春色暝高樓。輕寒晚散，雲鳥遊倦，罷舞休休。　橫塘水秀，軟風萍碎，瘦柳煙浮。笙調玉筍，嫩聲新起，靜院悠悠。」《秋波媚》云：「悠悠院靜起新聲。嫩筍玉調笙。浮煙柳瘦，碎萍風軟，秀水橫塘。　休休舞罷倦遊鳥，雲散晚寒輕。樓高暝色，春淺嵐翠，映掩山屏。」兩詞互迴，各自成調，極有味也。

九

其逐句迴者，《子夜》二首。文云：「細塵香軟閒花碎。碎花閒軟香塵細。紗碧護鈿車。車鈿護碧紗。　綠波隨岸曲。曲岸隨波綠。鬢翠擁眉山。山眉擁翠鬢。」「醉眠重昵香羅綺。綺羅香昵重眠醉。煙莫鎖深寒。寒深鎖莫煙。　斷腸愁夢遠。遠夢愁腸斷。潮落晚天寥。寥天晚落潮。」又二首「亂雲橫疊重山晚。晚山重疊橫雲亂。遙路客魂銷。銷魂客路遙。　雁回驚夢斷。斷夢驚回雁。殘月悵天南。南天悵月殘。」「暗燈寒悄空庭晚。晚庭空悄寒燈暗。長恨鎖眉雙。雙眉鎖恨長。　笑啼隨事好。好事隨啼笑。難處過秋三。三秋過處難。」

一〇

又調名《瑞鷓鴣》者，即七言律，有句云：「紅萼一枝春帶雨，碧蕪平野莫連天。」「紅飛滿苑空啼鳥，綠軟垂楊瘦倚人。」皆迴文之工致者，餘不備錄。

一一

山谷「萬事休休休莫莫」為詞中複字之最精者。李易安創三疊韻六雙聲，千古詞宗，不可無一，不可有二。非雙聲疊韻之不可用，用之者不可強效施顰，適增鄰醜也。馮煦「花花葉葉雙雙」，項鴻祚秋聲詞「冷冷暗起，漸漸漸緊，蕭蕭忽住。」余淑柔「簷雨溜風鈴，滴滴丁丁。」君謂馮詞以「雙雙」形容花葉，如此使用複字，倣古生新；謂項詞複字形容，妙有層次；謂余詞承上雨鈴，用四雙聲二疊韻，以形容其音，巧無痕迹，別覺生色。可知使用複字，自有方法，正不必專以勦襲為事也。乃喬夢符「鶯鶯燕燕，春春花花，柳柳眞眞，事事風風韻韻，停停當當人人。」譽之者謂此等句亦從李易安「尋尋覓覓」得來。□□□《滿庭芳》全首複字「……望望山山水水……」譽之者謂易安不得擅美於前。夫二氏者，拚命勦襲，癡笨欲死。不揣謭陋，反欲逸古賢而上之，誠不復知人間有羞恥事。季氏舞八佾，是可忍，孰不可忍。彼嗜痂嘗糞者，更不足道矣。君嘗讀至此，輒拋卷而起曰：「何何物物，儖儖父父，唐唐突突，西西施施。其深絕而痛惡之如此。君所作《長想思》云：「風淒其。雨淒其。風風雨雨過城西。鳥鳥城上啼。　草離離。黍離離。勞勞亭畔燕飛飛。勞人歸未歸。」多使複字，加以變幻調節，遂不覺其笨伯。前「燕燕飛飛飛到幾時了」句亦佳。

一二

《高陽臺》自序云：「國初銳霆弟威鎮湖口，幼襄自武昌遣使，來修同姓兄弟之好，協以備袁。癸丑敗後，各自出亡，生平曾未一謀面也。弟就義後，幼襄同仇之念益切。詎今出師未捷，而身被害，視彼蒼蒼，空書咄咄。嗟予馬齒，自慚後死，臨風灑淚，莫知所云。」詞云：「目斷鴻飛，心傷鶴唳，夕陽無限江山。哀角蒼茫，風煙萬里荒寒。龍城飛將今何在，任強胡馬度秦關。動渺然，楚客想思，痛切南冠。　中原大事還堪問，但死生骨肉，相繼摧

殘。一世參商，將星又隕南天。冤魂誰倩招清些，夢悠悠天上人間。剩重泉，
細數生平，遺恨綿綿。」君與蔡公濟民，素無一面，不過彼此知名而已。第
以兄弟同志關係，以其所愛，及其所愛，至情高誼，楚楚動人，晚近有此，
可以風矣。論其文詞，一字一淚，可哀可怨，悲懷鬱結，彷彿屈宋，一結於
無可奈何之際，反爲死者設身處地，尤令人難以爲情。吾每讀一回，輒復掩
卷，心爲之酸，欷歔曾不自禁。聲音之道，感人深也。

一三

《清明謁黃花二望兩岡》《醉吟商》二闋。「十里芳塵，寶馬香車無數。
行人來去。　　靈鶴歸何處。望斷白楊煙樹。斜曛無語。」「賸水殘山，迸
入東風淚眼。忠魂弔遍。　　空把牧兒喚。問杏花村不見。綠蕪平遠。」寥
寥數筆，將情、景、致全行寫出，綽有餘地。不見其率而。《丁巳秋過黃花
岡》《惜秋華》長調一闋「莽莽荒原，有神鴉隱隱，隨人來去。亂冢蕭蕭，
一任慘風淒雨。珠江脈脈東流，浪淘盡英雄千古。傷心問，斷螢衰草，幾番
秋莫。　　事業如塵土。者匆匆一夢，國魂無據。贏得人民城郭，鶴歸何處。
可堪北望燕雲，更百粵關山誰主。延佇。黯銷魂夕陽無語。」大氣鬱勃，鋪
敍有序，與前作長短詳略，舉適其宜。（一）（二）因彼時尚未加修緝，故有
銅駝荊棘之感。時北庭毀法，粵史又不贊成護法，故下半闋慨乎言之。黃花
岡爲建國歷史重地，遷客騷人，題詠極多，而詞最少，且無甚佳者。歷誦各
作，輒歎觀止。

一四

君嘗就診於廣州杏林醫院，其醫妥娘悅之，殷勤半載，要君棄其舊以與
己。君弗允，妥娘怨望，君遂絕之。後過其處，則室邇人遠矣。爲自譜「舊
院」一闋云：「玉驄曾繫處，朱戶塵迷，翠衣人遠。小徑苔荒，杏花幾度開
遍。回首妝臺何處，只綠滿窗前。犀簾誰卷。語軟殷勤，多情算有，舊巢雙
燕。　　杜郎俊賞，揚州一夢，覺來遊興都懶。僝僽年光萬重，芳思零亂。
贏得天涯冷落，商婦琵琶，向人依黯。枉教儂感時撫景，臨風浩歎。」對景
傷情，不勝前度劉郎、重來崔護之感。

一五

《題許乙仙運甓齋詩集》《探春慢》云：「踏雪行吟，尋芳載酒，一襟幽思如許。錦纜盟鷗，金堂客燕，回首南州舊侶。漫數興亡迹，總銷向五陵風雨。征鞍十載歸來，人天影事無據。　　江左夷吾何處。但阮屐看山，謝棋賭墅。匣裏青龍，鏡邊華髮，三十功名塵土。無恙秦淮月，祇望眼關河非故。倦倚危闌，子規啼遍煙樹。」君與許有師生之誼，辛亥起義，皆有光復之勞。癸丑失敗出走後，嘗賭酒放歌於逆旅。今同護法於廣州，慨談身世。無限牢愁。故其大處發揮，慷慨淋漓，不落尋常題詞窠臼。

一六

《病中所作》《渡江雲》云：「乍輕寒又暖，才醒還倦，天氣苦愁人。早嫣紅散盡，侵曉鶯啼處，亂碧濃陰。夢中夜雨，惜殘英猶自傷神。算輸與山公解事，慰問忒殷勤。　　沈沈。蠻歌隔院，竟日騰喧，惱羈懷陣陣。渾不管吳鈎潛焰，湘瑟封塵。從今莫問東風訊，倩柔荑為整紅衾。拚醉了胡床漫倚枯吟。」（一）病中情狀。（二）（三）感物傷時。倦懷大局，纏綿如許。（四）君有小猿，名克定，性聰慧。見君未下床，據窗呼鳴，聲極淒惋。（八）（九）此時決意不聞世事，專心靜養。奈情不可遏，乃藉醉鄉以自頹放，丹忱熱血，不能慰心之甚也。

一七

《己未五日》《碧牡丹》云：「灑遍悲秋淚。勞倦傷春思。節序催人，又早趁炎天氣。榴火槐金，各自爭華美。殉春誰念桃李。　　渾慵起。夢擾蜩螗沸。遊驄陌頭如水。艾虎龍舟，漫付尋常嬉戲。記否靈均，遺恨湘蘭佩。騷魂何日歸只。」（四）（五）競攘私利，護法損軀，諸先烈則忘之。（六）（七）（八）（九）大局紊亂，竟如兒戲。（十）（十一）帶動零陵舊事。

一八

《追悼援閩粵軍陣亡將士》《臨江仙》云：「半壁殘棋誰主，百年幽憤填胸。數奇李廣未侯封。權奸排異己，重地陷英雄。　　南渡君臣輕社稷，諸

公黌恨何窮。黃龍痛飲又成空。岳軍方效死，秦檜竟和戎。」競存司令戡定南閩，功高勞苦，忌之者絕其軍械，斷其餉源。又利用所號稱民軍之土匪，塞其後路，以制止攻閩，爲媾和之密件。此作侃侃而談，公道難泯。

一九

林子超以美人憑石依桐畫幅徵詞，即所見以起興，爲作《蝶戀花》云：「南國佳人幽谷裏。有所思兮，城北徐公美。薄幸不來腸斷矣，望夫石上長凝睇。　　采采春萱言樹背。欲待忘憂，可奈心如醉。一點情癡何處寄。鉛華淚託秋桐洗。」（一）指某要人。（二）指虜酋。（三）（四）媾和中心移向武鳴，某大失望。（五）呼其名。（六）（七）其代表章某，爲暗通密欵。此詞恰有其人，恰有其畫。傳神耶？寫照耶？何物詞人，具此魔力？燃犀一照，遂令方良無所遁形，奇文奇事。

談　詞

夏仁虎 著

　　《談詞》，夏仁虎著。《談詞》爲夏氏《枝巢四述》之一種，民國三十二年（1943）年北京大學排印。夏仁虎（1874～1963），江蘇江寧（江蘇南京）人，字蔚如，號嘯庵、枝巢，別署枝翁、枝巢子、鍾山舊民等。清光緒戊戌年（1898）以拔貢身份參加殿試，後任職於刑部、郵傳部。辛亥革命後，曾任北洋政府國務院潘復內閣秘書長。後棄官從事著述，任北京大學、北京師範大學教授。1951年擔任中央文史研究館館員。學問淵博，著作涉及詩、文、詞、曲、方志等領域，著有《嘯庵詩存》、《嘯庵詞》、《零夢詞》、《嘯庵文稿》、《碧山樓傳奇》、《舊京瑣記》、《北京志》、《枝巢四述》等。

談詞上

明體第一

　　詞爲詩餘，但詞之於詩，截然不同。此不能求之迹象，應在韻味神氣間，玩索得之。昔閱《儒林外史》小說，中載一事云，杜慎卿閱季某詩稿，見有句云「桃花何苦紅如此」，杜謂此句上添一「問」字，便是一句好詞云云。極爲歎服。蓋此句置之詩中，並非佳聯，添一字入詞，便成雋語，此眞教人爲詞之金針也。明乎此理，乃知詞與詩之所以不同矣。詞之發源，萬紅友《詞律》，以爲始於巴渝之《竹枝》，與唐初風行之《柳枝》。余按《竹枝》詞，只是七絕二句，因其字簡而聲短，故每句四字一歇，三字一歇，而眾聲和之。如巴渝之《竹枝》「女兒」，《採蓮子》之「舉棹」、「年少」，皆是也。下里之

音，流傳最廣，沿至今日，猶有《蓮花落》詞，一人首唱，眾人曼聲和之，殆其遺音歟？《柳枝》之作，始於溫飛卿之《詠柳》，只是七言絕句。就是以觀，則紅友之推《竹枝》為詞始，殆非確論。蓋里巷謳吟，由來已久，《擊壤》之歌，乃為初祖。凡此所作，與詞何涉。且採巴渝《竹枝》，何不上攀《陽春》、《白雪》乎？至於《柳枝》，尤為非倫。飛卿《楊柳枝》八首，但以七絕詠柳耳。案《苕溪漁隱叢話》云：「唐初歌舞，多是五七言詩，後漸變為長短句。」此說最明。唐代詩人，多諳音律，詩成便付管色，若「渭城朝雨」「黃河遠上」諸作，皆是也。此外若無名氏之《小秦王》，皇甫松之《採蓮子》《浪淘沙》諸作，並是七言絕句。蓋唐人七絕詩之能歌者，不必即為詞，無庸強為拉合也。但詞之與詩，分途之始，既不易辨析，而今之稱詞者，亦率曰長短句，曷若即用《漁隱叢話》之說。由詩變而為長短句，以為詞之開始，較為有據也。案唐人長短句，最先傳誦者，為李白之《菩薩蠻》《憶秦娥》。有疑《菩薩蠻》詞非太白作者，今不具論。若字數最簡者，為《十六字令》體，又名《蒼梧謠》，蓋一七三五成章也。以字數計，應始十六字令。以時代論，應先《菩薩蠻》《憶秦娥》。此余見之不同於萬氏者也。詞之分體，短者為令，長者為慢。唐與五代，但有令體。北宋以降，衍為慢詞。《草堂詩餘》及《詩餘圖譜》，乃強析為小令、中調、長調，殊為無據。而舉世盲從，鮮明其誤，此亦不可不辨者。詞調之數，愈近愈增。宋崇寧間，命周美成等討論古音，比律切調。於時有十二律，六十家，八十四調。至柳耆卿遂增至二百餘調，逮清萬氏《詞律》，乃收至六百六十調，千一百八十餘體。厥後徐誠庵作《詞律拾遺》，則又增一百六十五調，三百一十六體。然萬氏所計之數，殊不可信，蓋誤收古詩者有之，一調異名而兩從者有之。以余所計，調至今日，亦決不止八百二十五之數。合《詞律》與《補遺》言之。凡解音律，即能自製詞，如成容若詞之《玉連環影》，即為自製曲。其它名家，不少概見。三百年來，又添若干調，今人殊無此統計也。古人製調命名，亦無定軌，大致不外因事因物，或採取詞中一語，如《暗香疏影》《紅情綠意》，本只一調，詠梅則曰《暗香疏影》，詠荷則曰《紅情綠意》。又如《解連環》《望梅》，亦是一調，清眞作此調，有「信妙手、能解連環」句，因名《解連環》。又有「望寄我、江南梅萼」句，因名《望梅》。此類甚多，不可枚舉，乃皆非紅友所解，殊可怪也。萬氏承明代詞學中衰之後，而作《詞律》，不為無功，特見書不多，又好武斷，其貽誤來學，亦不少，故先辨之。大抵初學為詞，只宜先取

唐五代小令觀之，匪特觀覽，必須曼聲長吟，玩其音節。記熟幾十首名人小令，無事或閒悶時，隨意歌唱，勝於皮黃及流行之桃花江多多矣。久而自得其中滋味。然後起手學作，令人見之，不疑是詩，亦不是曲，便算有成。然後再談慢詞，此一定程序也。

諧聲第二

詞以入樂，則聲爲最重，然宮調之失傳久矣。憶余童而喜爲詞，七八歲時，甫知屬對，調平仄。秋風夜雨，忽得句云：「籬外芭蕉，窗前竹葉，一般風雨，兩樣作秋聲。」於是有「兩聲詞人」之目。然於音律茫然也。弱冠北宦京師，於時王半塘、況夔笙、朱彊村諸詞流皆在，扣以宮調，亦皆不能言之。於時有鄭叔問文焯，號爲精此道，然不克請教。得見閩侯陳薛道昭夫人繹如同年之室，夫人蓋能審音者。謂余曰：「君能琴乎？」曰：「不能」。又問：「能簫笛乎？」曰：「不能」。夫人哂曰：「若然君姑求之彈與吹，然後始可與言。」退而習焉。不能成聲，憤而棄去，而詞興闌珊矣。乃刊所爲《嘯盦詞稿》六卷，謂將作一結束，不更談此。近十餘年，退隱舊京，乃復時時寄興。生平得力，在宋沈伯時之《樂府指迷》，其敢於放膽爲詞，則在其言腔律一段，特備錄之，以明宮調之難學，非但晚近，在南宋已然。不明宮調，未爲不可塡詞也。《指迷》中云：腔律豈必人人皆能按簫塡譜，但看句中用去聲字，最爲緊要。然後更將古知音人曲，一腔兩三只參訂，如都用去聲，小必用去聲。其次如平聲，卻用得入聲字替。上聲，最不可用去聲字替。不可上去入，盡道是仄聲，便用得，更須停調參訂用之。古曲亦有拗者，蓋被句法中字面所拘牽，今歌者亦以爲硋云云。以上之說，可以指尋聲者之迷，而壯學詞者之膽。吾不畏大聲以告曰：近代號稱詞家，並無人能解宮調，即不佞亦其一也。憶得十年前，歸金陵，見老友之始學爲詞者。以宋名家詞一首，逐字錄其四聲，置玻璃板下，倚聲塡詞，爲之甚苦。詞成，乃不可卒讀。怪而問之，曰：「此彊村所告也。」時彊村居滬，爲詞壇老宿泰斗。名孝臧，號古微，清遺老。助王半塘刻四印齋叢書，自刻詞學叢書。過滬，詣而詢曰：「公嘗以此法召來學乎？教人盲從，傷辭害意，貽誤多矣。」彊村力矢不承。余見其窘，徐釋曰：「此亦無法之法，所謂夯幹也。吾輩既皆不解宮調，無以塞問者之望。姑以此法，令其練習，久而手漸熟，告以入聲分配三聲，及專嚴去

聲之法，亦可以無大過矣。」彊村撫手謂然。凡此之說，改爲習作慢詞今稱長調者說法也。若初學爲令體，並此亦不必計，只須多唱唐五代名家令詞，依仿爲之。既成之後，自己調聲曼吟，覺得響亮諧圅，能達兄所欲言，便爲成矣。至於詞韻，不是詩韻，亦不是曲韻。案詞始於唐，唐時別無詞韻之書，宋朱希眞嘗擬應製詞韻，其書久佚。宋紹興二年，刊《菉斐軒詞林要韻》，阮芸臺家藏，而秦敦夫重刊之。其跋語謂疑是元明謬託，又疑此書專爲北曲而設。觀所分十九韻，且無入聲，信爲曲韻無疑。清初沈謙著《韻略》，同時趙鑰、曹亮武亦撰《詞韻》，但亦不能無誤。自戈順卿《詞林正韻》出，始得其正，學者多應遵之。蓋戈韻之長處，參用中州韻，不以吳中鄉音爲準。其尤要者，則入聲本體不廢，其分配三聲，亦各有界限，非入聲字三聲皆可配也。此雖漸近細處，然自來塡詞家，最忌落腔，丁仙現謂之落韻。姜白石云：十二宮住字，不容相犯。張玉田《詞源》論結聲正訛，不可轉入別腔。住字、結聲，即押韻。每調起畢，皆有定字。詞之諧不諧，恃乎韻之合不合，此不可不察也。吾之此說，近於過高，然宮調既已失傳，詞學將成絕響，故指出數書，令人易解易學。爲慢詞，有沈伯時《樂府指迷》中之簡易法；塡詞覓韻，用戈順卿之《詞林正韻》，可無大過。至於初爲小令，則熟讀唐五代之名詞，自然音節遒亮。選聲之道，以此爲梯階可也。

設色第三

　　吾言設色，乃合命意遣詞爲一談。蓋詞之源出於《騷》，《騷》之源出於《詩》，《詩》三百篇，不外感興比賦之旨。而《騷》之美人香草出焉，詞爲《騷》之流裔。觸物興感，因事寄懷，所謂意內而言外者是也。是故詞之美者，有三長：曰聲律調諧，曰清空靈警，曰璀璨美麗。聲律之說，上章言之。若清空靈警者意也，璀璨美麗者色也。意有餘而色不足者，可以成佳作，如畫家之白描然。色雖具而意不足者，難以爲美詞，此昔人所以譏夢窗詞如七寶樓臺，拆下不成片段者是也。夢窗詞實不然，凡有麗詞，必含精意，此特就其應酬慶祝諸作言耳。今爲初學定選詞之法，若小令詞語，別錄拙作近和溫飛卿《菩薩蠻》十四首，以見一斑。倘爲慢詞，令慢之詞並無分別，但以體強析之。必須有佳對，有雋語，方成好詞。姑就平日所愛誦者，略具一二，俾閱者知所擇焉。

佳對

　　稚柳蘇晴，故溪歇雨。　　美成

　　虛閣籠雲，小簾通日。　　白石

　　小雨分山，斷雲籠月。　　田不伐

　　落葉霞飄，敗窗風咽。　　夢窗

　　珠壓花輿，翠翻蓮額。　　夢窗

　　種石生雲，移花帶月。　　翁處靜

　　斷湧沈雲，空山掛雨。　　梅溪

　　畫裏移舟，詩邊就夢。　　梅溪

　　疏綺籠寒，淺雲棲月。　　丁宏

　　調雨爲酥，催冰作水。　　王清愛

　　羅袖分香，翠綃封淚。　　陳同甫

　　做冷欺花，將煙困柳。　　梅溪

　　紫曲迷香，綠窗夢月。　　李篔房

　　霜杵敲寒，風燈搖夢。　　夢窗

　　問月賒情，憑春買夜。　　丁湖南

　　暗雨敲花，柔風過柳。　　李篔房

　　斷碧分山，空簾剩月。　　樂笑翁

　　接葉巢鶯，平波卷絮。　　樂笑翁

雋語

　　花影吹笙，滿地淡黃月。　　石湖

　　惟有兩行低雁，知人倚畫樓月。　　仝

　　波底夕陽紅濕。　　趙彥

　　是他春來愁來，春歸何處，卻不解帶將愁去。　　辛稼軒

　　妾心移得在君心，方知人恨深。　　徐山民

　　千樹壓西湖寒碧。

　　波心蕩、冷月無聲。

高樹晚蟬，說西風消息。

冷香飛上詩句。　均白石

一般離思兩消魂，馬上黃昏，樓上黃昏。　劉小山

自憐詩酒瘦，難應接許多春色。

爲春瘦了怕春知。　均梅溪

春在賣花聲裏。　王貴英

試花霏雨濕春晴。　韓蕭閒

薄倖東風，薄情遊子，薄命佳人。　周蕭齋

怪別來，胭脂慵傅，被東風，偸在杏梢。　趙霞山

不成又是教人恨，待倩楊花去問。　石湖

寄相思，偏仗柳枝，待折向尊前唱，東風吹作絮飛。　陳西麓

夢魂欲度蒼茫去，怕夢輕、還被愁遮。　草窗

怕是斷魂江上柳，越春深越瘦。　王碧山

雁風吟裂雲痕，小樓一縷斜陽影。　丁仲基

帶天香吹動一身秋。

和雲流出，空山甚年，淨洗花香不了。　均樂笑翁

　　宋元名家，佳聯雋語，蓋不勝收。以上所列，姑就元陸輔之《詞旨》中所載，擇選言之，以見詞家造語之妙。又詞中慣用之虛字，純與詩文不同，概錄如下：

　　　任、看、正、待、乍、怕、總、問、奈、愛、似、但、料、想、
　　更、算、況、悵、早、快、盡、嗟、憑、歎、方、將、未、已、應、
　　若、莫、念、甚

以上諸字，蓋以領句，或作轉語，猶俗所謂行話也。

談詞下

　　半年以來，教諸生讀花間詞，頗有能作名家雋語者，頃更擬教作慢詞，亦先言其大概如下。

辨格第四

　　詞之爲體，只是令慢而已。短者曰令，長者曰慢。自顧從敬編《草堂詞》，始分爲小調、中調、長調，但以字數分之。初無據也。按詞之發源，起於唐之五七言絕句，若李太白之《憶秦娥》，溫飛卿之《菩薩蠻》，皆是也。《竹枝》《柳枝》，更無論矣。後更加減其字爲長短句，號爲令體，而其體始繁。在唐五代之詞，皆爲令體。質言之，即用五七言詩變演而爲長短句而已。迨及宋初，提倡燕樂，設大晟府，審音之士畢集，始由長短句之令體，衍而爲慢詞。譬如《陽關》三奏，原來只是七言詩一首，必三疊句而後成曲。此迭出之句，後皆以字句實之，此即令慢之所以分也。今以曲爲例，古曲本簡單，自魏良輔之水磨腔出，一字一句，曼聲長吟，多作曲折，故板拍遂多。更舉一近例，如二黃調，在先輩若長庚諸伶，雖實大聲宏，而轉折處甚簡，自譚叫天起，始一字作多數波折，遂成嘽緩纏綿之腔調，同一理也。是故所謂慢詞者，即由令體之散聲，填入字句而已。此說實發於朱子。欲徵吾說，試觀詞調中之《浪淘沙令》，爲五十二字，《浪淘沙慢》，即爲百三十三字之慢詞。《浣溪沙》爲四十二字，《浣溪沙慢》，即爲九十三字之慢體。此類甚多，舉一可以反三。故吾教人爲詞，先令讀《花間》，學爲令體。能爲令體，未有不能爲慢詞者矣。

趨向第五

　　慢詞始於北宋，五代以前無有也，至南宋而始極其工，至宋季而始極其變，若姜堯章氏，最爲傑出。語本朱竹垞。北宋詞人，多用令體。錄北宋詞，必首晏殊。試觀《珠玉詞集》中，其近於慢詞者，僅三四闋，可知其時之風氣猶未開也。淮海信爲英傑，東坡究非內家，以坡老仙才，非聲律所能縛束也。自柳耆卿永、周清眞邦彥始張而大之。蓋二人皆大晟之官，以審音名世，又有溫婉麗密之詞，宜爲千古推崇。迨及南宋，人才輩出，閎詞麗製，足以名世，殆其時風氣使然歟？鄱陽姜夔，乃臻其極。蓋白石之詞，無一語拾人牙慧，亦無一字帶世間煙火氣。若自製諸曲，閱其旁譜，可信其音律之嫻熟。然前人論詞，猶有以白石爲生澀者，殆所謂下士聞道而大笑者矣。吾論學爲詞，北宋宜取清眞，南宋宜取白石，此詞家之正規也。此外讀淮海、東坡詞，以挹取其靈氣；讀子野張先、耆卿詞，以揣摩其雋語；讀碧山王沂孫、東山賀鑄詞，以增益其雅思；讀夢窗吳文英、玉田張叔夏詞，摭拾其詞采，而不學其

堆垛；讀稼軒辛棄疾、改之劉過詞，推擴其氣勢，而不染其粗豪；讀梅溪史邦卿、竹屋高觀國詞，摹擬其蘊藉風流，而戒其軟媚。合取諸家，汎觀遍覽，固可啟發心思。任取一家，簡練揣摩，亦足自成格調。至若山谷黃庭堅之豔詞俳體，最宜切戒。蓋涪翁才氣太高，遊戲三昧，無所不可，當時法秀道人已有作豔詞當墮犁舌地獄之譏。至於俳語，所用多宋代諺語，或江西方言，施之今時，皆不合，亦不可解。詞為雅音，詎宜出此？山谷其它詞，功力亦深，此但舉其豔詞俳體為戒耳。欲學慢詞，先定趨向。宋詞若毛氏之《六十家詞》，朱氏之《彊村叢書》，已集大成，學者皆應泛覽。但浩如煙海，日力不給，故先舉其應法應戒者，為之標準。

做法第六

　　或問作慢詞與作令體有異乎？曰：無以異也。慢詞特就令體衍成，既如第一節所述矣。然亦有不同者，小令無須佈局，慢詞則須先定局勢。今擬數法：一曰開門見山法，亦曰探驪得珠法。此注重起句法也。慢詞起句，或為單句，或為對句。今專述白石詞做法。如《齊天樂》夜堂聞蟋蟀云：「庾郎先自吟愁賦」，《側犯》詠芍藥云：「恨春易去，甚春卻向揚州住」，此單句起也。《法曲獻仙音》詠張彥功官舍云：「虛閣籠寒，小簾通月」，《玲瓏四犯》歲暮聞簫鼓云：「疊鼓夜寒，垂燈春淺」，此對句起也。諸詞一起已將全題精神籠住。次計如何接下，有推襟送抱法，如《齊天樂》蟋蟀云：「路濕銅階，苔侵石井」，由階、井而轉入蟋蟀矣。如《玲瓏四犯》云：「倦遊歡意少，俛仰悲今古」，已遞入感懷矣。其次應計上半闋如何住法，有瑟希鏗爾法，如《齊天樂》云：「夜涼獨自甚情緒」，雖住未住，餘音裊然，開下面許多意思也。繼作下半闋須計算如何過脈，有輕舟暗渡法，如《齊天樂》云：「西窗又吹暗雨」，《疏影》詠梅云：「猶記深宮舊事」云云，凡此皆引起下面許多文章，而於上半闋血脈，仍自聯貫。再次須計如何推廣法，作詞最忌死抱一題，毫無發展。又有登高遠覽法，如《齊天樂》云：「候館迎秋，離宮弔月，別有傷心無數」，便已遞入因物興感之意。於是更計如何煞尾，有湘靈鼓瑟法，須得「曲終人不見，江上數峰青」之妙，如平調《滿江紅》云：「又怎知人在小紅樓，簾影間」，《念奴嬌》謝友人惠竹榻云：「君聽盡秋雨」，《法曲獻仙音》云：「怕生平幽恨，化作沙邊煙雨」，凡此皆詞盡而意未盡也。此特略舉白石數詞數例，要知諸名家詞，無不然也。

審音第七

　　宮調之學，失傳久矣。余少而喜爲詞，求宮調之師，久不得，幾欲憤而捨棄詞學。既而讀沈與義《樂府指迷》曰：宮調不必人人俱解，不解宮調，未必不可爲詞家。乃知宋元以來，茲事久成絕學，不必陳義過高矣。清代有名詞家，只是留意去聲字，或上去聲相連之字。蓋取古名家詞之同調者數闋，將其四聲比對，如其上去聲字皆相同者，加以圈出，認爲必須遵從之音。如不盡同者，加以點，認爲可以出入之字，此亦無法之法也。余十年前，得江南老友寄來詞稿，率多用名家著稱之調，而四聲並和者，心甚疑之。既而南歸，見諸老友之爲詞，率以名家舊詞，旁注四聲，按字尋求填寫，其事甚苦，甚以爲怪。據云朱彊村先生所告，然詢之彊村，絕不承認。夫宋人之號稱審音者，不只周、柳、晁、姜數家，然此數家之詞，刊刻流傳，各本往往不同。即如《清眞詞》周邦彥，宋版猶有三種，而三版之中，往往歧異，其詳見余所作《讀清眞詞偶記》，茲不具錄。俗刊流傳，更無論矣。孰爲正本而遵從之？是一疑問。倘盲從誤本，而致傷詞害意，豈非冤枉乎？又名家詞中之入聲字，多以分配平上去者，若必覓入聲字以從之，尤冤之冤也。余召諸生爲詞，只是先將平仄聲分別清楚，已算大致不差。然後更將此調之諸名家詞中去聲字加以比較，數家相同，必須遵守，有不同者，可以隨便。如此，在今日之填詞家中，已算精緻者矣。至於宮調之法，余今看來，亦非甚難，但須先從樂工，學吹學彈。能吹能彈，再將方成培之《詞麈》在《鐵畫樓叢書》中細細研究，彼於宮調原理，發揮殆盡，且能罕匹而喻。余老矣，更無此種精力與興趣，甚願青年精進者，努力求之，闡揚絕學，亦一大事業也。至於填詞與講宮調，可以分作兩事。有清一代，詞客如林，而號稱能解宮調者，已不過數人，今日更說不到矣。

附錄第八

　　行文須試難題，填詞須試難調，如《秋霽》、《露華》、《絳都春》、《繞佛閣》、《氏州第一》各調，難不勝舉，要須四聲悉合腔板，方稱完璧。

　　去上疊拍，詞中最多。蓋去聲勁而縱，上聲柔而和，交濟方有節奏。其至多者，《掃花遊》調中凡六見，《一枝春》調中凡八見，《花犯》調中凡十二見，必須依句照填，缺漏不得，寧嚴勿疏。

　　四字對法，如《齊天樂》之「逼冷慈雲」、「催圓寶月」，宜兩仄兩平對兩

平兩仄；《望海潮》之「孤柱駕鼇」、「神鈴怖鴿」，「駕」字換平不得，且必須去聲方響；《惜餘春》之「猗玕蔭坐上聲」、「戛玉敲簾」、「煎茶置鼎」、「劚筍攜鉏」，「蔭坐」「置鼎」，宜用去上方叶；《法曲獻仙音》之「飛鷁浮天」、「畫鸞翻雪」，第四五句云「柱角風濤」、「鏡中絃索」，須於兩聯中藏四入聲字，方是此調消息。如美成之「蟬咽涼柯」、「燕飛塵幕」、「倦脫綸巾」、「困便湘竹」；夢窗之「落葉霞翻」、「敗窗風咽」、「瘦不關秋」、「淚緣生別」，皆確守此例也。

　　句中有藏一短韻者。《木蘭花慢》之第二十六字，《蘭陵王》之第三十字，《徵招》過變之第二字是也。若《鳳凰臺上憶吹簫》過變之第二字，《沁園春》過變之第二字，或嵌或否，可不拘矣。熟調誤填者，如《齊天樂》之第五句：「蕩得詩魂無據」。「詩」「無」二字，每誤作仄聲；第七八句：「倩幾摺蘿屏，半空留住。」「半」「留」二字，仄平恒誤更換。《摸魚兒》起云：「踠闌干，綠蔭如許」，「綠」「如」二字，平仄互換；第四句云：「落落是何年少」。「是」「年」二字平仄互換；過變云：「臨流坐，消得花遲月早。清愁平子都掃。」將「花」「月」二字平仄互換，而「清」字輒誤作仄，皆大謬。《金縷曲》第二三句：「看層層、蚪珠外吐，蠟花中茁。」「蚪」「中」二字萬不能用仄，「外」「蠟」二字萬不能用平；第五六句云：「未了雲煙浩劫。更防著、仙心焦烈。」「浩」萬不能用平，「雲」「仙」「焦」萬不能用仄，乃向來沿訛襲謬，相沿已久。不知一字改移，關乎全闋，或正旁偏側，淩犯他宮，即非復本調音節矣。

　　清代詞人，自朱、厲而降，知音蓋希。辨體辨聲，萬律嚴於蕭律，然亦尚有見不到處，有見到而注律未詳處。凡句法之屬上屬下，字法之宜去宜上，最須辨認清晰。其辨認之法無他，則多讀古人之名作，以比較參詳，久自得之耳。

讀紅館詞話

潘與剛　著

　　《讀紅館詞話》，潘與剛著。刊於《秋棠》1927 年第 1、2 期，計 6 則，署名「次檀」。潘與剛，字次檀，上海人。1927 年與黃意城、金世德、潘鈍鈞、蔡祖光等在上海創辦《秋棠月刊》，以研究國學、文化爲主。稿件大部份由本社社員撰寫，以「聯合友誼，研究文學，發揚文化」爲宗旨。欄目有古體詩詞、駢文、雜感、小學音韻等。著有《讀紅館詩話》等。

一

　　詞能鍊則句整，能有氣則句圓，然過則不及，多鍊則傷物，多氣則無物。傷物之病，夢窗是也。無物之病，白石是也。昔人先我言之矣。

二

　　清代詞人，超絕前代。若我所知者論之，朱竹垞涉獵百家，猶留意周、秦，可學。厲樊榭以白石、玉田爲家數，拾冷豔之字，運幽雋之思，得其片爪，便可超凡，可學。彭駿孫渾合一片，組織有法，其《金粟詞話》可與劉公勇《詞繹》並驅，可學。若迦陵之惟宜感慨，納蘭之只工小令，略取之可矣。

（以上《秋棠》1927 年第 1 期）

三

　　句意兩得，情景交鍊。眠其中心，奇光煥發，妙味盎然。

四

作詞著不得一絲暴氣，然蘇、辛有時未嘗不暴，其天分足，而出之腕力者也。

五

「此去劍門道上，鳥啼花落，無非助朕悲悼」，唐元宗語。「陌上花開好，緩緩歸矣」，錢武肅王語。二語哀感頑豔，詞中妙境。

六

春夜檢《白石詞》，有當我心者。若「數峯清苦，商略黃昏雨。」（《點絳脣》）「曲曲屏山，夜涼獨自甚情緒。」（《齊天樂》）「滿汀芳草不成歸，日暮移舟向甚處。」（《杏花天影》）「恨入四絃人欲老，夢尋千驛意難通。當時何似莫匆匆。」（《浣溪沙》）「因嗟念似去國情懷，暮帆煙草。」（《秋宵吟》）「虛閣籠寒，小簾通月，暮色偏憐高處。」（《法曲獻仙音》）諸句所謂意象幽閒，不類人境。

（以上《秋棠》1927 年第 2 期）

柳溪詞話

向迪琮 著

　　《柳溪詞話》，向迪琮著。刊於天津姚靈犀主辦的《南金雜誌》1927 年第 5 期，爲未完稿，因《南金雜誌》僅出刊十期即停辦，故詞話未得連載。向迪琮（1889～1969），字仲堅，四川雙流人，曾就讀四川鐵道學堂，後入唐山交通大學。21 歲加入中國同盟會。曾任天津海河工程局局長。1949 年回川，任四川省政府高級顧問，後任四川大學中文系教授、土木工程系教授。1954 年後任上海文史研究館館員。向氏自然科學外，涉獵文史，喜收藏，少即有詩名，對詞學頗有造詣，在天津期間曾任玉瀾詞社詞學導師。著有《柳溪長短句》、《柳溪詞話》、《雲煙回憶錄》等。

一

　　武進張皐文論詞曰：「詞者，蓋出於唐之詩人，採樂府之音以製新律，因繫其詞，故曰詞。傳曰『意內而言外謂之詞』，其緣情造端，興於微言，以相感動，極命風謠里巷男女哀樂，以道賢人君子幽約怨悱不能自言之情。」近世江山劉了庚撰述《詞史》，其於源流正變之故，推闡詳明，援據精確，所言詞出於樂府，樂府出於風詩三百篇者。五音之起源，郊廟用之，燕饗用之，瞽宗之所掌，瞍士之所肄，不以六律，不能正五音。孟晉於詞，必求合乎古樂。臨桂況夔笙曰：詞之爲道，智者之事。酌劑乎陰陽，陶寫乎性情，自有元音，上通雅樂，別黑白而定一尊，亙古今而不敝。是皆於詞學有深造自得之言。蓋我國文章之事，爲類至繁，自有詞後，其變遂極，其出彌巧。詩不能道者，詞可婉約達之；文不能盡者，詞可曲折宣之。其旨隱，其辭微，

其感人也深，其託意也遠，明乎古人言樂之法，則可論於詞之道矣。然詞旨至深，詞境至險，自隋唐迄今，千有餘年，其間以倚聲顯於世者，曾不及詩之十之一。造詣之難，蓋可想見。然習詞者，苟能潛心探討，低徊要眇，爲之既久，則深者自淺，險者自夷，且愈深愈險，而其味亦愈永。浸假而不忍自盡，是易爲知者道，難與俗人言也。

二

毛奇齡言詞本無韻，今創爲韻，轉失古意。每見宋人詞，有以方音爲叶者，如黃魯直《惜餘歡》閣、合同押，林外《洞仙歌》鎖、考同押，曾靚《釵頭鳳》照、透同押，劉過《轆轤金井》溜、倒同押，吳夢窗《法曲獻仙音》冷、向同押，陳允平《水龍吟》草、驟同押，遂疑毛氏所言，或亦不無依據。余初學詞，每於入聲韻，率爾臆押，未及檢閱韻書，以故篇中落腔處，層見迭出。癸亥春間，曾以所爲行卷，謁彊村翁。翁因言詞韻向無專書，宋《菉斐軒詞韻》今已失傳，坊間所見《詞林要韻》，題爲菉斐軒刊本者，係後人僞託，因無入聲一部，是爲北曲韻書，非詞韻明也。其它韻書詳略不同，寬嚴互異，並難依據，宜以戈氏《詞林正韻》四印齋刊本爲定本。方今坊間詞韻，名目繁多，習者不愼，易中其病，余故特揭彊翁之言，以爲初學津梁焉。

三

草窗賦《木蘭花慢》西湖十景詞成，楊守齋見之曰：語麗矣，如律未協何，因與訂正，閱數月而後定。草窗自謂詞不難作，而難於改；語不難工，而難於協。玉田《詞源》謂美成負一代詞名，所作詞渾厚和雅，善於融化詩句，而於音譜，間有未諧。是知詞之工不難，而詞之工而協爲尤難矣。玉田時以協律教人，其集中詞，如《齊天樂》之去上音，往往不協。草窗、西麓諸大家，亦偶坐是病。元明以後，倚聲家僅循平仄，而於四聲之說，皆淡漠置之。萬氏《詞律》僅守上去二音，而於四聲亦多疏漏。夫兩宋名賢，以知律著者，自以北宋之耆卿、美成，南宋之白石、夢窗等爲最。耆卿集中同調詞如《迷神引》等，其四聲間亦有異，然僅入代平，平代入，或上代入，入代上之類，顧亦有不代者。至方千里之和清眞，則四聲無一字異者，夫豈漫然爲之，自有不能不如是者。在其後夢窗之和清眞、白石，莫不繩尺森然。

今世不守律者，往往自託豪放不羈，不知東坡賦《戚氏》，其四聲與《樂章》多合。稼軒之賦《蘭陵王》，與美成音節，亦無大謬。今雖音律失傳，而詞格俱在，自未可畏難苟安，自放律外，蹈伯時所謂不協則成長短詩之譏。

四

況、朱二公，晚年守律至嚴，況公尤甚。其集中《戚氏》賦櫻花及贈梅蘭芳二作，四聲一依柳詞，亦云難矣。況公《蕙風詞話》嘗云：「守律誠至苦，然亦有至樂之一境。常有一詞作成，自己亦既愜心，似乎不必再改。唯據律細勘，僅有某某數字，於四聲未合，即姑置而過存之，亦孰為責備求全者。乃精益求精，不肯放鬆一字，循聲以求，忽然得至雋之字。或因一字改一句，因此句改彼句，忽然得絕警之句。此時曼聲微吟，拍案而起，其樂何如。雖剝璕出璞，選薏得珠，不逮也。彼窮於一字者，皆苟完苟美之一念誤之耳。」前輩致力之艱苦如是，後學詎可忽視耶？因錄況公是言，以告後之學者。

五

余友淳安邵次公，曾向余言，蕙翁往昔所作，及應酬熟調，有極流暢婉美，盡情遠意者。《餐櫻詞》《燭影搖紅》、《高陽臺》等篇是，（甲寅作）餘則頗有窘澀之病，蓋為四聲所束也。

讀詞星語

蕭滌非 著

《讀詞星語》，蕭滌非著。刊於《清華周刊》第三十二卷第二期（1929 年 10 月），含作者所作「小引」共計 66 則。據文後所記「十八，五，二十，蕭滌非初稿」，可知此稿完成於民國十八年（1929）五月二十日。1926 年，蕭滌非因仰慕梁啓超之名，進入清華大學學習，《讀詞星語》正是其在清華學習期間所撰。儘管蕭先生之建樹不在詞學，然其步入古代文學研究正自詞學始，《讀詞星語》是其最早發表的古代文學研究著作。除《讀詞星語》之外，蕭先生尚有《片玉詞集注補正》數則，見《清華周刊》三十卷第七期。蕭滌非（1907～1991）原名忠臨，江西臨川人。1933 年畢業於清華大學。曾任西南聯大教授、山東大學教授。中國文學史家、杜甫研究專家。主編《杜甫全集校注》，著有《解放集》、《漢魏六朝樂府文學史》、《杜甫研究》、《樂府詩論藪》等。

吾友臨川蕭君，治文學，尤好詞。此篇之作，蓋在去年。計所論列，於五代有李後主、韋莊、馮延巳、李珣、鹿虔扆，於宋有晏殊、晏幾道、柳永、張先、歐陽修、蘇東坡、秦觀、黃山谷、孫洙、趙令畤、陳去非、周美成、李清照、辛棄疾、趙彥端、吳文英、蔣捷、馬莊父、康伯可、張炎，於近代則有王國維，填詞名家，略備於此。蕭君此作大旨，要在指出以上各家代表作品之來源出處。君讀書至淵且博，故能窮源竟委，發前人所未發。教授楊振聲先生曾稱此篇「多獨到處，具見功力」，其搜輯之精勤，從可知矣。詞爲吾國文學中永遠不朽之一體，吾人得蕭君此文，其有助於讀名家作品者，正自匪尠也。爰請諸蕭君，載入本刊，以餉閱者。十八年十月旭光識於本刊社。

小　引

　　賀黃公曰：「詞家多翻詩意入詞，雖名家不免」。余年來致力於詞，居恒欲取一二專集爲之注釋，而時間精力，兩病未能，然以涉獵所及，要亦不無所得，其於詞中佳句之出處，頗有爲前人所未發，亦間有與舊說相補正者，零星斷錦，原無關乎宏旨，而對此雞肋者，又不忍遽棄捐，爰爲錄出，略以作家時代之先後爲次，聊以供同好者之談助與賞鑒耳，爾後當不復費日力於此矣。

　　詩詞之分也，顯而微，彰而隱，前人亦少作具體之說明，李東陽云：「詩太拙則近於文，太巧則近於詞，宋之拙者皆文也，元之巧者皆詞也。」李東琪云：「詩莊詞媚，其體元別。」必欲嚴詩詞之分際，則巧、拙、莊、媚四字，差可以概舉之，是以詩詞二者，俱各有其本色語。一相混雜，必無是處，故儘有巧語，在詩則寂然無聞，入詞則流膾人口者，小山之「落花人獨立，微雨燕雙飛」，其明例也。詞家之翻詩語，蓋即取其近於詞者，並非漫無抉擇，且其點染變化之間，語氣之輕重，造句之巧拙，亦各有別。要皆「自然而然」，故仍不失爲佳句，此點則有望於讀者之注意也。《野客叢書》謂「好處前人皆已道過，後人但翻而用之」。此固不盡然，但亦事實所不免，不經人道語，原沒有許多也。

李後主

　　李後主《浪淘沙》詞「別時容易見時難」，《能改齋漫錄》以爲本《顏氏家訓》「別易會難，古人所重。江南餞送，下泣言離，此間風俗，不屑此事，歧路言別，歡言分首。」實覺支離，不足爲訓。余按魏文帝《燕歌行》云：「別日何易會日難，山川悠遠路漫漫。」後主蓋用此語耳。又宋武帝《丁督護歌》「別易會難得」，戴叔倫《織女詞》「難得相逢容易別」，意亦正與詞同。

　　後主《憶江南》詞「還似舊時遊上苑，車如流水馬如龍」，蓋用唐蘇頲《公主齋夜宴詩》成語也。詩云：「車如流水馬如龍，仙史高臺十二重。天上初移衡漢匹，可憐歌舞夜相從。」然皆本《後漢書・馬后紀》「車如流水，馬如遊龍」二語。

　　《後山詩話》載王安石謂張先「雲破月來花弄影」，不如李冠「朦朧淡月雲來去」。按此爲《蝶戀花》詞，《尊前集》則以爲後主作。《樂府朝雲曲》云：「巫山高高上無極，雲來雲去長不息」。此其語所自本也。

又《相見歡》詞「自是人生長恨水長東」，《人間詞話》謂此語氣象特大，為《金荃》、《浣花》所未有，然其句調，亦有所祖。李涉詩「半是半非君莫問，好山長在水長東」。周濟《宋四家詞選敘》謂「詞韻各具聲響，不可草草亂用」。又云「東真韻寬平」，然後主此詞用東韻，而並非寬平。是知音韻亦有時而可為詞之一助耳。填詞者固不可以詞害意，亦不應以韻害詞。無所固執可也。

後主以俗語白話入詞，如「酒惡時拈花蕊嗅」，「酒惡」乃當時俗語。又如《相見歡》詞「剪不斷，理還亂，是離愁。別是一般滋味在心頭。」則純為白話矣。

《湘山野錄》載吳越王錢鏐還臨安與父老飲酒詞云：「爾輩見儂良歡喜，別是一般滋味子，永在我儂心子裏。」此其所本也歟？特後主用以言離愁，故更覺意味深長，真切動人耳。

韋莊

前人於其心愛語，往往詩詞並見。如晏同叔之「無可無奈何花落去，似曾相識燕歸來」，是最著者也。他如蘇東坡「明日黃花蝶也愁」之句，亦然。余按此實端己有以開其先例，其《浣溪沙》詞云：「暗想玉容何所似，一枝春雪凍梅花」。又《春陌》詩云：「滿街芳草卓香車，仙子門前白日斜。腸斷東風各回首，一枝春雪凍梅花。」然此等語，要皆以入詞為宜，因置之詩中，則嫌纖巧，反覺有傷原句之美也。

馮延巳

正中《長命辭》云：「春日宴，綠酒一杯歌一遍。再拜陳三願：一願郎君千歲，二願妾身常健，三願如同梁上燕，歲歲長相見。」其詞調頗為別致，余按白居易《贈夢得》詩云：「前日君家飲，昨日王家宴，今日過我廬，三日三會面。當歌聊自放，對酒交相勸。為我盡一杯，與君發三願：一願世清平，二願身強健，三願臨老頭，數與君相見。」馮詞得非祖此乎？

正中《南鄉子》詞「細雨濕流光」，《人間詞話》謂五字能攝春草之魂。《蜀中詩話》以此語為本孫光憲詞「一庭疏雨濕春愁」。余按二人同出一詩，決非相為剽竊，《詩話》蓋誤以馮詞為後主作耳，王維詩「清風細雲濕梅花」，

又「草色全經細雨濕」，馮詞豈無所承？特有冰水青藍之妙。

馮《謁金門》詞「鬥鴨闌干獨倚」，胡適《詞選》作鬥鴨一截，意亦可通，惟觀詞中語氣，似不如此。且恐非作者本旨也，度其意殆以闌干不可以鬥鴨名，故為別出枝解，實則不然，《說郛》：「南唐馮延巳詞有『鬥鴨闌干獨倚』之句，人疑鴨未嘗鬥，余按《三國志·孫權傳》注引《江表傳》『魏文帝遣使求鬥鴨，君臣奏宜無與，權曰：『彼居諒陰中，所求若此，豈可與言禮哉？』具以與之，《陸遜傳》『遠昌侯盧作鬥鴨闌』。……則古蓋有之。」又余按宋錢易《南部新書》亦有關於此事之記載，今並錄之：「陸龜蒙居震澤之南積莊，產有鬥鴨一闌，頗極馴養。一旦有驛使過，挾彈斃其尤者。龜蒙詣而詆之曰：「此鴨能人語。」復歸家，少頃，手一表本云：「見待附蘇州上進，使者斃之何也？」使人恐，盡與橐中金以糊其口。龜蒙始焚其章，接以酒食。使者俟其稍悅，方請其人語之由。曰：「能自呼其名。」使者憤且怒，拂袖上馬。復召之，還其金，曰：「吾戲之耳。」（亦見《中吳紀聞》及《唐代叢書》中）自三國以迄晚唐，可知鬥鴨之風，流行甚久。而「鬥鴨闌」遂亦成為文人慣用之名詞。有是名，初不必即有是事也，韓翃《送客還江東》詩云「池畔花深鬥鴨闌，橋邊雨洗藏鴉柳」，非馮詞之先例歟？

李珣

陸游《老學庵筆記》：「白樂天詩『微月初三夜，新蟬第一聲』，晏元獻云『綠樹新蟬第一聲』，王荊公云『去年今日青松路，憶似聞蟬第一聲』，三用而愈工，信詩之無窮也。」余按寇萊公詩云「臨風忽起悲秋思，獨聽新蟬第一聲」，亦是用白詩，又李珣《浣溪沙》詞「斷魂何處一蟬新」則稍加變化矣。

鹿虔扆

鹿《臨江仙》詞「曲折盡變，有無限感慨淋漓處」，其後半闋云：「煙月不知人事改，夜來還照深宮。」則係用前人語意，李玖《四丈夫同賦》詩：「春月不知人事改，閒垂光景照深宮」。又雍陶《經杜甫舊宅》詩：「山月不知人事變，夜來江上與誰期？」《草堂詩餘》注缺，余故表而出之。

晏殊

同叔《玉樓春》詞：「無情不似多情苦。一寸還成千萬縷。天涯地角有窮時，惟有相思無盡處。」《草堂》注引東坡詞「多情卻被無情惱」及白居易詩「春來何處不同遊，地角天涯遍始休」。皆不類。余按韋莊詩云「才喜相逢又相送，有情爭得似無情」，又張仲素《燕子樓》詩（一作《關盼盼》詩）：「樓上殘燈伴曉霜，獨眠人起合歡牀。相思一夜情多少，地角天涯不是長。」晏正用此語也。

「昨夜西風凋碧樹，獨上高樓，望盡天涯路。」同叔《蝶戀花》詞也，《人間詞話》極稱之，蓋喜其氣魄之大。杜詩云：「霜凋碧樹待錦樹」，此其首語所自來，又《踏莎行》詞「高臺樹色陰陰見」，亦本義山詩「後堂芳樹陰陰見」。

晏幾道

小山《臨江仙》詞，是為特出，其「落花人獨立，微雨燕雙飛」之句，尤為卓絕千古，膾炙人口，然實則用五代翁宏《宮詞》語也，《五代詩話》輯《雅言系述》云：「翁宏字大舉，桂嶺人，隱居韶、賀間，不仕能詩。《宮詞》云：『又是春殘也，如何出翠幃，落花人獨立，微雨燕雙飛。寓目魂將斷，經年夢亦非。那堪向秋夕，蕭颯暮蟾輝。』《秋風》云：『又是秋殘也，無聊意若何？客程江外遠，歸思夜深多。峴首飛黃葉，湘濱走白波。仍聞漢都護，今歲合休戈。』」翁詩只此二首，亦見《函海》《全五代詩》卷六十二，蓋又間接本於《五代詩話》者。《雅言系述》一書，余曾詢朱希祖、朱自清二先生，皆云未見。佚否不可知，而對於碩果，彌覺可貴矣。吁！同一語也，翁為原作，而闃其無聞；晏乃襲用，而飛聲千古，豈非巧拙之道不同，而用之有得不得耶？

叔原《虞美人》詞：「採蓮時節定來無？醉後滿身花影倩人扶」。陸龜蒙《春日酒醒》詩云「覺後不知新日上，滿身花影倩人扶」，用此語也。

叔原《浣溪沙》詞「戶外綠楊春繫馬，牀前紅燭夜呼盧」，蓋用韓翃詩「門外碧潭春洗馬，樓前紅燭夜迎人」。陸游《老學庵筆記》謂「晏詞氣格，乃過本句，不謂之剽竊可也」。《能改齋漫錄》謂用《樂府水調歌》，然叔原之詞甚工，所謂《樂府水調歌》者即是韓詩。張宗橚《詞林紀事》乃謂晏詞只易得韓詩二字。不知其何所本而云然。余按《全唐詩》及《唐人萬首絕句》

所載，皆無二致。又李龔《剪綃集》所集韓此詩，亦作「門外碧潭春洗馬」，然則張氏雖有異本，殆不足爲信矣。近人胡雲翼《宋詞研究》亦謂晏詞只易得二字，蓋又誤因《詞林紀事》而未之細考也。

柳永

耆卿《雨零鈴》詞「楊柳岸，曉風殘月」之句，最爲古今稱誦，前人有謂本飛卿《更漏子》詞「簾外曉鶯殘月」者。余按唐韓琮詩「幾處花枝招離恨，曉風殘月正潸然」，耆卿雖未必本此，然要是前人已道語也。張惠言以比興論詞，其《詞選》於耆卿獨不錄，實不免偏見，且其中亦多有與其本旨不相吻合者，如王雱之《眼兒媚》，其著者也。沈去矜曰：「詞不在大小淺深，貴於移情，『曉風殘月』『大江東去』，體制雖殊，讀之皆身歷其境，惝怳迷離，不能自主，文之至也。」可謂知言。

耆卿《八聲甘州》詞「是處紅衰翠減，苒苒物華休」，李義山《贈荷花》詩：「此花此葉長相映，翠減紅衰愁殺人」，用此語也。又此詞「想佳人妝樓長望，誤幾迴天際識歸舟」，則全用謝朓詩：「天際識歸舟，雲中辨江樹」。

張先

子野《一叢花》令詞：「懷高望遠幾時窮。無物似情濃。離愁正引千絲亂，更東陌、香絮濛濛。嘶騎漸遙，征塵不斷，何處認郎蹤。　　雙鴛池沼水溶溶。南北小橈通。梯橫畫閣黃昏後，又還是、斜月朦朧。沈思細恨，不如桃杏，猶解嫁東風。」《過庭錄》謂此詞一時盛傳，歐陽永叔尤愛之，恨未識其人。子野家南地，以故至都，謁永叔，閽者以通，永叔倒屣迎之曰：「此乃桃杏嫁東風郎中也」。古今以爲美談，後之用者，亦不一而足。如東坡《南歌子》詞：「莫翻紅袖過簾櫳，怕被楊花勾引嫁東風」，又沈自炳《玉樓春》詞：「年年同嫁與東風，只有小園紅杏樹」，皆是也。余按此語，並非由子野創作，唐人詩中，數見不鮮，其最早者，如李賀《南園子》詩：「花枝草蔓眼中開，小白長紅越女腮。可憐日暮嫣香落，嫁與春風不用媒。」又韓偓《寄恨》詩云：「秦釵枉斷長條玉，蜀紙虛留小字紅。　死恨物情難會處，蓮花不肯嫁春風。」又五代庾傳素《木蘭花》詩亦有云「若教爲女嫁東風，除卻黃鶯難匹配」。然此等語，在詩中則微嫌纖巧軟媚，自以入詞爲本色，

此子野所以能獨享盛名也。

蕙風謂詞中最要境界爲「靜」，子野詞好押「影」字，曾有「三影」之目，其《木蘭花》詞云「無數楊花過無影」，朱彝尊以爲在所傳「三影」之上，蓋亦以其境界之靜故也。余按顧況詩「落花繞樹疑無影，回雪從風暗有情」，子野得非祖此乎？

子野《天仙子》詞「雲破月來花弄影」，《人間詞話》謂著一「弄」字而境界全出。宋吳幵《優古堂詩話》以爲本《樂府》劉氏謠《暗別離》「朱弦暗斷無人見，風動花枝月中影」。余按元稹《襄陽爲盧竇紀事》詩亦有云：「風弄花枝月照階」，於詞語爲尤近，然子野之言自工。

子野《慶金枝》詞「抱雲勾雪近燈看，算何處不堪憐」，蓋用《子夜歌》「婉伸郎膝上，何處不可憐？」前人多謂張詞韻高於柳，若此語，正耆卿所不屑用也。

歐陽修

「闌干十二獨憑春。晴碧遠連雲。千里萬里，二月三月，行色苦愁人。謝家池上，江淹浦畔，吟魄與離魂。那堪疏雨滴黃昏。更特地、憶王孫。」歐公《少年遊》詞也，《能改齋漫錄》以此詞及梅堯臣《蘇幕遮》、林逋《點絳脣》爲古今詠草三絕，《人間詞話》云：「此詞前半闋語語都在目前，便是不隔」。余按顧況《春草謠》云：「春草不解行，隨人上東城。正月二月色綿綿，千里萬里傷人情。」則歐詞固亦有所本矣。

永叔《浣溪沙》詞有「綠楊樓外出鞦韆」之句，晁補之云：「只一『出』，便後人所不能道」。《人間詞話》以爲本馮延巳《上行杯》詞「柳外鞦韆出畫牆」，但歐語尤工。余按王維《寒食城東即事》詩云「鞦韆競出垂楊裏」，是馮詞亦有所本也。劉熙載《詞曲概》謂歐陽永叔得馮之深，《人間詞話》亦謂歐學馮延巳。余謂此在詞句方面，亦頗足資證明，如馮《羅敷豔歌》詞「雙燕歸來畫閣中」，歐《採桑子》則云「雙燕歸來細雨中」；又馮《蝶戀花》詞「日日花前常病酒，不辭鏡裏朱顏瘦」，歐《浪淘沙》則云「縱使花前常病酒，也是風流」，此等處，殆非偶然。

永叔《踏莎行》詞「離愁漸遠漸無窮，迢迢不斷如春水」，蓋本寇萊公詩：「杳杳煙波隔千里，白蘋香散東風起。日落汀洲一望時，愁情不斷如春水。」唐李頻亦有詩云「春情不斷若連環」，皆妙。又此詞末云「平蕪盡處是春山，

行人更在春山外」，釋天隱謂與石曼卿詩「水盡天不盡，人在天盡處」相似，王漁洋謂石詩平板，不如歐之深曲，實則以七言較五言搖曳耳，「長袖善舞」，未可以優劣論也。

歐公《蝶戀花》詞「淚眼問花花不語，亂紅飛過鞦韆去」，前人謂本嚴渾詩「盡日問花花不語，爲誰零落爲誰開」。余按飛卿詞亦有云「百舌問花花不語」，然皆不如歐語之眞摯也。鄭谷詩云「情多最恨花無語，愁破方知酒有權」，此語最能道出歐公心事。

馮正中《玉樓春》詞「芳菲次第長相續，自是情多無處足。尊前百計得春歸，莫爲傷春眉黛促。」王靜安謂永叔一生，似專學此種詞，然永叔詞中盡有極悲涼者。如《玉樓春》一闋云：「妖冶風情天與指，清瘦肌膚冰雪妒。百年心事一宵同，愁聽雞聲窗外度。　　信阻青禽雲雨暮。海月空驚人兩處。強將離恨倚江樓，江水不爲流恨去。」末語情尤凄厲。杜牧詩云：「徒想夜泉流客恨，夜泉流恨恨無窮。」歐公得非祖此乎？《草堂詩餘》注缺，沈東江云：「徐師川『柳外重重疊疊山，遮不斷，愁來路。』歐陽永叔『強將離恨倚江樓，江水不爲流恨去。』古人語不相襲，又能各見所長。」是尚不知有杜詩也。

蘇東坡

東坡《臨江仙》詞：「多病休文都瘦損，不堪金帶橫垂腰。望湖樓上暗香飄。和風春弄笛，（彊村本『笛』作『袖』，似勝，坡《行香子》詞『飛步巉岩，和風弄袖』，杜牧詩『紫陌微微弄袖風』。）明月夜聞簫。　　酒醒夢回清漏永，殷牀無限更潮。佳人不見董嬌饒。徘徊花上月，空度可憐宵。」末語余深愛之，初不知爲前人成語也。《韻語陽秋》載葉少蘊云李益詩「聞門風動竹，疑是故人來」，沈亞之詩「徘徊花上月，虛度可憐宵」，皆佳句也。乃知東坡用唐人詩句，惟余查《全唐詩》沈亞之集及其所作諸傳奇小說，均不載。《升庵詩話》曾載此詩全首，蓋一五絕也，然又未題作者，是知古人佳什，其遺佚爲不少矣。詩話云：「唐詩作者往往託於傳奇小說，以傳於後，而其詩大有妙絕今古，一字千金者，如『雨滴空階曉，無心換夕香。井梧花落盡，一半在銀床。』又：『命笑無人笑，含嬌何處嬌。徘徊花上月，虛度可憐宵。』」度東坡亦自酷愛此語也，子野《燕春臺》詞「猶有花上月，清影徘徊」，亦正本此。

　　東坡《和章質夫》《水龍吟》詠楊花詞，《人間詞話》謂其：「和韻而似原唱，為詠物詞之最工者。」然詞中語意，亦自有所來。《艇齋詩話》云：「此詞『思量卻是無情有思』，用老杜『落絮遊絲亦有情』也。『夢隨風萬里，尋郎去處，依前被鶯呼起』，即唐人詩云：『打起黃鶯兒，莫教枝上啼。啼時驚妾夢，不得到遼西。』『細看來、不是楊花，點點是離人淚』，即唐人詩云：『時人有酒送張八，惟我無酒送張八。君看陌上梅花紅，盡是離人眼中血』。皆奪胎換骨手。」所釋均是，末解尤有見地。惟余按唐裴說《詠柳》詩云：「思量卻是無情樹，不解迎人只送人」。則是「思量」句，東坡分明用此也。又此詞首云「似花還似飛花」，亦本梁元帝詠柳詩「楊花非花樹，依樓自覺春」，《草堂》注皆缺。

　　東坡嘗面笑少游「銷魂當此際」為學柳七句法，蓋以柳《內家嬌》詞曾有「帝里，風光當此際」之語也。然其《蝶戀花》詞「衣帶漸寬無別意，新書報我添憔悴」，獨非學柳詞「衣帶漸寬終不悔，為伊消得人憔悴」句法乎？使當時少游以此反詰者，不知東坡何以自解。以余意度之，坡殆以少游此詞纏綿綺旎，風格於柳獨近，故特標此一語以為言耳，亦即「山抹微雲秦學士，露花倒影柳屯田」意也。若第以句法論，則劉禹錫《聞蟬》詩「年年當此際，那免鬢凋零」，視柳詞不已早乎？

　　王昌齡《西宮秋怨》詩云「芙蓉不及美人妝，水殿風來珠翠香」，東坡《洞仙歌》詞「水殿風來暗香滿」用其語也。徐陵詩「竹密山齋冷，荷開水殿香」，李白詩「風動荷花水殿香」，此則其詞意所本。

　　東坡好為集句及隱括前人詩文入詞，如《哨遍》之於《歸去來辭》，《定風波》之於杜牧《九日齊安登高》詩，其著者也。然皆不過微改其詞耳。若其《水調歌頭》（遺章質夫家善琵琶者）之於韓愈《聽琴詩》，則隱括而近於創作矣。余最愛其首段云：「昵昵兒女語，燈火夜微明。恩怨爾汝來去，彈指淚和聲。忽變軒昂勇士，一鼓塡然作氣，千里不留行。」其描寫琵琶，可謂入神。吾人循其聲而意自見，正不必求甚解。蓋其中全以字聲之陰陽為之錯綜，而又益之以詞句之長短，故極幽咽抑揚之致，視原詩，信後來居上矣。其「千里不留行」句，用莊子《說劍》：「臣之劍，十步一人，千里不留行。」李白《俠客行》云：「十步殺一人，千里不留行」，亦正本此。又其後半闋云「起坐不能平」，亦係全用後主《烏夜啼》詞語，是皆隱括而出於原詩之外者

也。

羅隱《隴頭水》詩：「借問隴頭水，終年恨何事。全疑嗚咽聲，中有征人淚。」東坡《減字木蘭花慢》詞「玉觴無味，中有佳人千點淚」。蓋脫胎於此。

東坡《水調歌頭》中秋詞「不知天上宮闕，今夕是何年？」《草堂詩餘》注引韓愈詩「今夕是何朝」，余按戴叔倫詩「已悟化城非樂土，不知今夕是何年」，意坡用此。又《念奴嬌》詞「驚潮拍岸，捲起千堆雪」，注引李白詩「潮白雪山來」，余按孟郊詩「古鎮刀攢萬片霜，寒江浪起千堆雪」，是詞自別有所本也。

重字在詩中易避，而在詞則難。因詩第分平仄，而詞則兼辨四聲。故詞中兼有重字，倚聲者亦在所不忌也，世多謂東坡《念奴嬌》詞用三「江」三「人」二「國」等重字，於詞不宜。指以爲詬病，陋矣。以東坡爲未諳音律耶？然耆卿、美成可謂知音，而耆卿《八聲甘州》「對瀟瀟暮雨灑江天」詞，重字乃有七處之多。美成《宴清都》「淒涼病損文園……更久長不見文君。」不用相如，而用文園。《玲瓏四犯》「但認取芳心一點，又片時一陣風雨惡，吹分散」，連用兩「一」字。其《浣溪沙》：「樓上晴天碧四垂。樓前芳草接天涯。勸君莫上最高梯。　　新筍已成堂下竹，落花都上燕巢泥。忍聽林表杜鵑啼。」則竟連用二「樓」二「天」三「上」諸重字，皆未聞有舉而非之者，何獨於坡而爲已甚乎？《後山詩話》載遊次山《卜算子》詞「風雨送人來，風雨留人住。草草杯盤話別離，風雨催人去。　　淚眼不曾晴，眉黛愁還聚。明日相思莫上樓，樓上多風雨。」《逸老堂詩話》云「一詞疊用四風雨，讀去不厭其繁，句意清快可喜。」即此一例，已足見詞之不忌重文，顧用之如何耳。

東坡論文，謂「如行雲流水，初無定質，但常行於所當行，常止於不可不止。」吾人於其詞，亦正可作如是觀。余頗愛其《少年遊》一闋云：「去年相送，餘杭門外，飛雪似楊花。今年春盡，楊花似雪，猶不見還家。　　對酒捲簾邀明月，風露透窗紗。却似姮娥憐雙燕，分明照，畫梁斜。」音調極其自然，前半闋尤累累如貫珠。余按何遜與范雲聯句云：「洛陽城東西，却作經年別。昔去雪如花，今來花似雪。」東坡得非翻用此語。

秦觀

少游《虞美人》詞：「行行信馬橫塘畔，煙水秋平岸。綠荷多少夕陽中，知為阿誰凝恨背西風。　　紅妝艇子來何處，蕩槳偷相顧。鴛鴦驚起不無愁，柳外一雙飛去卻回頭。」蓋全用杜牧之詩，詩云：「兩竿落日溪橋上，半縷輕煙柳影中。多少綠荷相倚恨，一時回首背西風。秋聲無不攪離心，夢澤蒹葭楚雨深。自滴階前大梧葉，干君何事動哀吟。」(《齊安郡中偶題》)又題水口草市詩：「倚溪侵嶺多高樹，誇酒書旗有小樓。驚起鴛鴦豈無恨，一雙飛去卻回頭。」雖是襲用，然亦可見其變化處。

少游《千秋歲》詞末句云「落紅萬點愁如海」，《艇齋詩話》謂當時人多能歌此詞，山谷欲和之而終難於「海」字。《後山詩話》云：王平甫之子嘗云今語例襲陳言，但能轉移耳。世稱此詞「愁如海」為新奇，不知李後主《虞美人》詞已云「問君還有幾多愁，恰似一江春水向東流」，但以「江」為「海」耳。余按唐詩中，以海喻愁情者，已多有之。《後山詩話》所載，實非確論。如李群玉詩「請量東海水，看取淺深愁」。又如白樂天詩「借問江湖與海水，何似君心與妾心。相恨不如潮有信，相思始覺海非深」。皆是也。且江海之間，一動一靜，其意自別，未可混為一談。若少游《江城子》云「便作春江都是淚，流不盡，許多愁」，則可謂本後主語耳。

「芳草萋萋憶王孫，柳外樓高空斷魂，杜宇聲聲不忍聞。欲黃昏，雨打梨花深閉門。」此詞向以為觀作，《花庵詞選》及《歷代詩餘》皆以為李重元詞，李詞凡春夏秋冬四闋，此其春景一闋也。觀此，當為李作無疑。其末語最為名句。然少游《鷓鴣天》詞固亦有之，即「甫能炙得燈兒了，雨打梨花深閉門」是也。《古今詞話》云：「此詞形容愁怨之意最工，末語有言外之意。」《草堂詩餘》注引《長恨歌》「梨花一枝春帶雨」，此大可絕倒也。余按吳聿《觀林詩話》云：「荊公酷愛唐《樂府》『雨打梨花深閉門』之句」。是知此語，實非少游創作。然現存唐《樂府》不載，大概已遺佚矣。吳聿，宋人。其言當可信。少游殆亦愛而用之耳。

《人間詞話》：「少游詞境淒惋，至『可堪孤館閉春寒，杜鵑聲裏斜陽暮』，則變而為淒厲矣。」《漁隱叢話》載山谷謂此詞高絕，惟「斜陽暮」三字，有語病，改為「簾櫳暮」。後《郴州志》遂作「斜陽度」，而米元章書此詞，則竟改為「斜陽曙」矣，此皆無理取鬧，前人辯之已詳。實則此三字，絕不重複，此在今日稍有文法學者，皆能知之。若潘正叔《迎大駕詩》「朝日順

長途，『夕暮』無所集」。阮嗣宗《詠懷》「朝爲媚少年，『夕暮』成老醜」，及《樂府》「出儂吳倡門，春水『碧綠』色」，則眞重複矣。此固不足爲訓，然亦舊體詩詞中難免之現象也。《草堂》注引義山詩「望帝春心託杜鵑」，及杜詩「子規枝上月三更」，皆不得要領。余按寇萊公詩「無奈鄉心倍寥落，殘陽中有鷓鴣聲」，詞中境界，與此正相吻合，又此詞末云「郴江幸自繞郴山，爲誰流下瀟湘去？」東坡極賞之。釋天隱謂二語由戴叔倫詩「沅湘日夜東流去，不爲愁人住少時」，變化而來。余按唐詩中，類此者正多。如元稹詩「若到莊前竹園下，殷勤爲遶故山流」，又「殷勤輞川水，何時出山流？」而杜牧詩「水殿半頃蟾日澀，爲誰流下蓼花中？」於詞語爲尤近，蓋文人發興造語，往往而合，非必有所因襲也。

周濟《四家詞選敘》云：「詞韻各具聲響，不可草草亂用。」又云「蕭尤韻感慨」，少游《江城子》詞「飛絮落花時候一登樓」，正可爲其一例，《全唐詩》張泌詞云「飛絮落花時節近清明」，此其語調所仿，然少游爲不可及矣。

羅隱《牡丹》詩「若教解語應傾國，任是無情也動人」。少游《南鄉子》題畫，「盡道有些堪恨處：無情，任是無情也動人」，用其語也。

《艇齋詩話》少游詞「高城望斷，燈火已黃昏」，用歐陽詹詩「高城已不見，況復城中人。」因《詩話》余乃解得白石詞二句「日暮望高城不見，惟見亂山無數。」又少游「憑欄久，疏煙淡日，寂寞下蕪城」之句，余謂亦係用武元衡詩「誰堪此時景，寂寞下高樓。」

少游《八六子》「倚危亭，恨如芳草，萋萋劃盡還生。」蓋用後主《清平樂》詞「離恨恰如春草，更行更遠還生。」惟余按前人詩中，已多有以草喻愁情者，然皆不如二詞之工致也。范雲詩「思君如蔓草，連延不可窮」，杜牧詩「恨如春草多」，秦韜玉「又覺春愁似草生，何人種在情田裏？」又李康成「思君如百草，繚亂逐春生」，皆是也。

黃山谷

《詞苑叢談》：山谷過瀘帥，有官妓盼盼，帥嘗寵之，山谷戲作《浣溪沙》贈之云：「腳上鞋兒四寸羅。唇邊朱麝一櫻多。見人無語但回波。　料得有心憐宋玉，只應無奈楚襄何。今生有分共伊麼。」此殆山谷少作，法秀所謂

「當墮犁舌獄」者也。李義山詩云「料得也應憐宋玉，一生惟事楚襄王」，此其後半語所本。按此詞亦見《淮海集》，今觀此本事，似當爲山谷作也。

《誠齋詩話》：「五七言絕句最短而最難工，雖作者亦難得四句全好。如王建宮詞『樹頭樹尾覓殘紅，一片西飛一片東。自是芳心貪結子，錯教人恨五更風。』則四句全好。」山谷《定風波》詞曾翻用此語，頗得自然之趣。詞云：「牆上夭桃簇簇紅。巧隨輕絮入簾櫳。自是芳心貪結子。翻使。惜花人恨五更風。　　露萼鮮濃妝臉靚。相映。隔年情事此門中。粉面不知何處在。無奈。武陵流水卷春空。」余按此詞後半闋，則用崔護詩：「去年今日此門中，人面桃花相映紅。人面不知何處去，桃花依舊笑春風。」余謂此詩亦四句全好。

山谷《清平樂》詞云：「春無蹤迹誰知，除非問取黃鸝。百囀風無人能解，因風飛過薔薇。」余按李頻詩「卻羨浮雲與高鳥，因風吹去又吹來。」又鄭谷詩《詠燕》詩云「千言萬語無人會，又逐流鶯吹短牆。」詞殆由此脫胎而來。

孫洙

巨源《河滿子》秋怨詞「悵望浮生急景，凄涼寶瑟餘音。楚客多情偏怨別，碧山遠水登臨。目送連天衰草，夜闌幾處疏砧。　　黃葉無風自落，秋雲不雨長陰。天若有情天亦老，搖搖幽恨難禁。惆悵舊歡如夢，覺來無處追尋。」意調最爲凄涼，後半闋數語，尤哀怨動人。其「黃葉」二句，用唐盧綸送萬巨詩「霜葉無風自落，秋雲不雨空陰」，只易得二字。《草堂詩餘》注引杜甫「浮雲蔽秋曉」，非也。其「天若有情」句，則全用李賀《金銅仙人辭漢歌》「衰蘭送客咸陽道，天若有情天亦老」。《草堂》注並失，此詞雖拾前人詩句，然運用自然，了無痕迹，固不失其爲絕妙好詞也。

趙令畤

李東陽《懷麓堂詩話》謂「夢」字唐詩中用者極多，然說夢之妙者，絕少，如「重門不鎖還家夢」乃覺親切。余按令畤《錦堂春》詞「重門不鎖相思夢，隨意遠天涯」，正用此語也。《苕溪漁隱叢話》謂徐師川「門外重重疊疊山，遮不斷愁來路」，與此詞造語不同，而意絕相類，信然。惟余按岑參詩

「別君只有相思夢，遮莫千山與萬山」。（「遮莫」，唐俗語，猶言儘教也。）是此意，前人早已道過，第二詞造語特工耳。

賀方回

方回以《青玉案》詞知名，其末云：「試問閒愁都幾許：一川煙草，滿城風絮，梅子黃時雨。」列舉三者，蓋以喻愁之多也，於格調最爲奇特，後人乃獨賞其末句，曾有「賀梅子」之目。此實無道理，「梅子黃時雨」，不過是當前景物，有何佳處，潘子眞詩話謂係本寇萊公詩「杜鵑啼處花成血，梅子黃時雨如霧」。恐亦係偶然相同耳。余按宋二十一家集所載寇公詩，並無此二語，殆已佚耶？

方回《踏莎行》詞「當時不肯嫁東風，無端卻被秋風誤」，上句用韓偓詩，（見張先條）次句用退之《落花》詩「無端又被春風誤，吹落西家不得歸」。雖全出因襲，亦頗見變化工夫。

陳去非

去非《臨江仙》詞有「長溝流月去無聲」之句，造語甚覺新奇。余按隋煬帝詩「流波將月去，潮水帶星來」，孫逖詩「圓潭瀉流月，晴明含萬象」，又張若虛詩「江水流春去欲盡，江潭落日復西斜」，是其語意，亦自有所本也。《草堂》注引杜詩「月湧大江流」，猶嫌迂闊。

周美成（另有《片玉詞集注補正》數則見《清華周刊》三十卷第七期）

蕙風論詞，特標重拙大三者，余以爲重大尤可，惟拙爲難。蓋拙語純出白描，別具天趣，不可力學而致也。自北宋而下，已無此種境界，由疏拙而細密，固亦文學演進必然之公例，周保緒乃謂「南宋下不犯北宋拙率之病，高不至北宋涵渾之旨」，夫豈知言哉？美成集北宋之大成，其詞於結語，尤多以拙語取勝。視北宋諸家爲尤甚，此實其詞之一大特點也。如《風流子》「天教人，霎時廝見何妨」，《法曲獻仙音》「待花前月下，見了不教歸去」，《風流子》「多少暗愁密意，惟有天知」，《慶春宮》「許多煩惱，只爲當時一霎留情」，《滿路花》「除共天公說，不成也，還似伊，無個分別」，諸如此類，所在多有，要皆白描淡寫，不事纖巧，語愈拙而意愈濃，故讀之極似無道理，

而卻極動人，殆老子所謂物極必反，而「大巧若拙」者耶？後人學美成者多矣，陳允平、楊澤民、方千里之所唱和，且一步一趨，雖四聲亦不易，而終未得其神似者，蓋其愚有不可及也。

美成《感皇恩》詞「怎奈向言不盡，愁無數」。毛本無「奈」字，考之《詞律》，此句亦似多一字，惟就文意言，則以有「奈」字爲長。美成《拜星月》「怎奈向一縷相思，隔溪山不斷」。又《大酺》「怎奈向蘭成憔悴，衛玠清羸」，是「奈」三字，實繫連文也。（又秦少游《八六子》「怎奈向歡娛漸隨流水」亦可證明）

美成《六醜》薔薇謝後作詞，時而說花，時而說人，時而人花並說，極變化渾成之妙。其「釵鈿墮處遺香澤，亂點桃蹊，輕翻柳陌。」則仍是說花，非說人。《片玉詞集注》引杜詩「神女落花鈿」，失其旨矣。唐徐匯《薔薇詩》云「朝露灑時如濯錦，晚風飄處似遺鈿」。詞蓋本此。全詞「似牽衣待話，別情無極」，陳注缺，余按儲光羲《薔薇歌》云「高處紅鬚欲就手，低邊綠刺已牽衣」。

美成以善於融化詩句見稱，然亦有化全首者，如《尉遲杯》「無情畫舸，都不管煙波隔南浦。等行人，醉擁重衾，載將離恨歸去。」全用唐鄭仲賢詩：「亭亭畫舸繫春潭，直到行人酒半酣。不管煙波與風雨，載將離恨過江南。」

此詩作者，頗有疑問，蔡寬父《詩話》謂：客有見此詩於舍壁者，莫知誰作。或云「鄭兵部仲賢也」。然集中無有。好事者或填入樂府。《冷齋夜話》及《宋文鑒》則以爲宋張文潛詩，《詞林紀事》遵之。余按《升庵詩話》云：「余弟未庵，酒邊誦一絕句云云，『兄以爲何人詩？』余曰：『按《宋文鑒》則張文潛詩也。』未庵取《草堂詩餘》周美成《尉遲杯》注云『唐鄭仲賢詩』。余因歎唐之詩人，姓名隱而不傳者何限！或文潛亦愛而書之，遂以爲文潛作耳。」是此詩當爲鄭作無疑。蓋注必有所本。且宋人多有竊取唐人詩者，雖大家不免。如王荊公詩：「山中十日雨，晴霽門始開。坐看蒼胎文，欲上人衣來。」末二句全用王維詩。黃山谷「人家圍橘柚，秋色老梧桐」，用太白「人煙寒橘柚，秋色老梧桐」。又山谷詩「草色青青柳色黃，桃花零亂杏花香。東風不解吹愁去，春日偏能惹恨長。」此唐賈至詩也，特改易五字耳。（賈詩：桃花「歷」亂「李」花香，又「東」風不「爲」吹愁去，惹「夢」長。）

美成讀書甚博，所著有文集二十卷，惜爲詞名所掩，以致散佚。吾人今

日，亦惟有於詞中能窺其身世思想之一二而已。然詞中所言，大抵不外男女相思、離別悲歡之作，綺詞豔語，在所不免，而後人不察，遂群以風格爲周詞詬病，幾於異口同聲，一孔出氣，此不獨不足以知美成，亦不足與言文學也。劉熙載《詞曲概》云：「美成律最精審，邦卿句最警鍊，然未得爲君子之詞者，周旨蕩而史意貪也。」又云：「周美成詞，或稱其無美不備。余謂論詞莫先於品，美成詞信富豔精工，只是當不得個貞字。是以士大夫不肯學之，學之，則不知終日意縈何處矣。」此謬論也。夫文學所貴，惟在眞實，男女起居，大欲所存，周詞雖多豔語，要不失爲實錄，非必思君懷國，而後可爲君子之詞也。「瓊樓玉宇」，固是好詞；「曉風殘月」，又何嘗不是好詞？夫以道學觀念，雜入文學，成己無有是處，況以之言詞耶？至士大夫學之者不知終日意縈何處，則尤非周詞之過矣。又《人間詞話》云：「歐公、少游，雖作豔語，終有品格，方之美成，便有淑女與倡伎之別。」此亦不免偏見，而未之細察，其失正與劉氏等。歐陽姑無論矣，若少游，則其《河傳》：「語軟聲低，道我何曾慣？雲雨未諧，早被東風吹散，瘦殺人、天不管。」視美成《拜星月》之「眷戀潤雨雲溫，苦驚風吹散」何如？其《滿庭芳》「銷魂當此際，香囊暗解，羅帶輕分」，視美成《憶舊遊》之「鳳釵半脫雲鬢，窗影燭光搖」，又何如？所謂「淑女與倡伎之別」何在？所謂「雖作豔語，終有品格者」又何在？以品論詞，竊所不取也。

李清照

易安《一剪梅》詞「一種相思，兩處閒愁。此情無計可消除，才下眉頭，卻上心頭。」王阮亭謂是從范希文《御街行》詞「都來此事，眉間心上，無計相迴避」脫胎，而李語特工。余按唐羅隱詩云「春色惱某遮不得，別愁如瘧避還來」，此語正可與詞相參看。

易安造語最工，如「寵柳嬌花」，「綠肥紅瘦」，皆極新奇。其《醉花陰》詞：「莫道不消魂，簾卷西風，人比黃花瘦」之句，尤爲世所稱道。余按唐胡曾詩云「窗殘夜月人何處？簾卷春風燕復來」，又少游詞「人與綠楊俱瘦」，此其造語所自倣歟？《草堂詩餘》失注。

辛棄疾

稼軒《祝英臺近》「寶釵分，桃葉渡」詞，張端義《貴耳集》載有本事，係爲其逐妾而作。沈東江亦謂此曲昵狎溫柔，魂銷意盡，與他詞之激蕩奮厲者不同。是此詞只是實說，並無表德也。其末云：「是他春帶愁來，春歸何處？卻不解帶將愁去！」蓋亦回應前半闋「斷腸點點飛紅」數語耳。張惠言《詞選》乃謂「春帶愁來」爲刺趙張，（趙鼎、張浚，因二人舉用秦檜）實不免斷章取義，過爲曲解，或惠言欲爲自身說法，故別出新意，以求合其所謂比興之義，恐非辛詞本旨也。《耆舊續聞》云：幼安「是他春帶愁來」之句，人皆以爲佳，不知趙德莊《鵲橋仙》詞云：「春愁元自逐春來，卻不肯隨春歸去。」蓋德莊又本李漢老楊花詞：「驀地便和春，帶歸將去。」大抵後輩作詞，無非道人已道底句，特善能轉換耳。余按李端詩云「綠草將愁去，遠入吳雲暝」。又雍陶《送春》詩：「勿言春盡春還至，少壯看花復幾回？今日已從愁裏去，明年更莫共愁來。」是詞實皆翻用詩意也。《草堂詩餘》注缺。

稼軒《清平樂》詞云「屋上松風吹急雨，破紙窗間自語」，造句頗新。按《樂府道君曲》云「中庭有樹自語，梧桐推枝布葉」。又陳後山詩「庭梧盡黃隕，風過自成語」。又「沖風窗自語，涴壁蝸成字」。是亦有所本矣。余最愛杜牧之一絕云：「秋聲無不攪離心，夢澤蒹葭楚雨深。自滴階前大梧葉，于卿何事動哀吟。」意亦猶人，而運筆遣辭之間，獨覺細緻。

趙彥端

趙《謁金門》詞云：「休相憶。明夜遠如今日。樓外綠煙村羃羃。花飛如許急。　柳岸晚來船集。波底斜陽紅濕。送盡去雲成獨立。酒醒愁又入。」《貴耳集》云：「德莊宗室之秀，賦西湖有『波底夕陽紅濕。』阜陵問誰詞，答曰端彥所作。上曰：『我家裏人也會作此等語！』甚喜。」《耆舊續聞》以爲本後主詞（當係馮詞之誤）「細雨濕流光」與《花間》「一庭疏雨濕春愁」，其境界亦頗相類。惟余按庾信《月詩》云「渡河光不濕」，意德莊翻用此語也。嘗見梁任公先生爲人書一聯云：「送盡赤雲成獨立，緩尋芳草得歸遲」，則似又賞其次句也。「赤」字殆任公以意改。

吳文英

夢窗《望江南》詞云：「三月暮，花落更情濃。人去秋千閒掛月，馬停楊柳倦嘶風。堤畔畫船空。　　憁憁醉，長日小簾櫳。宿燕夜歸銀燭外，啼鶯聲在綠陰中。無處覓殘紅。」「人去」一聯，造語極工，然實有所本。宋王得臣《麈史》載張頌舉進士，不第，館其家，讀書外，口不及他事。然好吟詩曰「人散秋千閒掛月，露冷蝴蝶冷眠風」。夢窗不能掠美矣。

蔣捷

蔣《浪淘沙》重九云：「不解吹愁吹帽落，恨煞西風」！語極新巧。余按李白《獨酌》詩云「東風吹愁來，白髮坐相侵」。又賈至《思春》詩「東風不爲吹愁去，春日偏能惹恨長」。此其造語所自。

馬莊父

馬《鷓鴣天》詞：「睡鴨徘徊煙縷長。日高春困不成妝。步欹草色金蓮潤，撚斷花鬚玉筍香。　　輕洛浦，笑巫陽。錦紋親織寄檀郎。兒家閉戶藏春色，戲蝶遊蜂不敢狂。」前人謂末二語有深意，余按薛維翰《春女怨》詩云：「白玉堂前一樹花，今朝忽見數枝開。女家門戶尋常閉，春色緣何得入來。」語蓋本此，惟意境則視詩又更進一層。

康伯可

詞中於前人詩句，有減字用之者。如山谷之「斷送一生惟有，破除萬事無過」，美成之「且莫思身外，長近樽前」是也。亦有增字用之者，如康《鷓鴣天》詞「見來怨眼明秋水，欲去愁眉淡遠峰」，用李義山《垂柳》詩「怨目明秋水，愁眉淡遠峰」。此種用法，最易將讀者混過。

張炎

樓敬思謂叔夏詞以翻案側筆取勝，其《高陽臺》西湖春感詞「東風且絆薔薇住，到薔薇春已堪憐」，可爲此語一例，胡適之先生於張詞獨愛此二句，「春已堪憐」余亦恒訝其新，後讀唐詩，乃知叔夏語固亦有自來，蘇頲《桃

花詩》云「東望望春春可憐」，又崔顥《少年行》「長安道上春可憐」。

明媛黃氏

中國向以禮教爲治，其於婦女，尤多所桎梏，然在文學上意志之表現，則女子與男子幾處於同等之地位，享有相當之自由，此種情形，在詞中尤爲昭著，其間往往有男子所不肯道（或亦不能道）者，乃出於嬌羞女子之口，如鄭雲娘寄張生《西江月》及《兜兜鞋兒曲》其尤者也。蓋情動於中，則歌韻外發，吐納之間，有非禮教所能囿者。又如明媛黃氏《巫山一段雲》詞亦極妖豔，詞云：「巫女朝朝豔，楊妃夜夜嬌。行雲無力困纖腰，媚眼暈春潮。

阿母梳雲鬢，檀郎整翠翹。起來羅襪步蘭苕，一見又魂銷。」此詞與唐蔣蘊《贈鄭氏姝》詩，可稱伯仲，皆三百中之鄭衛也。因有可與詞相參看處，今並錄之，詩云：「豔陽灼灼河洛神，珠簾繡戶青樓春。能彈箜篌弄纖指，愁殺門前少年子。笑開一面紅粉妝，東園幾樹桃花死。朝理曲，暮理曲，獨坐窗前一片玉。行也嬌，坐也嬌， 見之令人魂魄銷。堂前錦褥紅地爐，綠沉香榼傾屠蘇。解佩時時歇歌管，芙蓉帳裏蘭麝滿。晚起羅衣香不斷，滅燭每嫌秋夜短。」

王國維

靜安先生賦性忠樸，而詞中乃多綺語，不類其爲人，其中有無寓意，則吾人不得而知，今第就詞論詞而已。其《浣溪沙》一詩云：「畫舫離筵樂未停。瀟瀟暮雨闔閭城。那堪還向曲中聽。　　只恨當時形影密，不關今日別離輕。夢回酒醒憶平生。」「只恨當時」一聯，可謂有目共賞，余按賈島《寄遠》詩：「始知相結密，不及相結疏。疏別恨應少，密離恨難袪。」與詞意正暗合，然靜安之言工矣。

崔華

《詞苑叢談》：王阮亭《和漱玉詞》云：「涼夜沈沈花漏凍，欹枕無眠，漸覺荒雞動。此際閒愁郎不共，月移窗隙春寒重。　　憶共錦綢無半縫，郎似桐花，妾似桐花鳳。往事迢迢徒入夢，銀箏斷續連珠弄。」人稱爲「王桐

花」。崔華出其門，有「黃葉聲多酒不辭」之句，人號爲「崔黃葉」。汪鈍翁云：「有王桐花爲師，正不可無崔黃葉作弟子」，當時傳爲佳話。崔全詩見《清詩別裁》，題爲《許野舟中別相送諸子》，詩云：「溶溶月色漾河湄，曉起頻將玉笛吹。同上郵亭忘別緒，獨行驛岸解相思。白蘋（本作丹楓，沈歸愚易）江冷人初去，黃葉聲多酒不辭。此路三千今日始，薊門回首雪霜時。」詩亦甚平凡，黃葉句雖佳，然係剽竊歐陽修《東閣雨中》詩語，並非崔氏自創。歐詩云「綠苔人迹少，黃葉雨聲多」。得不本此耶？此固無關乎詞，因後人猶多嘖嘖稱道之者，緣爲附錄於此，亦所以明士衡「傷廉惌義」之意也。

十八，五，二十，蕭滌非初稿

怡籊詞話

翁麟聲 著

　　《怡籊詞話》，翁麟聲著。分 31 期連載於《華北畫刊》（1929～1930 年）第
11、14、16、17、18、19、22、24、25、27、28、29、30、31、32、33、34、35、
36、37、38、39、43、45、46、49、50、55、56、60、62 期。翁麟聲（1908～1994），
後改名偶虹，筆名藕紅、怡翁、怡籊、碧野。滿族。祖籍河北大興，生於北京。
幼即愛好詩詞曲賦，酷嗜京劇，著名京劇作家，又致力於戲曲研究與教學。1935
年任中華戲曲專科學校編劇和導演。1949 年後任職於中國戲曲研究院、中國京劇
院。1988 年任中央文史研究館館員。著有《鎖麟囊》、《將相和》、《大鬧天宮》、《紅
燈記》等，學術著作有《翁偶虹戲曲論文集》、《翁偶虹編劇生涯》等。

一

　　晉鈕滔母孫氏《箜篌賦》云：「樂操則寒條反榮，哀曼則朝華晨滅。」按
曼與慢同，故詞以操名者，多歡樂之音。如《醉翁操》等是。以慢名者，多
哀靡之音。如《石州慢》、《聲聲慢》等是。

二

　　予師何伯雍先生，詩文辭無不精絕，繪事尤冠時儕。近為予作《楓猴圖》，
予自製駢序，張郁庭先生題《滿庭芳》一闋云：「露冷吳江，秋深巴峽，楓
人雨立黃昏。半天長嘯，鸞鳳咽蘇門。正是霜紅龕裏，丹厓叟排奡愁雲。期
相共狙公攫父，棲隱晚霞村。　　誰跳圈子出，諸侯割據，舉世紛紜。空勞
媒蘗，樹倒散猢猻。何處安棋掃石，風塵外、幾度聲酸？休猜作絹山詞影，

-159-

葉上迸啼痕。」盡態極妍，而清勁之氣，猶蟠縈字句間。郁公年五十有一，生平嗜謎，所輯謎書都百餘種。而詞曲之學，尤獲雋譽。嘗謂詞以靈空爲主，神韻爲輔，至於詞飾，特餘藻耳。有《鐵花仙館詞集》。如《青玉案》《秋痕》云：「霜天清景安排遍，費幾度，量寒暖。道是神工工渲染。嫩黃園菊，冷青階蘚，點破蒼煙雁。　簷牙蛛網篩晴線，卅六鱗雲簇天半。月色平分何處見，閃燈籬落，捲簾池館，梧影黃昏院。」《晝夜樂》《含苞菊》云：「重陽近幸無風雨，卻醞釀，黃花乳。輕伸一指天龍，又被秋風勒住。恰是得人憐惜際，偏怕詠小珍詩句。瘦影不教肥，恐青霜相妒。　分明嬌小玲瓏女，好精神，彙還聚。有香無待先春，別蓄豔情如許。願乞佳時常不老，留晚節不傷遲暮。把酒向卿澆，問卿卿開否。」《虞美人》《新月》云：「姮娥小試弓鞋樣，愁壓尖兒上。清寒詎耐鎖娥眉，勾起相思減卻九分肥。　誰憐碧海青天夜，玉鏡何時下。孤高偏愛內家妝，影取昭陽飛燕額間黃。」又《虞美人》《詠雁來紅》云：「一枝分得繪雲赤，爭爲秋生色。臨風搖曳不知寒，來寄蠻箋十樣報平安。　應封葉赫稱酋長，禮與花王抗。橫秋老氣本來豪，駐得朱顏有術傲三茅。」《一斛珠》《小婢結絨繩花三朵，簪於髮頂，頗有趣致，譜此狀其態》云：「軟絨花朵。同心結、倩針兒鎖。薔薇玉露還偷浣。欲逞新妝，故向身邊過。　斜襯牙梳雲鬢嚲。低徊顧影嬌無那。風來生恐吹將墮。仔細多些，纖手頻頻按。」《陌上花》《友人楊仲子索作模特兒詞，填此一闋，聊以解嘲》云：「情天色相，緣何肯把，汗衫輕褪。纖手頻遮，幾度低徊雲鬢。條條縱不絲兒掛，別有攝魂風韻。最難描意緒，傳神阿堵，眼波偷睃。　逞天魔妙舞，弓腰折處，去覓墮香飄粉。玉骨冰肌，曲線囫圇都俊。萬方素女陳儀態，一任打量分寸。待工師寫取，翻新花樣，美人標本。」此數詞，皆極倩秀，題極小，而鑄詞能乎大，允神品也。

（以上 1929 年 3 月 24 日第 11 期）

三

湖上笠翁云：「予襁褓識字，總角成篇，於詩書六藝之文，雖未精窮其義，然皆淺涉一過。總諸體百家而論之：覺文字之難，未有過於填詞者。」誠以填詞之苦，千態萬狀。歷來中國文字之難，紛紜複雜，浩渺深邃。而限制又極嚴格。以分股限字，調聲叶律爲言：分股則帖括時藝爲尙，先破後承，

始開終結，內分八股，股股相對。繩墨不為不嚴，然其股法句法，從無定矩。以意驅之長短由人，雖嚴而不見其嚴也。限字則駢偶之文為尚，語有一定之字，字有一定之聲，對必同心，意難合掌。矩度不為不肅，然只限以數，未定以位。只限以聲，未定以格。上四下六可，上六下四，亦未嘗不可，仄平平仄可，平仄仄平，亦未嘗不可也。雖肅面實未嘗肅也。至於調聲叶律，又兼分股限字者，則詩中之近體為尚。起句五言，則句句五言。起句七言，則句句七言。起句用某韻，則句句用某韻。起句第二字用平聲，則下句第二字必曰仄聲。第三四又復顛倒用之，前人定法，亦云密且詳矣。然起句五言，句句五言，起句七言，句句七言。想入五言一路，則七言之句不來矣。想入七言一路，則五言之句不來矣。起句用某韻，以下俱用某韻則已。起句第二字用平聲，下句第二字必用仄聲。則拈得平聲之字，上去入三聲之字，皆可置之不問矣。守定平仄仄平二語，再無變更。自一首至千百首，皆出一轍。保無朝更夕改之令，隨人適從矣。是其密猶未密，詳猶未詳也。至於填詞：則句之長短，字之多寡，聲之平上去入，韻之清濁陰陽，皆有一定之嚴格。如宋玉之賦美人，添一分不能，少一分不可，又復時少時多，忽長忽短，令人把握不定。當平者平，用一仄字不得。當陰者陰，用一陽字不能。調得平仄成文，又慮陰陽反覆。分得陰陽清楚，又與聲韻乖張。此種苛法，即字穩音適，已足大幸，況品之低昂，情之工拙，在在為批評之中堅。本來詞者倚聲也，可拍而為歌也。故古人能創詞牌，今人獨不能創乎？古人所作，大都協於宮商，適於音調，任佐何樂，僉可上口，是以遺萬世而不朽。後人奉之為譜，按式填文，有以然也。海上陳蝶仙先生《古今詞曲品》云：「近人汪曼鋒編唱歌教科書，收張蒼水《滿江紅》二闋，張詞舛誤特甚，汪書既為教科而設，深恐貽誤後學，亟為點正。原詞云：『蕭瑟風雲，埋沒盡、英雄本色。最髮指、駝酥羊酪，故宮舊闕。青山未築（應仄仄平平）祁連（應平）冢，滄海（應平）又衛（應仄）精衛（應平）血。又誰知、鐵馬也郎當，雕弓折。　　　誰討賊，顏卿檄。誰抗敵，蘇卿節。拚三臺墜指，九卿藏碧。燕語呢喃新舊雨，雁聲嘹唳興亡月。想當年、西臺（應仄）痛哭（應平）人，淚（應平）盈臆。』其二云：『屈指興亡，恨南北、皇圖銷歇。更幾個、孤忠大義，冰清玉烈。趙信城邊羌笛雨，李陵臺畔胡笳月。慘模糊、吹出玉關情，聲淒切。　　　漢苑露，梁園雪。雙龍（應仄）逝，一（應平）鴻滅。剩逋臣怒擊，唾壺皆缺。豪氣欲吞白（應平）鳳髓，高樓肯飲黃羊血。試撥雲、

待把捧日（應平）心，訴（應平）金闕。』近時歌曲，往往有讀平作仄，讀仄作平者，究屬聱牙詰屈，不成聲調。……」愚按詞之一道，上不同於詩，下不同於曲。其難已如上言，故作者雖多，入選者則極少。此特就刻本言。至於倚而爲調，拍之成聲，尤當謹愼從事也。

四

如兄次溪，前寄一函，抄其尊人篁溪先生之詞數首，囑愚編入詞話。其壬子旅京自題小照，調寄《金縷曲》云：「浪迹同飛絮。自圖形頭顱如此，鬢絲非故。歷遍天涯塵與土。徒慨英雄遲暮。何處是王郎歸路。煙水茫茫人草草，說項斯、名著文章著。還顧影，向誰語。　　聊將往事從頭數。卅年來江湖落魄，流光虛度。家國豪懷如畫餅，未遇蘭父休訴。翻笑比，苦寒征戍。頗悔才華難用世，歎浮生、卻受輪蹄誤。空留得，冷香句。」慨當以慷，哀感如畫，而曼聲相引，古調如聞。人居高山流水之間，調在白雪陽春而上。譬夫姑射神人，比綽約於處子。清廟之瑟，有唱歎之遺音。其神貌所及，又非屏風小扇，孤筍初花之足擬也。此詞爲先生廿年前所作，傳誦一時。時人稱爲「張金縷」，與沈南野先生之《落花詩》，同作日月光也。

（以上 1929 年 4 月 14 日第 14 期）

五

題畫詩詞，最難著筆，謂止詠其畫也，則有聲之畫，無聲之詩，已發揮殆盡。謂止寄其慨也，則一紙雲煙，江山勝迹，放杖濠梁之上者，有息機歡屍之樂，行吟江潭之間者，有蘭忌蕙焚之悱，又豈可以一己之思，發爲翰墨，使後此之讀斯畫者，盡沉浮於其筆尖中。然則題畫之作，從難工矣。曰不然，得其性靈，奇之柔翰，足矣。畫之境，無涯涘，詩詞之境，無邊止，神乎畫者，能發其哀怨幽麗之情，組而成繪。神乎文者，亦能極大宇之大幻，快泄於毫，所謂超然物表，自得天機，車子囀喉，哀感頑豔，成連海上，能移我情。在舊藝爲初元，在新藝曰個性，古今來大書畫家，大文章家，大批評家，所以南轅北轍，要難並迹。燕函越鎛，遞有專家者，有由然也。予故謂以詩詞題畫，非並出己手，難得相輔爲機，雙蘊其奧。個中妙著，吾得一人，即

吾師何伯雍先生也。先生湖北嘉魚人，旅京垂三十年，滄桑兩代，絲竹中年，其幽怨羈旅之情，無不寄之於畫，得其畫者，無不謂畫中有性情，讀其畫如見其人也。自北歲卸職教壇，惟鬻畫以飽其子女，畫多行於外埠，大連尤多。畫潤不例，不藉文字宣，有見其畫而思得者，乃轉倩其友人為介，潤不計多少，足一瓶酒可矣。近年作畫，因得暇，時自作小吟，以題其眉，藉吐懷抱，益珍多也。題畫之詞尤佳，如《昭君怨》《題淺絳山水直幀》云：「越是亂離時節，越想得家山切。無計到家山，畫來看。曾上白雲山頂，確有此村莊景。羨煞太平人，總相親。」又《風入松》《題山水示伯埏潔塵》云：「當年結伴楚江頭，竟日勾留。水外看山，山外水，一望中、山水全收。江氣高低煙樹，夕陽遠近紅樓。　算來曾有幾春秋，往事都休。飽經溯漠風沙惡，化蝴蝶、縱逐江流。終是殘宵魂夢，還添一段羈愁。」又《點絳唇》《題設色山水》云：「日影沈山，亂溪流上孤村晚。紫彎翠巘，還襯丹林顯。　山客何來，談笑輕薝阮。應忘返窄長橋板，夜黑家山遠。」三闋詞筆，姑不論其行詞神韻之妙，求之於氣，則如夭龍舞翯，宛轉玲瓏，意思安閒，應手赴節，吹乎天籟，止之眾心，蓋先生早年，優遊家山，一丘一壑，都在言笑杖履中，其融於性靈者，何如也。一旦北來，士龍入洛，回首茫茫，墮歡難拾，寄之筆墨，有餘緒矣，嗟乎。雙龕紅葉，低憐影事之沉浮，玉壺清冰，淒切今生之哀樂，國有人焉，情同此也。

六

清代文人，有不工詞者二，袁隨園自命才子，當無所不能，而於詞曲一道，未嘗問津，已足相見其短，而又諉為小道，曰雕蟲之技，丈夫不為，毋亦英雄欺人之飾詞。毛西河一代偉人，所填詞，雖多駢花儷葉，濃麗可珍，惟謬處特多，不足為工詞者道。如《調笑令》云：「怨怨。柳如線。青漆鴉頭紅脰燕。背人偷弄金條釧。一曲柳枝相戀。落花飛滿春江面。飛過春江何限。」詞凡三疊，悉如此格，核與《調笑令》，迥然有別，不知固何所本。如係自度，則不當沿用《調笑令》之名也。又如《十六字令》云：「花下影，跟人上玉墀。誰推到，橫箸半氍兒。」按《十六字令》本三用韻，第一字起韻，係一字句，西河此詞，與原調迥異，西河既善音律，未審此詞何以謬也。

七

《捧月樓詞》，錢塘袁蘭村所作，小調最耐人讀，深得李後主詞中三昧。如《菩薩蠻》云：「晚風吹入紗窗冷，小樓一粟寒燈影。不是舊歡場，花開也不雙。　秋心誰共說，只有如鈎月。月不伴人愁，三更先下樓。」又云：「藍橋曾許裴航到，雲翹私語雲英笑。法曲換霓裳，羅衣罩地長。　重尋歡喜海，玉文窺窗再。一樣髮梳蟬，別時披兩肩。」又云：「冰紋鬲子房櫳淺，衫痕鬢影依稀見。隔得似天涯，一重方空（作去）紗。　殘釭挑欲滅，小語吹蘭息。不怕夜寒深，剪刀時一聲。」又云：「低鬟略道勝常罷，移床坐近娘肩下。笑與說排行，鯉魚紅六雙。　彩絨閒自理，碧綠青紅麗。命薄小桃花，恁生偏繡他。」又云：「謝庭小宴花時節，合歡檀兒圓於月。一笑眼波流，坐來剛兩頭。　蘭姨智瓊姊，冷眼難迴避。特地酒親斟，到儂偏十分。」數詞細膩工致，遣詞異常流動。讀此一通，覺前塵歷歷，殘夢如飛。燈穗搖紅，正兒女情長時也。《風蝶令》《過揚州偶紀》云：「香未沾荀令，舟曾欸鄂君。相思如夢夢如塵。偏是二分月照，十分人。　萍梗恩恩轉，秋心黯黯生。天涯何處證蘭因。只恐暮潮平後，恨難平。」此詞收得有力，拍詠之後，覺氣蕩腸回，生許多塊壘也。《浣溪沙》《詠綠蝴蝶》云：「飛上閨人碧玉簪。雲鬟鬒處辨難分。天涯芳草夢中身。　棲向花叢渾似葉，照將春水欲無痕。撲時迷煞踏青人。」刻畫極肖，惜只「天涯芳草夢中身」一句有寄託耳。《卜算子》《題吳山尊侍讀爲錢小謝畫秋窗聽雨圖》：「風急帶秋來，雲濕依山住。涼入樓心逼夢醒，添陣疏疏雨。　紙上有秋聲，似讀廬陵賦。待買生綃更乞君，畫我林疏處。」以清靈之筆，寫淡泊之句，洗南朝之金粉，滌北地之胭脂，是謂之雅，是謂之潔。《虞美人》《聽雨》云：「宵長更著簾纖雨，沒地推愁去。一聲聲滴一更更，只道離人聽得未分明。　低迷春影渾忘卻，那分思量著。桃笙如水淚如潮，爭不爲人流夢到虹橋。」結句之佳，置之後主集中，不辨楮葉。

（以上 1929 年 4 月 28 日第 16 期）

八

詞者詩之餘，曲者詞之餘。詩詞曲，名互異而質則同也。予考夫詞之所由來，常有不出詩之範圍之迹，以詞調命名言，則今日盛傳之詞調，皆昔日

之詩題也。如《黃鶯兒》詠鶯，《嬝娜東風》詠柳。《菩薩蠻》當作菩薩鬘，西域婦女髻名也。以瓔珞爲飾，如塑佛像，詞即詠此。《朝天子》當作朝天紫，陸游《牡丹譜》：朝天紫，蜀牡丹名。其色正紫如金紫，大夫之服色，故名。後人以之爲詞名。凡此，皆有所指據，不然，詞調之名，何以各有別乎？故詞實胎脫於詩，今人塡詞，其關鍵處，首在有別於詩。顧有名則爲詞，而考其體段，按其聲律，則又儼然一詩。欲覓相去之痕而不可得見也。如《生查子》前後二段，與兩首五言絕句何異。《竹枝》第二體，《柳枝》第一體，《清平調》、《八拍蠻》、《小秦王》、《阿那曲》，與一首七言絕句何異。《玉樓春》、《採蓮子》，與兩首七言絕句何異。《字字雙》，亦與七言絕同，只有每句疊一字之別。《瑞鷓鴣》即七言律。《鷓鴣天》亦即七言律，惟減第五句之一字。《卜算子》即五言律，惟於第三句增兩字耳。凡此等詞，在昔日未必視以爲調，不過取此等詩能協律便歌者，被諸管絃，得此數首。迨後載嬗載紛，五光十色，其道備矣。《人間詞話》謂：「四言敝而有楚辭，楚辭敝而有五言，五言敝而有七言，古詩敝而有律絕，律絕敝而有詞。蓋文體通行既久，染指遂多，自成習套。豪傑之士，亦難於其中自出新境，故遁而作他體，以自解脫。」詞曲之來，曷非迹於此境？近言之，今日流行之新體詩，亦即由此徑醞釀所致也。

九

詞中《蝶戀花》一調，聲韻鏗鏘，搖曳姿多。古今來最善塡此者，當推馮延巳，今記其名句於此。如「誰道閒情拋別久。每到春來，惆悵還依舊。」「獨立小橋風滿袖，平林新月人歸後。」「百草千花寒食路，香車繫在誰家樹。」「庭院深深深幾許，楊柳堆煙，簾幕無重數。」「淚眼問花花不語，亂紅飛過秋千去。」數句風流跌宕，妍豔流態。蘇軾亦有此詞云：「春事闌珊芳草歇。客裏風光，又過清明節。小院黃昏人憶別。落紅處處聞啼鴂。　咫尺江山分楚越。月斷魂銷，應是音塵絕。夢破五更心欲折。角聲吹落梅花月。」氣湧如雲，彌漫兩間，此蘇詞之妙也。而風格骨肉，則去馮詞遠甚。《勉憙集》亦有此詞，題繼叔重司馬振《小紅樓塡詞圖》云：「綠縐維窗涼似水。閣外梧桐，搖得秋痕碎。幾折闌干人獨倚，篆煙碧漾湘簾膩。　無限無聊無賴意。譜入香絃，字字相思淚。煙水斜陽紅萬異。閒情少個涼鷗寄。」此詞氣魄雖弱，而淡雅宜人，讀之一通，如盪蘭橈過莫愁湖畔也。今之詞家，

非迫於深奧，即失於靡弱，求一雅潔如此者，亦日僅見。

一〇

詞以抒纏綿之情，而後之製詞者，非纏綿乃輕佻矣。詞以寫韻妙之事，後之製詞者，非韻妙乃淫蕩矣，如豔體詩然。義山之詩，豔麗極矣，然讀其《無題》、《錦瑟》諸詩，則只見其詞麗而意不淫也，只見其韻逸而聲不佻也。攻豔詞者，能多讀義山詩，斯足以言詞之豔矣。唐人《菩薩蠻》云：「牡丹滴露眞珠顆，佳人折向筵前過。含笑問檀郎，花強妾貌強？　檀郎故相惱，只道花枝好。一面發嬌嗔，碎挼花打人。」此詞膾炙人口者素矣。人皆愛其韻妙而傳也。究之此詞，特戲場丑角之態，非繡閣麗人之容。花來尤物，美不自知。知亦不肯自形於口。未有直誇其美而謂我勝於花者。況揉碎花枝，是爲不韻；挼從打人，是爲不妙，溫柔幽嫻之義失。溫柔幽嫻之義既失，則所詠，殆蠢村姑耳。陳後主《一斛珠》尾句云：「繡床斜倚嬌無那，爛嚼紅絨，笑向檀郎唾。」此詞亦爲人所公賞。惟此種意境，乃娼婦倚門腔。嚼紅絨以唾郎，較之倚市門而大嚼，唾棄核瓜子以調路人者何異。填詞之家，以此事謗美人，而後之讀詞者，又止重情趣，不問妍媸，復相傳爲韻事。謬乎？不謬乎？無論情節難堪，即就字句之淺者論之：爛嚼打人諸腔，幾於俗殺。豈雅人詞內所宜？吾故謂填豔詞者最難，虎犬鵠鶩之譏，其易見也。吾弟徐君捷之，方治詞，性便慧，初作詞即有風格，惟多趨於豔體，因拾此數語爲奉。

一一

詞中《花非花》一調，填者極鮮。湖上李漁有四闋云：「花非花，是人面。不教親，止容見。有錢難覓再來紅，銷魂始覺黃金賤。」又云：「花非花，是人影。來何徐，去何猛。燈殘月落事茫然，花枝無迹蒼苔冷。」毛稚黃評云：「從楚詞《九歌》諸作脫胎，長吉鬼才，亦當卻步。」又云：「花非花，是人意。意思來，貌佯避。含愁欲語向枝頭，徘徊若倩東風寄。」又云：「花非花，是人血。淚中傾，恨時泄。鷓鴣聲裏一春寒，杜鵑枝上三更熱。」顧梁汾評云：「石破天驚，得未曾有。」以上四詞，予最愛其末闋。所謂獨繭之絲，乙乙新腔而若抽者，非耶？

（以上 1929 年 5 月 5 日第 17 期、1929 年 5 月 12 日第 18 期）

一二

　　韻文最先有歌謠，而樂府，而古詩，而賦，而近體詩，而詞，而曲，而新詩。詞之來，即胎源於樂府也。樂府之體，與歌謠彷彿，必具有懸解，另有風神，無蹊徑之可尋，方入其室。若但尋章摘句，摹擬形似，終落第二。如《穆天子傳》之「白雲謠」，《湘中記》之「帆隨湘轉」，《古樂府》之「獨漉獨漉，水清泥濁」之類，神妙天然，全無刻畫，始可以稱樂府。樂府之名，始於漢初，如高帝之《三候》，唐山夫人之《房中》是也。郊祀類頌，鐃歌鼓吹類雅，琴曲雜詩類國風，故樂府者，繼《三百篇》而起者也。唐人摹擬，惟韓之《琴操》最爲高古。李之《遠別離》、《蜀道難》、《烏夜啼》，杜之《新婚》、《無家》諸別，《石壕》、《新安》諸吏，《哀江頭》、《哀王孫》、《兵車行》諸篇，皆樂府之變也。降而元、白、張、王變極矣。變而又變，取其疏落灑拓之氣，界以聲韻管絃之圍，然後則詞出。或謂樂府之與詞，相去遠矣。子何強而衡以一乎？曰：時之不同，質也則一，文如水也，以浮動不羈之水，入於大江，則大江之波濤也。入於湖澤，則湖澤之波瀾也。時代能產生藝術，文字即藝術中之一種。以藝術獨鍾之才人，優遊於時代之下，揆其要，循其氣，浴其風，驅自然之藝術組織，製爲文字，發爲音聲，此詩之所以後於樂府，而詞曲更後於詩也。五千年來，我國風化之所被，如出一軌，莫不由淳而樸，由樸而美，由美而麗，由麗而浮蕩，由浮蕩而至於不可解，由不可解則又反爲浮矣。韻文最古有歌謠，歌謠者，肉言也，天籟也，心聲也，泰然而發之語也。其質淳，氣淳，聲意亦淳，漸而至於樂府，已入於感情作用之化境。幽怨喜痛之情，泄之而無遺，然猶不失其質之樸厚。降而至於詩詞，則美麗之飾，日臻於極也。故其體雖異，其原是以塡詞之家，不能以倣古肖古爲己身之長，且亦無持此以欺世人者。揆要言之：詞之源，來自樂府，樂府有古今之別，非有似於他，可任意贗之以顯身手者！

一三

　　晚近名士風流，以梨園子弟爲囊中詩料者極多，如易實甫、羅瘿公、樊樊山諸公，九衢車馬，逐逐於夢梨樹梨中，其風流餘緒，至今不絕。報紙喧刊，不脛而走，花箋乍擘，便覺字比珠多。麝墨才幹，不盡花香蝶戀。惟是衣冠千古，滄桑兩遷，紅顏愧鵑，青衫作燕。回憶往事，摩挲記事之珠；眷

懷伊人，彷彿蒼靈之玉。百年之外，白髮何多；十里之中，芳草已歇。個中滋味，有不能已於言者。前於《輿論》附刊《瀚海》中，見恬庵先生《老伶詞》，調寄《霓裳中序第一》云云。「鴻泥認印迹。換卻宮袍歸未得。愁思隔年似織。又花下扇裙，歌叢箏笛。平泉巷陌。悵去來秋燕如客。層樓畔，鬱輪奏徹，隱約訴胸臆。　　　人寂。夢都難覓。算此際何戲尚識。銷魂偏在故國。曲繞梁塵，酒話瑤席。鏡鸞猶歎息。但暗裏春華自惜。漂流久，幽坊庭院，舊事那堪憶。」意纏綿，辭旖旎，氣流動，詞之佳，盡於此矣。予之所以選之實吾詞話者，以其眞情摩挚，雅有寄懷。此意人人能知，而未必人人能道。觀名士之風流名作，有一道及於此者乎？

一四

詞調之中，有古已有，而不得其名者：如《全唐詩》載呂岩詞三十首。其末首云：「暫遊大庾，白鶴飛來誰共語。嶺畔人家，曾見寒梅幾度花。春來春去，人在落花流水處。花滿前蹊，藏盡神僊人不知。」注云：呂岩求齋不得，失注，調名無考。實則今傳之《減蘭》（《減字木蘭花》）也。又唐馮延巳有《金錯刀》詞二首，一名《瑤醉瑟》。其一云：「雙玉斗，一瓊壺。佳人歡飲笑喧呼。麒麟欲畫時難偶，鷗鷺何猜興不孤。　　　歌宛轉，醉模糊。高燒銀燭臥流蘇。只消幾覺薔騰睡，身外功名任有無。」按此即《鷓鴣天》後半兩疊，而《花間》、《草堂》及《圖譜》、《嘯餘》、《詞律》等，均不載，豈不知其名之有別耶？予於《古今詞曲品》中得見之。

一五

昔顧梁汾以詞代柬，寄吳漢槎寧古塔，可謂倚聲中之一新紀元。姚君素君亦曾仿其體制，致瀟湘館索君校書，詞凡三疊，皆章臺之綺語債也。第一詞調寄《金縷曲》云：「一紙傳青鳥。倘經過素君香閣，相思寄到。爲問佳人無恙否，更祝紅顏不老。茲僕有私衷細告。自古蛾眉傷老大，有幾分春色、歸蘇小。勸落籍，休云早。　　　芳名賤字安排巧。盡銷魂雲翻雨覆，鸞顛鳳倒。天許香山留阿素，不識名花陪笑。又不卜量珠多少。翹企瀟湘情脈脈，布腹心、並候垂明教。姚君素，臨風禱。」第二詞調寄《滿江紅》云：「前肅蠻箋，今諒達、素君妝閣。茲再啓、多情小小，丰姿灼灼。欲訪仙居聆綺

語，只緣棹成秋虐。待月圓、三五慶元宵，騫珠幕。　　憐情種，多漂泊。恨富賈，多輕薄。請撐開慧眼，同心早約。顛倒鴛鴦名字巧，漫教鸞鳳因緣錯。望先貽、倩影慰相思，卿休卻。」第三詞亦用《滿江紅》調云：「未盡所懷，託毫素、重修尺牘。更佳想、隨時攝衛，花前暗祝。自笑蘇秦同落拓，誰憐史鳳耽幽獨。正天涯、一對可憐蟲，原堪哭。　　願屋把，黃金築。願財把，紅顏贖。爲幾翻款密，幾翻羞縮。力弱楊枝春不縮，歌傳桃葉期先卜。問芳心、知否女英雄，梁紅玉。」別開生面，獨運心裁，至於詞之工，已占盡雅麗二字矣。

（以上 1929 年 5 月 19 日第 19 期）

一六

　　吾人塡得一詞，姑無論是否能被諸管絃，即以詞文之起承轉合言之，果謂盡如其度乎？文章之事，求精最難。文以彩飾，章以法度，無法度不得謂之章，無辭飾不得謂之文。大而言之：詩詞賦曲，無一不在文章之例，即無一不有法度與藻飾，特其顯蘊有別耳。以賦言：荀卿雜賦，開北賦之端；屈子《離騷》，肇南賦之首。揆其所作，極自然，極流動，極參差，極曼渺。讀之一通，覺其氣如曲徑柳陰，隨人而綠；小溪細流，傍堤而瀾，自然極矣。苟曲解而精研之，則於錯落機妙中，別有規矩法度在，是最難耳。殆後律賦風屬，仕林作者，趨以奉之。則於整齊之句法，工麗之詞藻中，復繩之以某段起，某段轉，更某段展而拓，某段合而綜，審審然鏡懸於睫也。惟其章法雖完，而詞句必板，此今賦不如古賦之耐人味也。推之於詩，何莫不然。予嘗謂詞出於樂府，樂府者，古詩之宗也。故詩與詞，詞與樂府，名異而質則一。善倚聲者，咸知一詞拍出，依韻腳與字句之轉移，而分起承轉合以及開拓、煞尾、補餘等境之變化。此種不期然而必然之化境，即所謂法度者也。然則詞之法度，果何所例？姜白石《詩說》云：「載始末曰引。體如行書曰行。放情曰歌。悲如蛩螿曰吟。通乎俚俗曰謠。委曲盡情曰曲。」此古詩中之有別也。若夫詞，則始末亦載，放情亦抒，委曲亦盡，其爲物，超諸上者耳。求其法度之所在，則因所持情愫之不同，而所抒之情感亦各異。苟以古人所傳之名作爲法，雖研幾極精，亦徒見其誠摯移人，活潑可近，味之有法度在，讀之有法度在，拍以歌之，倚以聲之，亦有法度在，究其法度如何？

機抒如何？反不得言矣。欲救此短，惟宜多讀古詩，取其法度，施以詞飾，煉以聲音，齊以節奏，斯純珍也。《古詩十九首》，如天衣無縫，神化攸同，已不可學。陶徵士之作，自寫胸臆，純任眞率，爲千古一人，亦不易學。六朝則二謝、鮑照、何遜，唐人則張曲江、韋蘇州數家，庶可宗法。抑有進者，詞之法度氣概，多以韻行，故用韻亦一重要關鍵。大抵通篇平韻者，貴飛揚。通篇仄韻者，貴矯健。而其一承一轉，尤以韻腳爲轉移。如《虞美人》之「春花秋月何時了，往事知多少。小樓昨夜又東風，故國不堪回首月明中。　　雕欄玉砌應猶在，只是朱顏改。問君能有幾多愁，恰是一江春水向東流。」此詞「東風」句爲一轉，「猶在」韻爲一承，「多愁」韻爲一轉，「東流」韻爲一補，全篇行氣之宛轉，法度之整齊，無一處不以韻腳出之也。又如《菩薩蠻》云：「平林漠漠煙如織，寒山一帶傷心碧。暝色入高樓，有人樓上愁。　　玉階空佇立，宿鳥歸飛急。何處是歸程，長亭更短亭。」此詞「高樓」韻，爲一承。「愁」字韻爲一合。「佇立」韻爲一轉。「歸程」韻爲一補，「短亭」韻爲一合。其法度亦在韻中流動。此特就換韻者言之。漁洋山人謂：「七古換韻，起於陳隋，初唐四傑輩沿之，盛唐王右丞、高常侍、李東川尚然。李杜始大變其格。大約首尾腰腹，須銖兩自稱，始克爲法。」此論論詩極有見地，方之於詞，亦有當處。名家之作，其換韻時，類能寓跌蕩於整齊，細味所論之《虞美人》、《菩薩蠻》兩詞即知。至於長詞之以一韻而分法度者：如《水龍吟》（詠白蓮）云：「僊人掌上芙蓉，涓涓猶滴金盤露。輕妝照水，纖裳玉立，飄飄似舞。幾度消凝，滿湖煙月，一汀鷗鷺。記小舟夜悄，波明香遠，渾不見，花開處。　　應見浣紗人妒。褪紅衣被誰輕誤？閒情淡雅，冶姿清潤，憑嬌待語。隔浦相逢，偶然傾蓋，似傳心素。怕湘皋佩解，綠雲十里，卷西風去。」此詞通篇用一韻，而章序法度，井井不紊。「露」韻承首句「僊人掌上芙蓉」言，爲一承。「舞」韻三句爲一轉，轉到本題。「鷺」韻三句爲一補，補足白蓮之背景。「處」韻四句又一轉，轉出餘意。「妒」韻承上半韻言。「誤」韻又緊承「妒」韻句。「語」韻三句爲一轉，轉到白蓮本色。「素」韻三句又一轉，由花事而轉到人事。「去」韻三句，綜合而收，人事花心，合而爲一也。通篇之承轉等處，無稍痕迹，而讀者隨其文以尋其境，又不知其境之誰然也？名作之妙有如此。故予論塡詞之要，在色爲藻飾與音律，在質爲法度與氣奏。無藻飾音律者不得謂倚聲，無法度氣奏者，亦不得謂綺語也。是以欲塡得好詞，須多讀古詩，然後錯之綜之，縱之擒之，庶乎有法度

之可言，而不爲大家所齒冷也。

一七

吳康甫先生，以書法獨傳，詩餘之學，尤有獨識。惟生平著作，不多見於世，僅於《古今詞曲品》中，見五六作，亦足以矜窺豹矣。如《高陽臺》《題春山埋玉圖》云：「竹淚成煙，梨魂照水，春歸卻向西泠。淡月無言，啼鵑枝上三更。人間天上渾如夢，剩么弦、錦瑟愁聽。報年年，拋了琴心，悔結蘭因。　前生修到隨花伴，便埋香雪裏，詩骨當清。只恐歸來，峰青不照眉痕。女蘿芳草行吟處，採芙蓉同薦秋馨。更何人，黃絹題銘，紅淚沾巾。」《齊天樂》《題半閒堂鬥蟋蟀圖》云：「江山半壁秋聲滿，多少沙蟲蠻觸。金籠餘閒，翠盆幽興，小隊鏘鏘鳴玉。合圍籬角。笑草木皆兵，誰收殘局。決勝籌空，徒教天塹互南北。　西泠路旁遺墨，一般蛩語鬧，不辨堂壑。蘚砌煙埋，豆棚花散，幾對莎雞相逐。喙長牙錯。任貌爾麼麼，銷沉南國。苦巷荒庵，木棉和雨落。」賈似道玩物喪志，瘟及國家，千古稱恨。此詞以小喻大，納須彌於芥子，其纏綿悱惻之情，記之於矯健豪淩之筆，知我者謂我心憂，不知我者，謂我何求？此語庶可道也。又《齊天樂》《詠鮮荔支》云：「往來三百供常啖，曾誇嶺南風味。夢醒羅浮，甘懷蔗境，久別紅塵飛騎。筠籠誰寄。早十斛彤霞，芒騰珠氣。涼玉香融，胭脂顏色可憐紫。　楓亭舊傳佳種，鳳含剛半熟，分致千里。火齊囊盛，水晶盤賜，惜少露華鮮膩。拈來纖指。喜粉髓凝膚，拚教酸齒。翠羽玲瓏，相思空結子。」楊太眞喜食鮮荔支，勞民疲騎，以奉一口之酸，傾國喪身，獨傳千古之恨。鳳肝麟脯，不嗇民脂，燕睍鶯嗔，竟成刦黑。楊太眞，千古可人，亦千古罪人也。此詞藉荔支而寄慨，妙在筆有含蓄，非徒以聰明欺人者也。《生查子》云：「牛臂乍裝綿，莫問涼何許。青瑣暗生煙，偏照蕉心雨。　報喜一燈紅，花笑含情語。彩鳳落誰家，前夜吹簫處。」又云：「心事苦抽蕉，夢入涼煙瘦（好句）。一點玉釭紅，花散胭脂淚（好句）。　橫笛到秋邊，且把芙蓉醉。中酒不知愁，獨抱吟肩睡。」小詞兩闋，清妙玲瓏。昔人句云：「自是君身有仙骨，世人那得知其故。」可以持贈此作也。

（以上 1929 年 6 月 9 日第 22 期）

一八

李後主詞如飛黃脫繮，不受控捉。且傳者極少，未能盡其精華。於周氏《詞辨》中，見其《玉樓春》云：「晚妝初了明肌雪，春殿嬪娥魚貫列。鳳簫聲斷水雲閒，重按霓裳歌遍徹。　臨風誰更飄香屑，醉拍闌干情味切。歸時休放燭花紅，待踏馬蹄清夜月。」又《阮郎歸》云：「東風吹水日銜山，春來長是閒。落花狼籍酒闌珊，笙歌醉夢間。　春睡覺晚妝殘，無人整翠鬟。留連光景惜朱顏，黃昏人倚闌。」又《臨江仙》云：「櫻桃落盡春歸去，蝶翻輕粉雙飛。子規啼月小樓西，玉鈎簾幕，惆悵莫煙垂。　別巷寂寥人散後，望殘煙草低迷。爐香閒裊鳳凰兒，空持羅帶，回首恨依依。」又《清平樂》云：「別來春半，觸目愁腸斷。砌下落梅如雪亂，拂了一身還滿。　雁來音信無憑，路遙歸夢難成。離恨恰如春草，更行更遠還生。」又《相見歡》、《浪淘沙》、《虞美人》諸詞，皆有刊作。惟管窺一斑，不無嘗臠涎屠之憾。今並不多傳者亦錄之。《相見歡》云：「林花謝了春紅，太匆匆。無奈朝來寒雨晚來風。　胭脂淚，相留醉，幾時重。自是人生長恨水長東。」《浪淘沙》云：「往事只堪哀，對景難排。秋風庭院蘚侵階。一桁珠簾閒不卷，終日誰來？　金劍已沉埋，壯氣蒿萊。晚涼天靜月華開。相得玉樓瑤殿影，空照秦淮。」又《虞美人》云：「春回小院庭蕪綠，柳眼春相續。憑闌半日獨無言，依舊竹聲新月似當年。　笙歌未盡罇罍在，池面冰初解。燭明香暗畫樓深，滿鬢清霜殘雪思難禁。」三詞均以神勝，人謂白石以詩法入詞，李後主之詞，亦有幾分似處也。

一九

無論詩詞，欲其超諸象外，得之環中。其學力與性情，必兼具而後愉快。司空表聖云：「不著一字，盡得風流。」此性情之說也。揚子雲云：「讀千賦則能賦。」此學問之說也。二者相輔而行，不可偏廢。蓋學力深邃，始能見性情，若不多讀書，多貫穿，而遽言性情，則如出水蟹兒，油嘴猴子，嘵嘵自假。徒見信口成章，而一嚼無餘，粗粗泥人也。若無性情，而侈言學問，則昔人有譏點鬼簿，獺祭魚者矣。學力深，始能見性情。無性情，不足言學問。數語言之於詞，造微破的之論也。填詞之學，無性情則字與字無關，句與句無絡。如美人然，徒具蘭質蕙心，明眸皓齒，梨渦桃暈，玉貌絳唇，而

睛不秋波，口不鶯囀，頰不倩笑，手不纖柔。則雖見其色豔，而不得漸其情得也。此之所謂金鑄、珠綴、玉鐫、碧雕，終不見其綽約迴環，嬌啼便笑，故其質雖爲珠玉金碧，或並珠玉金碧而尤足珍。殆亦案几之所供陳，與之語也不答，與之吟也不酬，情及之也，無紅豆相思之報。意佻之也，無翠羽堂上之心。如佛偈言，鐘漏俱寂，木灰土沙耳。尚何味之可耐？苟詞中有性情在，則「有我之境」，無物不著我之色彩。「無我之境」，將不知何者爲物，何者爲我。超然物表，自得天機。味其辭句，第覺靈心如蛻，大氣磅礴，語語見性情，句句覘變化，其「斗筍」、「銜尾」、「煞腹」等處，尤能於不期然而然處出之。此無他，性情所以鍾靈之，抒發之，機趣之也。如韋莊《菩薩蠻》云：「紅樓別夜堪惆悵，香燈半卷流蘇帳。殘月出門時，美人和淚辭。　琵琶金翠羽，弦上黃鶯語。勸我早歸家，綠窗人似花。」又云：「人人盡說江南好，遊人只合江南老。春水碧於天，畫船聽雨眠。　壚邊人似月，皓腕凝霜雪。未老莫還鄉，還鄉須斷腸。」又云：「如今卻憶江南樂，當時年少春衫薄。騎馬倚紅橋，滿樓紅袖招。　翠屏金屈曲，醉入花叢宿。此度見花枝，白頭誓不歸。」又云：「洛陽城裏春光好，洛陽才子他鄉老。柳暗魏王堤，此時心轉迷。　桃花春水綠，水上鴛鴦浴。凝恨對斜暉，憶君君不知。」四詞宛轉低回，如聞秋江上琵琶撥湊，所謂香弦乍響，萬花競飛，鐵笛忽秋，一鷗成夢者也。其性情融之於筆墨，發之於辭句，出之於聲籟，可傳之作也。顧四詞之中，謂活潑則有餘，謂凝練則不足。謂嬌弄則有餘，謂雅正則不足。此何也？有性情而寡學問，以是每詞之中，終覺風騷太重，無稍蘊秘也。蘊秘者，涵蓄之謂。詩詞無含蓄，不足稱上乘。欲寫性情，而又欲顧及含蓄，則非學力碩足者莫辨。其有只顧含蓄，一字一句，一言一語，一聲一韻，均審慎揀謹，惟恐鋒芒太露，裸國不衣，爲後世憾。不得已，以藻飾出之，以比喻譬之，以聲調掩之，則其所填，先不論其是否可以見性情，是否有性情。讀之一通，但覺霞飛雲蔚，紙醉金迷，如行九曲之廊，如入三懷之殿。後於我者珠玉，先於我者琳琅，左右我者楚豔齊諧，惘然莫知其何之也？溫庭筠所作《菩薩蠻》云：「小山重疊金釭滅，鬢雲欲度香腮雪。懶起畫蛾眉，弄妝梳洗遲。　照花前後鏡，花面交相映。新帖繡羅襦，雙雙金鷓鴣。」又云：「水精簾裏頗黎枕，暖香夢惹鴛鴦錦。江上柳如煙，雁飛殘月天。　藕花秋色淺，人勝參差剪。雙鬢隔香紅，玉釵頭上風。」又云：「玉樓明月長相憶，柳絲嫋娜春無力。門外草萋萋，送君聞馬嘶。　畫羅

金翡翠，香燭銷成淚。花落子規啼，綠窗殘夢迷。」又云：「寶函銅雀金鸂鶒，沉香閣上吳山碧。楊柳又如絲，驛橋春雨時。　　畫樓音信斷，芳草江南岸。鸞鏡與花枝，此情誰得知。」又云：「南園滿地堆輕絮，愁聞一霎清明雨。雨後卻斜陽，杏花零落香。　　無言勻睡臉，枕上屏山掩。時節欲黃昏，無寥獨倚門。」五詞豔麗莊凝，其遣解麗而不膩，其造境密而不纖。是學力充而能於含蓄上作工夫者。然以之方於韋莊所作，則韋莊之活潑玲瓏，遠在庭筠之上矣。而庭筠之凝練風神，又遠在韋莊之上矣。究其故何也？蓋韋莊之作，性情多而學力少，庭筠之作，學力足而性情略。古人名製，不免此短，後生未成之作，敢謂及於古人歟？填詞以造境為主，境之大小，境之有無，境之動靜，皆以性情而造之，學力以成之也。性情與學力之說，其填詞者之占畢矣。

二〇

《如夢令》始作者為唐莊宗。其詞云：「曾宴桃源深洞，一曲舞鸞歌鳳。曾記別伊時，和淚出門相送。如夢。如夢。殘月落花煙重。」蓋莊宗自度曲也。樂府取詞中「如夢」二字名之，今誤傳為呂岩之作，非也。《江城子》始作者為南唐張泌。其詞云：「碧闌干外小中庭。雨初晴，曉鶯聲。落花時節近清明。睡起捲簾無一事，勻面了，沒心情。　　浣花溪上見卿卿。眼波明，眉黛輕。高綰綠雲，低簇小蜻蜓。好是問他來得麼，和笑道，夢多情。」細玩此詞，前後整齊，而「情」字重押，確係兩首。今合為一體，蓋誤耳。

（以上 1929 年 6 月 23 日第 24 期）

二一

詞有時間性。「現在」、「過去」、「未來」，全依製詞者出之也。文貴高潔，詩尚清真，況於詞乎？作詞之料，不過情景二字。非對眼前寫景，即據心上說情，情說得透，景寫得明，即是好詞。景者，現在也。情者，屆於現在與未來之間。此二者，填詞家所依皈，而不可一日離者。其有專以說古為託口，一首長調中，用古事以百紀，填古人姓名以十紀。即中調、小令，亦未肯放過古事，饒過古人，其詞之氣、神、風、骨、格、調，姑無論。即依行間字裏讀之，但覺書本之氣泥人，乃信點鬼簿、錦繡堆之說為有徵也。此詞之病，

即病於無情景，無現在與未來之時間性，惟以過去之事，過去之人，補足充實，以矜淵博，究之何取？蓋詞之最忌者：有道學氣，有書本氣，有禪和子氣。禪和子氣，不沾而易除。道學氣，雖沾而可除。至於書本子氣，脫無偉大之魄力，鎮紙之學力，相與為事，期於擺脫。則書本子氣，終難了卻。若謂讀書人作詞，自然不離本色，然則唐宋明清諸才人，亦嘗無書不讀，讀書既多，其詞中當有書本氣矣。而求其所讀之書於詞內，則又一字全無，此何也？讀書之量，多寡虛實有別而已矣。讀書多，則書侵淫於性，含養於氣，醞釀於情。性以道情，情以遣辭，辭以用氣，如是則骨肉勻，情景肖，風格高，非借物遣懷，即將人喻物，有句句不露秋毫情意，而實句句是情，字字關情者，是讀書多，而能以多量之書氣遣情也。故善填詞者，不論對景抒情，抑或臨情寫景，拈定現在或未來之時間，以氣行之，則好詞出矣。其有讀書雖多，而變幻之能力特鮮，今日畢一冊，明日竟一卷，不論於所讀書中，有思致否？有蘊秘否？有感情否？惟以讀一卷，束一卷，博聞強記，自矜其見識之宏，飫嚼之廣。一旦走筆填詞，正襟危坐，拈髭凝色，握兔管，構滯思。但覺心竅凝迷，精神不矚，向日嚼得未爛之書，撲思而來，取此舍彼，裁紅剪綠，以為滿腹珠璣，觸筆琳琅，苟不一一筆以出之，聲以寄之，終覺向日所讀，有負焦思。不得已，有來不拒，如江海之下百川，東鱗西爪，碎簡零紈，兔角龜毛將盡括之。於是稍有所情，必思合於所讀之書否？苟有所合，則取所讀之書，何人何事，以代其情。欲寫何景，必又思曾記某書與此有似，則又取某書中所合於現在之景者，以代現在欲寫之景，若是，則無論抒一情，寫一景，皆著有書本之色彩，沾染過去之時間，欲其清靈超脫，嗚呼可見？此即讀書淺，而為書所左右也。笠翁論詞曰：「……情景都是現在事，捨現在而不求，而求諸千里之外，百世之上，是捨易求難，路頭先左。安得復有好詞？」凡諸文學作品，皆抒感言情者也。抒感，作者之感也。言情，作者若第二人相近之情也。在時間為「現在」與「未來」。絕無以現在之情，而以古人忸怩掩飾者。有之，亦不得擬為上品。填詞家欲得好詞，惟先於「時間」上稍致意也可。

二二

　　無錫詞家余心禪居士，名一鼇，字成之，號心禪。系出浙衢開化之六都。生於道光戊戌八月二十五日，曾候選通判，有《楚楚吟》、《覺夢詞》。其自

序云：「僕也頻年嬰疾，端憂鮮歡，戚抱西河，似亡若失。遊閩之滬，終難排遣。壬午九秋，小寓吳門，樓居五旬，主人新有大故，昕夕所聞，無非高音楚語。屬當陰雨連旬，每值風雨撼窗，新寒警枕，耿耿中宵，茫茫百感，擁衾剪燭，輒占小詞。旬日間，凡得《菩薩蠻》若干首，名之曰《覺夢詞》。譬諸寒雁唳霜，荒雞唱月，不知其然而然。柳泉居士所云：自鳴天籟，不擇好音，有由然矣。嗟乎，春歸花落，緬往事以言情；雲散風流，憶墜歡而索句。苟未免有情，亦復誰能遣此。曼吟短闋，不堪我破愁顏。郢拍巴歌，冀博君開笑口云爾。」其詞云：「宵來不覺清霜降，燕巢冷落烏衣巷。屏上鬥寒圖，蘆汀一雁孤。　　當年歌舞地，花裏逢君醉。別夢憶瀟湘，瀟湘非故鄉。」又云：「思君不見迢迢鯉，夢中得句爲君起。攜手憶河梁，月圓人影雙（好句，清澈便妙）。　　相逢須下馬，別淚臨岐灑。何處是歸程，低頭聞雁聲。」又云：「更殘門掩黃昏月，離愁空抱心如結。何處展雙蛾，聲聲喚奈何。　　羅衾寒意重，重憶江南夢。陌上鷓鴣嗁，憶君君未歸。」又云：「柳陰濃護秋千索，柳綿飛趁池塘角。去去作青萍，鴛鴦傍一生（好句，一氣如龍）。　　清明春有恨，錯怪東風剪。飛燕惜殘紅，飛來似告儂。」又云：「相思無懶拈紅豆，月明香鈿深深扣。絮語祝君前，人歸在雁先。　　枕函蝴蝶夢，夢好應珍重。珍重可憐宵，宵長減瘦腰。（此半闋全以氣行，迴環圓澈，玲瓏如弦語）」又云：「琵琶隔舫瓜洲月，月明風靜人離別。別意滿儂懷，懷中荳蔲胎。　　郎如風漾絮，妾似花沾雨。雨細蝶飛遲，遲君楊柳枝。」又云：「梨花如雪吹香紛，眉痕低約愁相準。不信夢無憑，子規三兩聲。　　青山憐小別，紅豆無人拾。春燕又銜泥，故園花亂飛。」又云：「綠窗幽夢停紅燭，杜鵑簷外聲相續。又是雨簾纖，春歸人可憐。（好句，明白如話，自然極矣）　　青山無恙在，攬鏡朱顏改。何處去登臨，相思淚滿襟。」數首《菩薩蠻》，風格清逸，無書本氣，無道學禪和子氣，可傳之作也。其它名作，於江陰金桂生先生武祥所輯《粟香筆記》卷四中見之，略云：余成之（心禪）別駕，名一鼇，字心禪，爲楊蓉裳先生宅相。搜集楊氏遺著，集字印行。時丁杏舲司馬紹儀輯《詞綜補》，爲搜採校訂尤力。壬辰秋間過訪，攜所著詩詞稿數卷，其《虞美人》云：「落花有限紅辭樹，一片濛濛絮。柳陰斜日子規嗁，送客江頭別夢兩依依。　　春來春去尋常過，欲話愁無那。香消酒醒不勝情，回首畫眉江上畫眉聲。」又云：「簾波似水粼粼縐，宕漾春風柳。香溫茶熟夢初回，瞥見雙飛蝴蝶上瑤階。　　歸期我亦無憑準，

笑指燈花問。綠窗紅燭夜深燒，斜月三更隔院聽吹簫。」《臨江仙》云：「春草夢回寒食路，馬蹄踏破芳菲。小樓一角鷓鴣飛，風光大好，誰道不如歸。

盼到東風渾似剪，陌頭綠綻紅肥。碧波如鏡掩雙扉，重來燕子，門巷似耶非。」又《減字木蘭花》云：「惜春滋味，寒食清明離別意。渺渺關何，猶有楊花趕著他。」又斷句云：「篋中檢點那時封，啼痕幻作桃花色。」又斷句云：「風雨橫塘一葉舟，知君載得幾多愁。」又云：「夢更無聊醒更難，往事思量著。」又云：「便成好夢成何用，何況夢難成。」又云：「拼著腔綺恨付東風。」又云：「只有飛來燕子替儂愁。」又云：「滿身花影數春星。」皆詞中妙句也。

（以上 1929 年 6 月 30 日第 25 期）

二三

「曲宜耐唱，詞宜耐讀。耐唱與耐讀，有相同處，有絕不相同處。」此笠翁之名論也。究其所別，全在一字之音，至有妍嬈。同為一字，讀是此音，而唱入曲中，全與此音不合者，故不得不設身立想。製曲之時，一若置身歌榭，冰雪管絃中，曼聲相引。寧使讀時礙口，以圖利吻於歌場。此所謂耐唱也。至於詞，雖可拍以製歌，然近百年來，合諸家而不顧，即取一二成名之詞人所作，果謂可披絃管乎？古人製詞，先通樂律，今人填詞，並樂律而不知。則詞之宜於今人者，特為吟誦而設耳。既為吟誦而設，則當先求耐讀，耐讀之法，則又先求便讀。便讀者何？易上口也。《尚書》雖古，詰屈聱牙之病不免。長慶雖淺，聲圓音澈之譽可當。詩詞，抒性情者也。吾填得一詞，以待第二人或第三人之批評與賞鑒。使第二人，或第三人，讀吾詞，而知吾為人，洞悉吾隱痛，瞭解吾性情，且認識吾個人之人生觀。此詞中之上乘，亦純文學之精品也。安有玄黃雜採，象膽獺肝，使一潔白無塵之心田，飾虛詞以千萬疊，用虛語以千萬折者乎？屈原作《離騷》，使後人知屈原之高潔；陶詩《詠貧士》，使後人知五柳之清趣。揆其所作，無不吹彼天籟，止乎眾心，清澈淡雅，耐人飫嚼。吾人填詞，雖不能遠期上擬屈生，並肩白石，然使讀者見之，覺一字一韻，都是通家見解。若然，方不負握管之苦心，所謂耐讀者即此也。填詞約分兩時期，先求聲調鏗鏘，為第一時期。再求肯逸意遠，為第二時期。格而言之：第一期即所謂求便讀也。第二期即所謂耐讀也。

便讀之法，首忌韻雜，次忌音連，三忌字澀。塡詞用韻，首以純正爲主。如東江眞庚天蕭歌麻尤侵等韻，本來原純，不慮其雜。惟支魚二韻之字，嚨雜不倫。塡詞時，非加選擇，難求聲適。支微齊灰，四韻合一，固覺穩宜。然四韻之中，齊微灰可合，支字全韻，究難皆合耳。支韻中如「之」、「離」、「斯」等字，與齊微等韻，若不調協。而支韻中之「披」、「陂」、「奇」、「碑」等字，則與齊微灰韻，顯然相合，此種用法，端在塡詞者把并州剪，有以勻裁者也。又如魚虞二韻，合之誠是。但一韻之中，先有二韻，魚中有諸，虞中有夫是也。盍以二韻之中，各分一半，使互相配合。與魚虞同音者合爲一韻，與夫諸同音者別爲一韻，如是則純之又純，無眾音嘈之患矣。如十三元一韻，「門」、「根」、「痕」、「吞」等字，入眞韻；「言」、「軒」、「喧」、「猿」等字，入寒韻。此種分法，塡詞家敢不云幸？湖上笠翁，曾言及此，聞有《詞韻》一書，惜未之見。此用韻不可過雜也，至於詞中不用韻之句，還其不用韻。切勿過於騁才，反得求全之毀。蓋不用韻爲放，用韻爲收。譬之養鷹縱犬，全於放處逞能。常有數句不用韻，卻似散漫無歸，而忽用一韻收住者。此當日造詞人顯身手處，彼則以爲奇險，實則常技耳。欲得其妙，切記不用韻之數句，務使意連氣串，骨骼相銜，一波一瀾，層層相疊，趕至用韻處，戛然而止。其爲氣也貴乎長，其爲勢也利於捷。妙訣也。若不知其意之所在，飛黃不羈，朽索無形，東奔西馳。直待臨崖勒馬。韻雖收，而意不收，難乎其爲調矣。何謂音連？一句之中，連用音同之數字，如「先煙」、「人文」、「呼」、「胡」、「高豪」之屬，使讀者黏齒泥吻，期期艾艾，不勝其苦。安得好文？非特此也。二句合音，詞家所忌。如上句之韻爲東，下句之韻爲多。東多二字，意義雖別，音韻則同。讀之既不發調，且有帶齒黏喉之病。近人多有病此者。作詩之法，上二句合音，猶曰不可，矧下二句之?韻者乎？何謂上二句合音？如律詩中之第三句與第五句，或第五句與第七句煞尾二字，皆用仄韻，若前後同出一音，如意、義、氣、契，斧、撫，直、質之類，詩中犯此，猶指重症，矧嚴格調律如詞者乎？至於字澀，尤爲詞人必剔之弊。夫琢句鍊字，雖貴新奇，亦須新而妥，奇而確。妥與確，在意中不越一理字，在聲中不越一響字。若其不妥不確，匪特意晦，抑且聲澀。欲望句之驚人，先求理之服眾，字無理解，雖珠璣亦不過蟹口之沫耳。如黃庭堅之《望江東》有句云：「更不怕江攔住」，「攔」字新穎，且極順適，脫易他字，便成頑鐵。蘇軾《南鄉子》云：「破帽無情卻戀頭」，「卻」字雖非奇字，然插讀於此，無

稍澀滯，用字之神，不得不佩服古人也。又如柳永《兩同心》云：「鴛衾冷夕雨淒飛」，「淒」字雖奇，而置諸「飛」字上，究犯澀病，不若「零飛」、「柔飛」等字為妙，且與下句「錦書斷暮雲凝碧」之「凝」字，不相斗筍也。近人填詞，往往求一字之新奇，輒不顧其澀滯，蓋通病矣。填詞家欲得好詞，此病最當首刃。用字不澀，用韻不雜，用音不合，則清妙洞澈，如聞鍾球。然後於逸旨及幽情中求之，豈獨玉田、竹屋，不見於今日耶？

（以上 1929 年 7 月 14 日第 27 期）

二四

以詞詠物，清人最工。納須彌於芥子，自成別格。如厲鶚賦包頭詠《皂羅特髻》云：「膠鬟攏罷，稱滑笒吳綃，折成如水。淺緝素額，更斜遮蟬翅。重窺鏡、非關怕冷，上頭最愛道隨時世。最宜淡溪。恁略施珠翠。　還把一痕綿擘，襯微微紅起。春愁困、莫教半卸，到殘妝、秀暈分明是。碧煙抹斷，看兩蛾尤細。」朱彝尊《玉樓春》《詠繡球》云：「玉球繡出今番早，蝶翅蜂鬚迭回抱。一年一度雪成團，半雨半晴春未老。　者回上樹青猿報，合配醒紅香入腦。枝頭能得幾人憐，落地始知花亦好。」彭兆蓀《惜紅衣》《詠薑》云：「畫裏移家，吟邊坐雨，病花曾賞。一棱苗肥，筠簾哈低障。秋風蜀道，能幾度、遊仙來往。回想。烏菱紫芋，聽同敲吳榜。　爬沙蟹上。良醞招邀，山廚搗微響。雛姬笑靚，怎忍擘紅掌。付與凍糟香瀝，待化辣雲相餉。甚指尖齊斂，疑對柳家新樣。」又《沁園春》《詠火判》云：「蠢爾獰顏，也借光明，逞大神通。漸呿張一口，紅霞嚼爛，搜牢眾竅，赤舌燒空。透頂蓬蓬，熱中焰焰，炙手今番意獨雄。能火速，甚五花判事，有此威風。　形容黃胖差同。道此腹膨亭不負公。倘延為上客，何妨額爛，用吾下策，直欲心攻。變相圖開焰摩天，任莫是劉鑾塑出工。休相笑，只與君頭惱樣多烘。」又《沁園春》《詠不倒翁》云：「莫笑龍鍾，顛而不扶，蹶然自興。任幾番壓捺，出頭須放，十分挫拗，強項偏能。老子婆娑，是翁豐鑠，隨意盤旋走不脛。如人柳，也一眠三起，態度盈盈。　掀騰與世何爭，訝封得泥丸抵死撐。便空空此腹，盡多消納，團團對面，故學逢迎。何處難眠，有時作劇，拚得浮生紙樣輕。驚一跌，早虛空粉碎，蛻去枯形。」此兩作假物喻人，文學中之超然派也。詞家所謂空靈者即此。

二五

　　《蒲江詞》，宋盧祖皋撰。祖皋字中之，一字次夔，號蒲江。登慶元五年進士。嘉定中，爲軍器少監。權直學士院。與閩人徐鳳並直北門時，慶澤孔殷，綸言沓布，祖皋爲樓鑰之甥，學有淵源，嘗與永嘉四靈以詩相倡和，然詩集不傳，惟可惜耳！祖皋抒思泉湧，工樂府，字字可入律呂，浙間多歌之。《四庫》中有《蒲江詞》一卷，約二十五闋。如《西江月》《中春》云：「燕掠晴絲裊裊，魚吹水葉粼粼。禁街微雨灑芳塵。寒食清明相近。　　謾著宮羅試暖，閒呼社酒酬春。晚風簾幕悄無人。二十四番花信。」收句清靈，如蜻蜓點水，寫意波瀾。縐之有紋，掠之無影者也。《清平樂》《春恨》云：「柳邊深院，燕語明如剪。消息無憑聽又懶，隔斷畫屏雙扇。　　寶杯金縷紅牙，醉魂幾度兒家。何處一春遊蕩，夢中猶恨楊花。」春蠶製繭，層次經綸，意遠絲長，而不爲絲所羈。予作無題詩有句云：「自把鳳釵剔鳳筍，有無情緒剔層層。」此境彷彿似之。《謁金門》《惜別》云：「蘭棹舉。相趁落紅飛去。一隙輕簾凝睇處。柳絲牽不住。　　昨日翠蛾金縷。今夜碧波煙渚。好夢無憑窗又雨。天涯知幾許。」又《春思》云：「閒院宇。獨自行來行去。花片無聲簾外雨（好句）。悄寒生碧樹。　　做弄清明時序。料理春酲情緒。憶得歸時停棹處。畫橋看落絮。」句有神韻，極飄逸，而不失於浮。《洞仙歌》《茉莉》云：「玉肌翠袖，較似酴醾瘦。幾度重醒夜窗酒。問炎州。何事得許清涼，塵不到，一段冰壺剪就。　　晚來庭戶悄，暗數流光，細拾芳英黯回首。念日暮江東，偏爲魂消，人易老，幽韻清標似舊。正簟紋如水帳如煙（好句），更奈向、月明露濃時候。」詠物之詩，最忌堆砌。託物以懷，又忌散漫，此作意融於辭，韻勝於質，允稱純璧。《鷓鴣天》《春懷》云：「纖指輕拈小研紅。自調宮羽按歌童。寒餘芍藥闌邊雨，落香酴醾架底風（好句）。　　閒意態，小房櫳。丁寧須滿玉西東。一春醉得鶯花老，不似年時怨玉容。」翠羽金釵，藻麗明豔，前半收句，尤足取法。又《春暮》云：「庭綠初圓結蔭濃。香溝收拾樹稍紅。池塘少歇鳴蛙雨，簾幕輕回舞燕風。　　春又老，笑誰同。澹煙斜日小樓東。相思一曲臨風笛，吹過雲山第幾重。」藻韻牟於上作，而格調尤上之。《滿江紅》《齊雲月酌》云：「樓倚晴空，炎雲淨、晚來風力。滄海外、等閒吹上，滿輪寒璧。河漢低垂天欲近，乾坤浩蕩秋無極。憑闌干、衣袂拂青冥，知何夕。　　登眺地，追疇昔。吳越事，皆陳迹。對清光只有，醉吟消得。萬古悠悠惟月在，浮生衮衮空頭白。自騎鯨、仙去有誰知，遙相憶。」氣魄浩乎兩間，擬之於詩，雖青蓮卓爾於前，亦不減東坡興來之作。《好事近》《秋飲》云：「雁外雨絲絲，將恨和愁都織。

玉骨西風添瘦，減尊前歌力。　　袖香曾枕醉紅腮，依約唾痕碧。花下淩波入夢，引春雛雙鷓。」《菩薩蠻》《春思》云：「翠樓十二闌干曲，雨痕新染蒲桃綠。時節又黃昏，東風深閉門。　　玉簫吹未徹，窗影梅花月。無語只低眉，閒拈雙荔枝。」又《謁金門》云：「香漠漠。低卷水風池閣。玉腕籠紗金半約。睡濃團扇落。　　雨後涼生雲薄。女伴棹歌聲樂。採得雙蓮迎笑剝。柳陰多處泊。」又云：「風不定。移去移來簾影。一雨池塘新綠淨。杏梁歸燕並。　　翠袖玉屏金鏡。薄日綺疏人靜。心事一春疑酒，病鳥啼花滿徑。」又《清平樂》云：「錦屏開曉。寒入宮羅峭。脈脈不知春又老。簾外舞紅多少。　　舊時駐馬香階，如今細雨蒼苔。殘夢不成重理，一雙蝴蝶飛來（好句）。」小詞纖雅，都是詞人吐屬，無一字非推敲來者。其凝練處，如讀少陵晚年詩，愈嚼愈覺其味永，愈思愈知其律細。敲窗聽雨，掃榻看煙之餘，玩味再三，乃信昔人所謂詩雜仙心之語，卻有十分見地也。詞曲同體，談詞往往及於曲。談曲者亦並詞而口稱之，理固然也。昨與銘馨君談及詞之變化不如曲，即引曲牌合譜者為證，予然其說，更為申述之於此：曲譜無新，曲牌名有新，蓋詞人好奇嗜巧，而又不得展其伎倆。故以二曲、三曲合為一曲，以副獨穎之懷。在昔製者，不另名稱，只以犯字加之。如本曲《江水兒》，而串入二別曲，則曰《二犯江水兒》。本曲《集賢賓》，而串三別曲，則曰《三犯集賢賓》。至如本曲《簇御林》，本曲《錦地花》，而串入別曲，則曰《攤破簇御林》、《攤破錦地花》者，蓋以攤破二字概之也。其有鎔鑄成名，不假犯、攤破等字者，如《金索絡》，《梧桐樹》，是兩曲串為一曲，而名曰《金索掛梧桐》。《傾杯序》、《玉芙蓉》是兩曲串為一曲，而名曰《傾杯賞芙蓉》。《駐馬聽》、《　江風》、《駐雲飛》，是三曲，串為一曲，而名曰《倚馬待風雲》。此種取名，要在妙思綺合，名在理論之間。雖巧而不厭其巧也。其有只顧串合，不詢文義之通塞，事理之有無，生扭數字，撮合而成者，則失顧名思義之體矣。更有以十數曲串為一曲，而標以總名。如《六犯青音》、《七賢過關》、《九迴腸》、《十二峰》之類，渾雅可愛，僉足傳也。予謂串舊作新，終是末技。欲有獨到，端於文字音律間求之可矣。試觀詩餘之調，有幾許層巒疊巘者乎？

二六

有以詞製謎者，於《絕妙好詞》中見之。是書長洲沈桐威蕘漁所撰。其詞瑰麗筆膽，就詞之本身論之，已足睥睨不群，而所隱之謎，又復鐵畫銀鉤，

絲絲入諦。敢謂數千年來，絕無僅有之製也。如《浣溪沙》云：「紅袖當爐首懶擡。梢頭荳蔻乍含胎。芳肌瘦盡為誰來。　　採伴雙攜還小立，紅潮一線又輕回。被他玉體半相握。」隱六才句一「早苔經滑」。紅袖當爐者，「卓」文君也，首懶擡者，去「卓」字之頭也，得「早」字。「荳蔻梢頭」謂艸，芳肌瘦盡，意謂去「胎」字之月，合臺為「苔」字。四句意射經字，末二句射滑字。《浪淘沙》云：「折了柳腰身。密意重申。阿奴原是舊清門。明月橋邊傾蓋處，一夜橫陳。　　剪斷碧衫痕。懷姙三分。梁間燕語口難憑。唯願弄璋兼弄瓦，葉落歸根。」射六才「變做夢裏南柯」。柳腰指小蠻言，折了者，「蠻」字上半也，重申為又，合為「變」字。阿奴謂人，舊清門為故，合為「做」字。明月橋邊取「二十四橋明月夜」意，謂「夢」字上之茴也，傾蓋指一言，一夕夜者一夕也，合為「夢」字。剪斷衫痕，謂衣字分開也。懷姙三分者裏也，合為「裏」字。梁間燕子取呢喃之意，口難憑去口也，喃去口得「南」字。弄璋者生男也，弄瓦者生女也，古謂一男曰丁，一女曰口，合丁與口為「可」字。葉落歸根者指木言，加「可」為「柯」。此作尤見巧妙。中以「夢」字、「柯」字之組成，為有意趣。智珠在握，犀心自如，予謂此公有萬人不俱之聰明。

（以上 1929 年 7 月 21 日第 28 期、1929 年 7 月 28 日第 29 期、1929 年 8 月 4 日第 30 期）

二七

予師繆金源先生，於一九二九年四月一日，與周瑛女士行結婚禮。一切儀式，力就簡潔，允稱婚禮改良之導者。有《定情集》刊於世，凡親友所賀佳什，無不親為拱璧。集之首，有繆金源《結婚告親友書》一文，文云：午夜燈前，回想起三十年來的生活，怎禁得無限感慨！如今且說關於結婚這件事，我們中國的小孩，抱在手裏，甚至還在娘胎裏，他的父母便早早替他定婚。我十歲前，東鄰的王太太，西鄰的李奶奶，來議婚的也不知道有多少。然而照例應取決於關帝，我真該感謝的他老人家，每次都因他發下下籤否決了！十歲後，既進入學校，知識漸開，堅決主張婚姻自主。父母因我脾氣古怪，不忍加以強制，只得聽其自由。我理想中的老婆，標準很高。記得揚州有一位朋友替我做媒，我給他一封長信，將我的理想發揮得淋漓盡致。末尾

說：如果遇不到這樣的人，我寧娶梅花。一位桐城派古文家的老師看了這篇文章，很得意的批道：有道之言，超絕流俗。結處風流蘊藉，足徵高懷。然而理想終於理想罷了。自從進了北京大學，受新思潮的影響，越發主張自由戀愛。然而我們這班老實人，嘴裏儘管大嚷戀愛，實際並不進行，儘管關起門來做幾首情詩，填幾首情詞，實際男朋友已經很少，女朋友不用說了，有時候也遇到可以戀愛的機會，無奈因爲老實的緣故，機會又在面前輕輕的過去了。結果我已是將近三十歲的老孩子，仍然過我的獨身生活。一九二六年的夏天，我回到家鄉。那時候對於老婆的標準，早已降低。深深覺得夫婦只有一個條件。只要彼此能眞切的瞭解。我的老師繆文功先生很熱心的替我介紹尤蓮清女士。也談過話，也通過信。在那年九月一日，寫了定婚書，蓋了圖章。十二月一日，尤女士反悔了。文功先生很感覺困難。我很慷慨的退還定婚書。我從此再不願談婚姻問題。前年秋天，來到杭州。承楊廉、斯倫兩先生，介紹我和周瑛女士做朋友。我們通信已有一年多，談話已有許多次。我們發生了眞摯的愛情。我告訴他身體上有許多缺陷，他容忍了。我告訴他我有許多古怪的脾氣，特異的主張，他容忍了。我告訴他我家境清貧，又不會鑽營，將來只能過窮生活，他又大度的容忍了。我們的性情，有許多地方很不相同，但我們已眞切的瞭解。性情的不同，正可以互相調劑，性情的不同，將來必有同的一日。我們深信在學問上、德行上、生活上，彼此都有極大的互助。我們深信我們的愛，眞摯純潔而久遠。我們定於四月一日，在杭州西湖飯店開始共同生活。我們反對一切野蠻的舊禮，尤其是反對所謂「文明結婚」。我們定婚結婚，都沒有絲毫儀式。只照一張相片，做個紀念。親友們送的東西，無論是洋錢，是衣料，是已經題字的書籍或用具，都一概退還。送文字的，無論是一個字，是一篇文章，是白話，是文言，都一概拜領。但望以信紙書寫不必表做對聯屏幅。將來編印成書，每人當各送一冊。我敬愛的親友們，你一定贊成我們的主張，你一定能幫助我們，讓我們做一個婚禮改良的模範。（結婚的那天，在校上課如常。四時後，在西湖飯店候駕。一九二九年三月，在杭州第一中學第一部。）文情誠摯，故並書之。何丈伯雍爲填《瑞鶴仙》詞以賀之。其詞云：「奇才終有偶。幸早歲，緣慳直頭耽誤。悠悠三十許。記燕塵，遊倦尙虛箕帚。意中新婦。似素娥、清寒耐否。不中程，寧娶梅花香影，一簾相守。　　又久朝辭溯漠，夕棹西湖，這回關紐。絲蘿牽附。天公月老無主。問名兒，一樣憐才意思，那不成琴瑟友。笑蓮清女史

青盲，沒福消受。」此詞空靈清逸，誠非以玉田、竹屋自目者。所可望其肩臂也。

二八

徐弟捷之近以《瑣窗寒》《詠螢詞》見寄，詞云：「小渡朱樓，閒依井邑，又穿芳徑。香羅露濕，惹卻小鬚相競。月朦朧，深庭暗過，舊時認得桐陰暝。便隔簾閃爍，因風吹去，漫流不定。　人靜。良宵永，正促織吟寒，似星掩映。牽牛織女，謫到人間誰省。想伊人閒坐獨愁，玉屏香爐金鴨冷。且看他點點迷空，染亂清秋影。」予依調亦製一闋云：「珠便招涼，玉還礙露，天涯流夢。一年一度，半壁江山斷送。莽庭院說甚蒿萊，秋心和淚前生種。問相思紅豆，都來簾底，休藏扇縫。　風動。滔人處，是萍隊波瀾，絮團賣弄。銅駝石馬，輸與今朝相輊。聽荒雞啼滿橋霜，曉燈斜月飄零共。者香痕撲假伊人，飛也應珍重。」昨讀《鳳孫樓詞》，亦有《湘春夜月》《詠螢》一首云：「近牆限，暗螢飄墮蒼苔。卜玉團扇輕盈，簾外與低佪。暢好新涼院宇，正星星一點，照見金釵。卻何曾識得，重門深鎖，飛上瑤階。　羅袂無聲，蘭襟欲掩，殘月盈懷。花徑相逢，應尚記、王孫前度，綠遍章臺。冶遊何處，問些時、可憶歸來。算只待，到黃昏月黑，夢隨纖影，同覓天涯。」此作亦清新可誦。

（以上 1929 年 8 月 11 日第 31 期）

二九

詩詞曲之界甚嚴，由來說者，鮮有眞確之辨斷。蓋詩語可入詞，詞語不可入詩。詞語可入曲，而曲語不可入詞。詞既求別於詩，又務肖曲中腔調。是曲不招我而我自往就，求為不類，其可得乎？有同一字義而可詞可曲者，有止於在曲而斷斷然不可混用於詞者。試舉一二言之：如閨人口中之自呼爲妾，呼婿爲郎，此可詞可曲之稱也。若稍異其文而自呼爲奴家，呼婿爲夫君，則止宜在曲，而斷斷然不可混用於詞矣。如稱彼此二處，爲這廂那廂，此可詞可曲之文也，若略換一字爲這裏那裏，則又止宜在曲，而不可混用於詞矣。一字一句之微，即是詞曲岐分之界，不可忽也。且空疏者塡詞，無意肖曲，而不覺彷彿乎曲，有學問人作詞，盡力避詩而究竟不離於詩。蓋一則苦於習

久難變。一則迫於捨此實無也。欲為天下詞人去此二弊，當令淺者就深，高高就下，一俯一仰，而處於才不才之間，詞之三昧，則得之矣。元人馬東籬《天淨沙》小令云：「枯藤老樹昏鴉。小橋流水平沙。古道西風瘦馬。夕陽西下。斷腸人在天涯。」此詞人盛稱道。謂寥寥數語，深得唐人絕句妙境。實則氣魄有以司之耳。試觀其起首三句，何嘗有一動詞？所謂枯藤也，老樹也，昏鴉也，若不之相脈絡。小橋也，流水也，平沙也，若不之相貫串。古道也，西風也，瘦馬也，若不之相關係。顧展而讀之，歌而意之，嚼而味之，意而境之，則覺枯藤老樹上，盤無數之昏鴉也。小橋平沙間，有活活之流水也。古道西風中，嘶千百之瘦馬也。以下「夕陽西下」二句，作一烘託，便覺全幅生動，令人生塞上李陵之慨。真神品也。此與納蘭容若《長相思》之「夜深千帳燈」句法同一氣魄。《人間詞話》謂納蘭容若以自然之眼觀物，以自然之舌言情，此由初入中原，未染漢人風氣之故。與北齊斛律金之「天蒼蒼，野茫茫，風吹草低見牛羊」同一風格。惟吾怪馬東籬之《天淨沙》，是否染漢人風氣也？

三〇

蘊隆蟲蟲，鑠石流金，冰雪藕絲，不足鎮舌。而扇之一物，反為墨客吟詠之資。慧心雖矜，殊無妙製。昨讀《鳳孫樓詞》，有《滿庭芳》《詠摺扇》云：「研就濤箋，削成湘竹，憑誰剖破清陰。一番把玩，重與認羅襟。未許團圓容易，相思處、曲折難禁。更殘後，莫教分手，長遣伴清琴。　　那年曾記得，晚妝卸罷，翠袖瑤簪。向藕花風裏，同坐更深。算是半輪明月，清宵永、難掩秋心。今休也，怕開深折，題編斷腸吟。」又《湘春夜月》《詠芭蕉扇》云：「蹙冰紋，問誰卻會裁雲。界上些兒羅綺，點綴忒輕勻。剪取綠煙一段，免西風吹落，到處紛紛。算齊紈難比，任他拋擲，都是君恩。　　何年風雨，虛堂冷夕，孤館蕭晨。爭信飄零。剩葉曾做，將深恨斷盡羈魂。而今試看，便團圓未展愁痕。空千結，把秋心收拾，瀟瀟休聽。伴我黃昏。」又《滿庭芳》《詠團扇》云：「剪取湘雲，裁成璧月，做成一片清陰。團圓如許，何處著秋心。伴取湘江淚竹，西風早、誰問情深。剛相趁，晚涼新浴，螢火上羅襟。　　沉吟便與畫，乘鸞倩女，爭禁塵侵。自玉纖拋後，又到而今。才有一分涼意，更幾日、夢也難尋。還拚得，長門鎖斷，不買賦千金。」數作假物詠懷，慨當以慷，輕輕著墨，自得天人。譬夫車子囀喉，哀感頑豔。

成連海上，能移我情。佳製也。

三一

　　朱淑貞爲千古唯一才人，亦千古唯一恨人。蓋淑貞以父母失審，所配非偶，在生已屬不幸。而身後微名，復遭此桑濮之厚誣，尤不幸者也。世傳朱淑貞有文無行，乃因楊升庵《詞品》載《生查子》一闋「月上柳梢頭，人約黃昏後」語也。毛晉汲古閣刊之，遂跋稱「白璧微瑕」。然此詞實係歐陽修所作，載《廬陵集》第一百三十一卷。而毛晉又刻《宋名家詞》六十二種，此詞即在歐陽修集內，何以不於歐詞下注明，或直作淑貞詞。一手所選，而不能互相證辯，已自亂其例矣。乃復貿然謂爲淑貞之作，是亦魯莽之甚，而自干「欲加以罪，何患無詞」之詈名矣。且夫詞之作，當以本身爲單位，詞之選，則不能以本身爲單位。詩詞歌曲，皆描寫人生者也。描寫人生，當有自我之人生觀，而其中之喜怒哀樂，以及淫蕩貞正之殊，均能於詞中知之。而不能見之。知與見，有殊也。知爲意忖，見爲意得。古之人，描寫其隱憂幽痛者，類皆使人讀而知，斷不能使人讀而見。屈原之《離騷》，梁鴻之《五噫歌》，左思之《詠史》，陶淵明之《詠貧士》，在在皆抒其伊鬱內蘊之所不已於言者也。顧揆其所作，有一直以本身之隱事入吟者乎？淑貞之詞，亦猶是也。淑貞即有桑濮之瑕，吾意斷不能自視爲宜，且斷斷然不能以之入於詞，而發爲文章也。是作詞時，當以本身爲本位，決不能明以不能示人之事，出之詞而示於人也。選詞者，不能以選者自身爲單位，當以作詞者本身而致思，試思當日之朱淑貞，果能以自身之瑕，欲廣播之而傳於世耶？且其詞何謂也？其詞曰：「去年元夜時，花市燈如晝。月上柳梢頭，人得黃昏後。　　今年元夜時，花市燈如舊。不見去年人，淚濕春衫袖。」明白如話，直一幅幽會圖也。以善交工韻之朱淑貞，安得有此種手筆？此意極易明析，吾不解當時作是說者，亦曾入雞林而探寶笈否也？又按《四庫全書》中收朱淑貞《斷腸詞》一卷，計二十七首，內《生查子》二首，係「寒食不多時」及「年年玉鏡臺」兩闋，並無「去年元夜時」一首。《總目提要》，謂係本洪武抄本，是可知淑貞本無此詞也。嗚呼！蘭忌當門，痛煩冤之何已？菭還稱璧，奈饒舌之徒然。吾爲淑眞呼冤，而爲吾國文藝界呼恨矣！

三二

填詞最忌隸事多，隸事多，則真情沈悶，詞而無情，則一堆零金碎玉耳！以詩言：白居易、吳梅村，皆以歌行傳於世。而以《長恨歌》之壯彩，所隸之事，只「小玉雙成」四字，才有餘也。梅村歌行，則非隸事莫辨。白、吳優劣，於此可見。宋詞隸事少，清詞隸事多，故清詞終不如宋詞也。近人之詞，雖力易清人之短，而靈活之氣，終不及宋詞耐讀！時代有以然之耶？

三三

竹枝詞本詞中小調，似容實難。古今作者雖多，而稱意者獨少。湖上笠翁有《春遊竹枝詞》十二首。其一云：「新裁羅縠試春三，欲稱蛾眉不染藍。自是淡人濃不得，非關愛著杏黃衫。」吳梅村評云：「淡人濃不得，讀之三日口香。」確論也。今之作竹枝者，非上就於詰，即下流於浮，僅選此作，爲作者榜之。

（以上 1929 年 8 月 18 日第 32 期、1929 年 8 月 25 日第 33 期）

三四

千古好文章，只是說話，而多之乎者也數字耳。約而言之：自來絕妙筆墨，無不一氣如話。非然者，其文之佳，雖至於不可言之度，亦不過零球碎玉，大珠小珠落玉盤，言氣脈尚不足，矧復求性情於其中耶？前人以一氣如話四字，贊之於詩，詩以言志，言爲心聲，固足當是語也。詞者，較詩尤深刻一層，細緻一層，抒情展蘊，說景紀事，無一不較詩爲生動，故作詞之家，尤當於一氣如話四字，載錘載煉，研幾極精，下一番工夫，得一番經驗，而後於詞之圍，庶乎盡之。一氣者何？脈絡相銜接也。如話者何？雖文而不文也。一氣則少隔絕之痕，如話則無隱晦之弊。高挹群言，優遊案衍，靈襟獨寫，餘味曲包。所謂吉甫作頌，穆如清風。仲山甫詠懷，以慰其心，最得雅人深致也。惟是文人至於能填詞，於學已有五六分成熟，高傲自假，衿其所長。或輕肆以爲才，或襞積以爲學，或詰屈以爲古，或激壯以爲雄。不知竅啓者乃窘於篇，彼則拖泥而曳水也。綀獵者乃嗇於典，彼則標黃而滂紫也。醰暗者乃弱於氣，彼則建奏而鯨鳴也。憂息者乃殫於力，彼則瀦水而壅壞也。

彼以爲於詞之一道，矻矻然力之所及，兢兢然心之所至，無所不窺矣！安知彈隋侯之珠，射千仞之雀，所持者重，而求者輕。雙雞供膳，何如取泊以餐也？此法作詞，終不是詞人之詞。蓋墨海何深，一棹不足得其涯涘，正軌不獲，宜其相背而尋也。吾嘗謂愈是有學問人作詞，愈當於一氣如話四字加以琢磨。欲問其法，先列以明之：小令如秦觀之《海棠春》云：「流鶯窗外啼聲巧。睡未足把人驚覺。翠被曉寒輕，寶篆沈煙裊。　宿醒未解宮娥報。道別院笙歌會早。試問海棠花，昨夜開多少。」此詞起句先言流鶯之啼，啼而驚人覺，覺後則翠被寒輕，寶篆煙裊矣。斯時也，宮娥來報，所報者，別院已笙歌矣，乃轉悟睡起之遲，試問海棠花，昨夜又紅了多少也？張先之《青門引》云：「乍暖還乍冷。風雨晚來方定。庭軒寂寞近清明。殘花中酒，又是去年病。　樓頭畫角風吹醒。入夜重門靜。那堪更被明月，隔牆送過鞦韆影。」此詞起句謂乍暖乍冷，是風雨初定時也。其時清明已近，而殘花又如去年之零落矣。不特此也，樓頭畫角，因風吹遞，益助愁懷。乃轉思入夜或得安靜，安知明月皎白，把鞦韆影又送過牆頭也。蘇軾之《鳳棲梧》云：「春事闌珊芳草歇。客裏風光，又過清明節。小院黃昏人憶別。落紅處處聞啼鴂。　咫尺江山分楚越。目斷魂消，應是音塵絕。夢破五更心欲折。角聲吹落梅花月。」此詞爲春事闌珊，客裏之風光，已過清明節矣。小院黃昏，客情淒冷，憶別時正落紅處處聞啼鴂之景也。乃自念江山咫尺，楚越一方，目斷魂消，音塵迥絕，愁腸轆轆，五更夢醒，心猶欲折！側耳聽之，角聲已吹落梅花月矣。中調如范仲淹之《鬢雲鬆》云：「碧雲天，黃葉地。秋色連波，波上寒煙翠。山映斜陽天接水。芳草無情，更在斜陽外。　黯鄉魂，追旅思。夜夜除非，好夢留人睡。明月樓高休獨倚。酒入愁腸，化作相思淚。」此詞謂碧雲黃葉，點染秋色，秋色連波，波上之寒煙亦翠。襯以斜陽之山，斜陽外，更有一遍無情之芳草也。此景淒涼，有客感慨。黯鄉魂，追旅思，無時或已也。夜夜除非好夢留人，不作是想。明月照樓之時休倚，酒莫澆愁，蓋愁極重，飲一滴酒，是多一滴相思淚也。秦觀之《江城子》云：「西城楊柳弄春柔。動離憂。淚難收。猶記多情，曾爲繫歸舟。碧野朱橋當日事，人不見，水空流。　韶華不爲少年留。恨悠悠。幾時休。飛絮落花時候、一登樓。便做春江都是淚，流不盡，許多愁。」此詞謂因楊柳之弄春柔而動人離憂，憂以至於淚難收也。所憂者何？猶記多情曾爲繫歸舟也。碧野竹橋當日之事，今則水空流而人不見矣。於此知韶華不爲少年留，恨悠且遠，不知

幾時休也。飛絮落花時，登樓一望，春水綠波，橫目千里，便都化淚，亦流不盡許多愁耳！長調如李清照之《鳳凰臺上憶吹簫》云：「香冷金猊，被翻紅浪，起來慵自梳頭。任寶奩塵滿，日上簾鈎。生怕離懷別苦，多少事、欲說還休。新來瘦，非干病酒，不是悲秋。　　休休，這回去也，千萬遍陽關，也則難留。念武陵人遠，煙鎖秦樓。惟有樓前流水，應憐我、終日凝眸。凝眸，從今又添一段新愁。」此詞謂香冷金猊，被翻紅浪，伊人起矣。伊人有愁，雅不自解，雖寶奩之塵滿，簾鈎之日高，亦慵自梳頭也。伊所愁者，離懷別苦也，多少事，欲說還休！以至不病酒不悲秋，而新來之肌容瘦矣。不堪再言，滿懷辛酸。即此次之離別，雖千萬遍陽關，也則難留。念武陵人遠，煙鎖秦樓。惟有樓前流水，應我憐終日凝眸也。一凝眸處，則又添一段新愁矣。周邦彥之《瀟湘夜雨》云：「樓上寒深，江邊雪滿，楚臺煙霧空濛。一天飛絮，零亂點孤篷。似我華顛雪頰，渾無定漂泊孤蹤。空凄黯，江天又晚，風袖倚蒙茸。　　吾盧猶記得，波橫索練，玉做山峰。更短坡煙竹，聲碎玲瓏。擬問山陰舊路，家何在水遠山重。漁蓑冷，扁舟夢斷，燈暗小窗中。」此詞描寫雪景，起句謂覺樓上之寒深，知江邊之雪滿，楚臺之煙靄空濛也。對此一天飛絮，零亂點孤蓬時，頗悲己身之華顛雪頰，而漂泊無定蹤也！空凄黯江天晚矣，惟風袖倚蒙茸耳！當此之時，吾盧猶記得，是素練橫波，寒峰嵌玉景也。短坡煙竹，玲瓏聲碎，更助幽趣！乃擬問山陰舊路，水遠山重，家何在耶？思及此，覺漁蓑頓冷，扁舟夢斷，小窗燈暗矣。以上所選諸詞，譯爲短文，簡峭可愛，有時直用原文，不加增減，亦自成格，可知詞人之詞，自然生動氣如話。非後世別入魔蹊，強玄爲黃者可比。細審諸作，自得妙諦。按此法爲詞，水到渠成，如丸走阪，芙蓉六月，白暈胭脂，鴛鸞三春，便工舌巧。爐火純青之期也。茲述一簡便之法學者庶勿忽之。求詞之一氣，必須認定開首一句爲主，第二句之材料，不用別尋，即在開首一句中想出，如此因因而下，牟尼一串，直至結尾，不求一氣而一氣矣。塡詞之如話，則在作詞之家，於秉筆走紙時，勿作文字做，且勿作塡詞作，竟作與人面談，又勿作與文人面談，而與妻孥臧獲輩面談。有一字難解者，即爲易去，深恐因此一字模糊，使說話之本意全失，此求如話之方也。三年學詞三年鍊詞，昔人數數言之。吾謂三年鍊詞之工夫，盡在一氣如話四字上也。

（以上 1929 年 9 月 1 日第 34 期）

三五

以「格韻」二字評詩詞，自昔然也。「格」是品格，「韻」是風韻，二者萬不宜混，抑亦不可混耳！詞之有格韻，如骨之於肉，雨之於風，擬之六法，則格是筆廓，而韻是墨彩也。擬之醫治，則格是關蟄，而韻是支蘭也。擬之擊技，則格是內堅，而韻是外運也。相輔相依，表裏至映，稍滯其用，則純金亦頑鐵而已。予讀古人詞，每以格韻相約鑒，粗定其略，分別列述。棄膚抉髓，斂志詣微，味有等於嘗黿，稍無嫌夫斷鶴。未可以「毀舟為杖，毀鐘為鐸」作墨言也。古詞人品格之佳，要以太白之「西風殘照，漢家陵闕」為最高。餘如白石之「二十四橋仍在，波心蕩冷月無聲」，雖不及太白，而清逸極矣。其它如晏殊之「樓頭殘夢五更鐘，花底離愁三月雨。」蘇軾《南鄉子》之「酒力漸消風力軟，颼颼。破帽多情卻戀頭。」秦觀之《鵲橋仙》「柔情似水，佳期如夢，忍顧鵲橋歸路。」陸游之《夜遊宮》「獨夜寒侵翠被，奈幽夢不成還起，欲寫新愁淚濺紙。」秦觀《踏莎行》之「可堪孤館閉春寒，杜鵑聲裏斜陽暮。」蘇軾《鳳棲梧》之「夢破五更心欲折，角聲吹落梅花月。」王安石《漁家傲》之「茅屋數間窗窈窕，塵不到，時時自有春風掃。」陸游《賣花聲》之「賀籃湖邊，初繫放翁歸棹，小疏林時時醉倒。」孫浩然《離亭燕》之「悵望倚層樓，寒日無言西下。」孫沬之《河滿子》「目斷連天衰草，夜來幾處疏砧。」白石之「數峰清苦，商略黃昏雨。」張先之《謝池春慢》「繡被掩餘寒，畫幕明新曉，朱檻連空闊，飛絮舞多少。」吳文英《愁春未醒》之「東風未起，花上纖塵。」吳文英《惜秋華》之「細響殘蛩，傍燈前似說深秋懷抱。」秦觀《滿庭芳》之「高臺芳樹，飛燕蹴紅英。」辛棄疾《聲聲慢》之「翠華遠，但江南草木，煙鎖深宮。」辛棄疾《雨中花慢》之「馬上三年，醉帽吟鞍，錦囊詩卷長留。悵溪山舊營風月新收。」史達祖之「煙光搖縹瓦，望晴簷風裊，柳花如灑。」周邦彥《鎖窗寒》之「桐花半畝，靜鎖一庭愁雨。」呂聖求《東風第一枝》之「老樹渾苔，橫枝未葉。」王安石《桂枝香》之「征帆去棹斜陽裏，背西風酒旗斜矗。」辛棄疾《念奴嬌》之「劃地東風欺客夢，一枕雲屏寒怯。」程正伯《木蘭花慢》起句之「倩嬌鶯婉燕，說不盡，此時情。」周邦彥《拜星月慢》之「念荒寒寄宿無人館，千門閉，敗壁秋蟲歎。」柳永《雨霖鈴》之「寒蟬淒切，對長亭晚，驟雨初歇。」「今宵酒醒何處，楊柳岸，曉風殘月。」吳彥章《春從天上來》之「舞徹中原，塵飛滄海，風雪萬里龍庭。」白石之「高樹晚蟬，說西風消息。」

辛棄疾《永遇樂》之「白髮憐君，尋芳較晚，卷地驚風雨。」梅聖俞《蘇幕遮》之「落盡梨花春事了，滿地斜陽，翠色和煙老。」秦觀《望海潮》之「柳下桃蹊，亂分春色到人家。」賀鑄《望湘人》之「厭鶯聲到枕，花氣動簾，醉魂愁夢相半。」周邦彥《一寸金》之「望海霞接日，紅翻水面，晴風吹草，青搖山腳。」史達祖《內家嬌》之「紅樓橫落日，蕭郎去，幾度碧雲飛。」周邦彥《大酺》之「對宿煙收，春禽靜，飛雨時鳴高屋。」毛滂《八節長歡》之「波濤何處試蛟鱷，到白頭猶守溪山。」陸游《雙頭蓮》之「華鬢星星，驚壯志成虛，此身如寄。」馮延巳《蝶戀花》之「庭院深深深幾許，楊柳堆煙，簾幕無重數。」李後主《浪淘沙》之「流水落花春去也，天上人間。」《臨江仙》之「子規啼月小樓西，玉鉤簾幕，惆悵暮煙垂。」白石《淡黃柳》之「空城曉角，吹入垂楊陌。」葉夢得《醉蓬萊》之「一曲陽關，斷雲殘靄，做渭城朝雨。」白石《琵琶仙》之「十里揚州，三生杜牧，前事休說。」麟聲讀書過少，綜所讀古人詞，足以言品格者，若斯而已。至於依品下格，忖格求神，反失纖細。總之有品格者自不凡同，無待吾輩規規焉競阿好也。詞之有風韻者：以「紅杏枝頭春意鬧」及「雲破月來花弄影」為最佳，著一「鬧」字、一「弄」字，則境界全出矣。他如康與之《浪淘沙》之「夜過春寒愁未起，門外鴉啼。」秦觀《憶王孫》之「雨打梨花深閉門。」吳鼎芳《七娘子》之「南浦遙看，西樓頻上，天涯只在心窩嵌。」韻在一「嵌」字。晏幾道《臨江仙》之「相尋夢裏路，飛雨落花中。」杜安世《朝玉階》之「無風輕絮墮，暗苔錢。」韻在一「暗」字。賀鑄《青玉案》之「試問閒愁都幾許。一川煙草，滿城風絮，梅了黃時雨。」極跌極石，如舟行三峽。秦觀《千秋歲》之「春去也，落紅萬點愁如海。」張先《師師令》之「蜀彩衣長勝未起，縱亂霞垂地。」韻在一「縱」字。《百媚娘》之「綠縐小池紅疊砌，花外東風起。」韻在「縐」、「疊」兩字。辛棄疾《祝英臺近》之「是他春帶愁來，春歸何處。又不解帶將愁去。」冷雋婉約。蘇軾《洞仙歌》之「但屈指西風幾時來，又不道流年，暗中偷換。」超然機趣。柳永《柳腰輕》之「顧香砌絲管初調，倚輕風佩環微顫。」韻在「顧」、「倚」兩字。吳文英《愁春未醒》之「若耶門閉，扁舟去懶，客思鷗輕。」清逸淡雅。周邦彥《滿江紅》之「背畫闌脈脈悄無言，尋棋局。」冷雋。趙長卿《燭影搖紅》之「酒醒人靜，月滿西樓，相思還又。」淡情如水。王元澤《倦尋芳》之「海棠著雨胭脂透。」新警。王觀之《慶清朝慢》「晴則個，陰則個，餖飣得天氣有許多般。」韻在「餖

釘」兩字。吳文英《珍珠簾》之「還近綠水清明，歎孤身如燕，將花頻繞。細雨濕黃昏，半醉歸懷抱。」冷峭。史達祖《雙雙燕》之「愛貼地雙飛，競誇輕俊。」韻在「貼」字、「誇」字。皎然《高陽臺》之「平明幾點催花雨，夢半闌欹枕初聞。」清嫻澄淨。白石之《眉嫵》「明日聞津鼓，湘江上，催人還解春纜。」水流花放，其境得似。史達祖《綺羅香》之「臨斷岸新綠生時，是落紅帶愁流處。記當日門掩梨花，剪燈深夜語。」情文並至，格韻雙絕，此作獨可兼之。周邦彥《解連環》之「燕子樓空，暗塵鎖，一床絃索。」韻在「空」字下置一「鎖」字。尹碉民《一萼紅》之「卻恨閒身，不如鴻雁，飛過妝樓。」所謂取淡於濃，得平於險。鄧光薦《疏影》之「客來欲問荊州事，但細語岳陽樓記。夢故人剪燭西窗，已隔洞庭煙水。」導思清妍。辛棄疾《摸魚兒》之「算只有殷勤，畫簷蛛網，盡日惹飛絮。」宕逸以取致，約舉以盡情。毛滂《新雁過妝樓》之「江寒夜楓悲落，怕流作題情腸斷紅。」哀感頑豔。黃機《乳燕飛》之「過橫塘試把前山數，雙白鷺，忽飛去。」悠然神往。溫庭筠《菩薩蠻》「雙鬢隔香紅，玉釵頭上風。」及「藕花秋色淺，人勝參差剪。」綺麗明豔。韋莊《菩薩蠻》之「騎馬倚斜橋，滿樓紅袖招。」及「此度見花枝，白頭誓不歸。」風流蘊藉，而「滿樓紅袖招」之「招」字，尤有神韻。馮延巳《蝶戀花》之「日日花前常病酒，不辭鏡裏朱顏瘦。」及「百草千花寒食路，香車繫在誰家樹。」妙得輕清兩字訣。歐陽修《採桑子》之「飛絮濛濛，垂柳闌干盡日風。」委婉有致，澄潔無扮。至於李後主之《浪淘沙》、《虞美人》、《相見歡》、《玉樓春》諸作，竟體雋逸，麗而不溺，密而不纖。蓋情至之文，如水到渠成，山動秀生。情生文耶？文生情耶？天人兼到之作也。言風韻此為冠矣。

（以上 1929 年 9 月 8 日第 35 期、1929 年 9 月 15 日 36 期、1929 年 9 月 22 日第 37 期）

三六

南京李敦靜先生，致函於予，詞旨撝謙，足徵養到功深，篤學士也。函中極贊拙作，於拙論「一氣如話」四字，尤示同心。聲不敏，遙蒙厚褒，載忭載笑。李君近作《鳳凰臺上憶吹簫》一闋，雖初試，頗可觀。起句「對酒當歌，將愁供恨。」頗見氣勢。惜全幅未純璧稱耳。如收句「……征塵外，

蘆花似雪，一望無垠。」稍嫌整滯。予妄易爲「……征塵外，蘆花散雪，似髮難簪。」率爾操觚，要爲知己者道也。近閱周氏《詞辨》，有一則極功於初徑詞學者，僅錄之以實予話，兼爲李君進寸愚焉。初學詞求空，空則靈氣往來。既成格調求實，實則精力彌滿。初學詞求有寄託，有寄託則表裏相宣，斐然成章。既成格調，求無寄託，無寄託則指事類情，仁者見仁，智者見智。北宋詞下者，在南宋下，以其不能空且不能寄託也。高者在南宋上，以其能實且能無寄託也。南宋則下不犯北宋拙率之病，高不到北宋涵渾之旨。名言掀奧，下筆如鑄。

三七

風花雪月泉，宋鑄。直徑一寸七分，「風花雪月」四字，爲蔡京所書。背作秘戲圖，故又稱秘戲泉，相傳爲壓勝之用。無錫華漁史藏，後歸袁寒雲君。寒雲一代詞宗，瓊什久播，曾譜《漢宮春》以題此泉云：「精鑄當年，看蔡京書涅，雪月風花。纖纖斂指，約束還認天家。烏銅竟底，算分明吐渥無遮。依約見，傳經素女，玉臺金鼎丹砂。 菩薩風流璞骨，更佛云歡喜，相秘登伽。何如洗兒舊事，豔說些些。巫山一角，盡安排雨逗雲斜。應選取，傳摹萬本，他年定作圖誇。」江都方地山先生題以《齊天樂》云：「風流少打皆歡喜。花紋鬥新如此。雪臥山中，月來林下，人約黃昏俔倚。團圓無比，縮影烏銅，迷樓鏡裏。肉好分明，盈盈私處盡墳起。 觀寧宣政制度，瘦金侔御筆。波折蘇米。狎客腰纏，宮娃雜佩，豔說蔡京字體。流傳樣了，看著手成春，洛陽選紙。和墨團綿，一雲閉料理。」意有未盡，又題二絕云：「風花雪月蔡京書，香殿春泉百不如。此是人間歡喜佛，眼皮供養最憐渠。」「零雲拓本已希奇，女手纖纖更合宜。眞是美人贈金錯，老夫欲續四愁詩。」諸作皆婉好。

三八

《玉屑詞》，近人朱芷青所作。詞極清雅，惟俳句炙近於詩中偶聯，便覺濁氣多而清氣少。好句如《南鄉子》《詠雞冠花》云：「風雨鬥無休，只欠啼聲向曙流（流字新警有味）。翠羽花冠棲少樹，昂頭。似訴霜階萬古愁。」《清平樂》《詠白蓮》云：「粉雲香冷，淡到波無影。」九字已將白蓮之神韻攝住。《踏莎行》《詠鳳仙花》云：「嬌痕彈上指尖霞，秦樓莫道仙緣淺。」

翻空而言，便有晶瑩之致。《鷓鴣天》《詠茉莉》云：「風露盈懷句也香。」
警策。《少年遊》《詠舊劍》云：「平津曾見老龍蟠，掛壁尚生寒。鑒少風胡，
求無薛燭，深夜倚燈看。　　侯門自笑鋏輕彈，利想截鴻難。回首年時，白
虹宵吐，飛夢斬樓蘭。」千古壯愁，慨乎言之，惜「鑒少」一聯嫌詰屈耳！
《行香子》《蓼花》云：「看穗含煙，節抽雨，影搖風。……有久藏魚，開飛
蝶，遠歸鴻。」句雖藻整，而含蘊中別有韻致，亦巧於用字者！《驀山溪》
《對月》云：「萬里絕纖雲，直照得銀河淡了。」疏落淡淨，明白如話。《燭
影搖紅》《詠梅影》云：「徘徊自賞，詩魂悄引，句隨香度。」身依清禁，抽
此秘思，取況幽妍，寄懷綿邈。《沁園春》《詠五時花》云：「迎門處，更薰
風披拂，文朵蒲絲。」艾而曰朵，而蒲曰絲，皆極新極妙。《沁園春》《詠長
命縷》云：「行吟地，看毫揮五彩，自避蛟龍。」豹尾鞭石，收句奇響。前
調《詠鬮兵符》云：「願天涯劍氣，盡化青蒲。」羌有餘意，花紅未半之境
也。《念奴嬌》《月夜讀周叔昀太史東鷗詞》云：「周郎我友，羨當年顧曲，
此才無匹。自譜東鷗居士句，紙上玉簫聲徹。風月閒愁，江湖浩感，催老瀛
洲客。詞壇幟樹，幾番壓倒元白。　　果見淮海樓頭，髯翁一去，公可參其
席。我亦豪狂歌水調，欲葉龍宮仙笛。鐵撥音雄，瓊窗彩豔，夢裏都心折。
和君誰聽，仰空遙駐涼月。」古音別操，靈響自結。煙墨資其稿飫，元儒養
其惠心，是文人之詞也。《念奴嬌》《秋日登樓書感》云：「醉倚危欄，閒提
吟管，四顧乾坤窄。」有雄氣。《滿江紅》《新秋》云：「潦暑無涯，曾幾日、
西風又也。深院外、井梧一葉，悄然而下。揮羽久殊人袘襪，披襟倍覺天瀟
灑。望銀河、不見有波痕，只雲瀉。　　琴佇月，開軒迓。早染埃，關門謝。
料吳蕈知我，亦相思者。篋笥詎嗟紈扇棄，漁樵自喜蓬窗話。笑飽經、風露
說高蟬，吟偏啞。」超然物表，自得天機，擬之馬東籬《秋興》一套，則伯
歌季舞也。《滿江紅》《詠照像》云：「應是媧皇，恨搏土、成難再肖。將借
爾、鬼工靈巧，教傳形貌。藥乞一圭顏便駐，毫添寸楮神都到。任虎頭、金
粟影如生，輸茲妙。　　誰撫石，三生較。疑印月，千潭照。算籛筌鏡象，
古皆輕造。境好不妨雲水淡（好句），姿新更比丹青耀（好句）。且分摹、倩
作百東坡，臨流笑。」意境極新，足徵學參變化。《瑞鶴仙》《重陽後二日作》
云：「暮涼添幾許。已過了重陽，又催風雨。吟詩更無緒。看飄梧掩砌，敗
荷盈渚。征鴻驛語。但解說隨陽意苦。問誰知萬里清霜，有客闌干獨撫。　　望
處處一般蕭索，一種牽縈，一番淒苦。孤懷漫吐。剩自把吳鉤舞。但愁雲盡

解，華燈再照，許唱樽前金縷。且任他往日紅娥，悴同青女。」性情之言，發爲藻韻，是品中之最清最高者。詞中俳句，難於跌宕得趣，不難於整麗明豔。要於簪花格子中，不失其龍伸蠖屈珠解泉紛之妙，斯正難耳。《玉屑詞》詞中偶句，即病於此，有極佳之詞，因一二偶句，壅塞其氣，致乏空靈。茲檢一二，以見一斑。予之錄此，期乎初心，誠以研究爲正鵠，非故暴同道也。如《臨江仙》之「清閒花作友，瀟灑竹封侯。」《好女兒》《自嘲》之「相少鳶肩，名牽雞肋，品愧龍頭。」雖非偶句，而以俳法出之，故僻獨。《沁園春》《詠五時花》云：「令節成圖，頻誇綺繡，良辰鬥草，互炫珠璣。」又《詠鬭兵符》之「走馬爲歡，遊會蹋柳，登高辟惡，佩久囊萸。」《滿江紅》之「世事喚回蕉鹿夢，文章泣盡珠鮫雨。」皆以詩法入詞，故稍痣惡焉。

三九

　　《古今詞曲品》謂：「學詞不學器，與不學等。蓋其所作詞，必不能入樂。無論其造句如何佳妙，要亦不過文章家之駢散文耳。」語固精審扼要，顧期之今世，塡詞之家，有幾工是說者乎？所謂學器，即知音也。音韻聲律，又有不同。考律者只知十二律，二十八調等宮調之原理，而究其某宮須用何種聲音之字配之，則未能確指而明言也。樂工則只知工尺等字，不復考其工字屬何律？尺字屬何律？第按譜吹聲，於節拍無差，即爲能事矣。而究其工字應用何種聲音之字，配之乃合，亦茫然如聾聵耳！而韻學家只以四聲辨韻，問其某韻合於宮譜管色中之何宁，則亦惟有茫對者。惟音學家獨能以四聲辨五音，以五音配管色，以管色求律呂。故詞曲家必知音，知音者，學器之初仞也。

　　　　　　　（以上 1929 年 9 月 29 日第 38 期、1929 年 10 月 6 日第 39 期）

四〇

　　林琴南先生，一代名家，雄於文章，詩畫亦妙絕。惜不常覯！而詩餘尤靳所見。昨檢舊存《瀚海》，有署名枰君者，刊一則載畏盧詞一首。其詞附於林譯小說《迦茵小傳》中，詞係《買陂塘》，並小序，清俊之至！序云：秋氣既肅，林居寡歡，仁和魏生時時挾書，就予談譯。齋舍臨小橋，槐榆蒼

黃，夾以殘柳。池草向瘁，鳴蟹四徹。寥然不覺其詞之悲也。回念身客馬江，與王子仁譯《茶花女遺事》，時則蓮葉被水，畫艇接窗。臨楷歎唱，猶見弗懌。矧長安逢秋，百狀蕭瑟，而《迦茵》一傳，尤爲美人碧血，泌夫詞華。余雖二十年庵主，幾被婆子燒卻。而亦不能無感矣。爲書既竟，仰見明月。涉筆窗間，卻成此解。詞云：「倚風前、一襟幽恨。盈盈淚珠成瘻。紅瘢腥點鴛鴦翅，苔際月明交頸。魂半定。倩藥霧茶雲，融得春痕凝，紅窗夢醒。

甚恨海波翻，愁臺路近。換卻乍來景。樓陰裏，長是紅幽翠屏。消除當日情性。篆紋死後依然活，無奈畫簾中梗。聊試省，碧潭水，阿娘曾蘸桃花影。商聲又警。正蘆葉飄蕭，秋魂一縷，印上畫中鏡。」詞清瑩雋永，所謂洗卻鉛華畫牡丹，格雖豔而色不豔者，斯於南唐後主之詞，三折其肱也。

四一

歷來集詩文爲聯語者極多。獨於詞，尟所及焉。蓋詞參差其句，崢嶸其氣，截章取句，嫌其不串耳。前讀《南金雜誌》，觀黃秋岳爲梅蘭芳所畫便面，錄近集姜白石詞聯語若干首，雋妙天成，眞神構也。愛不釋手，轉示友好，僉以錄入予話爲宜，循衆議，書於此。其一云：「疊鼓夜寒，白頭歌盡明月。寫經窗靜，此地宜有詞仙。」自注：吾於光緒癸卯，始徙家宣南坊，居無何仲舅北來，設榻東廂。輒出張皋文《詞選》，授吾吟諷，始知倚聲之趣。今垂三十年矣。前年歸省舅於虎節河沿，淨室三楹，奉偓人甚虔，寒夜月明，白髮趁趍，行歌故如昔也。因集白石老仙詞句，寄奉左右。（上聯）：玲瓏四犯，念奴嬌。（下聯）：喜遷鶯慢，翠樓吟。其二云：「最可惜一片江山，算空有古木斜暉，舊遊在否。更何必十分梳洗，致凝想明璫素襪，雙槳來時。」自注：昔歲征車南指，爲白下之遊。晨登豁蒙樓，北極閣，近覽莫愁，平瞻鍾阜，想像六朝金粉之盛。其後躡屐春申，數詣建業，歎息江山之美，以爲宜有紫髯吳兒，因緣坐領。兵機既動，蟠據者遂大有人。而氣度殊卑，偷安天塹。江水滔滔，爲減色矣。湖綠有靈，盧家少婦，應有桂棹蘭槳，自來自往，必不流眄茲輩也。（上聯）：八歸，江梅引，淒涼犯。（下聯）：解連環，慶宮春，琵琶仙。其三云：「象筆蠻箋，明年定在槐府。玉人金縷，何堪更繞西湖。」自注：西湖之美，以春爲最。吾於丙寅花朝後二日入杭州，自臨平西南，山色如蛾綠，如中酒。既至湖上，飲於壺天春，坐有子民、卡

魯、鈞任、爾和諸公。約爲天目之遊，辭以未能。其明年北返京師，爾和索觀南遊詩，並書吾詩中世間海上一聯相貽，因集石帚詞以報。其四云：「戍樓吹角，猶厭言兵，憶別庾郎時，甚而今不道秀句。小舫攜歌，有人應喜，常恐英兒覺，等恁時再覓幽香。」自注：乙丑嚴多，遵海入閩，氣候乃如北地初秋。顧里人久苦兵革。日暮與舜卿登於山，城中炊煙四合，及聞笳吹間作，愀然歡息而已。歲闌覓舟洪山橋，江魚擊鮮，船娘勸酒。溯流至金山寺，望旗山，心目怡曠，未嘗有也。別吾鄉又三年，吟問疏闊，故里寒梅，何日重訊？離思山積，乃集此聯，寄舜兄福州。（上聯）：淒涼犯，揚州慢，卜算子，法曲獻仙音。（下聯）：瑞鶴仙影，水龍吟，卜算子，疏影。其五云：「玉笛無聲，還記章臺走馬。琵琶解語，況有清夜啼猿。」自注：薊門煙柳，隨處關情。二十年間，惱亂人腸者，不止曲中聞折柳也。自甲子以還，鋒鏑頻仍。胭脂坡前，春風盡矣。所餘怡賞者：獨有舞榭歌場。梅派奔走天下人，亦二十年。中有玉霜踵起，務以幽誕哀咽動座客。論者比之曹穆善才，然程生過悲，非宮音也。（上聯）：夜行船，探春慢。（下聯）：醉吟商小品，清波引。其六云：「喚起淡妝人，曲曲屛山，細灑冰泉，湘竹最宜欹枕。追念西湖上，疏疏雪片，緩移箏柱，歌扇輕約飛花。」自注：吾少居北平，而心念江國。以爲江以南不惟春物奇麗，即恢臺之夏，亦足銷娛。童時住玉尺山房，修竹沁泉，石床莞簟，一一可使冰肌玉骨，清涼無汗。至今猶在心目。近年攬勝，仍無出西湖右者，沉醉青山，淡黃楊柳，哀絲豪竹，煙波畫船，亦可跌宕忘老。兵革阻憂，潘鬢皆霜。欲追賦昔游，而未能也。集白石詞竟，恨然累日。（上聯）：法曲獻仙音，齊天樂，惜紅衣，摸魚兒。（下聯）：淒涼犯，玉梅令，石湖仙，琵琶仙。其七云：「楊柳嬌癡未覺愁，簾寂寂，夢依依，爲君聽盡秋雨。鴛鴦獨宿何曾慣，浪粼粼，荷冉冉，誰解喚起湘靈。」自注：集白石詞爲對聯，師曾舊最擅長。辛壬間，師曾數出白石斷句就商，當時不以爲意。今春多暇，自捉搦對仗，乃知匠心之苦。師曾故有聯云：「紅乍笑，綠長嚬，早與安排金屋。引涼飆，動翠葆，誰解喚起湘靈。」雋妙天成。然如吾此聯，亦不易摸索得之耳。（上聯）：卜算子，鷓鴣天，小重山令，念奴嬌。（下聯）：鷓鴣天，隔溪梅令，驀山溪，湘月。以上七聯，無不玲瓏便妙，悠然神鬯，信是得心應手之作。

四二

　　李太白之《菩薩蠻》，以激壯豪放之筆出之，自是千古絕調。以後作者，如何籀之「南園滿地堆輕絮，愁聞一霎清明雨。雨後卻斜陽，杏花零落香。

　　無言勻睡臉，枕上屏山掩。時節欲黃昏，無聊獨倚門。」（此詞周氏《詞辨》畫爲庭筠所作，姑依《草堂詩餘》。）秦少游之「蛩聲泣露驚秋枕，羅幃淚濕鴛鴦錦。獨臥玉肌涼，殘更與恨長。　　陰風翻翠幔，雨濕燈花暗。畢竟不成眠，鴉啼金井寒。」又云：「金風簌簌驚黃葉，高樓影轉銀蟾匝。夢斷繡簾垂，月明烏鵲飛。　　新愁知幾許，欲化絲千縷。雁已不堪聞，砧聲何處村。」黃叔暘之「南山未解松梢雪，西山已掛梅梢月。說似玉林人，人間無此清。　　此身元是客，小住娛今夕。拍手憑闌干，霜風吹鬢寒。」孫巨源之「樓頭尙有三通鼓，何須抵死催人去。上馬苦匆匆，琵琶曲未終。

　　回頭凝望處，那更簾纖雨。謾道玉爲堂，玉堂今夜長。」張子野之「哀箏一弄湘江曲，聲聲寫盡湘波綠。纖指十三弦，細將幽恨傳。　　當筵秋水慢，玉柱斜飛雁。彈到斷腸時，春山眉黛低。」陳克之「赤闌橋盡香街直，籠街細柳嬌無力。金碧上青空，花晴簾影紅。　　黃衫飛白馬，日日青樓下，醉眼不逢人，午香吹暗塵。」又云：「綠蕪牆繞青苔院，中庭日淡芭蕉卷。蝴蝶上階飛，烘簾自在垂。　　玉鉤雙語燕，寶甃楊花轉。幾處簸錢聲，綠窗春睡輕。」辛棄疾之「鬱孤臺下清江水，中間多少行人淚。西北望長安，可憐無數山。　　青山遮不住，畢竟東流去。江晚正愁予，山深聞鷓鴣。」以及溫庭筠之「小山重疊金明滅」五闋，韋莊之「紅樓別夜堪惆悵」四闋，均流於綺麗倩秀中。欲求太白之元門胎淳，已不可得。有清之納蘭容若，以時代環境之薰染，稍有一二典型遺模，雖可觀，特不多耳。近人作者，猶以摘藻揚芬，挹葩嵌豔爲能事，然清靈超逸，足補古人之短。常熟楊雲史著有《玉龍詞》。所塡《菩薩蠻》小令極多，如「香衾重疊春雲熱，梨花慘淡吳宮月。紅豆發枝枝，江南腸斷時。　　玉屏燈影薄，雲髻頹香膊。簾外起東風，殘鶯啼落紅。」又云：「鳳凰弦上聞愁語，明朝滋味孤舟雨。含淚出離筵，蓬鬆雲兩肩。　　夜寒深閉閣，沁透鴛鴦薄。無力倚東風，長亭紅雨中。」又云：「啼鶯攪碎梨花夢，曉風殘月郎珍重。相送過欄杆，小山花雨寒。　　黃鸝枝上語，語語關情緒。樓上正相思，江風吹柳絲。」又云：「狐裘馬上春寒重，胡笳吹破妝樓夢。斜月轉荒溪，子規山上啼。　　征鴻千里去，客予

同行路。金谷鎖鴛鴦，輸他春夢長。」又云：「吳山月落霜華瀉，夢魂悄近西廊下。紅燭水晶簾，玉人對雨眠。　　相逢驚又問，露滴啼紅損。疑是夢中逢，夢中知夢中。」又云：「碧蕪狼藉春煙薄，蜻蜓飛上秋千索。人影柳絲扶，畫橋紅雨疏。　　花心斜日劈，絮腳香泥濕。獨自倚雕欄，滿樓重疊山。」又云：「屏山曲曲春寒折，薔薇月冷黃鸝噎。醉酒出重門，黃昏微有雲。　　玉簫鸞鳳曲，深院鳴蝙蝠。牆外碧塵飛，玉郎歸未歸。」又云：「洞房窈窕眠鸚鵡，畫廊零落酴醾雨。日暮上紅橋，紅橋春水高。　　憶郎當日去，握手來斯處。含淚訂歸函，郎云三月三。」又云：「羅巾感疊愁紅濕，春帆過盡無消息。無限夕陽山，桃花春水寒。　　黃昏紅撲朔，翠羽香階啄。斜月掛山頭，小樓人自愁。」又云：「海棠結束紅星小，博山香澀香燈悄。風起杏花稀，開門聞馬嘶。　　郎歸春夜短，水閣檀雲暖。門外草連空，亂山殘月中。」又云：「狂愁閒逐江流去，東風閒逐江頭絮。春酒月明中，杜陵花又紅。　　高樓情脈脈，瓊怨和誰說。宛轉七香車，落英風裏斜。」又云：「銀屏半掩重門靜。玉環冷落無人省。故國夢闌珊，梨花斜月寒。　　秋千風外動，小閣春寒重。簾外落花輕，曉鶯殘夢輕。」又云：「天涯觸目傷心處，孤驄寥落揚州路。回首夢鄉關，江南秋月殘。　　秋江何所有，惟有芙蓉秀。欲去採芙蓉，芙蓉零亂紅。」又云：「春流滾滾催帆去，鷓鴣聲里長亭路。酒後怯春寒，江南無限山。　　東風愁渺渺，芳草長安道。日薄柳如煙，鳳城寒食天。」（此闋「鷓鴣」句與「芳草」句嫌複。）又云：「簾櫳新月銀鉤靜，蕭蕭秋浪鴛鴦醒。相對泣香紅，野塘風露中。　　興亡多少話，湘瑟彈紅謝。妃子不知愁，華清宮裏秋。」又云：「江南秋夢鷗邊冷，淡煙斜月籠秋影。深夜聽風搖，露珠江面拋。　　愁臨水裏鏡，鏡裏臨愁影。（用兩「影」字，或梨棗之誤。）鴻雁正來時，思君知不知。」又云：「眾愚不障飛花影，碧雲無力春空冷。月白霧迷迷，五更蝴蝶飛。　　此時愁不語，萬里人何處。北斗掛樓梢，吳江生暗潮。」以上錄集中詞十數首。於哀感頑豔中，更得雋峭兩字訣。所謂骨肉停勻，多力豐筋，如幗國鬚眉，柔媚中別有剛勁氣者也。蔣廷黻評云：「填詞自毗陵諸老出而其道始尊，嘗聞呂庭芷先生述皋文、北江緒論，崇主澀字。於靈芬館不甚許可，以其過於流動，失之滑也。是卷沈鬱頓挫，深得澀字三昧。」所謂「澀」者，凝練峭拔之意也。無氣魄人為詞，易流靡弱。矧小令之格局已非長槍大戟，森然磨戛之調，而

可以情感挪之耶？邵次公亦有《菩薩蠻》十二闋之作，錄之以見今日之詞風。其一云：「盤龍鏡裏嬌塵起，桃花染遍東流水。持淚問春寒，人生相見難。

玉階朝復暮，千騎東方去。此意總成虛，還君明月珠。」其二云：「高樓雛雛長安道，葳蕤深鎖蛾眉老。吹過五更風，畫堂春夢濃。　　笙歌開別院，燕子時相見。河水送春潮，靨紅從此銷。」其三云：「漢宮秋冷仙娥下，玉笙吹徹初長夜。萬戶月朧明，有人眠未成。　　畫闌雙掛樹，仙掌芙蓉露。朱鳥不歸來，綺窗紅扇開。」其四云：「章臺街上纖纖柳，寶釵樓上纖纖手。街上少行人，攀條持贈君。　　贈君楊柳色，報以雙飛翼。比翼向天涯，柳條吹暮花。」其五云：「西陵松柏風吹雨，銅臺白日聞歌舞。香冷緫幃深，新禽啼故林。　　六宮誰第一，傾國傾城色。不見雒川神，襪羅生暗塵。」其六云：「燕池花落青春晚，鳳凰飛去簫聲遠。侍女貼宮黃，回身羅帶長。

銅龍催夕漏，斗帳東風皺。驄馬不聞嘶，珠簾寂寞垂。」其七云：「雞翹春草翯翁濯，秦桑三月枝枝綠。織錦幾時成，秋風蜻蚓鳴。　　鹿盧千百轉，井上朱絲短。誰唱鹿盧歌，玉繩低曙河。」其八云：「湘靈鼓瑟無人聽，洞庭木落秋風冷。何處寄明璫，微波千里長。　　暮雲生極浦，日日神靈雨。回首見巫山，夜深幽夢殘。」其九云：「西江月落啼鳥起，吳王沉醉深宮裏。絃管不關愁，宮門梧葉秋。　　五湖雙畫槳，越客千絲網。桃李可憐春，浣紗何處人。」其十云：「江南蓮葉田田小，採蓮人唱江南好。秋思滿黃嬴，涉江風露多。　　鴛鴦眠枉渚，疊舸凌波去。遊子惜紅衣，夜涼垂手歸。」十一云：「虹梁陌上車如水，青絲白馬誰家子。解道惜朱顏，不知行路難。

錦屏紅蠟燭，花底移寒玉。揮手弄箜篌，月明纖雨頭。」十二云：「年年惆悵秦樓別，夢回又過中秋節。歲暮擔忘歸，雲羅無雁飛。　　遠山青歷歷，芳草春風色。芳草映征袍，馬蹄前度驕。」次公先生此作，知得力於《十九首》者不少。綿邈其音，如聆空山之瑟；澄懷體物，勝探海上之琴。負聲有力，振彩欲飛，渾脫瀏灕，尤足爲是詞厚也。以上錄楊雲史、邵次公二先生《菩薩蠻》都數十首，綺麗豐縟，導思清妍，雖少病於藻腴，而秋江楓錦，別饒清氣，以是見今日詞風之未盡頹也。

（以上 1929 年 11 月 3 日第 43 期、1929 年 11 月 17 日第 45 期、1929 年 11 月 24 日第 46 期）

四三

補庵論詩，謂：「文藝者，時代之元培，而非以追隨時代者也。建安黃初之間，詩之天地，若寶藏初啓，隨手拾之，皆自瑰瑋。吾人讀陳思集，覺其眼前語意，都成絕響。阮步兵《詠懷》諸作，雜入市井流行語，而在古人發之，皆屬妙諦。後之人，寧不爲之，若仿爲之，則嚼蠟矣。且遑論後人，即晉末（指劉宋）間人，已須自下一番磨洗工夫。試取陶謝之詩，與《古詩十九首》之語意相近者，互參而對照，則晉宋時人，已有我生不古，天然妙文，都被古人先我而有之之歎！是以二三百年而詩體一變，凡物皆然，不獨詩也。安有踟躇於轅下，猶規規於聲律氣息中討生活，不出山色江流，雨重雲輕之故轍，四五百年，而不能自闢一新天地如今日者乎？」補公此說，蓋有慨於今日之詩界而發也。夫文字莫不貴新，所謂詩有天地者，新之謂也。文藝中，不獨詩然。倚聲尤甚。不新可以不作，意新爲上，語新次之，字句之新又次之。所謂意新者，非於尋常聞見之外，別有所聞所見而後謂之新也。即在飲食居處之內，布帛菽粟之間，盡有事之極奇，情之極豔。詢諸耳目，則爲習見習聞。考諸詩詞，實爲罕聽罕睹。以此爲新，方是詞內之新，非齊諧志怪，南華志誕之所謂新也。人皆謂眼前事，口頭語，都被前人說盡。焉能復有遺漏者？實則遺漏者正多，說過者未嘗盡其涯涘耳。試觀唐宋明初諸賢，既是前人，吾不複道，只據眼前詞人論之，如董文友、王西樵、王阮亭、曹顧庵、丁藥園、尤悔庵、吳薗次、何醒齋、毛稚黃、陳其年、宋荔裳、彭羨門諸君集中，言前人所未言而又不出尋常聞見之外者，不知凡幾。由斯以譚，則前人常漏吞舟，造物盡留餘地。奈何泥於「前人說盡」四字，自設藩籬，而委道旁金玉於路人哉？詞語字句之新，亦復如是：同是一語，人人如此說，我之說法獨異，或人正我反，人直我曲，或隱躍其詞以出之，或顛倒字句而出之，爲法不一，昔人點鐵成金之說，我能悟之。不必鐵果成金，但有惟鐵是用之時，人以金試而不效，我投以鐵，鐵即金矣。彼持不龜手之藥，而往覓封侯者，豈非神於點鐵者哉？所最忌者，不能於淺近處求新，而於一切古冢秘籍之中，搜其隱事僻句，及人所不經見之字，入於詞中，以示新豔，高則高，貴則貴矣！其如人之不欲見何？此湖上笠翁論詞之深識也。方邵村評云：笠翁著述等身，無一不是點鐵，此現身說法語也。予更進其說而窮之。所謂新者：當以個人言，不當以眾人論。蓋天地之大，何奇不有？風雲草木，盡態極妍，喜怒哀樂，隨人而別。不能以一己之獨悟，免爲萬象之南針，故曰

詩詞所以淑陶性情，瀝攄胸臆，文字貽人，求後世之揚子雲以流傳之，則文藝之源，不致枯涸而斷其流也。詩詞均有境，即詩之天地，詞之天地之謂也。斯境也，謂其大。大而括八弦，範兩間，一萬一千峰，九野十一島，不足盡也。謂其小，小而現於眼前，達於耳外，而盤旋於方寸之間，納須彌於芥子，現玄猿於棘端，未見渺也。隨心而生者，隨心而宅。隨心而興者，隨心而度。此人之所以能詩詞，而詩詞之所以有境也。古今詩詞作者，不下千萬，而人各一境，人各一格，絕無相同而毫忽不異者，於是新不新之界出焉。柯亭之竹，見美於邕；海上之琴，引情於俞。同聲相應，同氣相求，同心之言，烈於金石，固其說也。吾境吾詞，不期然而然，為汝之所不能道，且為汝所欲道而未有所道之術者，則汝見吾詞，必躍然起，抵掌而呼曰：「何境之新也？」此之所謂新，斯真新耳。笠翁謂詞中有最服其心者：「雲破月來花弄影」郎中是也。有蜚聲千載上下而不能服強項之笠翁者，「紅杏枝頭春意鬧」尚書是也。「雲破月來」句，詞極尖新，而實為理之所有。若紅杏之在枝頭，忽然加一「鬧」字，此語殊難著解。爭鬥有聲之謂鬧，桃李爭春則有之，紅杏鬧春，予實未之見也。此說偏於臆見，足徵新之於詩詞以及他項文藝，不易走筆立訓，劃為界說。端在作者之妙手偶成，而讀者之靈心冷釋耳！清之詞家，若笠翁所舉，固多新警之作，而有有一代之詞壇林幟，求其新穎卓出者，猶不免不推重笠翁。笠翁之詞，無詞不新，真所謂不新可以不作。出奇制勝，為千古有數之風格。茲因篇幅關係，略錄小調，以覘片玉。如《搗練子》《惜花》云：「花片片，柳絲絲。天為春工費不貲。一歲經營三日盡，直呼風作蕩家兒。」又云：「紅未盡，綠先濃。同倚芳柯鬥錦叢。命不由人空妒葉，一年秋盡始凋風。」《搗練子》《春景》云：「藏麝腦，熄沈煙。蘭忌薰香寶鴨閒。好夢只教蝴蝶共，常移一榻臥花前。」《憶王孫》《苦雨》云：「看花天氣雨偏長。徒面青青薜荔牆。燕子秋寒不下梁。惜時光。等得晴來事又忙。」胡彥遠評云：「詞貴乎真，『事又忙』三字，無人肯道。」又《山居漫興》云：「不期今日此山中。實踐其名住笠翁。聊借垂竿學坐功。放魚鬆。十釣何妨九釣空。」又云：「似儂才可住蒿萊。四壁蕭然雪滿腮。日日柴門對賊開。賊偏乖。道是才人必少財。」《如夢令》《春怨》云：「無緒無懷心孔。何故忽生煩冗。花瓣乍飛時，燕子銜來驚恐。情種。情種。知是東皇作俑。」又云：「繡戶常年深鎖。不到花時猶可。多事怪花叢，故故與人相左。雙朵。雙朵。切莫開時向我。」又云：「春似人情難據。賺得花開思去。此際是光

風，轉眼便成飛颺。堪慮。堪慮。屑紫霏紅如鋸。」《風流子》《贈月》云：「最喜多情明月，夜夜伴儂孤子。雖不語，似聞聲，光是嫦娥精血。照人親切。如在廣寒宮闕。」《長相思》云：「轉秋波，定秋波。轉處留情定揣摩。芳心待若何。蹙雙蛾，展雙蛾。蹙似陰霾展太和。看來好意多。」《河滿子》《感舊》云：「記得流螢天氣，有人愛拍輕羅。月下吹簫忘夜短，晏眠好夢無多。紅日三竿補漏，清風一覺成魔。」又云：「記得雪深三尺，有人煨芋忘眠。素靄每從歌口出，教人誤作香煙。寒暑未停絲竹，溫和肯廢箏弦。」吳梅村評云：「寒時吐氣，有如白虹，常事也。卻未經人道。」《生查子》《入春苦雨至人日始晴》云：「春來第一朝，才睹溫和氣。簾卷出餘寒，沁入梅香細。　　新鳥試如簧，珍重聲無幾。滿院未開花，盡作縱橫計。」《生查子》《閨人送別》云：「樽中酒已空，去解青驄馬。慘殺此時情，淚重渾難灑。

　　欲不看登程，送別胡為者。覷上寶雕鞍，不覺心如剮。」方邵村評云：「剮字極俚。而用之甚雅。所謂字新也。」《生查子》《春閨》云：「春來樂事繁，也忌芳心冗。欲待不看花，無奈金蓮勇。　　最喜上鞦韆，又怕郎心恐。前度墜香階，曾代將心捧。」吳梅村評云：「兩副情腸，一筆畫出。」《賀聖朝引》《春朝送客》云：「草連春水水連雲，送王孫。一片桃花路不分，好迷津。　　到處有詩君莫懶，及芳辰。歸來不是舊行人，雪紛紛。」《昭君怨》《贈友》云：「無故去家十里，結個茅庵近水。兒女盡相拋，對離騷。　　有客尋來懶見，屋後開門一扇。潛步入鄰家，且看花。」《春光好》《本意》云：「春光好，見芳叢。互相蒙。妙在桃花能綠，柳能紅。　　織錦尚嫌繁雜，畫山終欠玲瓏。天意不隨人弄巧，自然工。」顧梁汾評曰：「忽作宋儒語，天然妙絕。」《女冠子》《秋夜懷人》云：「夜深獨嘯，驚得滿林鴉噪，為何來。記起歌三疊，難忘酒一杯。五年愁雁絕，十度見花開。知他貧欲絕，愧無財。」馮青士評云：「財字為詞家所忌，笠翁用之最雅。有此妙術，何鐵不金？吾不能不垂涎此指。」《點絳唇》《閨情》云「小立花前，噥噥唧唧同誰語。萬聲千句，同病憐紅雨。　　見有人聽，一半留將住。佯推故。連花帶土。逐瓣將來數。」《浣溪沙》《題三老看雲圖》云：「家在雲中不識雲。偶來山下送遊人。同看不覺自消魂。　　看去既成雲世界，原來身住錦乾坤。而今才識下方貧。」又云：「一姓人衣五色裳。午時又變曉來妝。蒼天不止一痕蒼。　　不信但觀先後色，與君坐此待昏黃。昏黃又是一家鄉。」又《夢裏渡江》云：「倦起婆娑事未諳。秋山如醉復如憨。與人相對止相堪。　　睡

處正酣淮北酒，醒來身已在江南。長房縮地籍風帆。」《菩薩蠻》《江干夜泊懷諸同人》云：「秋林霧卷松如沐，孤舟雅伴漁人宿。風逐晚潮生，波痕皺月明。　　今宵天共水，清透詩人髓。所恨只孤吟，淒淒和遠砧。」又《元宵喜晴》云：「昨宵拚坐今宵雨，今宵不道能如許。甘受至愚名，籌陰誤得晴。　　罰予金谷酒，滅我談天口。從此只拚愁，歡娛誤到頭。」又《歌兒怨》云：「歌喉不合清如溜，含羞耐怯當筵奏。最苦遇周郎，低徊眼一雙。　　為憐無可顧，卻似聲聲誤。只為貌中看，翻令曲受冤。」何醒齋評云：「怨詞那得如此香豔？又絕不用一豔字，所以為佳。」又《舞女怨》云：「生來不令腰如線，貪慵怯舞將誰倩。一度試霓裳，花枝一度狂。　　盡言風擺柳，柳困君知否。香汗透輕羅，淋漓卻為何。」後半意穎句新，極蘊藉之能事。又《巧婦怨》云：「芳心不合明如鏡，百端交集由天性。巧是拙之奴，何妨受厥辜。　　所嗟諸事巧，不博些兒好。無米飯能炊，無緣唱莫隨。」以至理言怨，是詞中別開生面者。又《才姬怨》云：「生人不合生彤管，無才何處分長短。彩筆較金針，為功孰淺深。　　可憐十八拍，徒受琵琶厄。妒殺似鳩兒，鴛鴦睡起遲。」激裂纏綿，兼而有之。又《月下聞簫》云：「中庭露下涼颸徹，湘簾雖掛渾如揭。非近亦非遙，誰家吹洞簫。　　竹音嬌似肉（好句），想見唇如玉（好句）。何處借人教，多念應四橋。」詞中「竹音」二句，真空前絕後妙思妙文，予於笠翁，撫臆虔敬矣。《卜算子》《詠榆莢錢》云：「詩眼俗春朝，到處迷阿堵。夷甫從來口不言，一任空中舞。　　拾起細評論，改性從商賈。翻怪東皇不愛錢，拋擲同泥土。」其二云：「沽酒正無憑，榆莢飛將至。絕細蠅頭寫一行，權當開元字。　　莫道不流通，效用從今始。柿葉蕉書盡可珍，何況錢為紙。」又云：「不鑿鄧家山，幻出通神具。買盡韶光未破慳，只道千年聚。　　儼是富家翁，人喚搖錢樹。一旦春歸守不牢，陣陣飛將去。」又云：「從未睹錢飛，枉卻青蚨號。此際迎風只一呼，子母齊來到。　　莫作杳然觀，虛實曾相較。試問銅山鑄盡年，可是空頭鈔。」四首意警詞新，一掃千古套襲之習，足為詠物詞之先覺作品。《巫山一段雲》云：「何處繁絃絕，誰家綺席翻。歌聲遙似隔重山，妙在有無間。　　為感金風驟，遙憐翠袖寒。不知於我甚相干，卻為惜更闌。」後半詞入化境，所謂一往情深者此也。《減字木蘭花》《閨情》云：「人言我瘦，對鏡龐兒還似舊。不信離他，便使容顏漸漸差。　　裙拖八幅，著來果掩湘紋縠。天意憐儂，但瘦腰肢不瘦容。」余澹心評云：「寧教身敝，不願色衰，情至

語，誰人解道？」又《惜春》云：「春光九十，風風雨雨將過七。餘日無多，屈指才伸即便過。　　東皇有意，暫放花神舒口氣。必欲摧殘，零落掃如一夜刪。」尤展成評云：「宛是閨中憤恚語。」又《閨怨》云：「黃昏至矣，露濕欄杆徒自倚。何處留連，只看杯中不看天。　　但償酒債，聽爾來遲儂不怪。所慮清談，座客成雙少第三。」杜于皇評云：「刻畫至此。」又《對鏡》云：「少年作客，不愛巔毛拚早白。待白巔毛，又恨芳春暗裏銷。　　及今歸去，猶有數莖留得住。再客三年，雪在人頭不在天。」末句神明獨運，韻意雙絕。陸麗京評曰：「此等調，眞堪獨步。宋人以後，絕響五百年矣。」又《聞雁》云：「數聲嘹嚦，釀雨生風寒淅淅。貼近茅簷，影度空階落素蟾。

　　有人憐你，壓背霜濃飛不起。好覓蘆汀，勉強孤淒待曉行。」清逸之作。又《悔春》詞其一云：「春光太富，似馬離韁收不住。怪煞東皇，散有爲無不善防。　　早知今日，綠遍郊原紅寂寂。何不當時，且許鮮葩放一枝。」其二云：「鶯聲太巧，催得百花抽似草。等得花殘，囁囁枝頭舌也乾。　　早知易老，不應賤卻啼聲好。終日間關，悅耳詞多也纇繁。」其三云：「東風太驟，易盛花枝還易瘦。薄露微陽，只許嫣然不許狂。　　此時還在，縱減芳姿餘故態。何至茫然，不怪群芳只怪天。」其四云：「識春太晚，雪隱梅花人亦懶。待捲簾時，粉褪香銷看已遲。　　紛紛桃杏，又爲支床遊蹭蹬。病起開殘，青帝空過又一番。」四首標題用「悔春」字樣，已屬新奇，矧論其詞之綺柔耶？熊元獻評云：「悔字妙絕，此題一出，和者紛紛矣。」吳念庵評云：「四闋如燕語鶯啼，不嫌繁絮。所謂汝正傷春，我又悲秋耳！」

（以上 1929 年 12 月 15 日第 49 期、1929 年 12 月 22 日第 50 期）

四四

《夢窗詞》，宋吳文英著。刻本極多，間多謬誤。予讀吳詞，係歸安朱氏無著庵校刊本，尙精確。至毛晉本及杜文瀾本，則一失之不校，舛謬致不可勝乙；一失之妄校，每並毛刻之不誤而亦改之。朱氏本首載諸家校識語，擇錄之，以見諸本之病在何處也。毛晉識云：「或云《夢窗詞》一卷，或云凡四卷，以甲乙丙丁釐目。或又云吳君侍從吳履齋諸公遊，晚年好塡詞，謝世後，同遊集其丙丁兩年稿若干篇，釐爲二卷，末有《鶯啼序》，遺缺甚多，蓋絕筆也。與予家藏本合符，既閱《花庵》諸刻，又得逸篇九闋，附存卷尾。山陰尹煥序略云：求詞於吾宋，前有清眞，後有夢窗，此非煥之言，四海之

-205-

公言也。」毛晉又識云：「余家藏書未備，如四明吳夢窗詞稿，二十年前，僅見丙丁兩集，因遂授梓，蓋尺錦寸繡，不忍秘諸枕中也。今又得甲乙二冊，但錯簡紛然。如『風裏落花誰是主』，此南唐後主亡國詞讖也。『無可奈何花落去，似曾相識燕歸來』之巧對，晏元獻公與江都尉同遊池上一段佳話，久已耳熟，豈容攘美？又如秦少游『門外綠陰千頃』，蘇子瞻『敲門試問野人家』，周美成『倚樓無語理瑤琴』，歐陽永叔『佳人初試薄羅裳』之類，各入本集，不能條舉。但如『雲接平岡』、『對宿煙收』諸篇，自注附某集者姑仍之。未識誰主誰賓也。」至秀水杜文瀾刻本則云：「南宋端平淳祐之間，工於倚聲者，以吳夢窗爲最著。夢窗名文英，字君特，據《蘋洲漁笛譜》末附錄夢窗所題《踏莎行》，自稱覺翁，蓋晚年之號。家於四明，高尚不仕，久客杭都及浙西淮南諸郡，與吳履齋諸公遊。尹惟曉、沈義甫、張叔夏皆稱之。與周草窗爲忘年之交，《草窗詞》有《玲瓏四犯》一闋，題爲戲調夢窗。《拜星月慢》一闋，題爲春暮寄夢窗。《朝中措》一闋，題爲擬夢窗。而《玉漏遲》一闋，即題夢窗《霜花腴詞集》，傾倒尤至。夢窗詞以綿麗爲尚，筆意幽邃，與周美成、姜堯章並爲詞學之正宗。顧《片玉詞》、《白石歌曲》，即行於世。而夢窗手定《霜花腴詞集》爲周草窗所題者，散軼不傳。後人補輯之，甲乙丙丁四種，僅附刻於汲古閣《六十家詞集》中。無單行本，因摘出校勘付梓，以廣其傳焉。」儀徵劉毓崧跋云：「觀察杜公，博極群書，深於詞律。重編吳夢窗詞稿既成，以定本見示，屬爲作敘。其校正之精，刪移之善，輯補之密，評論之公，具見自敘及凡例之中。本無待於揚榷。惟是夢窗之詞品，諸書言之甚詳，而夢窗之人品，諸書言之甚略。故聲律之淵源可溯，而行事之本末罕知。汲古閣毛氏跋語，言其絕筆於淳祐十一年辛亥，今以詞中所述推之，知其壽不止此。蓋夢窗嘗爲榮王府中上客，丙稿中《宴清都》一闋，題爲《餞嗣榮王仲享還京》，有『翠羽飛梁花』之語。《掃花遊》一闋，題爲《賦瑤圃萬象皆春堂》，有『正梁園未雪』之語。據周草窗《癸辛雜識》言，榮邸瑤圃，則瑤圃即榮王府中園名，故以梁王比榮王，而以鄒枚自比也。榮王爲理宗之母弟，度宗之本生父。夢窗詞中有壽榮王及壽榮王夫人之作，雖未注明年月，然必在景定元年六月以後，蓋理宗命度宗爲皇子，係寶祐元年正月之事，立度宗爲皇太子，係景定元年六月之事。寶祐元年，干支係癸丑，後於辛亥二年，景定元年，干支係庚申，後於辛亥九年。今按夢窗乙稿內，《燭影搖紅》一闋，題爲壽嗣榮王，其詞云『掌上龍珠照眼』，又云『映蘿圖星暉海潤。』丙稿內《水龍吟》一闋，題亦爲壽嗣榮王，其詞云『望中

璿海波新。』甲稿內《宴清都》一闋，題爲壽榮王夫人，其詞云『長虹夢入仙懷，便洗日銅筆翠渚。』又云『東周寶鼎，千秋鞏固，何時地拂龍衣，待迎入玉京閶闔。』《齊天樂》一闋，題亦爲壽榮王夫人，其詞云『鶴胎曾夢電繞。』又云『少海波新。』所用詞藻，皆是皇太子故實。不但未命度宗爲皇子之時，萬不敢用，即已命爲皇子之後，未立爲皇太了之前，亦不宜用。然則此四闋之作，斷不在景定元年五月以前，足徵度宗冊立之時，夢窗固得躬逢其盛矣！據壽詞所言時令節候，榮王生辰，當在八月初旬，《水龍吟》詞云『金風細裊』，又云『半涼生』，《燭影搖紅》詞云『寶月將弦』，又云『未須十日便中秋』。榮王夫人生辰，當亦在於秋月，《宴清都》詞云『蟠桃正飽風露』。《齊天樂》詞云『萬象澄秋』，又云『涼入堂階彩戲。』《水龍吟》詞言璿海波新，《齊天樂》詞言少海波新，必在甫經冊立之際，則此兩闋，當即作於庚申秋間，若《燭影搖紅》、《宴清都》兩闋之作，至早亦在辛酉秋間。是時夢窗尚無恙也。況周草窗詞內《拜星月慢》一闋，題爲《春暮寄夢窗》，《蘋洲漁笛譜》此調有敘，謂作於癸亥春間，是時夢窗仍無恙也。安得謂辛亥之作，爲絕筆乎？夢窗曳裾王門，而老於韋布，足見襟懷恬淡，不肯藉藩邸以攀援，其品概之高，固已超乎俗流。若夫與賈似道往還酬答之作，皆在似道未握重權之前，至似道聲勢薰灼之時，則並無一闋投贈。試檢丙稿內《木蘭花慢》一闋，題爲《壽秋壑》，其詞云『想漢影千年，荊江萬頃』，又云『訪武昌舊壘』，又云『倚樓黃鶴聲中』。《宴清都》一闋，題亦爲《壽秋壑》，其詞云『翠匝西門柳荊州，昔未來時正春瘦』，又云『對小絃月掛西樓』，就其中所用地名古迹推之，必作於似道制置京湖之日。乙稿內《金盞子》一闋，題爲似道西湖小築，其詞云『轉城處他山小隊，登臨待西風起。』丙稿內《水龍吟》一闋，題爲《過秋壑湖上舊居寄贈》，其詞云『黃鶴樓頭月午，奏玉龍，江梅解舞。』亦均作於似道制置京湖之日。蓋《水龍吟》詞言『黃鶴樓頭』，固京湖之確證。《金盞子》詞言『登臨小隊』，亦制置之明徵。《金盞子》詞，題言『西湖小築』，必作於落成之初。《水龍吟》詞，題言『湖上舊居』，必作於既居之後。其次第固顯然也。似道官京湖制置使在淳祐六年九月，其進京湖制置大使在淳祐九年三月。迨十年三月，改兩淮制置大使，始去京湖。夢窗此四闋之作，當不出此數年之中。或疑開慶元年正月，似道爲京湖南北四川宣撫大使，次年四月還朝，此一年有餘亦在京湖。夢窗之詞安見其非作於此際？不知似道生辰係八月初八日，周草窗《齊東野語》言之甚詳。開慶元年正月以後，元兵分攻荊湖、四川，七八月間，正羽檄飛馳之際，似道膺

專閫之任，身在軍中，而夢窗此四闋之詞皆係承平之語，無一字及於用兵。如《木蘭花慢》詞云『歲晚玉關長，不閉靜邊鴻。』《宴清都》詞云『正虎落馬靜，晨嘶連營，夜沈刁斗。』《金盞子》詞云『應多夢岩扃，冷雲空翠』。《水龍吟》詞云『錦驪一箭，攜將春去，算歸期未卜。』豈得謂其作於此際乎？似道晚節，誤國之罪，固不容誅，而早年任事之才，實有可取。觀於元世祖攻鄂之際，似道作木柵環城，一夕而就，世祖顧扈從諸臣曰：『吾安得如似道者用之。』其後廉希憲對世祖亦嘗稱述此言，是似道在彼時固曾見重於敵國君相，故周草窗雖深惡似道之擅權，而於前此措置合宜者，未嘗不加節取。王魯齋為講學名儒，生平不肯依附似道，而其致書似道亦嘗稱其援鄂之功。則夢窗於似道未肆驕橫之時，贈以數詞，固不足以為累。況淳祐十年，歲在庚戌，下距景定庚申，已及十年。此十年之中，似道之權勢日隆，而夢窗未嘗續有投贈。且庚申、辛酉正似道入居揆席之初，而夢窗但有壽榮邸之詞，更無壽似道之詞，不獨灼見似道專擅之迹日彰，是以早自疏遠，亦以疇昔受知於吳履齋，詞稿中有追陪遊宴之作，最相親善。如丁稿內《浣溪沙》一闋，題為出迓履翁舟中即興，補遺內《金縷歌》一闋，題為陪履齋先生滄浪看梅。是時履齋已為似道誣譖罷相，將有嶺表之行，夢窗義不肯負履齋，故特顯絕似道耳。否則似道當國之日，每歲生辰，四方獻頌者以數千計，悉俾翹館謄考，以第甲乙。就中曾膺首選者，如陳維慶、廖瑩中等人，其詞備載於《齊東野語》。夢窗詞筆超越諸人，假令彼時果肯作詞，非第一人無以位置，勢必眾口喧傳，一時紙貴，焉有不在草窗所錄以內者乎？縱使草窗欲為故人曲諱，又豈能以一人之手掩天下之目，而禁使弗傳乎？然則夢窗始與似道曾相贈答，繼則惡其驕盈而漸相疏遠，較之薛西原始與嚴嵩相酬唱，繼則嫉其邪佞而不相往來，先後間屬同揆。西原之集，為生前自定，故和嵩之作，一字不存。夢窗之稿為後人所編，故和似道之詞，四闋具在。然刪存雖異，而志趣無殊。夢窗之視西原，初無軒輊，則存此四闋，豈但不足為夢窗人品之玷，且適足見夢窗人品之高，此知人論世者所當識也。故詳為推闡，以見詞品之潔，實由人品之純。觀察尚友古人，為之刊佈是帙，不特其詞藉以傳播，即其人亦藉以表章，此實扶輪大雅之盛意也夫。」按此敘，於夢窗人品之彰映，夢窗作品之考闡，研幾極精，罕識殆聖。故連錄數敘，以見其椎輪之所在焉。至於夢窗詞品之幽妍，則另評論之。

（以上 1930 年 1 月 26 日第 55 期、1930 年 2 月 2 日第 56 期）

四五

昔人評《夢窗詞》，謂「如七寶樓臺，炫人眼目。」其詞之瑰麗也可知。予讀《夢窗詞》既竟，掩卷神往者久。既而思曰：情動於中，恒多鬱勃；託諸比興，務在綿邈；吹彼天籟，止乎眾心；刻羽流商，詎聞天上；比青麗白，所謂神工。雖意思安閒，應乎赴節；而靈襟獨寫，餘味曲包。文藝者，追隨時代者也，非所以左右時代者也。夢窗之詞，藻麗其中，剛拔其外，知其錦心繡口之文人，別具枕戈請纓之奇氣。此讀君特詞者，所當知也。夢窗生當似道專橫之際，玉弩橫飛，金甌倒擲。江山半壁，非僊人劫外之棋；金粉六朝，盡才子傷心之賦。天寒袖薄，夢醒雲孤，託行蹤於去馬來牛，嘗世味於殘杯冷炙。遇金人於灞上，能言茂陵；值銅駝於棘中，誰知典午？鬱伊不少，憂患已深。亦惟有共名花而發歎，和落葉而墜聲耳。是以其詞筆瘦，其聲哀怨。奏雷威琴於深雪之巘，落魚山梵於清夜之霄，其庶幾乎？試觀其乙稿之《八聲甘州》云：「渺空煙四遠，是何年、青天墜長星。幻蒼崖雲樹，名娃金屋，殘霸宮城。箭徑酸風射眼，膩水染花腥。時歎雙鴛響，廊葉秋聲。　　宮裏吳王沉醉，倩五湖倦客，獨釣醒醒。問蒼波無語，華髮奈山青。水涵空、闌干高處，送亂鴉、斜日落漁汀。連呼酒，上琴臺去，秋與雲平。」又《夜合花》云：「柳暝河橋，鶯晴臺苑，短策頻惹春香。當時夜泊，溫柔便入深鄉。詞韻窄，酒杯長。剪蠟花、壺箭催忙。共追遊處，凌波翠陌，連棹橫塘。

十年一夢淒涼。似西湖燕去，吳館巢荒。重來萬感，依前喚酒銀缸。溪雨急，岸花狂。趁殘鴉、飛過蒼茫。故人樓上，憑誰指與，芳草斜陽。」激清調於花箋，奏繁聲於素紙。溫而不屬，慨當以慷；取況幽妍，寄懷綿邈。豈能以庸朱妖粉之名，強飾佛句仙心之品乎？夢窗詞之可誦讀者極多：如《尉遲杯》《賦楊公小蓬萊》云：「垂楊徑，洞鑰啓，時遣流鶯迎。涓涓暗谷流紅，應有緗桃千頃。臨池笑靨，春色滿、銅華弄妝影。記年時、試酒湖陰，褪花曾採新杏。　　蛛窗繡網玄經，才石硯開盒，雨潤雲凝。小小蓬萊香一掬，愁不到、朱嬌翠靚。清尊伴、人閒永日，斷琴和、棋聲竹露冷。笑從前、醉臥紅塵，不知仙在人境。」按楊伯岩字彥贍，號泳齋，楊和王諸孫。淳祐間，除工部郎，出守衢州，錢塘薛尚功之外孫，弁陽周公謹之外舅也。有《六貼補》、《九經韻補》行世。《蘋洲漁笛譜》《長亭怨慢》序云：「先子作堂曰嘯詠。撮登覽要，蜿蜒入後圃。梅清竹腴，蔽虧風月，後俯官河，相望一水，則小蓬萊在焉。」境既清幽，詞亦嫻逸，取詞中收句，「笑從前醉臥紅塵，

不知仙在人境。」讀而意之，覺世事脫屣，汗漫盧敖，依影冥心，有不期然而然者。此其詞言之多婉，則感人也深。意在求空，則漸人也警。則又讀夢窗詞者不可不知也。又《瑞鶴仙》云：「淚荷拋碎璧。正漏雲篩雨，斜捎窗隙。林聲怨秋色。對小山不疊，寸眉愁碧。涼欺岸幘。暮砧催、銀屏剪尺。最無聊、燕去堂空，舊幕暗塵羅額。　　行客。西園有分，斷柳淒花，似曾相識。西風破屐。林下路，水邊石。念寒蛩殘夢，歸鴻心事，那聽江村夜笛。看雪飛、蘋底蘆梢，未如鬢白。」收句以蘆花比鬢，意境均穎特。昨年予爲南京李敦靜君正詞，有《鳳凰臺上憶吹簫》一闋，其原詞收句爲：「……蘆花似雪，一望無垠。」予易爲「蘆花散雪，似髮難簪。」則以蘆花比白髮，意與吳詞同也。此詞本無題，毛本作《秋感》。按宋人詞不盡標題，《草堂詩餘》輒增春景、秋情諸目，取便依時附景，當筵嘌唱而已。甲乙二稿，無一詞無題者，其中秋感、春情、夏景及有感、感懷諸題，凡二十餘見。且依調編次，與丙丁稿體例迥別，顯出後人重定。以意標目，猶踵《草堂》陋習，應一律刪去。今從其說。又如玉蘭、梅花、上元、七夕諸題，恐皆有本事，亦經刪節。觀《蘋洲漁笛譜》與《草窗詞》，繁簡異同可證，惜舊本久佚，莫能詳考矣。又《解連環》云：「暮簷涼薄，疑清風動竹，故人來邀。漸夜久、閒引流螢，弄微照素懷，暗呈纖白。夢遠雙成，鳳笙杳、玉繩西落。掩練帷倦人，又惹舊愁，汗香蘭角。　　銀瓶恨沈斷索，歎梧桐未秋，露井先覺。抱素影、明月空閒，早塵損丹青，楚山依約。翠冷紅衰，怕驚起、西池魚躍。記湘娥、絳綃暗解，褪花墜萼。」此詞毛本亦作秋情。詞中「練」字，毛本作「練」。按《玉篇》：練紡粗絲，練煮縕也。《廣韻》：練，所菹切；練，郎甸切。音義俱別。刻本往往相溷。徐鉉詩：「好風輕透白練衣」，趙以夫詞「正蕭然竹枕練衾」，皆作「練」。且是調此字，無用仄聲者，其爲沿誤無疑也。又《解語花》《梅花》云：「門橫皺碧，路入蒼煙，春近江南岸。暮寒如剪。臨溪影、一一半斜清淺。飛霙弄晚。蕩千里、暗香平遠。端正看，瓊樹三枝，總似蘭昌見。　　酥瑩雲容夜暖。伴蘭翹清瘦，簫聲柔婉。冷雲荒翠，幽棲久無語，暗申春怨。東風半面。料準擬、何郎詞卷。歡未闌，煙雨青黃，宜畫陰庭館。」

（以上 1930 年 3 月 2 日第 60 期、1930 年 3 月 16 日第 62 期）

讀詞小紀

張龍炎 著

　　《讀詞小紀》，張龍炎著。作於「庚午暮春」（1930 年），刊於《金聲》1931
年第 1 卷第 1 期，爲著者就讀金陵大學時之讀詞記錄。另《清眞詞校記》亦載於
該期，今一併收錄。張龍炎（1909～2009），後改名隆延，字十之，又字子緥，號
罍翁。江蘇南京人。書法家。1928 年入金陵大學就讀政治系，跨讀國文系，從胡
小石習中國文學史、古今詩選與書道。後又得黃侃賞識，收爲入室弟子。1932 年
在南京金陵大學畢業，前往法國南溪大學深造，獲法學博士，並於柏林大學、牛
津大學及哈佛大學做研究。早年擔任駐德國大使館、聯合國秘書處專員、翻譯員
等職務。赴臺灣後，曾任臺灣藝術專科學校校長。1971 年旅居美國，任教於聖約
翰大學。著有《西洋景》、《張隆炎書法論述文集》、《中國書法》等。

一

　　詞，一名詩餘，如：《草堂詩餘》、《歷代詩餘》、《詩餘圖譜》……是。
悔庵論詩餘曰，詩何以餘哉，「小樓昨夜」，《哀江頭》之餘也；「水殿風來」，
《清平調》之餘也；況夔笙曰，唐人朝成一詩，夕付管絃，往往聲希節促，
則加入「和聲」，凡「和聲」皆以實字塡之，遂成詞，詞之情文節奏，並皆
有餘於詩，故曰「詩餘」，俗以爲剩餘，非也。

二

　　詞，一名「曲子詞」，如敦煌石室之《雲謠集雜曲子》……是。晉宰相和
凝少年好爲曲子，契丹號爲「曲子相公」。

三

《苕溪漁隱》載唐初歌詞多是五言詩或七言詩，初無長短句，……《瑞鷓鴣》猶可依字而歌，若《小秦王》必須雜「虛聲」乃可歌耳。

四

焦里堂《易餘籥錄》論文學之勝衰，各有時代。「一代有一代之所勝，捨其所勝以就其所不勝，皆寄人籬下者耳。」嚴滄浪《詩辨》「夫豈不工？終非古人之詩也。」嚴氏詆晚唐之詩爲「聲聞辟支果」，蓋晚唐以下，詩運已頹，故詞爲宋代獨勝之文學也。

五

詞之勝於宋，緣乎詩之大成於唐也。詩，自風雅頌而楚騷而五言。晉宋以降，易樸爲雕，化奇作偶。齊梁文人，精研聲律。隋代五言，多有絕唱。律詩見於唐而詩至此大成。王靜安《人間詞話》謂「蓋文體通行既久，染指遂多，自成習套。豪傑之士，亦難於其中自出新意。故遁作他體。」顧亭林《日知錄》所謂「詩文之所以代變，有不得不變者。」蓋詩已大成，不得不變生新文學也。杜甫詩（《偶題》）「文章千古事，得失寸心知。」「前輩飛騰入，餘波綺麗爲。」所謂「前輩飛騰入」，正可以譬解新體文學之興。創格者才高調新，遊刃有餘，故能風靡一世。

六

後人局促轅下，無可見長，及錘句鍊字，即入「綺麗」之域，文體就衰，乃不得不另闢蹊徑，此詞之所以起於唐詩大成之後也。

七

古者先爲詞，後叶音律。得自然工整。《古今詞話》載唐莊宗得斷碑有「曾宴桃源深洞，一曲清歌舞鳳。」一闋，命樂工入律歌之，名《宴桃源》，是自度曲子早者，宋姜堯章知音精律，有自度曲曰自製曲，吳文英亦有自製曲九調。

八

詞有譜拍俱存者，故沈梅嬌能歌周清眞《意難忘》、《臺城路》二曲，古者自度曲刻錄譜拍（餘譜盡傳，乃不刻錄），今並失傳，詞多不能按腔矣。

九

玉田《西子妝慢》序云：吳夢窗自製此曲……久欲述之而未能……惜舊譜零落，不能倚聲而歌也，今《白石道人歌曲》，刻本間有旁譜，然以拍亡，亦不能歌矣。

一○

白石敘「五湖舊約，問經年底事……」《湘月》一闋曰「予度此曲，即《念奴嬌》之鬲指聲也，於雙調中吹之『鬲指』亦謂之『過腔』……」。《念奴嬌》與《湘月》調音譜差異在調中第三韻上，句法《湘月》調作四、三、六，而《念奴嬌》調中作七、六、二句也。

一一

詞中溶改詩句多不遑舉，如秦少游《滿庭芳》詞「寒鴉萬點，流水繞孤村」，即隋煬帝詩「寒鴉千萬點，流水繞孤村」。寇萊公詩「梅子黃時雨如霧」，賀方回《青玉案》作「一川煙草，滿城飛絮，梅子黃時雨」，傳誦至今。周美成《西河》《金陵懷古》一闋「夜深月過女牆來，賞心東望淮水」，直是「淮水東邊舊時月，夜深還過女牆來」二句詩。又宋子京改《千家詩》「借問酒家何處有，牧童遙指杏花村」二句爲《錦纏道》「問牧童遙指孤村，道杏花深處，那裏人家有」，益覺生動。

一二

詞句直用詩者，如晏同叔以七律中二句「無可奈何花落去，似曾相識燕歸來」，作《浣溪沙》之過遍，較詩中一聯尤佳。賀方回《臨江仙》「巧翦合歡羅勝子」一闋末句用薛道衡詩「人歸雁落後，思發在花前」，亦不見痕迹。

一三

詩詞句格終不相似，如「夜闌更秉燭，相對如夢寐」自是詩句，「今宵剩把銀釭照，猶恐相逢是夢中」自是詞句。

一四

「不上樓來今幾日，滿城多少柳絲黃」，宛陵詩也，「幾日不來樓上望，粉紅香白已爭妍」，易安詞也。

一五

詞中如《楊柳枝》、《生查子》、《小秦王》、《瑞鷓鴣》、《紇那曲》……等，字句排列，偶與詩類，然而「意境」、「聲調」、「運辭」，自見「詞」之風格，絕不溷於截句、律詩也。

一六

入山宜深，深則盡林壑之美；入世宜淺，淺則保靈性之眞。李後主幸而爲宮闈少主，寄情文采，處優養尊，有「花明月暗飛輕霧」、「晚妝初了明肌雪」、「金窗力困起還慵」、「櫻花落盡階前月」、「尋春須是先春早，看花莫待花枝老」一類妙品，是「入世不深」，天眞未泯也。

一七

李後主又幸而爲亡國之君，身歸臣虜，寄宮人書謂「此中日夕，惟以淚洗面耳」，境窮而有「春花秋月何時了」、「多少恨」、「人生愁恨何能免」、「簾外雨潺潺」一類無上上品詞，蓋歐陽修所謂「窮而後工也」。後主遭遇顛沛，然適得失國前後之雙重時會，苟只獲其半，不足爲大詞人，是天之遇後主者厚矣。古今帝王，惟後主之詞登峯造極，百年榮貴，易萬世詞宗，何嘗不值？東坡嗤其「揮淚對宮娥」爲全無心肝，豈必欲易爲對廟堂痛哭打滾而庶幾保其「三千里地」乎？

一八

盛英問：「君將何以狀白石歌曲？」對曰：「『秋林霜月，石上流泉』，何如？」又曰：「何以狀張玉田詞？」曰：「則惟『白雲舒卷，微風天末』乎」。

一九

詞多無題，亦猶詩之無題，強作蛇足，則不免附會失真。

二○

詞寫縹渺之思，各具本意。張惠言《詞選》徒增解注，乃盡變若者為思君，若者為憂國，徒勞筆墨，無益文章，否則將盡選詞作修身寶鑒，「臣皆視君如腹心？」

二一

詞以縹渺綿邈哀感頑豔盡之，東坡以為己詞合關西大漢持銅板高歌乃喜，實則柳耆卿之「曉風殘月」由妙女按紅牙歌之，亦何嘗見有遜色，蓋情之感人者，不能強定是非。

二二

詞間亦有賦、比、興諸類。即以少游《浣溪沙》「淡煙流水畫屏幽」一語為例，則「淡煙流水」，賦也；「畫屏幽」，比也。歐陽修「庭院深深」，興也。「誰道閒情拋棄久」，賦也。

二三

梅堯臣曰：「傳不盡之情見於言外，狀難寫之景如在目前。」文學手段之能及此者，其惟詞乎。

附：清眞詞校記

　　余十九歲時，避地古吳麗娃鄉，長夏讀美成詞，自爲校注者近二月。更分之爲「寫懷」、「紀別」、「節序」、「賦物」四卷，既成遂置之。己巳春，盛英復加以點編，抄錄成冊。每卷冠以小引、目錄，名之曰《清眞詞注》，要余爲記以實其端。

一

　　周邦彥，字美成，號清眞，浙之錢塘人也，生年卒月，史無碻載，《宋史・文苑傳》及《玉照新志》記其卒於宣和七年，美成享年六十有六，據此則可知其生於嘉祐五年也，然近人王國維著《清眞遺事》則謂其生於嘉祐二年，是又較《宋史・文苑傳》所載爲不同矣。

二

　　美成疏雋少檢，不爲州里所重（《文苑傳》云云）。元豐初，以太學生進《汴都賦》，神宗召爲大學正，此時美成年少才華，益肆力於詞，乃其後浮沈州縣三十餘年（《揮塵餘話》）。後復出教廬州，知溧水縣，其政敬簡（見強煥序）。迨崇寧立大晟樂府，又膺命討論古音，八十四調之聲稍傳，乃復增「慢」、「曲」、「引」、「近」，或爲「三犯」、「四犯」之曲（《詞源》）。仕至徽猷閣待制，出知順昌府，徙處州，遂卒（《處州府志》、《文苑傳》云云）。然《玉照新志》更載其卒於南京鴻慶宮焉。周公身歷三朝，顯於元豐，宦遊南北，歷敘諸詞，而集中《西平樂》一調，唏噓感慨，實其生平自述也。

三

　　周公精音律，善製曲，詞中常自喻公瑾，實頗符洽。陳藏一（《話腴》）稱邦彥以樂府獨步，學士、貴人、市儈、妓女，皆知其詞爲可愛，每成一曲，名流輒依律賡唱。紹興初，都下盛詠《蘭陵王慢》一闋，西樓南瓦皆歌之，張炎詞敘中兩記名伎沈梅嬌、車秀卿能歌美成舊曲，得其音旨。（見山中白雲詞《國香》、《意難忘》二調敘中）強煥又謂式燕嘉賓，歌者以公詞爲首唱，

美成既卒，南宋諸詞家尤多望風模擬焉。《四庫提要》稱美成下字用韻皆有法度，且多融會唐人詩句，玉田謂其取字皆從唐之溫、李詩中來，博極群書，且為詞切情附物，風力奇高。周介存（《論詞雜著》）言美成思力獨絕千古，如顏平原書，雖未臻兩晉，而唐初之法至此大備，南渡之後，美成樂章實一時勝寄。

四

周公詞集初刊本凡三：毛晉跋其所刻《片玉詞》，謂家藏有《清眞集》及《美成長短句》，皆不滿百闋，最後得宋刻《片玉集》二卷，調計百八十有奇，攷劉肅之敍陳（元龍）本謂猶獲崑山之片珍，琢其質而彰其文，因命之曰《片玉集》，是清眞詞實自陳刻而易號，北海鄭叔問校本謂陳元龍始名清眞詞為《片玉集》，是知毛晉謂「片玉」為「宋刻」之非。又《宋史·藝文志》載美成以「清眞」名其集，且方千里、楊澤民、陳允平和詞，及夢窗、玉田詞敍中並稱「清眞」，故當以「清眞」名其集也。

——晉廬寫記

附記

周公詞之流行本，有《彊村叢書》本，係以陳元龍本加以校錄，每闋加注宮調，印製頗佳。王（鵬運）氏四印齋本與陶氏（蘭泉）本槧印俱佳，惟陶氏本裝訂過精，值乃奇巨，而誤字不免，為可惜耳。

毛氏（汲古閣）本載《六十一家詞》中（今上海博古齋有影印本），以明槧乃不易得，而單字歇拍，皆多誤刊，重價易之殊不值也。

鄭氏（大鶴）校本最精（末附《音律圖考》），新建夏氏刊行之，惟購求不易得。

此外，商務印書館所發行之《周姜詞》，便於購置。林大椿校本則無箋注，售價俱廉。

周詞散見於《陽春白雪》、《花庵詞選》、《草堂詩餘》、《西泠詞萃》、《詞律》、以及近人《詞選》、《詞絜》等書，不欲窺其全豹者，固無需購備全集也。

覺園詞話

譚覺園 著

《覺園詞話》，譚覺園著。分 9 期刊於 1932 年《勵進》第 1、2、3、5、6、7、8、9、10 期。著者譚覺園生平待考。

一

詞起自中唐，相傳李白爲長短句之創造者。考《尊前集》，載白詞十二首，內有最晚作品——如《菩薩蠻》、《憶秦娥》等。然據《杜陽雜編》及《唐音癸籤》所注，《菩薩蠻》作於大中之初，樂府遍載李白歌詞，獨無《憶秦娥》等。且所收初唐、盛唐歌詞，皆爲五六七言之律絕，並無長短句之詞，是則此說不確明矣。《香籢集》韓偓《金陵雜言》：「風雨蕭蕭，石頭城下木蘭橈。煙月迢迢，金陵渡口去來潮。自古風流皆暗銷，才魂妖魂誰與招？彩箋麗句今已矣，羅襪金蓮何寂寥！」此種雜言詩，已爲詞之開端。韋江州之《三臺令》，乃脫胎於中唐樂府之六言《三臺》，如：「胡馬，胡馬，遠放燕支山下。跑沙跑雪獨嘶，東望西望路迷。迷路，迷路，邊草無窮日暮。」劉禹錫和白居易《憶江南》詞，依其句拍爲句，是爲塡詞之先聲。《三臺令》、《憶江南》爲最早創體。唐之歌詞，皆爲整齊之五言、六言、七言；而必雜以「和聲」、「散聲」、「泛聲」，然後方可被之管絃。使音之清濁、高低等，得合曲拍，於是而詞興矣。

二

詞者，詩之餘；曲者，詞之餘。「詩言志，歌永言」，則《三百篇》實爲

濫觴。一變而爲樂府，再變而爲詩餘，浸假而爲詞餘矣。《三百篇》之音不傳，當爲詩餘時，雖號之爲樂府，而古樂府之音不傳。傳奇歌曲盛行於元，文士多習之。其後體例日多，內容日富，而必屬之專家。操觚之士，僅塡文辭，惟梨園歌師，習傳腔板。近則西樂浸入，詞曲翻新，而腔板之學，將失傳矣。

三

宋人《草堂詩餘》，以小令、中調、長調三者類分。舊譜據以爲例：五十八字以內爲小令，五十九字至九十字爲中調，九十一字以外爲長調。唐人之長短句，皆爲小令。其小令，實出於《子夜》、《懊憹》等曲，後乃有慢詞，南北宋最盛。次有雙調，套數，雜劇及明代戲曲等。

四

詞以調爲主，調以字音爲主；音之平仄，固有定律，然平僅一途，仄兼上去入。近人塡詞，不知音調，遇仄則以三聲概塡，實屬大謬。蓋上去入三聲，其音迴異。上厲而舉，去清而遠，入短而促，抑揚配用，皆有不可假借者。如《憶舊遊》一收句，必用平平去入平上平是也。否則歌時，必有澀舌棘喉之弊。然間有上去入，可三聲任用者。習者當審其音，度其拍而爲之。庶不致見笑識者矣。

（以上 1932 年第 1 期）

五

周挺齋著《中原音韻》，元人詞曲多本此。使作者通方，歌者協律，堪爲詞曲功臣。蓋欲作樂府，須先正言語，欲正言語，須先宗中原之音，如是而後方能字暢語俊，音調韻足。聲分平仄，字別陰陽，如東紅之類，東爲下平，屬陰，紅爲上平，屬陽，以東紅二字各調平仄，即可知平聲陰陽字音。皆爲塡詞度曲之指針，用字造句之骨體也。

六

歌唱詞曲，凡去聲當高，上聲當低，平入又當酌其高低，不可有混淆之

弊；然其聲屬陰者則可，如世、再、翠等字。若屬陽者，則出口之初，宜稍平，轉腔始宜入高，平出去收，方能圓穩，否則陽去幾陰去矣。如被、動、淚等字。上聲固宜低出，但遇揭字高腔，板緊情急時，有所拘礙，則出口之初，宜稍高，轉腔始宜低，平出上收，方合拍奏。是以按譜填詞，以上去不相代為好，而入之可代平者，因長吟即肖平聲，讀則有入，唱即非入，因之詞中，常有以入作平者，曲中尤多，如張鳴善之《脫布衫》：「草堂中夏日偏宜，正流金爍石天氣。素馨花一枝玉質，白蓮藕樣彎瓊臂。」上曲中是以石、白作平也，然亦有用作上去者。如爍、一、質作上也。玉作去也。學者務宜按其譜，叶其聲而讀之，切不可任意忽略也。

七

詞之拗調，其用仄聲處，重在去聲，即其去聲字，不可易上入聲也。因三聲之中，上入二者，可作平，去則獨異，吾人論聲，應以一平對三仄，論歌應以去對平上入，當用去聲之處，非去則不能激起，斷不能以平、上、入代之，如史邦卿之《瑞鶴仙》末句「又成瘦損」，又字，瘦字，必係去聲方可，否則激不起矣。各家詞譜，儘以●代仄，○代平，◎代不拘平仄，三者區別之而標於字旁，實則音韻之學，全未講求，所製詞曲，讀之尚可，唱之則必不能上口。苟欲致力詞學，必須多讀古名家作品，取同調者，綜合比較，三復誦之，口吻間自有此調音響，下字自能心手相應，而合音節矣。

八

詞調之音節，是否合奏，全關乎宮、商、角、徵、羽五音，而五音復以平上去入四聲為主，四聲不正，則五音廢矣。宜逐一考正，務得中正，苟有舛誤，雖具繞梁，終不足取。近代填詞諸家，不惟五音莫辨，即四聲，恐亦多有不明者，或半就格律，半越軌範者，而負填詞之名，實則已失詞之本質。夫格律雖機械萬分，但功候深到，渾厚有得者，開口便有格律，出字即合平仄，音節自然，無待雕琢，致汩沒性靈焉。

九

北宋之詞，多付箏琶，故嘽緩繁促而易流。南渡後，半歸琴簫，故滌蕩

沈渺而不雜。唱《薤露》者俗樂增，歌《白雪》者雅音存。而元人之曲遂立一門，以文寫之爲詞，聲度之爲曲，於是度曲但尋其聲，塡詞但求其意；總之，詞可作曲，曲決不可作詞。晁無咎謂子瞻詞曲子中縛不住，則詞皆曲也。詞字貴生動，詞句貴巧麗，絕忌參有死字板句，每調中必有警句，全部方克生動，上能脫香奩，下不落元曲始得稱爲作手。

（以上 1932 年第 2 期）

一○

清、輕、新、雅、靈、脆、婉、轉、留、託、淡、空、皺、韻、超、渾爲詞之十六字要訣。清則眉目顯；輕則圓潤而不板；新則別開生面，可免陳腐；雅能避俗；靈能通變；脆乃聲響，動人殿聞；婉乃曲折，不致粗莽；轉則筆姿生動；留則可免一瀉無餘；託則不致窮迫，泥煞本題；淡則恬漠；空則超脫；皺能免滑易之弊；韻勝神乃傳；渾厚功乃到。作詞之初，當於此十六字，詳加揣摩，逐一研究，心有所得，然後下字造句，自入妙境矣。

一一

詞之用韻，忌雜湊、生僻、聲啞、重複，惟製曲，可於一曲中重一韻，詞則不可，即字同意異，亦在所忌，然亦有例外，間用重韻者，如白樂天之《長相思》：「汴水流，泗水流，流到瓜洲古渡頭，吳山點點愁。思悠悠，恨悠悠，恨到歸時方始休」，前後二句，係用重韻。王灼詞作「來匆匆，去匆匆」，劉克莊詞作「煙迢迢，水迢迢」，此乃定格，不可易者。又如劉克莊之《一剪梅》：「束縕宵行十里強。挑得詩囊，拋了衣囊。天寒路滑馬蹄僵。元是王郎，來送劉郎。　　酒酣耳熱說文章。驚倒鄰牆，推倒胡床。旁觀拍手笑疏狂，疏又何妨，狂又何妨！」上詞中囊、郎、妨皆爲重韻，前後闋三四兩句及六七兩句，不用重韻亦可，惟句法宜相彷彿。蔣捷詞前闋之「江上舟搖，樓上簾招」，「風又飄飄，雨又瀟瀟」；後闋之「銀字箏調，心字香燒」，「紅了櫻桃，綠了芭蕉」；易安詞之「才下眉頭，又上心頭」，是其例也。總之，無任作何韻語，必使韻爲我所用，勿使我爲韻用。塡詞尤宜考其譜，而押其韻，不可稍忽。今人押韻，多牽強，雕琢，因就韻而桎梏性靈，受韻支配，實做韻耳。

一二

用韻之難，有礙於歌。若捨音就字，則其音不能工；捨字就音，則其字不能確。如先天之不可溷於鹽咸或桓歡，雖不辨閉口之異，以其一爲微中空，一爲開故也。俗多以庚青奸眞文，魚虞入齊微，實爲不倫。

一三

詞譜間有載某調之平仄韻，可通押者。則凡所謂仄韻者，盡屬入聲，切不可通上去，因入聲之字，慢呼之即成平（前已略言）。茲將應押仄韻而用入聲者，略爲舉出：《江城子》、《秦樓月》、《蘭陵王》、《看花回》、《聲聲慢》、《慶春宮》、《慶佳節》、《霜天曉角》、《望梅花》、《滿江紅》、《兩同心》、《丹鳳吟》、《好事近》、《一寸金》、《浪淘沙》、《雨霖鈴》、《西湖月》、《解連環》、《暗香》、《淡黃柳》、《六么令》、《疏影》……然亦有必押上聲者，如《魚遊春水》、《秋宵吟》、《清商怨》，又有必押去聲者，如《玉樓春》、《菊花新》、《翠樓吟》。一調中上去兼押者，亦所常見，未克枚舉。塡詞時，必詳加考慮，庶不致有誤。

（以上 1932 年第 3 期）

十四

作詞乃以寫性情，應隨作者性情之所適，一韻中有千數百字，可任意選用，以求韻之工穩，即用定後，苟有不愜意者，亦可得而別改之，豈能受一二韻之束縛也。今人作詞，好用古人原韻，或和韻，或疊韻，且間有聯句者，殊不知文由情而生，韻隨句而用，有情有句（非完成句），而後用韻，否則，是先有韻而後由韻生情造句也。如此所成之詞，決不免有削足就履之弊，生僻聱啞之虞，安能描寫性情哉？如方千里之和《片玉》，張杞之和《花間》，皆首首強叶是也。然亦有善用韻者，雖和韻猶如自作，乃爲妙協，蘇東坡和章質夫之《水龍吟》（楊花），不特獨翻新意，且用韻處，舉重若輕，遠勝原詞，並錄之如左，以資比較。

章質夫原詞

燕忙鶯懶芳殘，正堤上、柳花飄墜。輕飛亂舞，點畫青林，全

無才思。閒趁遊絲，靜臨深院，日長門閉。傍珠簾散漫，垂垂欲下，依舊被、風吹起。　　蘭帳玉人睡覺，怪春衣、雪沾瓊綴。繡床漸滿，香毬無數，才圓卻碎。時見蜂兒，仰黏輕粉，魚吞池水。望章臺路杳，金鞍遊蕩，有盈盈淚。

蘇東坡和詞

似花還似非花，無人惜從教墜。拋家傍路，思量卻是，無情有思。縈損柔腸，困酣嬌眼，欲開還閉。夢隨風萬里，尋郎去處，又還被、鶯呼起。　　不恨此花飛盡，恨西園、落紅難綴。曉來雨過，遺蹤何在？一池萍碎。春色三分，二分塵土，一分流水。細看來只不是，楊花點點，是離人淚。

（蘇詞多一字，因是字爲襯，非誤也，末二句斷句，係依萬民注，與他譜有異，特此附注。）蘇固是大才，然亦偶一爲之，方能至此神妙之境，更非他人所敢望塵也。用古人韻與用自己韻（即疊韻）皆類似和韻，毋庸贅述。疊韻有一疊再疊至十餘疊者，陳其年集中最多此體，皆爲逞才自喜之表現，實則多不免弄巧反拙耳。

十五

詞韻與詩韻異而源同，詞韻者，乃以詩韻分合而成也。唐人塡詞，概用詩韻，迨宋始有《菉斐軒詞韻》，今已失傳，坊間流行之《詞林要韻》，題爲菉斐軒刊行本者，係後人僞託，乃曲韻非詞韻。《中原音韻》、《中州全韻》（范善湊輯），以入聲派入平上去三聲，故亦爲曲韻，而非詞韻。現所用者，爲《晚翠軒詞韻》，其內容可謂盡善盡美矣，該書分平上去爲十四部，入爲五部，共十九部，係取《詞林正韻》及《中州》、《中原》、《洪武》等韻，爲之照對，雖列韻較少，而常用者，均列入無遺，且入聲另列，尤爲塡詞家應守之正軌，上去聲相併，以求便於通押，未開入聲借叶平上聲之例，而免有傳奇家方言爲叶之弊，此乃塡詞之津梁，亦詞韻與曲韻之分疆也。

十六

詞體頗繁多，對於詩之絕律而曰調，其一調少者二三體，多者二三十體。萬紅友《詞律》者，改作訂《嘯餘譜》，乃作詞之一大證典，所搜羅詞體達六

百六十調，一千一百八十餘。據康熙敕撰之《欽定詞譜》，則調詞少，而體更多，二百二十六調，二千二百六十體，要之，所有詞體，確在二千以上之譜，但暗記其平仄圖譜，大非易事，亦究有不能盡依用者。初學者，以《白香詞譜》或《填詞圖譜》，較爲適用。《白香詞譜》，尤以天虛我生之考正本爲妥善，每調之後，附有考正及填詞法，可省學者冥行索埴之苦，且選詞精美，足資模仿，一一皆爲填詞家所習用者。惟調僅百闋，九牛一毛，病其太簡，可更備《填詞圖譜》或《詞律》一部，以便檢用。

（以上 1932 年第 5 期）

<h2 style="text-align:center">十七</h2>

詞派分南北，北宋盛於文士，衰於樂工，南宋則反是。北主樂章，故情景但取當前，無窮高極遠之趣，善於重筆，是以能大，能拙；受地域影響，多北風雨雪之感，其妙處不在溫柔、豔褻，而在高健、幽咽。南乃文人弄筆，彼此爭名，變化易多，取材益豐，善用深筆，是以能細、能密，較北益工。然北宋無門徑，故似易而實難，南宋有門徑，故似深而反淺，因之又有豪放、婉約之分焉。北宋蘇東坡，南宋辛棄疾等爲豪放領袖；北宋晏氏父子，南宋姜白石，及李後主、柳耆卿、張子野、周美成、李易安、秦少游等均爲婉約名家。世人以北爲變體，南爲正宗，究有何根據？未免強立本支之別。況豪放、婉約之分，不過就其大體而言；豪放中未免無婉約者，婉約中亦未嘗無豪放者，如蘇東坡《蝶戀花》（春情）：「花褪殘紅青杏小。燕子飛時，綠水人家繞。枝上柳綿吹又少，天涯何處無芳草。　　架上鞦韆牆外道。牆外行人，牆裏佳人笑。笑漸不聞聲漸杳，多情卻被無情惱。」溫柔纏綿，豔麗動人，不免婉約。又如辛棄疾《清平樂》（賀侂冑生日）：「如今塞北，傳得眞消息：赤地人間無一粒，更五單十爭立。熊羆百萬堂堂，維師尚父鷹揚。看取黃金假鉞，歸來異姓眞王。」編者按：此詞《全宋詞》定爲劉過作。棄疾作此詞時，因韓侂冑議伐金，辛示贊成，其忠義慷慨，有志中原，何非豪放之作，他如《漢宮春》「春已歸去」亦不失豪放。且婉約、豪放二派外，如陸務觀之《放翁詞》，朱希眞之《樵歌》，既不婉約，復不豪放，另立一派，又何嘗不可？

（以上 1932 年第 6 期）

十八

詞體種類繁多，分類亦不一致。大概可別之為寫情、即景、懷古、敘事、詠物、書函、告誡、福堂、迴文、集句諸體。前寫情、即景、懷古、敘事四者，可並用之，苟一詞之中，□□四者之妙，則為詞之上乘矣。

十九

詞之寫情，雖不能如詩之莊嚴，然絕不可流於荒淫靡豔之途；即景之作，字句必高古，胸襟必闊大，萬千氣象，皆入眼底，尤以詞中有畫為貴；登臨懷古，或低首徘徊，或激昂慷慨，聲韻以洪亮較勝；敘事貴簡明詳盡，有情景。北宋以前詞家，詠物之作絕少，即間或有之，皆不過借物而遣其興，就事而言其情，毫未得詠物之旨趣；南渡後，填詞家目擊胡騎之縱橫，身丁國家之多難，而生禾黍之感，始寄託於詞中，蓋詠物而乏寄託，則失其詠物之宗旨而為詞之下乘矣。詠物最忌拘而不暢，晦而不明，作詞過於認真，必不暢，過於寫遠，必不明，須在不真不遠之境，方能恰到妙處，所謂取其神，而不取其形也。質言之：取形必失之機械，取神必得之自然，即用意而不用事也。昔人作詩寄友，以代書束，乃所常見，詞學昌明，作者爭奇鬥豔，體裁日多，亦有以詞代束者，情致纏綿，婉而易達，起結處，儼然如一尺牘。辛棄疾以告誡口腔作詞，開詞學中之新體，即以告誡之瑣言，填入詞譜是也。古人逞己之才，有將全闋之韻，悉用一字者，是曰福堂體，或曰獨木橋體，此體務以句法變幻無定，押韻處自然為勝，但不免近於纖巧之作，究非大雅所宜。以迴文體作詞，音調平仄必可倒順任意讀之者方可，否則無能為力，然此亦屬險處求勝，詞人鬥巧之作。集成句而為詩，則易；集成句而為詞，則難；以其詩句齊整，而詞句參差故也。所集之句，宜咸宜巧合，不加絲毫牽強，字面亦不可複沓，非胸中富有者，何敢染指。各體之例過多，未可悉舉。以上皆就詞體之做法種類而言也。若就其性質及作用而分，可得左表：

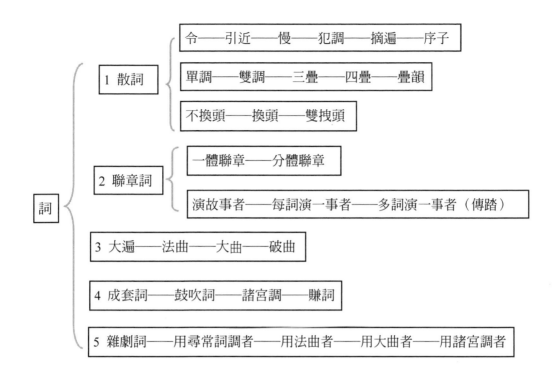

（以上 1932 年第 7 期）

二〇

詞有調同而句讀異者，亦有句讀同而調異者，平仄亦復如是，漫無定例，苦乏書爲之考證，雖有《詞律》、《詞譜》及《詩餘圖譜》等書，然彼此各有差異，句讀各有長短，其平仄多以○（平）●（仄）◓（應仄而平）◒（應平而仄）別之，更不無亥豕之混。如葉道卿《賀聖朝》之後闋起句「花開花謝，都來幾許」，據萬氏《詞律》，則與前○起句同，爲「花開花謝都無語」七字句。陸務觀之《沁園春》「當日何曾輕負春」，「短艇湖中閒採蓴」兩句，其最末三字皆爲平仄平，《詞律》則注爲可作仄仄平，諸如此類，不一而足，苟欲識其優劣，定其從捨，非有得於音韻之學者，何能妄加判斷焉。

二一

詞調多而難於稽考，究其源流，頗非易事，因其調名之來，多取諸昔人之名句，或典故，近代之作詞者，多不解其由來。據俞少卿所云：調名原起

之說，起於楊用修及都元敬，而沈天羽掩楊論爲己說。茲將所考，不憚繁多，述之於次：

　　蝶戀花——取梁元帝「翻階蛺蝶戀花情」。

　　滿庭芳——取吳融「滿庭芳草易黃昏」。

　　點絳唇——取江淹「白雪凝瓊貌，明珠點絳唇」。

　　鷓鴣天——取鄭嵎「春遊雞塵塞，家在鷓鴣天」。

　　惜餘春——取太白賦語。

　　浣溪沙——取杜陵詩意。

　　青玉案——取《四愁詩》語。

　　踏莎行——取韓翃詩「踏莎行草道清溪」。

　　西江月——取衛萬詩「只今惟有西江月」。

　　菩薩蠻——西域婦髻也。

　　蘇幕遮——西域婦帽也。（高昌女子所戴油帽）

　　尉遲杯——尉遲敬德飲酒必用大杯也。

　　蘭陵王——每入陣必先歌其勇也。

　　生查子——張騫乘槎事也。（查，古槎字）

　　瀟湘逢故人——柳渾詩句也。

　　滿庭芳——取柳柳州「滿庭芳草積」。

　　玉樓春——取白樂天詩「玉樓宴罷醉和春」。

　　丁香結——取古詩「丁香結恨新」。

　　霜葉飛——取杜詩「清霜洞庭葉，故欲別時飛」。

　　宴清都——取沈隱「朝上閶闔宮，夜宴清都闕」。

　　風流子——出劉良文選。

　　荔枝香——出《唐書》（貴妃生日命小部奏新曲，未有名，適進荔枝至，
　　　　　　　因以名。）

　　解語花——出《天寶遺事》，明皇稱貴妃語。

　　解連環——出《莊子》「連環可解也」。

　　華胥引——出《列子》「黃帝晝寢，夢遊華胥之國」。

　　塞垣春——「塞垣」二字出《後漢書・鮮卑傳》。

　　玉燭新——「玉燭」出《爾雅》。

　　多麗——妓名，善琵琶者。

念奴嬌——唐明皇宮人念奴也。

（以上 1932 年第 8 期）

二二

詞調不下兩千餘種，即宋人詞調，亦不下千餘，若一一推鑿，何能勝數，且僻詞甚多，又何能一一傅會載籍，右列之調，皆爲最通常者，然其所考，未嘗盡當，胡元瑞《筆叢》駁斥用修之處頗多，總之，吾人志學於詞，略知其調之由來可也，何用自命考古爲。況調名之變更無定，取辭取意取事，三者隨人取捨，均無限制，故每一調雖屬一體，而調之名有至六七者，如東坡之《念奴嬌》（赤壁懷古）：「大江東去，浪淘盡，千古風流人物。故壘西邊，人道是，三國周郎赤壁。亂石崩雲，驚濤裂岸，卷起千堆雪。江山如畫，一時多少豪傑。　遙想公瑾當年，小喬初嫁了，雄姿英發。羽扇綸巾，談笑間，強虜灰飛煙滅。故國神遊，多情應笑我，早生華髮。人生如夢，一尊還酹江月。」因全詞爲一百字，故名《百字令》或《百字謠》；復因句有「酹江月」，「大江東去」，故名《酹江月》，或《大江東去》、《大江西上曲》；又因地在湖北嘉魚縣東北江濱，故名《壺中天》、《湘月》、《淮甸春》等。考東坡所遊之赤壁，乃黃岡縣城外之赤壁，非嘉魚縣周瑜、劉備破曹操之赤壁也，蘇誤爲周郎赤壁，則亦不免文人不識地輿之笑。蘇素重才氣，放意無忌，不沾沾於音律，後闋第二三兩句，句法皆有參差。元薩都剌步其原韻，特句法互異，前闋第二句作「望天低，吳楚眼中無物」，後闋第二三句作「東風輦路，芳草年年發」，守律而矯其誤，實屬佳作。後人以蘇詞有異，必於原調之外，另立一體，妄加割裂，殊爲多事。圖譜等，且以一字之故，列爲九體，使人無誰的從，似是任意臆說附會，則不如付之闕如，無使人徒資彈射可耳。苟如圖譜等之以一詞而列爲九體，恐詞調之起源，非墨楮簡籍所能盡載也。

（以上 1932 年第 9 期）

二三

詞有名同，而所入之宮調異者，字數多尠，當亦隨之而異，如雙調《水仙子》與北劇黃鐘宮《水仙子》異，南劇越調過曲《小桃紅》與正宮過曲《小

桃紅》異，茲將北正宮《端正好》與北仙呂宮《端正好》各列舉一首，以資
證明。

正宮端正好　費唐臣

　　道德五千言，禮樂三千券，本待經綸就舜日堯天，只因兩角蝸
蛮戰，貶得我日近長安遠！瑤臺昨夜蛟龍戰，玉鱗甲飛滿山川，憑
夷飲罷瓊林宴，醉把鮫綃剪。

仙呂宮端正好　無名氏

　　既相別，難留戀，為昆仲撚指十年，臨行也將二弟丁寧勸，你
若是居臺省，掌兵權，平天下，立山川，方稱了一世男兒願！

正宮之音，雄壯惆悵，仙呂之音，綿邈清新，前首為六十字，後首為四
十五字。二者顯然有別。

二四

詞之體制，唐人長短句，皆為小令，後演為長調、中調，復有系之以
「犯」、「近」，如《四犯剪梅花》，乃用《解連環》、《醉蓬萊》、《雪獅兒》，
復用《醉蓬萊》，故名曰《四犯》，其餘尚有《八犯玉交枝》、《玲瓏四犯》
等乃「犯」也。《荔枝香近》、《訴衷情近》等乃「近」也。除此而外，又有
「偷聲」、「減字」、「添字」、「合調」、「雙調」、「歌頭」等，南北劇有以「犯」、
「賺」、「破」等名及字數同所入宮調之異，而名亦隨之不同者，如《木蘭
花》與《玉樓春》同，以《木蘭花》歌之，即入「大石調」類是也。

二五

詞句字數有定，然每因受此限制，多難記憶，故常多增一二字，以資聯
屬，而便記憶，即所謂襯字是也。如蘇東坡和章質夫之《水龍吟》，段其原
詞多一字（詞見前）之類是。後世不解其故，以為多一字，或少一字，即另
成一體，一律按腔以實之，因之以一調而成數體，又以其未便另行命名，乃
別為第一體，第二體，或概稱之為又一體，但代遠人多，無由考其原調，刪
去襯字，以近於古，而使詞體不致雜亂。《女冠子》有一二四五體，而無三
體；《歸國謠》則有第三、第二，而無第一體；《賀聖朝》則有一三，而無第
二，想當時必以順次名之，而現傳者，次第多不相銜接，其中必有遺誤在，

然後世以舊定次序，亦不敢另以次第名之，故學者當於所作調名之下，注爲第幾體藉以區別之，此皆不免近於迂也。

（以上 1932 年第 10 期）

詞 瀋

孫人和 著

　　《詞瀋》，孫人和著。分別刊於《細流》1934 年第 3 期、1935 年第 4 期；《輔仁文苑》1939 年第 2 輯、1940 年第 3 輯、1941 年第 6 輯。其中《細流》1934年第 3 期所載內容與《輔仁文苑》1940 年第 3 輯所載內容部份重合，但有略詳之別，故兩存之。現依據發表時間爲序，重新編寫序號。孫人和（1894～1966），字蜀丞，號鶴矓，江蘇省鹽城縣（今屬建湖縣）人。民國時期著名藏書家、文獻學家、詞學家。民國時期在北京大學、中國大學、輔仁大學、暨南大學等任教。1951 年在北京文史研究館擔任中國古代文史典籍校勘工作。1958 年，成爲第一屆古籍整理出版規劃小組哲學組成員。其主要著作是民國時期應東方文化事業總委員會之聘爲《續修四庫全書總目提要》所撰寫之 992 種提要，多爲經部小學，子部雜家、道家，集部詞曲等類，其中詞類有 528 種。詞集整理諸如《校訂花外集》、《南唐二主詞校證》、《陽春集校證》等。詞學專著有《詞學通論》、《詞史》等。

一、陳元龍注《片玉集》

　　陳注《片玉集》，喜引唐詩，蓋以美成善融化唐人詩句也。然如《意難忘》云：「私語口脂香」，明用白樂天詩句。（《江南喜逢蕭九徹因話長安舊遊戲贈五十韻》）《花間集》載顧敻《甘州子》，亦有「私語口脂香」之句。而陳注引方杜之詩，與詞意了不相涉。《六醜》云：「夜來風雨，葬楚宮傾國」，亦當補引韓偓《落花詩》「夜來風雨葬西施」之句。尤可異者，《綺寮怨》云「江陵舊事，何曾再問楊瓊」，陳注楊瓊事未詳。考元白並有《楊瓊詩》，元詩附注

云：「楊瓊本命播，少爲江陵酒妓。」詩中述楊瓊事甚詳，正可推證美成詞意。且元白詩集，初非僻書，何竟輕忽如此也。

（《細流》1934 年第 3 期）

二、沈括以霓裳爲道調法曲辨

沈括《夢溪筆談》卷五云：「《霓裳羽衣曲》，或謂今燕部有《獻仙音》曲，乃其遺聲。」然霓裳本謂之道調法曲，今《獻仙音》乃小石調耳，未知孰是。今欲闡明沈說之由來，當追溯此曲之原始。玫《霓裳羽衣曲》，始於開元，盛於天寶，成曲之由，說者多異。或謂明皇與葉法善遊月宮而製曲，或謂夢得紫雲迴曲而成者，皆恢奇妄誕之言，殊不足據。惟白居易《霓裳羽衣歌》云：「由來能事皆有主，楊氏創聲君造譜。」自注云：開元中西涼府節度楊敬述造，（《唐書·禮樂志》作河西節度使楊敬忠）最得其正矣。元稹《法曲》云：「霓裳羽衣號天落」，白居易《法曲歌》云：「法曲法曲舞霓裳，政和世理音洋洋，開元之人樂且康。」白又有《臥聽法曲霓裳》一首，可證霓裳爲法曲也。白氏《嵩陽觀夜奏霓裳》云：「開元遺曲自淒涼，況近秋天調是商。」是霓裳本商調也。《碧雞漫志》卷三，杜佑《理道要訣》云：「天寶十三載，七月改諸樂名，中使輔璆琳宣進旨令於太常寺刊石內黃鐘商《婆羅門曲》改爲《霓裳羽衣曲》。」所稱黃鐘商，雖與白傳之詩，詳略不同，亦未移入別調也。《碧雞漫志》又云：「宣和初，曹府守山東人王平詞學華贍，自言得夷則商霓裳羽衣譜，取陳鴻、白樂天《長恨歌傳》，並樂天寄元微之《霓裳羽衣歌》。又雜取唐人小詩長句及明皇太眞事，終以微之《連昌宮詞》，補綴成曲，刻板流傳。曲十一段，起第四遍、第五遍、第六遍，正攧，入破，虛催衰，實催衰，歇拍，殺衰，音律節奏，與白氏歌注大異。則知唐曲，今世決不復見，亦可恨也。」按王灼所云，似未精審，王平所得，今不可見。然就所述玫之，若補散序、中序、九遍，並非與白氏歌注異也。王國維謂此譜再加散序六遍，中序前三遍，當得十二遍，與唐之十八遍異，亦非也。段與遍不盡相同。《齊東野語》所記《樂府混成集》中，霓裳一曲共三十六段，即每遍二段，十八遍三十六段也。此譜必有二遍各二段者，故爲十一段，並非十一遍也。惟王平謂爲夷則商，雖與《理道要訣》黃鐘商異，然其爲商調則同也。姜夔《霓裳中序第一》序云：「於樂工故書中，得有商調霓裳十八

闋，皆虛譜無辭。」按沈氏《樂律》，霓裳道調，此乃商調。未知孰是。則知唐曲之爲商調，無可疑矣。《文獻通考》一百四十五云：「唐文宗每聽樂，鄙鄭衛聲，詔奉常習開元中霓裳羽衣舞，以雲韶樂和之。舞曲成，太常卿馮定總樂工，閱之於庭，端凝若植。自兵亂以來，霓裳羽衣曲，其音遂絕。」是此曲始於開元，亡於唐末矣。陸游《南唐書》：後主昭慧國后周氏小字娥皇，通書史，善歌舞，尤工琵琶。故唐盛時霓曲羽衣最爲大曲。亂之後，絕不復傳。後得殘譜，以琵琶奏之，於是開元天寶遺音，復傳於世。內史徐鉉問之於國工曹生，鉉亦知音，問曰：「法曲終則緩，此聲反急，何也？」曹生曰：「舊譜是緩，宮中有人易之，非吉徵也。」是南唐尙有重整曲譜之事。然據樂工曹生所言，已失法曲之理。虛謂開天遺言，不足置信。故徐鉉譏之以詩曰：「此是開元天寶曲，莫敎偏作別離聲也。」有唐一代此曲源流，盡於此矣。沈存中爲元豐熙寧間人，何以獨知爲道調法曲？沈旣深明樂律，何以與當時通行之《獻仙音》，不能辨別？無徵之曲，旣得其調。通行之歌，反不能曉。此其間必有故矣。玫《宋史‧樂志》云：法曲部其曲二：一曰道調宮《望瀛》；二曰小石調《獻仙音》。並無《霓裳曲》也。宋時傳記多謂《望瀛》爲《霓裳曲》遺聲，《獻仙音》亦別見記載。徒以曲拍曲終引聲相近，而不知其宮調不合也。若調同均異，相去亦多。文人學士，多所想像，卽深明樂律者，亦以唐曲久亡，無從檢定，不得不附和之。然則存中所言，別無他證，實以《望瀛》轉定之也。惟《望瀛》爲道調，《獻仙音》爲小石調，雖同爲法曲，宮調不同。如以《獻仙音》與《霓裳曲》同，卽無異於以《獻仙音》與《望瀛》同。而當時二曲，實有分別。故不敢遽定也。（當時文士不能樂理，故以《望瀛》、《獻仙音》爲《霓裳》遺聲。沈氏精於聲律，當時二曲可以檢定，非若唐曲已亡，不可判斷，故旣以《望瀛》定《霓裳》，不能再以《獻仙音》亂之。此似高於文士而不知其仍爲俗所誤也。）今先以實事證之。歐陽修《六一詩話》云：「《霓裳曲》今敎坊尙能作其聲，其舞則廢而不傳矣。人間又有《望瀛府》、《獻仙音》二曲，云此其遺聲也。」葛立方《韻語陽秋》卷十五云：「今世所傳《望瀛》，亦十二遍。散序無拍，曲終亦長引聲。若樂奏《望瀛》，亦可髣髴其遺意也。」王灼駁歐陽修云：「《瀛府》屬黃鐘宮，《獻仙音》屬小石調，了不相干。永叔知《霓裳羽衣》爲法曲，而《瀛府》《獻仙音》爲法曲中遺聲。今合兩個宮調作《霓裳羽衣》一曲遺聲，亦太疏矣。」按王說未審《六一詩話》之《望瀛府》當從常之書作《望

瀛》，何文煥校訂本《六一詩話》作《望瀛洲》，亦非。王承其誤。不獨黃鐘宮有《瀛府》，即林鍾宮亦有《瀛府》，與道調之《望瀛》全異。晦叔竟合為一，致成大謬。且永叔之意，以《望瀛》《獻仙音》並似《霓裳》之曲，非合兩個宮調以製《霓裳》也。若以聲律證之，以《望瀛》近於《霓裳》者，實以遍拍曲終引聲相同，常之已明其旨矣。至以《獻仙音》似《霓裳》，亦未嘗無說。王國維云：「宋詞小石調有《法曲獻仙音》，又有《法曲第二》。柳永《樂章集》，二詞同在一卷中，知非二調。又字句雖略同，而用二名，知又非一遍也。殆亦《霓裳》之類。」按王說是也。余嘗考之，《獻仙音》遍拍，今難質言，惟其為小石調，實為林鐘商若稍高為中管調，則為夷則商。宋仁宗《景祐樂髓新經》云：「夷則商為中管小石調，林鐘為小石調。」是《獻仙音》遍數既多，亦為宋代商聲十二調之一。故當時傳說以為與霓裳近也。沈括既以《望瀛》定《霓裳》，則《獻仙音》不容相混。其餘諸家，但知《霓裳》唐為商調，不能詳攷宋代之傳說。即明於樂律之姜夔，亦為存中所惑，故辨之如此。

（《細流》1935 年第 4 期）

三、《漱玉詞》

李易安謂以往詞人，無合格者。而又不明其旨趣，故人多疑之。今繹其評語及所撰之詞，亦可粗窺其意也。易安以詞為侑酒嘌唱之用，故不忌淺俗。然為文學之一體，故必當善於運用。文人見之，不厭其俗，俗人見之，文誼曉暢，自能雅俗共賞。若徇俗為貴，失文之質，以雅為能，不可流行。故易安論曰「詞別是一家，知之者少。」然觀《漱玉集》中，惟《聲聲慢》一闋，可以當之而無愧，餘則未能稱是。可知此道之難也。許昂霄極詆其《聲聲慢》，蓋未知易安之詞旨也。

四、《漱玉詞彙鈔》

《漱玉詞彙鈔》一卷，清汪玢女士所輯校。玢字孟文，錢塘人。是書刊於道光庚子，封面吳蘋香所題也，後有許繡跋。詞據汲古閣本十七首，玢從《陽春白雪》補一首，《樂府雅詞》十六首，《梅苑》六首，《詞林萬選》三首，《歷代詩餘》一首，共四十四首。易安詞散見群書者，近八十首，此輯

殊不完備。玢又輯錄詞話,分附各首之後,內引《問遽廬隨筆》,疑即玢所著也。評論亦不精確。前附錄紀事,僅引《清波雜誌》、《四六談麈》、《琅嬛記》、《貴耳錄》各一則。而於易安晚節之傳說,全未言及。蓋玢讀書甚少,既不能為易安辨正,而又以再嫁為嫌,故置而不論也。

(以上《輔仁文苑》1939 年 12 月第 2 輯)

五、陳少章《片玉集注》補正

劉肅序陳元龍《片玉集注》,謂其病舊注之簡略,遂詳而疏之,俾歌之者。究其事,達其辭,則美成之美益彰云云。清眞詞舊注已佚,未能較其短長。縱觀陳注,亦頗粗粗,往往失之眉睫。今即所知,略為補正,未暇一一考也。

《瑣窗寒》「故人剪燭西窗語」,溫庭筠《舞衣曲》詩:「回鸞笑語西窗客。」正:按此句上云:「靜鎖一庭愁雨,灑空堦夜闌未休。」下云:「似楚江暝宿,風燈零亂,少年羇旅。」則明用李商隱《夜雨寄北》詩「何當共剪西窗燭,卻話巴山夜雨時」之意。又《荔枝香》云:「共剪西窗蜜炬」,亦用李旨。注但引李賀「蜜炬千枝爛」,非其質也。

《風流子》「最苦夢魂,今宵不到伊行」,補:晏幾道《臨江仙》詞云:「如今不是夢,眞箇到伊行。」

《解連環》「燕子樓空」唐張建封節制武寧云云。補:蘇軾《永遇樂》詞云:「燕子樓空,佳人何在,空鎖樓中燕。」

《憶舊遊》「舊巢更有新燕,楊柳拂河橋」,宋之問詩:「旦別河橋楊柳風,夕臥伊川桃李月。」正:韓偓《春晝》詩「藤垂戟戶,柳拂河橋。簾幕燕子,池塘百勞。」

《塞垣春》「玉骨為多感,瘦來無一把」,東坡云:「司馬公子見王度,謂客曰:此兒神如秋水而清澈,骨如皓玉而美秀。」「一把」俗云「一搦」也。李百藥詩「一搦掌中腰。」正:李商隱《偶成轉韻七十二句贈四同舍》詩云:「天官補吏府中趨,玉骨瘦來無一把。」

《氐州第一》「薔薇謝,歸來一笑」,賈島詩:「薔薇花謝秋風起。」正:杜牧《留贈詩》云:「不用鏡前空有淚,薔薇花謝即歸來」,又《虞美人》云:「待得薔薇花謝便歸來」。明用小杜詩句,陳亦引島語以注之,非也。

《六醜》「夜來風雨,葬楚宮傾國」,溫庭筠詩:「夜來風雨落殘花。」補:

韓偓《哭花詩》「若是有情爭不哭，夜來風雨葬西施。」

《綺寮怨》「江陵舊事，何曾再問楊瓊」，楊瓊事未詳。補：元稹《和樂天示楊瓊》一首，自注云：「楊瓊本名播，少為江陵酒妓。」詩云：「我在江陵少年日，知有楊瓊初喚出。腰身瘦小歌圓緊，依約年應十六七。去年十月過蘇州，瓊來拜問郎不識。青衫玉貌何處去，安得紅旗遮頭白。我語楊瓊瓊莫語，汝雖笑我我笑汝。汝今無復小腰身，不似江陵時好女。楊瓊為我歌送酒，爾憶江陵縣中否。江陵王令骨為灰，車來嫁作尚書婦。盧戡及第嚴澗在，其餘死者十八九。我今賀爾亦自多，爾得老成余白首。」

《意難忘》「私語口脂香」，方干《美人詩》：「些些私語恐人知。」杜詩云：「口脂面藥隨恩澤。」正：白居易《江南喜逢蕭九徹因話長安舊遊戲贈五十韻》云：「私語口脂香。」顧夐《甘州子》詞亦有「私語口脂香」之句。

《夜飛鵲》「但徘徊班草」，王介甫《次韻留別》詩：「班草數行衣上淚。」又：「待追西路聊班草。」想即如「班荊」之義也。補：《後漢書·逸民·陳留老父傳》云：「陳留張升去官歸鄉里，道逢友人，共班草而言。」注：「班，布也。」

（《輔仁文苑》1940 年 3 月第 3 輯）

六、韋端己《女冠子》

韋莊入蜀，伺機返唐。逮唐之亡，哀深家國，故詞多感慨之音。其《女冠子》首三句云：「四月十七，正是去年今日，別君時。」考唐昭宣帝天祐四年，禪位於梁王。四月甲子，梁王即皇帝位。則甲子前一日癸亥，即唐祚告終之日，是年四月丁未朔，癸亥正是四月十七日。憶君之旨，昭然若揭矣。又朱溫即位於天祐四年四月，月之二十二日，即改元開平。王建即位於本年九月，國號大蜀，次年戊辰，蜀建元武成。故梁太祖開平三年，即蜀高祖武成元年。以此詞「去年今日」推之，殆作於武成元年乎。莊卒於武成三年八月詞末二句云「除卻天邊月，沒人知。」言此心惟有天知，亦即《菩薩蠻》「憶君君不知」之意也。

（《輔仁文苑》1941 年 1 月第 6 輯）

讀詞雜記

巴壺天 著

《讀詞雜記》，巴壺天著。刊於《學風》1934 年第 4 卷第 9 期。巴壺天（1904～1987），名東瀛，字壺天，號玄廬。安徽滁縣人。歷任安徽省府秘書、南省府秘書長等職。1949 年後赴臺灣，先後任教於臺灣師範大學、臺灣大學、東海大學等校。晚年潛心詩禪，著有《藝海微瀾》、《禪骨詩心集》，編有《唐宋詩詞選》三部。

一

《人間詞》云：「客裏歡娛和睡減，年來哀樂與詞增。更緣何物遣孤燈！」余江城重到，殊乏好懷，秋館燈涼，讀詞自遣，此情聊復似之。偶摭群言，兼參己說，其事爲大雅所笑，其旨與流俗或殊。尤冀讀者亮焉。

二

馮正中《謁金門》首句云：「風乍起，吹皺一池春水。」膾炙人口。《南唐書・馮延巳傳》云：「元宗嘗因曲宴內殿，從容謂曰：『吹皺一池春水，何干卿事？』延巳對曰：安得如陛下『小樓吹徹玉笙寒』特高妙也？元宗悅。」按元宗語氣，蓋甚妒羨馮詞；元宗，固詞中聖手也。陳霆《渚山堂詞話》曰：劉伯溫秋晚曲《謁金門》首句：「風嫋嫋，吹綠一庭秋草。」爲語亦佳，然即「風乍起，吹皺一池春水」格耳。以二言細較，劉公當退避一舍。餘味馮公詞意，止水一池，春風乍起，心隨風動，而輒愁生，頗覺意境兩忘，物我一體。劉公豈僅當退避一舍而已？又「吹皺」二字特妙。

三

溫飛卿《更漏子》首章云：「驚塞雁，起城烏，畫屏金鷓鴣。」張惠言《詞選》曰：「『驚塞雁』三句，言懽戚不同，興下『夢長君不知』也。」陳廷焯《白雨齋詞話》曰：「此言苦者自苦，樂者自樂。」統觀全章，其說良是。若第就此三句觀之，則城烏、塞雁，雖難定驚魂，而畫屏鷓鴣，卻毫無生氣。莊生固嘗論楚龜矣，留骨廟堂，無寧曳尾塗中也。

四

唐無名氏《菩薩蠻》「平林漠漠」一首，釋文瑩《湘山野錄》云：「此詞不知何人寫在鼎州滄水驛樓，復不知何人所撰。魏道甫泰見而愛之，後至長沙，得古風集於子宣內翰家，乃知李白所作。」其辭頗涉疑似。胡應麟《莊嶽委譚》云：「今詩餘名《望江南》外，《菩薩蠻》、《憶秦娥》稱最古。以《草堂》二詞出太白也。近世文人學士或以為實。然余謂太白在當時直以風雅自任，即近體盛行七言律，鄙不肯為，寧屑事此。且二詞雖工麗，而氣衰颯，於太白超然之致，不啻穹壤，藉令眞出青蓮，必不作如是語，詳其意調，絕類溫方城輩，蓋晚唐人詞，嫁名太白，若懷素草書，李赤姑熟耳。原二詞嫁名太白有故，《草堂詞》，宋末人編，青蓮詩亦稱《草堂集》，後世以二詞出唐人，而無名氏，故偽題太白，以冠斯編耶？」徐釚《詞苑叢談》襲之。且曰：「《杜陽雜編》云：大中初，女蠻國貢雙龍犀明霞錦，其國人危髻金冠，纓絡被體，故謂之『菩薩蠻』。當時倡優，遂歌《菩薩蠻曲》，文士亦往往效其詞。《南部新書》亦載此事，則太白之世，唐尚未有斯題，何得預填斯曲耶？又《北夢瑣言》云：宣宗愛唱《菩薩蠻》詞，令狐丞相假飛卿所撰密進之，戒以勿泄，而遽言於人，由是疏之。按大中即宣宗年號，此詞新播，故人喜歌之。予屢疑近飛卿，至是釋然，自信具隻眼也。」余按此詞謂為太白所作，固未足信，然據《杜陽雜編》、《北夢瑣言》所載，遽信為溫飛卿作，尤為附會。王國維《〈春秋後語〉背記跋》云：「考崔令欽《教坊記》所載教坊曲名三百六十五中，有《望江南》、《菩薩蠻》二調。令欽時代雖不可考，然《唐書·宰相世系表》有國子司業崔令欽，乃隋恒農太守宣度之五世孫。唐高宗至玄宗五世，宣度與高祖同時，則其五世孫當在玄、肅二宗之世。其書記事，訖於開元，亦足略推其時代。據此，則《望江南》、《菩薩蠻》二詞，開元教坊固已有之。」何得遽謂此調至宣宗時始有之耶？

又此詞末句，《草堂詩餘》作「長亭更短亭」，「更」字去聲，按律應用平聲。此字用平，則「長」字可仄。溫飛卿此調十四首，此字十三首用平。只第十一首「無憀獨倚門」，獨亦入聲作平用。萬紅友《詞律》，改「更」作「連」，知此字應平也。第以二字相較，「更」字實佳。

五

周清眞《浣溪沙》「戲拋蓮菂種橫塘」句，余讀之，頗有微歡種愁之感。世固不乏逢場作戲，偶種愁根，終乃藕縷難刪，蓮心逾苦者矣。

六

蘇東坡《卜算子》「缺月掛疏桐」一首，鮦陽居士《復雅歌詞》云：「缺月，刺明微也。漏斷，暗時也。幽人，不得志也。獨往來，無助也。驚鴻，賢人不安也。回頭，愛君不忘也。無人省，君不察也。揀盡寒枝不肯棲，不偷安於高位也。寂寞沙洲冷，非所安也。此詞與考槃詩極相似。」譚獻《復堂詞話》曰：「以考槃爲比，其言非河漢也。此亦鄙人所謂『作者未必然，讀者何必不然。』」余謂讀詞能多悟一意，即作詞能多辦一法也。

七

史梅溪《雙雙燕》詠燕云：「應自棲香正穩，便忘了天涯芳信。」襲用王荊公《歸燕》詩「貪尋舊巢去，不帶錦書迴」句意。語尤俊絕。

八

溫飛卿《菩薩蠻》首章「小山重疊金明滅」一句，解者各異。楊愼《升庵詞品》云：後周天元帝令宮人黃眉黑粧，其風流於後世。虞世基詠袁寶兒云：「學畫鴉黃半未成。」此煬帝時事也，至唐猶然。駱賓王詩：「寫月圖黃罷，凌波拾翠通。」又盧照鄰詩：「纖纖初月上鴉黃。」「鴉黃粉白車中出。」王幹詩：「中有一人金作面。」裴慶餘詩：「滿額鵝黃金縷衣。」溫庭筠詞：「小山重疊金明滅。」又「蕊黃無限當山額」，又「撲蕊添黃子，呵花滿翠鬟」，又「臉上金霞細，眉間翠鈿深」，牛嶠詞：「額黃侵膩髮，臂釧透紅紗。」

張泌詞：「蕊黃香畫帖金蟬。」宋陳去非臘梅詩：「智瓊額黃且勿誇，眼明見此風前蒞。」智瓊，晉代魚山神女也。額黃事，不見所出，當時必有傳記。而黃粧實自智瓊始乎？金黃粧久廢，汴蜀妓女，以金箔飛額上，亦其遺意也。其說似較可取。然於小山句，則仍語焉未詳。余按此句言眉黃零落也。《妝臺記》云：「五代宮中畫眉：一曰開元御愛眉，二曰小山眉，三曰五嶽眉，四曰三峰眉，五曰垂珠眉，六曰月棱眉，又名卻月眉，七曰分梢眉，八曰涵煙眉，九曰拂雲眉，又名橫煙眉，十曰倒暈眉。」五代去晚唐未遠，小山眉，疑或沿自晚唐，即飛卿所云「小山重疊」也。至開元御愛眉，顧名思義，當為唐玄宗時宮中眉樣，尤足藉資參證。如據此解，則此章第三句「懶起畫峨眉」，承上第一句，即「小山」句，第四句「弄妝梳洗遲」，承上第二句「鬢雲欲度香腮雪」，章法亦似整密。

九

曾鷗江《點絳唇》後段云：「來是春初，去是春將老。長亭道，一般芳草，只有歸時好。」況夔笙《蕙風詞話》曰：「看似毫不吃力，政恐南北宋名家未易道得，所謂自然從追逐中來也。」余按劉圻父《玉樓春》題小竿嶺云：「一般垂柳短長亭，去路不如歸路好。」曾詞實自此脫胎出，特更佳耳。

一〇

詞能以有寄託入，以無寄託出，方臻上乘。王碧山《齊天樂》詠蟬「一襟餘恨」一首，端木埰云：「詳味詞意，殆亦黍離之感。『宮魂』字點出命意，『乍咽還移』，慨播遷也。『西窗』二句，傷敵騎暫退，燕安如故。『鏡暗』二句，殘破滿眼，而脩容飾貌，側媚依然。衰世臣主，全無心肝，千古一轍也。『銅仙』三句，宗器重寶，均被遷奪，澤不下究也。『病翼』二句，更是痛苦流涕，大聲疾呼，言海島棲遲，斷不能久也。『餘音』三句，遺臣孤憤，哀怨難論也。『漫想』二句，責諸臣到此，尚安危利災，視若全盛也。」此首句句言君國，句句仍不脫言蟬，無一澀筆，洵詞中高境也。

一一

劉招山《一剪梅》云：「一般離思兩銷魂，馬上黃昏，樓上黃昏。」傷離

念遠，同此黯然。閨秀張藟《清平樂》憶外云：「一天離恨分開，同攜一半歸來。日暮孤舟江上，夜深燈火樓臺。」實由劉詞脫胎，而描景寫情，更形透露矣。然劉詞又固自毛澤民《惜分飛》「此恨平分取」句脫胎來也。

一二

李知幾贈官妓詞有云：「暖玉倚香愁黛翠。勸人須要人先醉。問道明朝行也未？猶自記，燈前背立偷垂淚。」好事者或改「偷」爲「佯」。見《升庵詞品》，納蘭容若《清平樂》云：「記得燈前佯忍淚，卻問明朝行未？」實襲用之。然「佯忍淚」三字，強抑悲懷，更加淒婉矣。

一三

納蘭容若《浪淘沙》云：「曾染戒香消俗念，怎又多情？」蓋自韓冬郎詩「曾把禪機銷此病，破除才盡又重生」句脫出。馮小青與某夫人書云：「蓮性雖胎，荷絲難殺。」亦此意也。

一四

吳夢窗《西子妝慢》湖上清明薄遊云：「流水麴塵，豔陽醋酒。」「醋」字《詞潔》作「醅」，鄭文焯疑「醋」作「酟」，《說文》：宿酒也。宋翔鳳《樂府餘論》曰：「按醋酒，謂酒味醋烈也。白香山詠家醞云『甕揭開時香醋烈』，此『醋字』所本。太白詩『風吹柳花滿店香，吳姬壓酒勸客嘗。』當風吹柳花之時，先聞香味之醋烈，而後知店中有酒。故先言香，後言酒也。『豔陽醋酒』，正同此意。萬氏《詞律》，疑『醋』是『酟』字之訛。然但言酟酒，便索然無味。」此說未足爲「醋酒」二字根據。余按《前漢書》吳王劉濞傳：「周丘者，下邳人，亡命吳，酤酒無行。」宋祁校云：「南本『酤』作『醋』。」又戈載《詞選》，從汲古刻本，亦作「豔陽醋酒」，並識云：「《說文》，醋酒味厚，汲古不誤也。」庶乎得之。

一五

辛稼軒《水調歌頭》《醉吟》云：「而今已不如昔，後定不如今。」吳夢

窗《金縷歌》《陪履齋先生滄浪看梅》云：「後不如今今非昔，兩無言相對滄浪水。」黃東甫《眼兒媚》云：「當時不道春無價，幽夢費追尋。」陳其年《水調歌頭》《雪夜再贈季希韓》云：「縱不神仙將相，但遇江山風月，流落亦爲佳。豈意有今日，側帽數哀笳。」納蘭容若《浣溪沙》云：「被酒莫驚春睡重，賭書消得潑茶香。當時只道是尋常。」王靜安《清平樂》云：「當時草草西窗，都成別後思量。遮莫天涯異日，應思今夜淒涼。」意雖略同，境實各別。蓋稼軒悲涼，夢窗沉鬱，東甫哀婉，其年感憤，容若淒麗，靜安幽咽也。然其年不可爲訓。

一六

況蕙風《水調歌頭》《落花》云：「風雨枉教人怨。知否無風無雨，也自要飄零。」又《江南好》云：「憐花瘦，移向繡閨中，掩卻碧紗屏十二，曉來依樣有殘紅，不敢怨東風。」比興溫厚，然即蔣元龍《好事近》「風定老紅猶落」，及沈覃九《浣溪沙》「落花風定也難收」句意耳。

讀詞閒話

唐弢 著

《讀詞閒話》，唐弢著。刊於《中華郵工》1935 年第 4 期，爲唐弢青年時（1930 年）所作，彼時唐弢尚未投身新文學。唐弢（1913～1992），原名唐端毅，筆名風子、晦庵等。浙江鎮海人。作家、學者，少習舊體詩詞，後轉向新文學，曾參與編輯 1938 年版《魯迅全集》，是魯迅研究的奠基人之一。生前任中國社會科學院文學研究所研究員。著有《推背集》、《海天集》、《落帆集》、《晦庵書話》、《魯迅的美學思想》等，主編有《中國現代文學史》等。

一

詞貴婉約，與詩不同。然詩人作詞，往往不能脫盡詩腔。于弢仲《浣溪沙》「日西初見下妝樓」一語，王次回引以爲詩，不見痕迹。若李供奉「秦娥夢斷秦樓月」，「咸陽古道音塵絕」等語，雖雕琢之，亦不能成詩矣。

二

秦少游《踏莎行》「杜鵑聲裏斜陽暮」，極爲東坡所賞，妙在能傳一「暮」字。

三

劉公勇謂詞起結最難，而結尤難於起，余以爲不然。蓋結只需種種一句，意在言外，便足耐人尋味。若起則須如長江之源，一決千里，非老於此道者

不辦。東坡《水調歌頭》起句云：「明月幾時有？」讀之已覺塵襟頓滌，不待終闋也。

四

作起句須從精鍊處下筆，又須顧首顧尾，不落痕迹。岳飛《滿江紅》起句「怒髮衝冠」，妙在能留下許多地步與後文，自是聰敏人起法。

五

俞仲茅謂：「好語往往前人說盡，當何處生活」。余謂只須天地間有好語，便是快事，何必定出諸我。

六

學詞須先胡謅，然後再讀前人詞論，不難改頭換面，徐入化境。若一下手便讀詞論，則難乎落筆矣。

七

李後主《搗練子》「深院靜」一闋，膾炙人口，與周邦彥《十六字令》詠月，允稱小令中絕調。楊升庵《如夢令》云：「雲陰月華飛過，雨意鐘聲敲破。」亦頗生動。

八

秦少游《生查子》：「月色忽飛來，花影和簾卷。」上句勁，下句輕接，悠揚疾徐，是深得詞家三昧者。

九

才如子瞻，猶不免有銅琶鐵板之譏，蓋詞固以婉約為上品也。然顧宋梅云：「詞雖貴於情柔聲曼，然第宜於小令，若長調而亦喁喁細談，失之約矣。」自是別一種見解。

一〇

況周頤解釋「詩餘」云:「詩餘之餘,作贏餘之餘解。唐人朝成一詩,夕付管絃,往往聲希節促,則加入和聲。凡和聲皆以實字填之,遂成爲詞。詞之情文節奏,並皆有餘於詩,故曰詩餘。世俗之說,若以詞爲詩之賸義。則誤解此餘字矣。」此蓋能獨具隻眼,確認詞之地位者。

一一

南朝變樂府爲長短句,詞之萌芽也。至唐李白,有《憶秦娥》、《菩薩蠻》二闋,而後溫庭筠、白香山諸人繼之,至宋而大盛,爭調競思,各製新腔,此詞之所由起也。

一二

《菩薩蠻》本作《菩薩鬘》,《南部新書》載:「唐大中初,女蠻國入貢,危髻金冠,纓絡被體,號菩薩蠻隊,遂有此曲。」此曲又名《子夜歌》,亦名《重疊金》,又名《巫山一段雲》。

一三

《憶秦娥》一名《秦樓月》,一名《雙荷葉》,又名《碧雲深》。多押仄韻,然亦有押平韻者,如孫夫人《花深深》一闋是也。

一四

宋子京《玉樓春》「紅杏枝頭春意鬧」,一「鬧」字,劉公勇稱其卓絕千古,自是定論。

一五

張玉田所謂詞之難於小令,如詩之難於絕句。余謂通常小令易於長調,若求其工,則長調易於小令也。質諸今之詞家,不知亦有當否?

附注：

這是我五年前的一篇《讀詞閒話》，自從我弄弄新文學以來，已經宣告和舊文學脫離關係，立誓不再做詩，填詞了，自然也不會再弄詞話這一類東西。去年的復興文言運動，聲勢是非常浩大的，但我自己卻也更明白而且更堅定地走著我自己的路。把這篇東西寄給《中華郵工》，算是給我自己一點紀念。從此以後，在文言文，自文言詩詞裏，再不會找到我了。

五月一日記

詞　話

高毓浵　著

　　《詞話》，高毓浵著，上、下二卷，見《潛公手稿》卷七。《詞話》卷下錄評毛澤東《沁園春》詠雪一首，知其完稿當在 1936 年，故編繫於此。《潛公手稿》（十四卷），高氏後人影印本。高毓浵（1877～1956），字淞荃，號潛卿（潛子），時人多稱潛公，直隸靜海（今屬天津）人。光緒二十九年（1903）進士，選庶吉士，散館授翰林院編修，兼任京師大學堂教習。1907 年派赴日本早稻田大學留學，歸國後任教於京師大學堂。辛亥革命後，曾短暫出任江蘇省督軍公署秘書長，最終淪落草野，輾轉於南京、上海、北京之間。高毓浵幼耽詩文，辛亥後與遺老名流多有唱和，在上海時加入漚社，在北京組建了「國學書院」，與友人創辦《國學書院叢刊》，刊發了國學研究論文。高毓浵一生著述頗豐，主要有《潛子文鈔》、《潛子駢體文鈔》、《潛子詩鈔》、《微波詞》、《硯北小品》、《潛庵輯古佚書》等。

詞話上

一

　　祥符周畇叔都轉星譽最工倚聲，所著《東鷗草堂詞》有《洞仙歌》十闋，余酷好誦之，與元人較，後人何必不突過前人邪？茲備錄之。一「繡帆收了，正雨絲初歇。七里香塵熨柔碧。看綠楊陰外、樓閣溟蒙，是多少，春睡初醒時節。　　犀帷催喚起，餳眼慵揉，剗襪玲瓏向人立。檀盞遞完時、低項回身，傍娘坐、恁般羞澀。又小婢催人、去梳頭，向鏡裏流眄、驀然偷瞥。」

二「呵鈿綰翠，坐棗花簾底。華鈴斜簪小鴉髻。想妝成刀怯、換了鸞衫，停半晌，才見盈盈扶起。　　問名侰不說，淺笑低聲，暗裏牽衣教娘替。眾畔坐隨肩、道是知情，卻偏又、怎憨憨地。也忒煞難猜、個人心，笑事事朦朧，者般年紀。」三「深深笑語，膩湘桃花影。削哺金泥護春暝。看珠燈出玫、錦匼藏猵，卻難得，隨意猜來都準。　　起身鬆繡鋪，瑣步伶仃，釵尾丫蘭顫難禁。怯醉泥秋奩、親蘸豪犀，替重抿、牡丹雙鬖。似欲向郎言、又還停，但小靨緋紅，可憐光景。」四「荼䕷風軟，散閒愁無數。吹送青鳧到花步。算鴛鴦卅六、排作郵籤，好細與，記個相思程譜。　　尋春三度也，永福橋西，門閉枇杷舊時路。小隔又生疏、道罷勝常，更沒些、離情低訴。但伴笑兜鞋、倚娘邊，問梅雨連宵，別來寒否？」五「卓金車子，接么娘來早。鸚鵡銀籠隔花報。聽纖纖繡屧、才近胡梯，驀一陣，抹麗濃香先到。　　進房攏袖立，瘦蝶腰身，寫上紅簾影都俏。側坐錦墩邊、女伴喁喁，盡背地、贊伊嬌小。看悄撚羅巾、不擡頭，怎比在家時，更矜持了。」六「猜花輸後，露些些嬌惰。怯飲瓊蘇繭眉鎖。把銀蕉殘酒、笑倩郎分，消受者、一抹口脂紅涴。　　雁箏撈義甲，唱罷迴簧，蓮箭沈沈月西矬。席散點紗燈、臨去殷勤，問明日、郎來還麼。正風露街心、夜涼時，囑換了輕容，下樓方可。」七「吳綃三尺，屑輕煤初畫。錦髻瓊題恁姚冶。只花般性格、謲樣聰明，描不出，留待填詞人寫。　　翻香么令豔，細字紅曇，鳳紙烏絲替親界。譜上女兒青、偷拍鞋尖，低唱向、黃梔花下。好宜愛重薰、喚眞眞，辨一片誠心，向伊深拜。」八「閒情新賦，把靈犀一點。寫入香羅白團扇。好羞時低障、浴後輕攏，長傍著，小小桃花人面。　　橫塘重寄與，滿握冰蟾，比似華年一分欠。畫裏說春愁、紅錦窠溫，反輸與、翠禽雙占。倘長得隨伊、鏡臺邊，便掃地添香，也都情願。」九「離腸一寸，化萬千紅豆。底事花前又分手。便不曾春去、已是無憀，況又到，深院月黃時候。　　玉鵝衾底夢，酒雨香雲，薄福簫郎怎消受。無計贖珍珠、待說成名，可知道、甚時能彀。便僥倖雙棲、也生愁，看半搊弓腰，恁般纖瘦。」十「江湖載酒，遍青衫塵積。玉笛聲中過三七。道飄零杜牧、慣解傷春，原不爲、歌扇酒旗淒悒。　　惺惺還惜惜，儂自憐花，此意何曾要花識。一霎畫屏前、香夢迷離，儘後日，思量無益。待提起重來、又傷心，怕門巷斜陽，落紅如雪。」十詞柔情綺思，細膩風光，漫唸數過，蕩魄搖魂如入巫山十二峰也。

二

明季女子英雄，雲䍊孃尤爲奇特，鄺湛若曾爲司書記，所著《赤雅略》紀其事，英姿豔色，生長蠻荒，與秦良玉、沈雲英同時，遙相照耀。許克孳明經題其傳後《齊天樂》云：「蘆笙吹綠珠崖草，人來鬼門秋暮。洞雨飛符，林雲合陣，兒女英雄如許。天魔罷舞。悵破碎中原，幾聲杜宇。一隊天姬，月明聯臂蹋歌去。　　翩翩書記老矣，歎功名事業，無分銅柱。赤雅編書，黃衫說劍，酒畔愁聽蠻鼓。沈湘萬古。只粉黛當年，也歸黃土。彈斷冰弦，悔空聞雁語。」

三

《江城梅花引》一調本以《江城子》與《梅花引》合成，向少佳搆。《兩般秋雨盦筆記》錄郭頻迦太史一闋，謂可嗣響伯可「娟娟霜月」之章。余曾見一詞云：「酴醾香裏駐郎車，說還家，未還家。幾日小屏，蘭語碎於沙。眞箇還家無一語，空自把，淚零星、種燭花。　　燭花、燭花、半支斜。是愁芽，是恨芽。照也照也，忍照到、今夜窗紗。付與聲聲，秋雨咽琵琶。著意溫存闌夕夢，明日是，夢山涯，夢水涯。」詞甚佳，惜忘作者名氏。

四

郭頻迦有《桂枝香》詠《秋鳥》云：「荒林落照。認宰樹蒼茫，一群驚噪。纖緻鳴弦，已有弋人尋到。陶村馬瞳披綿好，算總輸、酒邊風調。蜀薑鳴釜，吳鹽點雪，審瓶開了。　　問何事、輕離海嶠？有綠衣同戲，紅椒堪飽。萬里頭顱，來博樽前人笑。雲羅滿地西風早，想江湖羈雌多少。料應夢斷，蠻天一角，暮煙孤島。」如許小題，刻畫玲瓏，有神無迹，眞絕唱也。秋鳥者，出乍浦陳山屠康僖公墓，秋來春去，相傳爲海東所產。初至，剖其腹，猶有青椒，亦名鷌鷌，味絕美，食者□切以豕膏，和糖膏、椒末漬酒蒸之。

五

稼軒《浪淘沙》詠虞美人花云：「不肯過江東。玉帳匆匆。至今草木憶英

雄。唱著虞兮當日曲，便舞春風。　　兒女此情同。往事朦朧。湘娥竹上淚痕濃。舜目重瞳堪最恨，羽亦重瞳。」幼時於類書注中見此詞末三句，甚愛之。今見全詞，其美仍在尾也。

六

武進沈思齋大令維賢有詞一卷，《水調歌頭》詠李廣云：「將軍猿臂在，何用覓封侯。漢家驃騎年少，蹴鞠下涼州。我便短長匹馬，獵盡南山猛虎，劍氣夜橫秋。倘遇霸陵尉，醉矣濬何尤。　　怎持節，黃河曲，黑山頭。數奇縱竟蹉跌，莫自怨靈修。任是伏波矍鑠，只恐明珠薏米，載得一車愁。君欲爲功狗功大，總難酬。」又《水龍吟》詠明妃云：「幾曾畫得蛾眉，當時枉殺毛延壽。人言塞上琵琶，風雪怎能生受。我道年年，貯將金屋，也應消瘦。況千金買賦，漢家薄幸，君不見長門後。　　試向玉關回首。有幾株江南楊柳。和親誤了，他年帝子，青衣行酒。何時春風，護將香塚，青青如舊。只貂裘馬上，一般佳話，付丹青手。」慷慨淋漓，頗近稼軒，寫英雄兒女之情，各極其妙。

七

蕭縣徐中將樹錚，其人故桀驁一流，而詞采亦殊雋妙，曾見兩詞。《側犯》詠九日食蟹云：「暮樽對雨，老紅一背前村買。霜薤。恰半殼腴黃照舷海。捶薑薦翠琖，斫雪驕銀膾。堤外。還記得，泥沙舊風采。　　江湖大使，虎豹雄魁拜。應自悔。浪登高，疏籬送寒瀨。細苦尖酸，夢沈秋鼎。絕世橫行，到頭安在。」《憶舊遊》云：「正疏簾掛午，曲沼通涼，倦客江南。夢遠龍沙雪，帶霜蹄十萬，酒褪春衫。故人舊同遊處，青綠滿生縑。問鶯老西湖，雲迷渭水，幽恨能添。　　停驂。送斜照，認碎玉泉聲，潭柘精藍。對影空凝睇，料禪香詩鬢，都付塵淹。薊門幾叢煙樹，飛雨暗花龕。怕細語天風，驚回怨鶴秋睡酣。」

八

曾見楊叔子摺所作《熙春行樂圖》，歷繪新年景物而各系以詩詞，於元

宵作籌燈一具題《臺城路》云：「堪堪炧了還愁，坐蘭膏，可能添否？芒角都消，虛靈未泯，一霎凝魂廝守。吟餘醉後，只顧影淒涼，分甘生受。浪說聰明眼光，我亦小於豆。　　　誰家畫梁雲搆。正華星千點，照來如畫。有淚成堆，無心可爇，也到昏黃時候。孤檠依舊，較鑿壁匡家，儘誇豪富，記得寒窗，五更相伴久。」末署六十三老人，以貽幼女端妍，楊亽知何許人，或云隨園友人笠湖之子也。

九

迴文爲詞不能如詩之易，蓋音律拘束，句法參差，可作者只有小令數調而已。有每句迴文者，如王彙升宗蔚《菩薩蠻》云：「小樓春夢啼鶯曉，曉鶯啼夢春樓小。斜影日移花，花移日影斜。　　　雀屏金尾掠，掠尾金屏雀。門掩草亭深，深亭草掩門。」此體習見亦不難成，究屬迴文之變格。俞仲茅彥《虞美人》云：「悠悠碧海青天遠，目極愁山淺。畫眉人去恨懨懨，却惹嫩絲垂柳舞前簷。　　　凝銷漸爇芳蘭麝，掩淚亭皐下。月隨雲淡晚窗明，奈可懶妝濃鬢黛眉輕。」此體萬紅友《璿璣碎錦》中亦有之。董文友以寧有《雪江晴月》迴文，順讀《卜算子》，倒讀《巫山一段雲》，各成一調，眞神巧不可思議矣。詞曰：「明月淡飛瓊，陰雲薄中酒。收盡盈盈舞絮飄，點點輕鷗咒。　　　晴浦晚風寒，青山玉骨瘦。回看亭亭雪映窗，淡淡煙垂岫。」此調順讀前後之次句，倒讀前後之首句，次句尙未盡合，然在目難見，巧之中亦不必復苛求也。

一〇

閨中情態慧不如憨，薄妬微嗔皆含妙趣，嘗記舊詞《菩薩蠻》云：「牡丹含露眞珠顆，美人折向庭前過。含笑問檀郎，花強妾貌強？　　　檀郎故相惱，只道花枝好。一向發嬌嗔，碎挼花打人。」寫嬌態入妙，可比後主之「爛嚼紅絨，笑向檀郎唾」也。

一一

王次回彥泓以豔體詩名，而詞不多見。《詞筌》稱其善改昔人詞，有頻

上填毫之技。改徐文長《菩薩蠻》詠纖趾曰：「多嬌最愛鞋兒淺，有時立在鞦韆板。板已窄棱棱，猶餘三四分。　一鈎渾玉削，紅繡幫兒雀。休去步香堤，遊人量印泥。」改馮偉壽《眼兒媚》詠春情曰：「自嚬雙黛聽啼鴉。簾外翠煙斜。社前風雨，重來燕子，未入人家。　鞋兒試著無人問，莫是略寬些。想他樓上，悶拈簫管，憔悴菱花。」改洪叔璵《浪淘沙》詠別意曰：「花霧漲冥冥，欲雨還晴。薄羅衫子著來輕。解道明朝寒食近，且莫成行。　花下酒頻更。纖手重增。十三絃畔訴離情。又得一宵相傍也，無限丁寧。」

一二

　　詞家有隱括一格，如東坡改蜀後主夜同花蕊夫人避暑摩訶池上《玉樓春》爲《洞仙歌令》。又改張志和《漁歌子》爲《浣溪沙》是也。習見不錄。其詞又有《哨遍》隱括《歸去來辭》曰：「爲米折腰，因酒棄家，口體交相累。歸去來，誰不遣君歸？覺從前皆非今是。露未晞，征夫指予歸路，門前笑語喧童穉。嗟舊菊都荒，新松暗老，吾年今已如此！但小窗容膝閉柴扉，策杖看孤雲暮雁飛，雲出無心，鳥倦知還，本非有意。　噫！歸去來兮，我今忘我兼忘世。親戚無浪語，琴書中有眞味。步翠麓崎嶇，泛溪窈窕，涓涓暗谷流春水。觀草木欣榮，幽人自感，吾生行且休矣！念寓形宇內復幾時？不自覺皇皇欲何之？委吾心、去留誰計？神仙知在何處？富貴非吾願。但知臨水登山嘯詠，自引壺觴自醉。此生天命更何疑？且乘流、遇坎還止。」

一三

　　朱希眞、宋謙父有隱括前後赤壁二詞，朱調寄《秋霽》云：「壬戌之秋，是蘇子與客，泛舟赤壁。舉酒屬客，月明風細，水光與天相接。扣舷唱月。桂棹蘭槳堪遊逸。又有客。能吹洞簫倚和聲嗚咽。　追想孟德、困於周郎，到今空有，當時蹤迹。算惟有、清風朗月。取之無禁用不竭。客喜洗盞還再酌。既已同醉，相與枕藉舟中，始知東方，晃然既白。」宋調寄《賀新郎》云：「步自雪堂去。望臨皋、將歸二客，從予遵路。木葉蕭蕭霜露降，仰見天高月吐。共對影、行歌頻顧。月白風清如此夜，歎無肴、有酒成虛度。聞薄暮，網罾舉。　歸而斗酒謀諸婦。便攜鱗、載酒相從，舊追遊處。斷岸橫江尋赤壁，不復江山如故。但放舟、中流容與。客去冥然方就睡，夢蹁躚、

羽衣揖余語。相顧笑，遂驚悟。」

一四

　　顧梁汾貞觀寄吳漢槎《金縷曲》二闋，以詞代書，語意悲摯，竟以此感動明相國公子成容若，力爲漢槎營救生還，爲世豔稱。詞云：「季子平安否。便歸來，生平萬事，那堪回首。行路悠悠誰慰藉，母老家貧子幼。記不起、從前杯酒。魑魅攫人須見慣，總輸他、覆雨翻雲手。冰與雪，周旋久。　　淚痕莫滴牛衣透。數天涯、依然骨肉，幾家能夠。比似紅顏多命薄，更不如今還有。只絕塞、苦寒難受。廿載包胥承一諾，盼烏頭馬角終相救。置此札，兄懷袖。」又云：「我亦飄零久。十年來，深恩負盡，死生師友。宿昔齊名非忝竊，只看杜陵消瘦，曾不減、夜郎僝僽。薄命長辭知己別，問人生、到此淒涼否。千萬恨，爲君剖。　　兄生辛未吾丁丑。共些時、冰霜摧折，早衰蒲柳。詞賦從今須少作，留取心魂相守。但願得、河清人壽。歸日急翻行戍稿，把空名料理傳身後。言不盡，觀頓首。」此詞《隨園詩話》亦載之，然將兩闋摘句合而爲一，直不辨爲何調也。

一五

　　岳州城北門內有小喬墓，封高丈許，四周甃以石，繞以迴廊，上有女貞樹，古色蒼然，紫藤施其上，旁有懽軒，爲遊者憩息地，取孫榮謂周郎二喬雖流離，得吾兩人亦足相懽之意。陳蒙庵得斷甀，文曰「小喬之墓」，賦《滿江紅》題其拓本云：「一片苔花，猶未滅，當年名字。更想像，雄姿英發，金龜夫婿。玉筯香銘芳草外，銅臺往事東風裏。付浪濤人物，盡風流，今誰是。　　摹遺迹，依稀似。尋短碣，消沈未。賸殘珪碎璧，香魂憑寄。赤壁只今餘水月，黃昏應見歸環珮。佇鸚洲，一例感前塵，蒼茫意。」

一六

　　番禺陳蘭甫，經學名儒，倚聲亦雋，詠朝雲墓，調寄《甘州》云：「漸斜陽淡淡下平堤，塔影浸微瀾。問秋墳何處，荒亭葉瘦，廢碣苔斑。一片零鐘碎梵，飄出舊禪關。杳杳松林外，添做蕭寒。　　須信竹根長臥，勝丹成遠

去，海上三山。只一抔香冢，占斷小林巒。似家鄉，水仙祠廟，有西湖、爲鏡照華鬢。惠州有西湖，朝雲墓在湖側，每歲清明，傾城士女醉酒羅拜。休腸斷，玉妃煙雨，謫墮人間。」譚仲修《篋中詞續集》錄之。

一七

旌德呂氏姊妹並有才名，碧城詞尤工麗。《瑞龍吟》和清眞云：「橫塘路。還又冶葉抽條，繁英辭樹。最憐老去方回，斷魂尙戀，芳塵送處。　　悄延佇。愁見唾茸珠絡，舊時朱戶。蠹箋暗褪芸香，不堪重認，題紅密語。　　苦憶前遊如夢，翠裙長曳，錦襜低舞。巢燕歸來，雕梁春好非故。餘哀零怨，寫盡閒詞句。更誰見，湘婆蘸影，襪羅微步。春共行雲去。吳蠶猶牽病緒，織就愁千縷。釀一寸，芳心黃梅酸雨。罘罳悶倚，倦懷誰絮？」又《祝英臺近》云：「墜銀瓶，牽玉井，秋思黯吳苑。蘸淥搴芳，夢墜楚天遠。最憐娥月含嚬，一般消瘦，又別後、依依重見。　　倦凝眄。可奈病葉驚霜，紅蘭泣騷畹。滯粉黏香，繡屧悄尋遍。小欄人影淒迷，和煙和霧，更化作、一庭幽怨。」又《喜遷鶯》云：「層巒幽迴，步石徑行回，瘦節斜引。籜響清心，藥香清肺，病起閒身相稱。茶花半埋雲霧，植向高寒偏勁。天風外、蕩瓊香玉蕊，落千尋頂。　　重省。空歎我，塵涴素衣，忍說鷗盟冷。檟拾霜紅，蘿牽晚翠，甚日岩棲才穩。暫教倦影句留，依舊歸期未準。碧雲杳，鎖篁陰十里，竹雞啼暝。」

一八

遼蕭后梳粧臺爲塞北古豔迹，過者多留題詠。淳安邵次公瑞彭有《齊天樂》云：「東風吹斷前朝夢，塔鈴悄聞私語。孤燕辭巢，雙虹臥水，猶想翠華行處。蕭娘老去，漸臉黛零鉛，暗銷塵土。只有西山，對人猶展舊眉嫵。　　十香誰記恨事，素波吹不起，一經涼雨。璧月秋圓，蓮衣晚墜，作弄離宮朝暮。凝情弔古，已換卻迴心，鬥芳門戶。坐暝層臺，隔城歸姹女。」

一九

南陵徐氏刻《小檀欒室百家閨秀詞》，頗多佳者，就中以仁和吳蘋香藻爲

最。《兩般秋雨庵》所錄外，如《清平樂》：「一庭苦雨。送了春歸去。只有詩情無著處。散入碧雲紅樹。　黃昏月冷煙愁。湘簾不下銀鉤。今夜夢隨風度，忍寒飛上瓊樓。」又《虞美人》：「曉窗睡起簾初卷，入指寒如剪。一宵疏雨一宵風，無數海棠瘦得可憐紅。　分明人也因花病，幾度慵拈鏡。日高猶白不梳頭，只聽喃喃燕子話春愁。」又《酷相思》：「炙了銀燈剛一會。獨自把、紗屏背。怎幾個、黃昏偏不寐。心上也、愁難諱。眉上也、愁難諱。

薄紙窗兒寒似水。一陣陣、風敲碎。已坐到、纖纖殘月墜。有夢也、應該睡。無夢也、應該睡。」又《疏簾淡月》：「黃昏人醉。又幾陣西風，紙窗敲碎。昨日今宵，一樣薄寒如水。釵欹鬢嚲紗屏背，不成眠，夢來無謂。瓶花香細，筆花豔冷，釭花紅萎。　算何必蓮臺懺悔。悔愁根未剪，休言聰慧。幅幅雲箋，灑滿幾行清淚。羅襟長把秋蘭佩，一聲聲、歌斷山鬼。況禁病裏。年光去也，只添憔悴。」又《疏影》：「空庭似雪，有滿天露氣，滿地明月。才看團團，又唱彎彎，無端多此圓缺。秋來已是難消領，況病過、薄寒時節。望碧雲、隱約瓊樓，想見素娥愁絕。　待把傷心細問，欲瞑更彊起，羅幬重揭。幾處笙歌，幾處關山，幾處照人離別。西風了不知霜信，但亂撲、打窗紅葉。甚夜深、猶倚闌干，翠袖冷將花折。」諸闋纏綿幽怨，殆亦善病工愁，修慧不兼修福者乎？

二〇

隨園女弟子孫蘭友雲鶴有《聽雨樓詞》，《隨園詩話》曾錄入詠指甲《沁園春》一闋，又有前調詠後鬢尤佳，詞云：「青縷針長，靈犀梳小，妝成內家。正蘭膏試後，微黏繡領，紅絲繫處，低襯銀叉。背面豐神，鏡中側影，愛好工夫著意加。端詳久，要雙分燕尾，雅稱盤鴉。　春寒較重些些。被護耳、貂茸一半遮。甚羅巾風掩，輕籠頸玉，鬢雲醉舞，欲度腮霞。蟬翼玲瓏，鸞釵勾惹，鬢畔斜承半墜花。香閨伴，問垂髫攏上，幾許年花。」

二一

吳梅村《物幻》八律，尤西堂以小調和之，最為精妙。調寄《西江月》詠繭虎云：「五道蠶叢初闢，三盆虎圈俄修。採桑秦女自風流。翻學下車馮婦。　浴罷恰如得子，繅成便可封侯。採絲束縛掛釵頭。傍向盤龍欲鬥。」

詠茄牛云：「小茉放於牧野，太牢起自田家。樊遲老圃大開衙。演出伯牛司馬。　　入甕莫愁觳觫，著鞭卻喜丫叉。兒童牽線笑喧嘩。唱道夕陽來下。」

詠鱉鶴云：「聞說枯魚欲泣，何為化鶴來歸。霓裳玉佩自清輝。入肆終慚形穢。　　北海已成速朽，南山幾見高飛。鯤鵬變化是邪非。小作逍遙遊戲。」

詠蟬猴云：「齊女一朝怨死，王孫再興嬉遊。三聲哀叫斷腸秋。卻恨當年無口。　　跳擲不憂螳臂，沸羹早兆羊頭。從來蟬冕拜通侯。問是沐猴冠否。」

詠蘆筆云：「書帶草生筆冢，墨池人在蘆中。白頭翁變黑頭公。夜夜飛花入夢。　　畫荻教成孺子，編蒲學近儒宗。雁行銜去向江東。寫出錦書珍重。」

詠橘燈云：「金顆千頭火樹，玉荷四照霜花。書生懷袖向窗紗。長伴紅衣不夜。　　心事任教分剖，風光尚費周遮。美人對影暗嗟呀。決意為郎吹罷。」

詠桃核船云：「種自玄都道士，載從渡口漁翁。小兒偷出碧雲宮。頃刻帆檣飛動。　　蘆葦似來江上，竹枝擬泛圖中。桃根桃葉棹歌同。兩槳春風吹送。」

詠蓮蓬人云：「妾比芙蓉解語，郎如碧藕多思。個人憔悴倒懸時。知道無心憐子。　　空洞此中無物，崛強猶昔孤支。亂頭粗服貌如斯。未必六郎相似。」

二二

彭金粟少宰孫遹有《宴清都》詠螢火云：「四壁秋聲靜。疏簾外、數點飛來破暝。輕沾葉露，暗棲花蕊，亂翻銀井。　有時團扇驚回，又巧坐、人衣相映。空自抱、熠耀微光，願增照金樞景。　　幾番去傍深林，來穿小幔，高低不定。隨風欲墮，帶雨猶明，流輝耿耿。隋家宮苑何在，腐草於今無片影。向山堂且伴幽人，琴書清冷。」漁洋云：「僕每讀史邦卿詠燕詞，以為詠物至此人，巧極天工，惜無復嗣響矣。從素紈得金粟此詞，至『輕沾葉露』五句歎為傳神，至『隨風欲墮』二句，不禁叫絕。令梅溪復生，抽毫拂素，何以過之，誰謂古今人不相及耶？」

二三

曾在友人扇頭見梁星海太史鼎芬句云：「短狗迎門群燕舞」，歎其纖俏。未見其詞，而知其能詞也。近得葉遐庵贈所刻《款紅樓詞》，才數十闋，《浣溪沙》一調最多。小序云：「余愛斯調，得數十首，離合斷續，不知為何題也。」茲摘其尤佳者錄之。「並載金臺二月天。海棠巢下杏花前。試將明鏡照華年。

一晌綠窗才記夢，幾回錦瑟未張弦。傷春無處不堪憐。」又「只有桃花比舊紅，燕昏鶯晚爲誰慵。鞦韆門外水西東。　　那惜芳蹤和柳絮，更無隱語寄芙蓉。別離眞箇不相同。」又「才說當時淚暗傾。宵宵寒雨綠陰成。有人簾外盼天晴。　　獨自空庭花細落，那堪今夜月微明。藥煙茶夢斷平生。」又「苔網零星繡屧廊。秋疏幽綠景如霜。冷螿猶自說淒涼。　　坐懶放書剗半晌，酒醒彈指又重陽。便無愁處也思量。」又「客意飄煙不爲風。曲璚簾底翠玲瓏。數聲啼鳥一聲鐘。　　檢點夢痕初酒裏，懶殘情事碎花中。悔教雙燕昨相逢。」各首恍惚迷離，讀者亦不知其意之所在也。

二四

　　清河顧羨季隨，性孤介，不諧於時，每借倚聲寫其抑塞，有《味辛》、《無病》、《荒原》等詞，《風入松》云：「隔窗日影下層簷，無病也懨懨。從今莫恨江南遠，一城中，遠似江南。夜短兩人同夢，日長各自垂簾。　　時時似見晚妝嚴，猶著舊時衫。中年如此無聊賴，是堪憐，還是堪嫌。索性吐絲作繭，一生直似春蠶。」《灼灼花》云：「不是豪情廢。不是雄心退。月底花前，才抽歡緒，已流清淚。只年來詛咒早心煩，也無心讚美。　　一種人間味。須在人間會。有限青春，蒲桃釀注，珊瑚盞內。待舉杯一吸莫留殘，更推杯還睡。」《清平樂》云：「怕看風色，掩戶眠高閣。索索塵沙窗隙，落睡也怎生睡得。　　春來不信春來，花開不信花開。窗外絳桃一樹，無言落滿空階。」《好事近》云：「燈火伴空齋，恰似故人親切。無意開窗卻見，好一天明月。　　欣然啓戶下階行，滿地古槐葉。腳底聲聲清脆，踏荒原積雪。」《浣溪沙》詠馬纓花云：「一縷紅絲一縷情。開時無力墜無聲。如煙如夢不分明。　　雨雨風風嫌寂寞，絲絲縷縷怨飄零。向人終覺太盈盈。」

二五

　　陳克明《美人八詠》，調寄《一半兒》，曩惟見《春妝》一闋，詞品所爲務頭者也。茲見其全，亟備錄之。《春夢》云：「梨花雲繞錦香亭，蛺蝶春融軟玉屛，花外鳥啼三四聲。夢初驚，一半兒昏迷，一半兒醒。」《春困》云：「瑣窗人靜日初曛，寶鼎香消火尙溫，斜倚繡床深閉門。眼昏昏，一半兒微

開，一半兒盹。」《春妝》云：「自將楊柳品題人，笑撚花枝比較春，輸與海棠三四分。再偷勻，一半兒胭脂，一半兒粉。」《春愁》云：「厭聽野鵲語雕簷，怕見楊花撲繡簾，拈起繡針還倒拈。兩眉尖，一半兒微舒，一半兒斂。」《春醉》云：「海棠紅暈酒初妍，楊柳纖腰舞自偏，笑倚玉奴嬌欲眠。粉郎前，一半兒支吾，一半兒軟。」《春繡》云：「綠窗時有唾茸黏，銀甲頻將彩線捼，繡到鳳皇心自嫌。按春纖，一半兒端詳，一半兒掩。」《春夜》云：「柳綿撲檻晚風輕，花影橫窗淡月明，翠被麝蘭熏夢醒。最關情，一半兒溫和，一半兒冷。」《春情》云：「自調花露染霜毫，一種春心無處描，欲寫寫箋三四遭。絮叨叨，一半兒連真，一半兒草。」八詞工麗調協，盡態極妍，小令之精品也。

二六

餘姚謝榆孫兵曹掄元，詞學彊村，有稿數百闋，同寓海上，得讀其詞。《安公子》云：「院落沈沈夜飄燈，獨自歸妝榭，經過凌波微波地，正素箏彈罷。薄醉後，香篝寒怯鉢衣掛。知為誰枯坐，情無那。撥蕙爐凝想，筠管懨懨慵把。　　蘭棹何時迓。鯉魚風起，驚還詫。桃葉桃根何處渡，又芙蓉將謝，檢玉合蘭膏，紅豆羅囊，卸看錦屏上，有垂鸞畫。又曉鴉啼後，人倚象牀未下。」《大酺》云：「閱一番寒，一番暖，多恐春歸無路。綠窗須乞護，且攜尊花下，與花為主。栀抱禪心，絮多才思，仍是連宵風雨。湔裙人歸後，有桃根桃葉，畫橈尋渡。奈蠶事初忙，鵑啼正急，客懷愁苦。　　紅樓遙隔雨。更何必，珠箔飄燈去。念日下，笛家裁譜花市，追歡問當年，舊遊何處。幾載滄桑夢，愁極目，薊門煙樹。況風鶴、驚羈旅。今世何世，忍見江山殘畫，孤懷向誰共語。」《一萼紅》云：「掩柴關。春來幾日，春去幾時還。梅雨連宵，蘋花新漲，羅袖猶怯天寒。鎮清晝，空庭寂寂，漸苔痕，綠滿舊闌干。客去吟詩，愁來殢酒，百感無端。　　追憶舊遊蹤迹，悵蕪埋玉輦，露冷金仙。鶴唳驚風，鵑魂怨月，無那長夜漫漫。最愁聽，吳娘水調，度新聲，莫唱念家山。為問昆明浩劫，證取華鬘。」

二七

吳興林鐵尊孝廉鷗翔，余壬寅同年也，學詞於況夔笙，為入室弟子。《掃

花遊》詠春雨云：「柳陰翠滴，冒恨縷綿綿，小樓聲軟。黛眉畫懶。紅窗夢續，被伊隔斷。漫捲珠簾，恐惹傷時淚眼。個人遠。只一夕閉門，階暈苔蘚。

　　長夜情繾綣。料檻畔，明朝定驚紅淺。繡韉去緩。便溫存片刻，總傷緣短。倦客江南，賸得愁留未剗。意何限。記西窗、幾回燈剪。」《渡江雲》云：「高歌青眼底，西風一夕，添得雙鬢霜。話滄桑，事影飄緲，仙山小劫咽殘陽。銅盤淚滴，伴沈沈箭漏聲長。空寄意，瓊樓高處，尋夢過宮牆。　　堪傷。鴻溝盼斷，馬影催回，說關山無恙。珍重意，尊前寶劍，別後河梁。分明一點羅浮月，引詩魂，飛到花旁。魂斷未，時時自爇鑪香。」《陌上花》題訒庵填詞圖云：「斜陽倦倚瓊樓，還又歲寒盟晚。杜宇啼殘風雨，夜窗淒斷。十年不記花開謝，一笑白頭愁遣。甚紅簫夢裏，俊遊猶共，好春都換。

　　竚雲涯酒醒，霓裳世上舊曲，涼宵誰按。縷縷梅魂，付與素心蘭畹。月明便得闌干拍，休惱無情鶯燕。只吾家，枉有吟巢，幽寂望中天遠。」

二八

　　訒庵即閩縣林子有葆恒，贊虞尚書之嗣，家承名德，詞翰皆工。自題填詞圖，調寄《揚州慢》云：「文采清門，故家喬木，老來百事無成。歎虞淵莫挽，早兩鬢星星。剩晞髮，江湖獨往，舊宮禾黍，長念周京。便彌天忠憤，哀弦彈與誰聽。　　五湖倦夢，問何時，重訂鷗盟。看野水平橋，高松繞屋，空寄遐情。寄語故山猿鶴，斯圖在，息壤堪徵。待馨香姜史，銀箋勤譜偷聲。」

二九

　　歙縣洪澤丞汝闓，著有《勺廬詞》，辛未秋，余歸自皖，與君同舟數日，別後匆匆，不知蹤迹，越年餘，乃重逢於漚社，知有文字之緣也。《南浦》詠春草云：「幽夢醒池塘，大隄邊，一帶煙痕籠曉。南浦幾魂銷，尋春去、苔徑餘寒尚裊。平蕪二月，天涯又送東風到。認取落花，紅濕處，便有蝶圍蜂繞。　　朝來鶸鶒聲聲，問王孫底事，歸期不早。芳景畫中看，河橋路、鬢影衣香多少。蘅皋信杳。園林瘦碧淒殘照。沅芷汀蘭生意殢，望斷暮雲瓊島。」《憶舊遊》題西溪圖云：「看溪流縈帶，峰翠迴環，月映新眉。西堰橋邊路，訪荒庵香火，蘆雪平磧。舊遊歲華飄瞥，塵鬢老蕁絲。悵此夕披圖，湖山眼底，涼夢僧扉。　　依依。寄縑素，趁鷗館盟秋，蟹舍尋詩。別有蒼

茫感，對當前巖壑，慚負荷衣。夕陽畫祠簫鼓，喬木又殘暉。試喚起吟笻，扁舟故國人未歸。」

三〇

　　閩縣黃苿庵孝紓在漚社中序齒最少，學富才雄，餘事工詞，長調尤佳。《選冠子》用清眞韻有懷鑒園云：「水冷鷗心，山當龍尾，風外雨絲吹斷。尋詩笛步，賣醉箏船，消盡畫樓歌扇。商女厭說興亡，露泣蓮房，風摧蒲箭。繫黃昏單舸，碧簫促暝，俊遊人遠。　空悵惘、舊雨池臺，劫後湖光，一碧怕教塵染。楊枝海上，桃葉江干，誰弔露花三變。羿瑴浮生，百年浩蕩，騷愁蛾眉餘倩。便招魂、九地夢墜，譙門鼓點。」《大酺》云：「記豔樓陰，垂楊靚、珠幌斜褰晴旭。酬春心劫迴，有鬖天雲子，翠蛾山蹙。繡沓窗虛，紅藚枕靜，倦傃蠆煙如蠹。憑闌沈吟處。絓殘陽一桁，燕雛窺熟。悵簫局禁寒，笙囊圻繡，自傷幽獨。　銀虯聲斷續。算惟有、夢魂無拘束。千萬恨、雄鳩佻巧，訴盡相思，怕難酬、淚珠盈斛。燕几歌紋石，奈一夕、錦猧棋覆。信音隔、蓬萊闕。攜手無計，離合神光如玉。青禽待通款曲。」

詞話 下

三一

　　《洞仙歌令》音節柔媚，最宜寄託閒情，《東鷗草堂》十闋最佳，余既備錄前卷矣。東鷗之詞，寔效竹垞《靜志居琴趣》，有十七闋，蓋與《風懷》二百韻同指一事也。一「書床鏡檻，記相逢斜桷。慣見修蛾遠山學。倩青腰受簡，素女開圖，才凝盼，一線靈犀先覺。　新來窺宋玉，不用登牆，近在蛛絲畫屏角。見了乍驚回，點屨聲頻，分明睹翠帷低擢。旋手揭，流蘇近前看，又何處迷藏，者般難捉。」二「謝娘春曉，借貧家螺黛。須拗花枝與伊戴。傍妝臺，見了已慰相思。原不分，雲母船窗同載。　叢祠燈火下，暗祝心期，眾裏分明並儂拜。盡說比肩人，目送登艫，香漸辣晚風羅帶。信柔櫓，嘔啞撲魚衣，分燕尾溪流，赤欄橋外。」三「津亭回首，望高城天遠，何況城中玉人面。數郵簽萬里，嶺路千重，行不得，懊惱鸝鴣啼遍。　鬱孤臺畔水，解送行人，三板輕船疾於箭。指點莫愁村，樹下門前，怪別後雙

蛾較淺。若不是，臨風暗相思，肯猶把留題，舊時團扇。」四「仲冬二七，算良期須果。若再沈吟甚時可。況薰爐漸冷，窗燭都灰，難道又，各自抱衾閒坐。　　銀灣橋已就，冉冉行雲，明月懷中半霄墮。歸去忒匆匆，軟語丁寧，第一怕，襪羅塵浣。料消息青鸞定應知，也莫說今番，不曾眞個。」五「別離改月，便懨懨成病。鎮日相思夢難醒。喚連船渡口，晚飯蘆中，相見了，不用藥爐丹鼎。　　雙銀蓮葉盞，滿貯椒花，同向燈前醉司命。昵枕未三更，蘭夜如年，奈猶憾亂鴉初影。起折贈黃梅鏡奩邊，但流睇無言，斷魂誰省。」六「東風幾日，覺春寒猶甚。纖手偷攜笑誰禁。對初三微月，重到團欒，鋪地水，處處襪羅涼浸。　　周郎三爵後，顧曲無心，爭忍厭厭夜深飲。只合併頭眠，有限春宵，切莫負暖香鴛錦。最難得，相逢上元時，且過了收燈，放船由您。」七「佳期三五，問黃昏來否。說與低帷月明後。怕重門不鎖，仙犬窺人，愁未穩，花影匆匆分手。　　雞缸三兩盞，力薄春醪，何事卿卿便中酒。翻喚養娘眠，底事誰知，燈一點尙懸紅豆。恨咫尺繩河隔三橋，全不管黃姑，夜深來又。」八「城頭畫角，報橫江艫舳。催上扁舟五湖曲。怪劬尼噪罷，螲子飛來，重攜手也算天從人欲。　　紅牆開窈奧，轉入迴廊，小小窗紗拓金屋。隨意楚臺雲，抱玉挨香，冰雪淨素肌新浴。便歸觸簾旌侍兒醒，只認是新涼，拂簷蝙蝠。」九「韶光最好，甚眉峰長聚。相勸乘船漾南浦。盻海棠開後，插到荼蘼，同夢裏，又是楝花風雨。　　橋東芳草岸，勝樂遊原，勾隊爭看小蠻舞。雀舫曳疏簾，蛛網浮杯，但日日鸞簫吹度。聽唱遍青春驀山溪，待拆了歌臺，放伊歸去。」十「三竿日出，愛調妝人近。鳧藻薰爐正香潤。看櫻桃小注，桂葉輕描。圖畫裏，只少耳邊朱暈。

　　金簪二寸短，留結殷勤，鑄就偏名有誰認。便與奪鸞篦，錦髻梳成，笑猶是，少年風韻。正不在相逢合歡頻，許並坐雙行，也都情分。」十一「花糕九日，綴蠻王獅子。圓菊金鈴鬢邊媚。向閒房密約，三五須來，也不用，青雀先期飛至。　　恩深容易怨，釋怨成歡，濃笑懷中露深意，得個五湖船，姝婦漁師，算隨處可稱鄉思。笑恁若伊借人看，留市上金錢，儘贏家計。」十二「隔年芳信，要同衾元夕。比及歸時小寒食。悵鴨頭船返，桃葉江空，端可惜，誤了蘭期初七。　　易求無價寶，惟有佳人，絕世傾城再難得。薄命果生成，小字親題，認點點淚痕猶裛。怪十樣蠻箋舊曾貼，只一紙私書，更無消息。」十三「蘋洲小櫂，約兜娘相共。豈意錢塘片帆送。逢故人江上，一路看山，寧料我，過了惡溪靈洞。　　東甌城下泊，孤嶼中流，明月秋潮夜來湧。此際最消凝，苦憶西樓，想簾底玉鈎親控。捨舊枕珊瑚更誰知，有

淚雨烘乾，萬千愁夢。」十四「蕭郎歸也，又燒燈時節。白馬重嘶畫橋雪。早青綾幛外，含笑相迎，花枝好，繡上春衫誰襯。　　十三行小字，寫與臨摹，幾日看來便無別。排悶偶題詩，玉鏡臺前，渾不省竊香人竊。待和了封題寄還伊，怕密驛浮沈，見時低說。」十五「明湖碧浪，枉輕帆尋遍。咫尺仙源路非遠。訝杜蘭香去，已隔多時，又誰料，佳約三年還踐。　　纖腰無一把，飛入懷中，明月重窺舊時面。歸去怯孤眠，鏡鵲晨開，雲鬢掠小唇徐染。偏走向儂前道勝常，渾不似西窗，夜來曾見。」十六「行舟已發，又經旬調笑。不算匆匆別離了。奈飛龍骨出，束竹腸攢，月額雨，持比淚珠差少。

羅囊針管就，絡以朱繩，淡墨疏花折枝嫋。中有錦箋書，密囑歸期，道莫忘翠樓煙杪。枉孤負，劉郎此重來，戀小洞春香，尚餘細草。」十七「崔徽風貌，信十分姚冶。八尺吳綃問誰借。悔丹青不學，殺粉調鉛，呈花面，輸與畫工傳寫。　　乘閒思掛壁，分付裝池，卷處香生一囊麝。自化彩雲飛，蟲網蝸涎，又誰對芳容播喏。儘沈水煙濃向伊薰，覬萬一眞眞，夜深來也。」

<h2 style="text-align:center">三二</h2>

《靜志居詩餘》有《玉樓春》四闋，蓋亦指前詞中人，茲並錄之。一「松兒林下饒風致，不比夭桃與穠李。草堂回想乍移時，三尺多長小年紀。　　夢中腹上分明記，果結同心來樹底。纏綿願作兔絲花，拋向城樓翠釵倚。」二「山姑愛掃眉峰翠，芳草爲裙雲挽髻。桃花底下小門開，棹入仙源迎淺水。　　明璫欲解非容易，夢雨催歸情未已。望夫片石肯飛來。只合移他安屋裏。」三「亥娘濃笑書名字，解道生平是三豕。定情猶記夜將分，十二時辰思到底。　　雖然不嫁心同契，凝注想桃孩傍結子。垂金屈玉篆成文，二首六身眞個是。」「壽奴對我論心事，井水波濤都不起。幰牽翠羽卸紈巾，錢鑄青梟嵌金字。　　歌詞愛唱千秋歲，花底梅霙易飄墜。教塗蜥蜴便愁眉，催上虺虺還齲齒。」詞內松兒、山姑等名蓋皆一人，壽其名，山其號，松其別字，亥其生年也。四闋句中各隱本詞首字，而又不出一韻，所以明其爲一人一事，涉筆狡獪，不欲人解，而亦不忍沒其名字，故解人亦不難索也。

<h2 style="text-align:center">三三</h2>

武進鄒程村祗謨有感事《惜分飛》五十闋，《序》略云：「僕本恨人，

偶逢嬌女。斯人也，四姓良家，三吳雅質。清風細雨，無不訝爲針神；綺月流雲，咸共欽其墨妙。目成紫姑乩畔，嬌小未諳；眉語朱鳥窗前，慧癡時半。樂府擬合歡之曲，妝臺鮮累德之辭。心既悅君，身請爲妾，珠樓所以設館，江汜於焉待年。漢渚在前，問授雜珮；明河不遠，特泛輕槎。犀叴將催，願脫守宮之志；錯刀雖贈，空虛貯屋之期。邯鄲才人，終歸廝養；左徒弟子，空賦閒情。猶復遠寄鴻緘，微求故劍；近尋鸞會，急索亡簪。恨輕委於庸奴，悵妄授於老嫗。溝中紅葉，好謝殷勤；塘上青蒲，忍教訣絕。」詞難悉錄，摘十餘闋可以見一斑矣。「人去珠簾花影動。依舊南樓月湧。人日春寒重。氍毹曾向狻爐擁。　　翻被鮑娘春信哄。望蜀何如得隴。沒分香篝寵。兩邊鋤斷鴛鴦塚。」「紫玉化煙千萬縷。變作寒窗舊雨。鈴閣經相聚。數年叨做居停主。　　卻怪淨持原老嫗。生得霍王小女。一點心相許。紫姑乩畔偷眉語。」「雲母屏前紅淚灑。繡帕銀環自解。締約經三載。紫鵝橋畔曾相待。　　花草他鄉應有在。權囑何郎莫採。一晌春風罷。落紅滿地深如海。」「竹葉同傾飛鵲盞。低覷玉兒青眼。細辮爲儂綰。剩將寸髮調伊懶。　　蕩子天涯歸未晚。輕把同心解散。長恨疑荒誕。自編小傳鄒郎撰。」「再浴女蠶難作繭。舊日鴛鴦結卷。春風鶯暗囀。畫樓此夜晶簾卷。　　半面相逢重覷靦。辜負芳心繾綣。恨被黃蜂踐。情絲應付并州剪。」「翠幰流蘇聲細悄。義甲冰弦嫋嫋。門外蕭郎擾。鶴簪驚向犀奩掉。　　金鴨爐中香篆裊。翠盉文魚長繞。聽說相思鳥。紅潮兩點檀痕小。」「畫梅寫字都閒雅。更善彈棋打馬。憶去年初夏。妮他細語荼蘼下。　　浪卜瓣香雙鳳瓦。誰信金錢盡假。風雪偏瀟灑。林逋不遇梅花寡。」「河滿數聲催阿沈。拚向蟬窗痛飲。分別思香寢。並頭閒看紅薕枕。　　低訴幾番聲尙噤。郎欲歸時寒甚。門外珠霜凜。衣去聲郎半臂葡萄錦。」「執手榴屏權雪涕。此後更休相棄。鴻便須頻寄。延平再合君牢記。　　短後征衫驪北薊。指望珀盉春第。不道盧江吏。伯勞飛燕卿夫婿。」「春夢闌珊愁老大。惟有相思廝耐。一點青山黛。留伊絳炬心休壞。　　斗酒長將他頂戴。博得些些盼睞。落下情仇派。五年還卻三生債。」「疊得蓉箋書幾瓣。喚住人人去雁。聊慰伊家盼。花鬟亂挽聞長歎。　　細語蟬簾今不辦。籠裏雪衣分散。莫慰加餐飯。半生愁裏逍遙慣。」「分手柴扉陳數願。一願郎心不變。二願娘身健。今生爲妾圖方便。　　三願雙環常裹絹。四願重投鳳釧。五願重相見。香車再到迴心院。」「芍藥仍開花步障。小閣春愁一晌。潛入葡萄帳。

床頭私致聲無恙。　　歲歲青陵臺畔望。人在蘼蕪曲巷。再到添惆悵。夕陽芳草閒相向。」「畢竟書生眞薄命。還是佳人薄幸。待把山盟訂。海棠單受梅花聘。　　辛苦相攜酬玉鏡。漫把雙環投贈。芳訊親教證。近來小玉聞多病。」「紫雪脂香光灩灩。名繡紅絲作驗。銀筋垂垂釅。不堪回首將伊念。　　楊柳章臺愁作塹。心比蘭膏更焰。應是前生欠。不平莫按神干劍。」漁洋老人評云：「纏綿斷絕，動魄驚心，事既必傳，人斯不朽，正使續新詠於玉臺，不必貯阿嬌於金屋也。」

三四

　　程村詞善寫麗情，有《答十索》詞甚佳，茲錄其六。《少年遊》答索粉：「蛾黃淡掃，輕添螺黛，雨濕海棠嬌。知儂別後，香奩用盡，小暈露紅潮。　　雙眉鬥盡青山小，和恨不成描。待儂歸後，何郎餘粉，著意代卿消。」《雨中花》答索花：「二月春光未老。枝上紅顏猶好。薄命桃花，斷腸棠蕊，欲寄疑卿惱。　　窗外落紅閒不掃。留伴膽瓶人悄。好向綠雲邊，簪殘置案，香氣猶繚繞。」《虞美人》答索扇：「玉奴立向風前倦，自把新團扇。上圖蛺蝶下鴛鴦，但願從今懷袖鎮雙雙。　　宵來莫把流螢撲，長怕羅紈薄。權教收拾避秦籌，不道許多冷暖到紅樓。」《惜分飛》答索鏡：「長伴犀梳光欲暝。片片碧池應冷。無語看金井。瀟湘映出芙蓉景。　　一點秋波能作鏡。莫向鄰娃相併。寄與紅樓省。等閒藏卻孤鸞影。」《清平樂》答索琴：「琤琤寒玉。清調隨秋竹。舊時慣弄求鳳曲。莫作朝飛輕續。　　一彈明月輕紗。再彈夜雨梨花。莫使高山流水，三分攙入琵琶。」《更漏子》答索香：「博山寒，沈水歇。香在梅冰樹隙。薰豆蔻，解羅襦。親承薌澤餘。　　綠紗深，銀葉剪。莫漏檀心一點。藏犀合，貯紅箱。須留待粉郎。」

三五

　　寫情穠豔者，以龍陽易實甫順鼎《六憶詞》爲最，調寄《八聲甘州》。「憶來時提著縷金鞋，剗襪下香階。似流雲吐出，一輪華月，光照樓臺。渾把春風帶到，沿路牡丹開。香自伊懷裏，暗撲儂懷。　　底事佩聲又遠，早知人性急，故要遲回。甚工夫未破，猶待小鬟催。肯相憐停辛佇苦，爲驚鴻，費盡魏王才。還只怕，空言少據，定所難猜。」「憶坐時端正不夭斜，故意遠些

些。但焚香掃地，莫思閒事，誤了年華。儂學善才童子，甘拜九蓮花。才把雙鈎捻，暈起微霞。　　朋比薰爐何意，任海棠紅綻，懶去看他。怕起來時候，略略有些麻。記憑肩吹笙花底，故嗔人，壓損畫裙沙。方錦褥，鎮常親近，軟玉無瑕。」「憶食時初竟曉梅妝，對面飽端相。是天生兩口，甜恩苦怨，總要同嘗。還把檀郎二字，細嚼當檳榔。漱水休傾卻，中有脂香。　　聞道別來餐減，只相思一味，當作家常。想瓠犀微露，剔著盡思量。恁桃花煮成紅粥，早拚他，心裏葬春光。儂只夢，胡麻熟否，不夢黃粱。」「憶眠時鳳帳掩嬌嚲，臉印枕痕新。任金釵壓扁，羅衫摺皺，休喚真真。只恐和人和夢，都化作梨雲。夢裏何滋味？猶咽香津。　　那日迴廊中酒，有猩紅萬點，鋪作重茵。被檀奴欺負，偷解茜紗裙。甚東風相扶不起，被春愁，困了柳腰身。憑仗著，三生恩眷，消受橫陳。」「憶立時初出繡幃中，偏愛畫欄東。正傷春人獨，落花微雨，歸燕簾攏。添個小鬟扶著，高下四眉峰。遮卻湘裙半，一樹嫣紅。　　曾似羽林夜約，累卿卿待久，酸透雙弓。鬥腰肢誰俊，私語更喁喁。願天憐比肩人瘦，把雙魂，吹化海棠風。還記否，柳綿撩亂，驀地相逢？」「憶去時紅浪漲衾窩，一半淚痕多。把蘭心玉體，通宵贈遍，重贈秋波。指點畫樓珠箔，明日是星河。留著飛龍骨，甘為伊拖。　　若道夢中遇也，卻分明換得，鳳帊香羅。便生涯是夢，夢肯再來麼。送春歸一天花雨，問何人，禪榻伴維摩。從此後，淒年苦夜，細細消磨。」

三六

　　津門名伶李金鴻，色藝冠絕一時。景曾源贈以詞，調寄《洞仙歌令》曰：「凍金流粉，桑七香車穩。利涉鵲橋卜轅順。喜雲飛、魏博玉護于闐，偏不讓，結綺連天人俊。　　宵雷鳴羯鼓，唾月推煙，珠袯蠻纖裊趺寸。小妹說延年，日下胭脂，新雨濕、火冰嬌暈。更蕭娘、蕃釐比瓊花，祝南北、征鴻者回初軔。」又：「四緋皆順，昨夜劵尼訊。報導驚鴻麗華遜。想梨槍、颮雪桂棍飄煙，雖泐石，小小鄉親尤近。　　春嬌紅滿眼，倚扇垂鸞，蓮瓣重臺淺深印。好料理寒溫，月子河邊，風似箭、漫撩蟬鬢。悵花山、獅蠻阻歸期，待收拾、茱萸紫香囊紉。」

三七

　　佳人零落，驛路淒涼，每有題壁詩詞寄其幽怨。馬頭驛有妓女芝仙題壁，

調寄《過秦樓》云：「月舊愁新，宵長夢短，今夜如何能睡。燈疑淚暈，酒似心酸，一樣斷腸滋味。獨自背這燈兒，數盡殘更，懶尋鴛被。更空槽，馬齧荒郵人語，嘈嘈盈耳。　　空歎息、落絮霑泥，飛花墮溷，往事不堪提起。美人紅拂，詞客黃衫，不信當時如此。試問茫茫大千，可有當年，崑崙奇士。提青萍三尺，訪我枇杷花裏。」

三八

《過秦樓》即《惜餘春》，因李景元詞末句「雙燕來時，曾過秦樓」，遂以爲名。而魯逸仲《惜餘春慢》詞後結多二字，自爲一體。《聊齋》《惜餘春》詞即此體也。其詞曰：「因恨成癡，轉思作想，日日爲情顚倒。海棠帶醉，楊柳傷春，同是一般懷抱。甚得新愁舊愁，剗盡還生，便如青草。自別離，只在奈何天裏，度將昏曉。　　今日個、蹙損春山，望穿秋水，道棄已拚棄了。芳衾妒夢，玉漏驚魂，要睡何能睡好？漫說長宵似年，儂視一年，比更猶少。過三更已是三年，更有何人不老！」蒲留仙似不擅長倚聲，然此詞自佳。」

三九

吳趨盛叔允孚泰著有《燕市築聲》，曾見其稿，手錄小令三関。《雨中花》云：「因甚芭蕉偏喜雨。隔秋窗，耗人情緒。約篆爐香，凝波簾桁，碧炯一莖蘭炷。　　罷展羅衾愁幾縷。怕今夜、夢痕沒據。滴瀝空階，羈懷和淚，拚了五更天曙。」《定風波》云：「雲隙斜陽漏一絲，晚來天氣酒杯知。雁過江南梅信動，誰送，折來先與寄相思。　　惆悵香塵衣上滿，腸斷，自將歸夢寫新詞。數到譙門更鼓四，無睡，荒雞偏近枕函啼。」《菩薩蠻》云：「歸鴻嘹唳移筆住，汀洲杜若抽離緒。欲寄尙徘徊，寫牋封又開。　　垂楊嬌乏力，落絮東風急。淺黛不曾描，斂愁安翠翹。」皆楚楚有致。

四○

長調仄韻《滿江紅》，音節最爲悲壯，略近於詩，故不好塡詞者多能之，岳武穆、文信國皆有此詞流傳。袁簡齋太史自謂不耐學詞，然《詩話》亦有自塡此詞一関，爲揚州女子作也。詞云：「我負卿卿，撐船去、曉風殘雪。曾記得、庵門初啓，嬋娟方出。玉手自翻紅翠袖，粉香聽摸風前額。問姮娥，

何事不嬌羞，情難說。　　即已別，還相憶。重訪舊，杳無迹。說盧江，小吏公然折得。珠落掌中偏不取，花看人採方知惜。笑平生、雙眼太孤高，嗟何益。」事載《詩話》，不復備錄，此詞寫恨抒情，了無軟媚之致，是詩人之變態，非詞家之正則也。

四一

《隨園詩話》錄有何承燕《踏莎行》詠留鬚云：「馬齒頻加，鵬程屢蹶。還容爾面添何物。丈夫欲表必留鬚，試問那個些兒沒。　　窺鏡多慙，染羹誰拂。鬤鬤博得羅敷悅。從今但擬學詩人，閒吟便好將他捋。」小令亦佳。

四二

《鶯啼序》爲最長之調，昔時海上漚社曾以命題，而作者無事可敘，率多雜湊可厭。吳穀人太史有《金陵懷古》寄此調云：「垂楊者般掩冉，送繁華早歇。只深巷、斜照重來，舊時飛燕能識。算留得平蕪，一片傷心，畫出興衰迹。便前朝、金粉都消，恁消愁碧。　　紫蓋黃旗，鬱鬱王氣，數東南半壁。料經過，罍憤龍爭，往時多少豪傑。歡平沙骨縈，蔓草尙遺鏃，未湔寒血。甚匆匆、三尺降旛，石頭高揭。　　如塵似電，紙醉金迷，付砌蛩太息。膻到處斷垣荒井，雨也風也。歲歲年年，亂苔濃積。黃奴舊夢，玉奴餘怨，江山羞被胭脂涴，西風落葉齊飄瞥。秋墳唱罷，休愁冷了漁燈，壞衣也化蝴蝶。　　天涯過客，獨立蒼汒，惹鬢毛如雪。可奈是，新亭人去暗咽。涼潮舊院，春歸已消殘笛。鷗邊鷺外，蕭蕭流水休更問，怕官私惹。後蝦蟆說，但看影裏山河，丁字簾前，一鈎落月。」此詞沉鬱蒼涼，可比汪水雲之作，水雲詞曰：「金陵故都最好，有朱樓迢遞。嗟倦客、又此登高，檻外已少佳致。更落盡梨花，飛盡楊花，春也成憔悴。問青山、三國英雄，六朝奇偉。　　麥甸葵丘，荒臺敗壘，鹿豕銜枯薺。正潮打孤城，寂寞斜陽影裏。聽樓頭、哀笛怨角，未把酒、愁心先醉。漸夜深，月滿秦淮，煙籠寒水。　　淒淒慘慘，冷冷清清，燈火渡頭市。慨商女不知興廢。隔江猶唱庭花，餘音亹亹。傷心千古，淚痕如洗。烏衣巷口青蕪路，認依稀、王謝舊鄰里。臨春結綺。可憐紅粉成灰，蕭索白楊風起。　　因思疇昔，鐵索千尋，漫沈江底。揮羽扇、障西塵，便好角巾私第。清談到底成何事。回首新亭，風景今如此。楚囚對

泣何時已。歎人間、今古眞兒戲。東風歲歲還來，吹入鍾山，幾重黃翠。」
詞內字數句法多與各家不同，疑是傳本有誤。

四三

《鶯啼序》又有添字一體，本於夢窗詞，三四疊俱多字，句法亦有不同，
但以二百三十餘字之長調只多數字，似不足立添字之名，只爲另一體可已。
與水雲詞亦多異。

四四

曾見毛澤東詠雪《沁園春》云：「北國風光，千里冰封，萬里雪飄。看長
城內外，惟餘莽莽；大河上下，盡是滔滔。山舞銀蛇，原馳蠟象，欲與天公
共比高。須晴日，看紅裝素裹，分外妖嬈。　　山河如此多嬌，引無數英雄
盡折腰。惜秦皇漢武，略輸文采；唐宗宋祖，稍遜風騷。一代天驕，成吉思
汗，祇識彎弓射大雕。俱往矣，數風流人物，還看今朝。」豪宕縱橫，不可
一世，比完顏亮之《鵲橋仙》意態更勝。

四五

俞曲園先生爲余世父中丞公庚戌同年，經學大儒，不以詩名，自謂不諳
音律，蓋不願以詞傳，而集中有詞三卷，佳者亦夥，比近人之以詞自雄者，
殆亦有過之。《釵頭鳳》云：「蓬萊島，風光好。昔年曾記遊春到。春消息，
來無迹。錦箏潛聽，玉書偷譯。密。密。密。　　仙源杏，桃花老。武陵迷
了漁郎棹。秋風夕，誰家笛。信沈青鳥，字消烏鰂。覓。覓。覓。」又：「稽
中散，從來懶。偶然偷吃胡麻飯。陳杯杓，同諧謔。玉女投壺，井公行博。
樂。樂。樂。　　芙蓉岸，茱萸汻。一年光景看看晚。東飛雀，南飛鶴。投
我瓊瑤，報之紅藥。薄。薄。薄。」

四六

鄭板橋詞頗超逸，雖非正宗，自見才氣。其田家四時苦樂倚《滿江紅》
調，而以苦樂二字爲韻，前後調各用一韻，名過橋新格，是板橋之創製奇體

也。《春季》云：「細雨輕雷，驚蟄後、和風動土。正父老、催人早作，東畬南圃。夜月荷鋤村吠犬，晨星叱犢山沈霧。到五更、驚起是荒雞，田家苦。

　　疏籬外，桃花灼。池塘上，楊絲弱。漸茅簷日暖，小姑衣薄。春韭滿園隨意剪，臘醅半甕邀人酌。喜白頭人醉白頭扶，田家樂。」《夏季》云：「麥浪翻風，又早是、秧針半吐。看壟上、鳴橰滑滑，傾銀潑乳。脫笠雨梳頭頂髮，耘苗汗滴禾根土。更養蠶、忙殺採桑娘，田家苦。　　風蕩蕩，搖新箬。聲淅淅，飄新籜。正青蒲水面，紅榴屋角。原上摘瓜童子笑，池邊濯足斜陽落。晚風前個個說荒唐，田家樂。」《秋季》云：「雲淡風高，送鴻雁、一聲悽楚。最怕是、打場天氣，秋陰秋雨。霜穗未儲終歲食，縣符已索逃租戶。更爪牙、常例急於官，田家苦。　　紫蟹熟，紅菱剝。桃桔響，村歌作。聽喧嗔社鼓，漫山動郭。挾瑟靈巫傳吉兆，扶藜老子持康爵。祝年年、多似此豐穰，田家樂。」《冬季》云：「老樹槎枒，撼四壁、寒聲正怒。掃不盡、牛溲滿地，糞渣當戶。茅舍日斜雲釀雪，長堤路斷風吹雨。儘村舂、夜火到天明，田家苦。　　草為榻，蘆為幕。土為銼，瓢為杓。砍松枝帶雪，烹葵煮藿。秫酒釀成歡里舍，官租完了離城郭，笑山妻、塗粉過新年，田家樂。」

四七

　　曲園有書生佳人苦樂各一闋，用前體，云：「一片青氈，遮不住、萬千風雨。止落得、飄零書劍，頭顱如許。老大長充村學究，科名不到劉司戶。賸淒涼、文冢哭秋風，書生苦。　　出建節，芙蓉幕。入畫像，麒麟閣。尚青春年少，風姿如鶴。束髮交都收鐵網，畫眉人共聽金鑰。待功名、成了便神仙，書生樂。」又「天付紅顏，便交付、一生愁緒。渾不管、飄茵落溷，名花無主。玳瑁才棲梁上燕，胭脂又吼閨中虎。是前生、注定惡姻緣，佳人苦。　　葉子戲，樗蒲博。錦作帳，珠為箔。有風流夫婿，相嘲相謔。姊妹甘心推福命，兒曹轉眼登臺閣。看妝成、綠鬢尚如初，佳人樂。」曲園此詞蓋以自寓，先生早歲罷官，未竟所願，然上壽高名，佳耦偕老，其福亦不減神仙也。

四八

　　近時言情小說，張恨水《啼笑因緣》頗中時好，山陰壽石工鑈題詞，調

寄《三姝媚》云：「蟬嫣紅燭半。蕩春空啼聲，笑聲無限。倦屧尋山，縱故情如許，舊人能見。替月星明，還照影、眞眞誰喚。去後崑崙，莫咒東風，鬢函淩亂。　媒葉重陽催晚。只片靉陰晴，夢回輕換。幾日城南，臘誤人歌鼓，訊巢殘燕。念別傷高，渾不道、翠瀛三淺。鄭重後期歡緒，瑤臺近遠。」此書中有沈鳳喜、何麗娜、關秀姑三女，與詞牌名巧合。

四九

石工錄其得意之作爲余書扇，《芳草渡》《題畫紈扇仕女》云：「凝晴黛，試霞妝。量錦瑟，比人長。偷聲減字漫吟將。齊紈在手，圓月替斜陽。　誰與坐，合歡牀。誰共老，白雲鄉。當時漢武儘疏狂。人難再渾，底事費思量。」《梁州令》《題畫月季雙貓》云：「逐逐歌圍錦。繡砌苔茵相併。分明狂效柘枝顛，花前戲結同心衼。　東風不把閒情禁。煙景誰題品。月移還對窗蔭。望中小朵疏黃浸。」《國香》題淩波圖云：「喚起騷魂。付亭亭皓月，草草黃昏。銷凝淡然春意，不問靈均。片靉淩波扶起，倚東風、悄掩微顰。水空更天遠，露盎旋移，砌影芳根。　重逢迷一燈，料臺杯滿引，鵝管無痕。氾人依舊，娉婷知爲誰春。對此金明玉潤，伴青珊、淚濕王孫。飄搖念身世，曉色薰鑪，素醫緇塵。」

五〇

易水陳紫綸太史雲誥，晚號蟄廬，亦工倚聲。《桂枝香》和王荊公云：「風沙蔽目，怪冀北早春，天近秋肅。俄頃香街兩散，畫樓煙簇。春衫未試猶嫌冷，奈淩寒遠山高矗。堶餘花徑，銜來燕子，舊巢泥足。　憶故國，溪山夢逐。遇寒食，清明花事相續。垂老滄桑萬感，問誰榮辱。夾城茂樹昆明水，又東風千里吹綠。澹雲微雨尋芳，慵過杜陵韋曲。」《過秦樓》和李景元云：「霽雨芳原，良辰煙景，望中鄉思悠悠。又客歸春暮，悵小聚、清尊餞別無由。正是牡丹開後，斜陽靜鎖紅愁。念天涯羈旅，思歸心眼，香草芳洲。　有萬千舊感，縈懷抱，怯空齋夢醒，風送鄰謳。　尋五侯池館，臘煙塵冷落，暗記前遊。誰識少陵蒲柳，傷春踏遍江頭。但城南買醉消遣，煩襟時上層樓。」

五一

滿洲納蘭容若《飲水詞》頗饒清麗，其人與棟亭有舊，意曹雪芹所作《紅樓夢》說部即容若秘事。詞中「紅樓」屢見，如《菩薩蠻》云：「窗間桃蕊嬌如倦，東風淚洗胭脂面。人在小紅樓，離情唱石州。　夜來雙燕宿，燈背屏腰綠。香盡雨闌珊，薄衾寒不寒。」《減字木蘭花》詠新月云：「晚妝初罷，更把纖眉臨鏡畫。準待分明，和雨和煙兩不勝。　莫教星替，守取團圓終必遂。此夜紅樓，天上人間一樣愁。」《雨霖鈴》詠種柳云：「橫塘如練，日遲簾幕，煙絲斜卷。卻從何處移得，章臺彷彿，乍舒嬌眼。恰帶一痕殘照，鎖黃昏庭院。斷腸處、又惹相思，碧霧濛濛度雙燕。　回闌恰就輕陰轉。背風花、不解春深淺。託根幸自天上，曾試把、霓裳舞遍。百尺垂垂，早是酒醒鶯語如剪。只休隔、夢裏紅樓，望個人兒見。」解人難索，憑虛推測，或不謬也。

五二

詞譜小令，如劉採春之《囉貢曲》即五言絕句。《竹枝》、《楊柳枝》、《小秦王》及皇甫松之《採蓮子》、李白之《清平調》、閻選之《八拍蠻》、元結之《欸乃曲》，即七言絕句。此皆樂府詩體，非詞也。惟王摩詰之《陽關曲》，雖亦拗體，乃有一定平仄可以入譜，若《生查子》、《美少年》為五言八句，《木蘭花》、《玉樓春》為七言八句，雖頗似仄韻之詩，而平仄有定律，又非其例也。

五三

詞牌名即以本詞中語為之者：《好時光》，唐玄宗詞末句「莫負好時光」；《秦樓月》，即《憶秦娥》李太白詞第二句「秦娥夢斷秦樓月」；《憶江南》，白香山詞末句「能不憶江南」；《如夢令》，後唐莊宗詞重句「如夢如夢」；《一葉落》，莊宗詞首句；《庭院深深》即《蝶戀花》，馮延巳詞首句「庭院深深深幾許」；《玉樓春》，顧夐詞「月照玉樓春漏促」；《江南春》，寇萊公詞第五句「江南春盡離腸斷」；《美少年》即《生查子》，晏幾道詞首句「金鞍美少年」；《憶王孫》，秦少游詞首句「萋萋芳草憶王孫」；《碧紗夢》，張泌詞第四句「驚斷碧紗殘夢」；《水晶簾》，牛嶠詞第五句「簾卷水晶漁浪起」；《桃花水》即《訴衷情》第三體，毛文錫詞首句「桃花流水漾縱橫」，末句「訴衷

情」;《後庭花》,毛熙震詞「後庭花發」;《大江東去》一名《酹江月》,蘇東坡詞首句「大江東去」,末句「一尊還酹江月」;《乳燕飛》即《金縷曲》,東坡詞首句「乳燕飛華屋」;《小樓連苑》即《水龍吟》,秦觀詞首句「小樓連苑橫空」;《人月圓》,王晉卿詞「華鐙盛照人月圓時」;《貧也樂》即《漁家傲》,高憲詞後段第二句「須信在家貧也樂」;《眉峰碧》,無名氏詞首句「蹙破眉峰碧」;其餘此類尙多。

五四

又《花非花》,白居易詞首韻「花非花,霧非霧」;《梧桐影》,呂岩詞末句「教人立盡梧桐影」;《珠簾卷》,歐陽修詞首韻「珠簾卷,暮雲愁」;《燭影搖紅》即《憶故人》,王詵詞首句「燭影搖紅向夜闌」;《一剪梅》,周邦彥詞首句「一剪梅花萬樣嬌」;《雙鸂鶒》,朱敦儒詞第二句「一對雙飛鸂鶒」;《蘇幕遮》,一名《鬢雲松》,周邦彥詞首韻「鬢雲松,眉葉聚」;《醜奴兒慢》一名《愁春未醒》,潘元質詞首二句「愁春未醒,還是清和天氣」;《剔銀燈》,毛滂自製詞後段第三句「頻剔銀燈」;《換巢鸞鳳》,史達祖後段第九句「換巢鸞鳳教偕老」;《魚遊春水》,宋無名氏詞前段末二句「鶯囀上林,魚遊春水」;《雙雙燕》,吳文英詞首三句「小桃謝後雙雙燕,飛來幾家庭戶」;《並蒂芙蓉》,晁端禮詞首三句「太液波澄,向檻中照影,芙蓉同蒂」;《畫屏秋色》,吳文英詞第二句「驟夜聲,偏稱畫屏秋色」。

五五

詞家四聲之說,始盛於王半塘,其後朱古微、況夔笙復起而揚其波,一時學詞者咸奉爲玉律金科,按照清眞、夢窗等詞,字字推敲移換,塡詞已苦,如砌墻之磚,然拘於尺寸,而又限於五色,故此派之詞皆奄奄無生氣,但求四聲不失而已,而實則四聲亦不能盡合,往往以他聲注爲作平、作上、作入,是不惟作法自敝,而又自亂其例也。且宋詞刻本多不同,或有訛脫,亦不盡知,以訛傳訛,尤爲可笑。其習見之調如《滿江紅》、《金縷曲》、《齊天樂》、《念奴嬌》之類,則諸家各自不同,四聲無從確定,亦姑任之。蓋詞調重在音律,能入歌曲方爲正宗,即平仄亦非至要,況四聲乎?不能訂其工尺,不能施於管絃,而斷斷於四聲以相訾謷,甚無謂也,而乃自詡爲專家哉?

秋平雲室詞話

王蘊章 著

　　《秋平雲室詞話》，王蘊章著。見王著《雲外朱樓集》正編，署名「王西神」，上海中孚書局 1937 年出版。《雲外朱樓集》是王蘊章文集之一，由鄭逸梅爲其校訂印行，時鄭氏爲中孚書局主編，又與王爲忘年交，酷愛王氏小品，故爲編是集。因此《雲外朱樓集》內多小品文，其餘內容除《秋平雲室詞話》之外，還有《秋平雲室曲話》、《秋平雲室聯話》等。

一

　　詩有詩史，詞亦有詞史。詩中如杜工部之《哀王孫》，哀帝室之飄零也；《兵車行》，傷戰禍之慘酷也；《石壕村》，寫吏役之恣睢，與夫苛政之如虎也。他若《南征》百韻，劫記滄桑；《丹青》一篇，意仔感慨。以及白居易之新樂府，元微之之《連昌宮詞》。名篇巨著，皆足備遺山野史之搜，供金鑒千秋之探。詞中類此者，較少於詩。然如南渡末造，德祐乙亥，太學生作《念奴嬌》云：「半隄花雨。對芳辰消遣，無奈情緒。春色尙堪描畫在，萬紫千紅塵土。鵑促歸期，鶯收佞舌，燕作留人語。繞闌紅藥，韻華留此孤注。　　眞個恨煞東風，幾番過了，不似今番苦。樂事賞心磨滅盡，忽見飛書傳羽。湖水湖煙，峰南峰北，總是堪傷處。新塘楊柳，小腰猶自歌舞。」《祝英臺近》云：「倚危欄，斜日暮，漠漠甚情緒。穉柳嬌黃，全不禁風雨。春江萬里雲濤，扁舟飛渡。那更聽塞鴻無數。　　歎離阻。有恨落天涯，誰念孤旅。滿目風塵，冉冉如飛霧。是何人惹愁來，那人何處。怎知道、愁來不去。」按：前詞三四兩句，謂眾宮女風流雲散，如飛燕辭巢也；第五句謂朝士紛紛引去，如群龍無首也；第六句謂臺官默默無言，如仗馬不鳴也；第七句指太學上書

事；第八、第九兩句斥陳宜中也；「恨煞東風」，謂賈似道；「飛書傳羽」，謂北軍至也；「新塘楊柳」，則謂似道新納之寵妾耳。後詞之「穉柳」謂幼君；「嬌黃」謂太后；「扁舟飛渡」，亦指北軍；「塞鴻」指流民；「人惹愁來」，謂賈似道之出；「那人何處」，謂賈似道之去也。此類詞實可為詞史之濫觴。近人詞中如臨桂王半塘給諫《校夢龕集》中《鷓鴣天》序云：「向與二三同志，為讀史之約。意有所得，卽以是調紀之。取便吟諷，久而不忘，人事作輟，所為無幾。今年四五月間，久旱酷熱，咄咄閉門，再事丹鉛，漫成此解，並告同志，毋忘前約，為之不已，亦乙部得失之林也。」借讀史以刺時事，其意顯然。惜半塘詞中，此調僅得四首。其一云：「卅載龍門世共傾，腐儒何意得狂名。武安私弟方稱壽，臨賀嚴裝促辦行。　驚割席、憶橫經，天涯明日是春城。上尊未拜官家賜，頭白江湖號更生。」其二云「群彥英英祖國門，向來宏長屬平津。臨岐獨下蒼生淚，八百孤寒愧此君。　傾別酒、促歸輪，壯懷枉自託風雲。劇憐彩鷁乘濤處，新見蓬萊海上塵。」第三云「屬國歸來重列卿，楊家金穴舊知名。似傳重訂冰山錄，那得長謠潁水清。　仙仗入、篋書傾。空令請劍壯朱生。好奇事盡歸方朔，殿角微聞叩首聲。」第四云「注籍常通神虎門，書生恩遇本無倫。鬼神語祕驚前席，挽輅謀工拾後塵。　空折角、笑埋輪，寓言秦鹿笑翻新。可憐一関成何事，贏得班姬苦乞身。」此四首刺翁同龢、張佩綸等。引古證今，妙造無迹。翁常熟於稱壽前數日獲遣，孫師鄭詩注中言之甚詳。讀此四詞之第一首，可備見當時情事也。又儀徵劉新甫恩黻《綺羅香》《詠紅葉，用玉田韻》，第一首上半闋云：「鴨腳黃邊，鴨頭綠後，霜訊朝來寒妒。一樹門前，難覓舊題詩句。縱還我、奪後燕支，懶重過、唱春山路。怕荒溝、流出濤箋，勸郎休回那邊去。」第二首下半闋云：「停車聊放倦眼，誰信西風世界，繁華如許。好不多時，還是夕陽歸路。憑畫手、多買燕支，也難寫、豔春嬌語。笑兒曹，當作花看，醉容和淚舞。」皆指清德宗之珍、瑾二妃而言，故有「奪後燕支」、「夕陽歸路」之語。新甫所著名《麏援詞》。其《水龍吟》《唐花》一解云：「花宮不耐深寒，群仙偷嫁紅塵裏。春愁未醒，憑空數到，番風廿四。嗅雨痕輕，釀雲香潤，內家標致。笑貴人金屋，藏嬌買豔，渾不解、溫存意。　過了試燈天氣。玉簾空、主恩捐棄。當初底事，千薰萬沐，催教梳洗。我亦曾經，鳳城西畔，略窺芳思。歎龜年老去，淒涼羯鼓，說開元事。」則指庚子拳亂，德國聯軍總帥瓦德西入都，留京諸人，爭納手版求其噓植事也。鄭叔問《比竹餘音》，《漢宮春》《庚子閏中秋作》云：「明月誰家，甚今年今夕，多事重圓。移盤夜辭漢闕，貯淚

銅仙。珠簾畫棟，倒寒波空影如煙。魂斷處，長門燭暗，數聲驚雁蠻弦。　　還見山河殘影，恁磨成桂斧，補恨無天。淒涼鏡塵，頓掩雲裏嬋娟。東華故事，祝團圞、歸夢空懸。凝坐久，蓬壺翠水，西流好送槎還。」時兩宮西狩，翠華未歸。起韻三句，可謂慨乎言之。廣東鴉片之役，釀成五口通商，爲吾國外交史上之奇恥深痛。方事之殷，鄧嶰筠廷楨總制兩廣，與林少穆詩酒唱酬，刊有《鄧林唱和集》。集中《高陽臺》一詞，專記此事。起句云：「鴉度冥冥，花飛片片。」已明點鴉片二字。廣州商人業洋貨者，頗爲此事與外人通款曲，其最著者曰十三行，故詞中亦有「十三行」字樣。每讀一過，不啻一篇《鴉片戰史始末紀》矣。洪楊之亂，向忠武以江南大營，長圍金陵。天國中人，困守危城，勢日窮蹙。自將星遽賚，太平諸王，突圍而出，大江南北，遂無噍類。故江陰蔣鹿潭《水雲樓詞》中《踏莎行》一闋云：「疊砌苔深，遮窗松密，無人小院纖塵隔。斜陽雙燕欲歸來，捲簾錯放楊花入。　　蝶怨香遲，鶯嫌語澀，老紅吹盡春無力。東風一夜轉平蕪，可憐愁滿江南北。」感慨淋漓，不嫌意盡。題曰「癸丑三月賦」，蓋誌其刼運轉移之時日也，鹿潭亦有心人哉。余嘗欲搜求此類詞，彙爲一編，時備觀覽，似勝昔人集本事之詩，與但爲詞人作箋注記傳者遠甚。況晚近以還，世變紛乘，開千古未有之局，歷五洲未有之奇。倘能本此史筆，爲作新詞，不必侈談「文學革命」，其價值自等於照乘之珠，連城之璧，網裏珊瑚，正不必更向海外求耳。

二

　　詠物詞不難於體物瀏亮，而難於寄託遙深。《樂府補題》，以白蓮喻伯顏，以龍涎喻二聖之蒙塵。香草美人，意在言外。王半塘詠燭《鷓鴣天》云：「百五韶光雨雪頻，輕煙惆悵漢宮春。只應憔悴西窗底，消受觀書老去身。　　花影暗，淚痕新，郅書燕說向誰陳。不知餘蠟堆多少，孤注曾無一擲人。」又《浣溪沙》《詠馬》云：「苜蓿闌干滿上林。西風殘秣獨沉吟。遺臺何處是黃金？　　空闊已無千里志，馳驅枉抱百年心。夕陽山影自蕭森。」借物興感，最爲得體。民國紀元，余于役南洋群島，英屬各地，涉歷殆遍。初意華南僑商，蘊蓄宏深，必能擿屏瑋抱，以光祖國。及日與晉接，遂有何所聞而來之慨。島中多檳榔，若檳榔嶼，卽以此得名。因譜《齊天樂》一解以紀之。其末句云：「瓠落年年，棟樑渾坐棄」，蓋不自覺其言之直率矣。

三

虞山黃摩西人，才氣橫溢，詩文詞皆如其人。負奇不遇，卒以窮死。歿後其同鄉諸子爲刻《摩西詞》八卷，計《和龔定庵無著詞》一卷、《懷人館詞》一卷、《影事詞》一卷、《小奢摩詞》一卷、《庚子雅詞》一卷、《集外詞》一卷、和張皋文《茗柯詞》一卷、和蔣劍人《芬陀利室詞》一卷。《和無著詞》中《太常引》云：「夢中天上醒人間，尚索夢痕看。襟袖浣應難，有無數、香斑淚斑。　　十分輕忽，五分疏懶，圓月誤成彎。情債積如山，只準備、愁還病還。」《賣花聲》《白門作》云：「六代總荒煙，金粉依然。秦淮水照畫闌干。闌外垂楊千卍樹，春在誰邊。　　如此好江山，只貯青鬟。東南王氣久闌珊。我亦不辭絲竹寫，漸近中年。」《水調歌頭》云：「居此大不易，行路亦良難。歲華誰道易邁？但覺日如年。未必世皆欲殺，無奈天還沉醉，創鳥墜驚弦。惜此人不出，傷我道長艱。　　占紫氣，參白骨，擁紅顏。平生仙佛兒女，信誓未曾寒。否則某山某水，準備一耕一釣，二頃去求田。風浪滿人海，枕石聽潺湲。」《鵲橋仙》云：「吹簫也可，碎琴也可，只有濫竽計左。舐丹雞犬盡飛升，卻剩得、閒鷗一個。　　青山難買，青鬟難買，莫問爐中竽火。西風落葉大江萍，算一樣飄零似我。」皆探喉而出，人人所欲言而難言者。又《鳳棲梧》云：「寸心萬古情魔宅，積淚如河，積恨如山疊。欲遣美人都化月。山河留影無生滅。」摩西，多情人也。故能言之深摯若此。

四

譚復堂《篋中詞》，捃摭甚富，惟較復堂年輩稍後之人，多未列入。卽同時儔侶，或以聲氣罕通，或以微尙各異，亦不免有遺珠之憾。《復堂日記》，頗不滿於吾鄉丁杏舲之《國朝續詞綜》。然《聽秋聲館詞話》中，亦正不乏佳構。而採錄未廣，人有同病。如復堂者，則又何說。余嘗欲做《篋中詞》例，遍搜近人遺著，憔悴江湖，見聞隘陋，抱此宏願，尙未知何日償也。著錄已及者，黃摩西外，有南通周晉琦曾錦《香草詞》，能以語體入詞，如元人之白描高手。《水龍吟》云：「世間那有神仙，世間那有長生草？世間那有，金丹玉液，服之不老？笑煞當年，秦皇漢武，癡腸愚腦。被兩三方士，萬千誑語，欺惑得，顚還倒。　　三百童男童女，更遠尋、十洲三島。十洲三島，原來都是，虛無縹緲。我道神仙，非靈非異，亦非奇妙。但無榮無辱，一歌一曲，

郎神仙了。」秀水金希俉鴻佺,纏綿婉轉,高逸之趣,欲遏行雲。《摸魚兒》
《題歸樵唱晚圖》云:「恁匆匆、翠微拾橡,功名都付群豎。裘披五月渾閒事,
肯學紅衣漁父。君未悟,怎忍把、腰鐮換了黃金組。歸來何暮。算只有浮雲,
殷勤遮路,留我嶺頭住。　　參天幹,多少常留深塢。枝椏肩負幾許。從來
才大難為用,此恨竟成千古。誰最苦,歎塵世勞薪,髀肉愁空拊。狂歌欲舞。
還自問名流,安排第幾,軒冕羞為伍。」第二首云:「最堪傷、河橋官柳,燒
殘劫火無數。今番侵曉攜柯去,免惹別離愁緒。漁也錯,任一舸浮家,欠了
官租賦。層巒穩步。正村落炊煙,焦桐入聽,太息無人顧。　　擔頭上,得
失雞蟲幾許。攀援群峭何苦。茅簷堆得榆錢夥,笑比豪家財府。柯爛否?縱
石室觀棋,肯被神仙誤。高歌月午。盡帶得雲歸,兒童不識,追逐同飛絮。」
慨當以慷處,不減《漁陽三弄》也。

五

　　朱彊村先生六十覽揆時,余偕春音詞社同人,假長浜路周氏學圃,奉觴
上壽。先生旋屬高君野侯繪《霜花腴吟卷》,遍徵題詠。沈寐叟、王靜安、張
孟劬、況蕙風、陳倦鶴各譜《霜花腴》一解。寐叟詞不多見,錄之以見灰囊
一迹。「碧瀾霽色,斂新寒,秋山為整妝容。鼻孔禪撩,顛毛病禿,還來落帽
西風。人間斷蓬,著淚痕染遍江楓。度關山萬里雲陰,傷禽不是楚人弓。　　古
往今來多事,盡牛山坐看,哀樂無窮。壞井蛙聲,危柯蟻夢,臺邊戲馬忽忽。
騎兵老公,莫青袍誤了吳儂。仗荑觴祓惡潑愁,愁來還蕩胸。」

漚盦詞話

漚盦 著

《漚盦詞話》，漚盦著。連載於《雜誌》（1942～1943 年）第 10 卷第 2 期，第 10 卷第 3 期，第 10 卷第 5 期，第 11 卷第 1 期，計二三則。漚盦，姓氏生平不詳，據《漚盦詞話》知其爲江蘇吳江人，從事古典文學研究，著有《李後主與小周后》、《詞之起源與音樂之關係》、《談李白》、《〈離騷〉作者的商榷》等。

余年十五六，即好塡詞，迄今二十餘年，自唐季歷兩宋以迄清人之詞集，靡不披覽。顧涉獵所及，未能深造，彌自愧也。今夏逭暑鄉間，晝長無俚，爰將平日與友人論詞之語，隨筆輯錄，共得百許條，按其體裁，於詞話爲近，因名之日《漚盦詞話》。藏之行篋，未敢出以示人。會《雜誌》索稿，錄副與之，俾分期刊載，聊充篇幅。他日續有所得，當排比而並刊之。漚盦識。

一

詞莫難於小令，以其體纖弱，明珠翠羽，未足方其清麗，要必有鮮姸之姿，而得雋永之趣，斯爲上乘。如李後主《相見歡》云：「剪不斷、理還亂，是離愁。別有一般滋味在心頭。」風神高秀，千古絕唱。求之清代詞家，如彭孫遹《延露詞》，極姸秀婉媚之致。《生查子》《旅夜》云：「夢好恰如眞，事往翻如夢。起立悄無言，殘月生西弄。」《浣溪沙》云：「紅杏枝頭寒食雨，碧桃花外夕陽樓。千條弱柳綰春愁。」《菩薩蠻》云：「儂已不成眠，知伊更可憐。」又云：「春夢太分明，關人半日情。」《玉樓春》云：「江南無數斷腸花，枝上東風枝下雨。」又云：「人從春色去邊來，舟向魂夢來處去。」又如

張砥中《洗鉛詞》，亦多綿邈飄忽之音。《卜算子》送別云：「已到別離時，那得多言語。酒似愁濃醉不消，芳草長亭暮。　　江上幾重山，都在銷魂處。但願伊心似我心，一任天涯去。」《浪淘沙》云：「春柳暮煙含，燕醉鶯酣。飄綿舞絮恨相兼。雨打風吹收不了，又上眉尖。　　繫馬弄金銜，斜日厭厭。夢中歸路又誰諳。渺渺茫茫花一簇，說是江南。」《清平樂》云：「只恐春光無賴，背人先到西溪。」《烏夜啼》云：「也知夢去還想見，無奈不成眠！」又如毛稚黃《鶯情詞》，《江城子》云：「滄海月明都換淚，還道是，不成愁。」《菩薩蠻》《細雨》云：「冥蒙簾外如煙氣，積成一點花梢淚。」《更漏子》得信云：「麝薰箋，脂抹印，一點淚痕紅暈。將拆處，更遲留，安排讀了愁。」《鳳來朝》《西湖春曉》云：「覺愁來，覓愁無處。黯黯飛將去。雲曉樹，冥濛許。」皆姿致幽渺，神味綿遠。低徊吟諷，輒覺靡靡蕩魄。可謂小詞之上乘矣。

二

詞之工拙，固非爭勝於一字，而昔人於此，亦復幾費斟酌。蓋以一字之妙，足令全句生色也。晁無咎評歐陽永叔《浣溪沙》「綠楊樓外出秋韆」句云：「只一出字，自是後人道不到處」。王靜庵謂：「歐九此語，本於馮正中《上行杯》詞：柳外秋千出畫牆」。予按王摩詰《寒食城東即事》詩有句云：「秋千競出綠楊裏」。二公之用「出」字，蓋皆本此耳。

三

黯然銷魂者，別而已矣。是以贈別之作，每多佳什。唐人絕句：「勸君更盡一杯酒，西出陽關無故人。」可謂絕唱。詞之音節宛轉，寫離別之情，尤婉於詩。柳屯田「楊柳岸，曉風殘月」之句，久已膾炙人口。至若「一番離別兩銷魂。馬上黃昏。樓上黃昏。」云云，不過造語纖巧而已。余最愛牛希濟《生查子》云：「春山煙欲收，天淡稀星小。殘月柳邊明，別淚臨清曉。

語已多，情未了，回首猶重道：記得綠羅裙，處處憐芳草。」情辭悱惻，令人黯然。又如白石道人《長亭怨慢》云：「漸吹盡，枝頭香絮，是處人家，綠深門戶。遠浦縈回，暮帆零亂向何許？　閱人多矣，誰得似長亭樹？樹若有情時，不會得青青如此。　　日暮。望高城不見，只見亂山無數。韋郎去

也，怎忘得玉環分付。第一是早早歸來，怕紅萼無人為主。算空有并刀，難剪離愁千縷。」語語幽咽，最為感人深至。吾鄉（吳江）於有清三百年間，詞人輩出。其贈別之詞，如袁棠（湘湄）《南樓令》云：「載月返梁溪。看潮又浙西。對殘缸，絮語依依。問了行裝問僮僕，還再四，問歸期。　落月畫簷底。鄰雞不住啼。到臨分，又勸添衣。才出中門呼小住，怕門外，曉風淒。」郭麐（頻伽）《洞仙歌》云：「綺窗臨水，掛一重簾子。簾外垂楊畫船繫。道春風正好，催放輕橈，全不管，先把個儂催起。　嘔啞聲未遠，轉個彎頭，眼底居然便千里。不見一重簾，簾外垂楊，又何況，隔簾雙髻。算臨別無言忒匆匆，有曲曲溪流，是伊清淚。」以淺近之語，寫纏綿之情，此境亦未易到。至若張砥中《金縷曲》云：「歲月難留住。歎回頭，功名萬里，盡成塵土。我已銀絲生雙鬢，何況秋娘眉嫵。待還問，舊時歌舞。無限傷心言不得，解近貂，且醉青樓暮。歌乍闋，淚如雨。　西風歷歷傳更鼓。倩江頭，曉來鴻雁，漫催行路。十五年間天涯客，才是歸來一度。早又向，北燕南楚。馬上濛濛寒雨下，指萬山，樹黑無人處。獨自箇，掉鞭去。」寫離情之外，別有身世之感，慷慨悲涼，又是一副筆墨矣。

四

詞稱綺語，言情之作，固所不免。惟閨襜好語，吐屬易盡。率露之多，穢褻隨之。要當以清麗之辭，寫纏綿之思，樂而不淫，哀而不怨，斯為名貴。如高青邱《石州慢》云：「落了辛夷，風雨頓催，庭院瀟灑。春來長恁，樂章懶按，酒籌慵把。辭鶯謝燕，十年夢斷青樓，情隨柳絮猶縈惹。難覓舊知音，把琴心重寫。　妖冶。憶曾攜手，鬥草闌邊，買花簾下。看鹿盧低轉，秋千高打。如今何處，總有團扇輕衫，與誰更走章臺馬。回首暮山青，又離愁來也。」潘瀛選《大有》云：「亞字牆邊，楝花風大，小樓中、簾卷人瘦。滿圓林、參差綠草誰鬥。屏山水鳥背人數，也何曾、愛單嫌偶。惱恨柳色空濛，和煙鎖，畫欄口。　燈前懺，花底咒。小鴨戀紅衾，清清坐守。好夢蕾騰，愁到醒時依舊。自謝了丁香後。受無限、蜂儜蝶偬。十年事、凝想如無，閒思却有。」袁湘湄《清平樂》云：「月斜更短，尋到深深院。約略長廊三四轉，夢近不知人遠。　投懷一笑含情，頰窩兩點分明。底事朝來相見，依然脈脈生生。」趙野航《鳳凰臺上憶吹簫》云：「芍藥階前，酴醾架下，相逢一任

低頭。認苔痕泥印，量徧春鈎。幾曲闌干遮斷，衣香在，人影全休。安排就，情濃似酒，緒亂如秋。　知否。驚鴻瞥眼，除卻夢魂中，怎得勾留。願化成輕燕，飛傍朱樓。日日穿簾來去，鏡臺畔，好自凝眸。癡心甚，也知天分，聊與消愁。」賦情駘蕩，含思淒迷。語淡旨深，自然名雋。憶十年前，余嘗填《洞仙歌》兩闋。其一爲《拆書》云：「瑤瑲小札，訝何人緘寄？落款分明李波妹。想雲箋疊了，纖手封將，松膠薄，轉抹唾痕香膩。　中央書姓氏，四角看來，添注銀鈎幾行字：『除卻瘦腰郎，不許開械』，畢竟是，兒女心細！更消息深防外人知，囑『付與爐灰，莫留塵世』！」其二爲《焚箋》云：「鸞箋一炬，悵霎時銷滅滅。空裊絲絲篆煙碧。恁煙還易散，些子無痕，衹心上，冒起愁絲重疊。　迴環思錦字，掩抑含啼，麗句清辭鏤冰雪。小劫博山爐，一例寒灰；餘香在，尙堪憐惜。莫錯怨東風不多情，替片片輕吹，雙雙飛蝶。」此兩闋，尙屬辭意新穎，附錄於此，以就正於方家。

五

詞人大抵以貧困者居多，而其自寫貧困之境況，或強作達觀之語，則失之道學氣；或激爲悲憤之辭，則失之牢騷氣；或搬運典故，如「牛衣對泣」云云，則滿紙陳言，更是俗筆。昔人謂歡娛之詞難工，余謂貧苦之詞，亦復不易著筆。以其造語貴乎親切，而意境又須超曠也。近閱鄧廷楨《雙研齋詞》，有《贖裘》一首，意態橫生，令人擊節。調倚《賣陂塘》云：「悔殘春，爐邊買醉，豪情脫與將去。雲煙過眼尋常事，怎奈天寒歲暮。寒且住。待積取、乂頭還爾綈袍故。喜餘又怒。悵子母頻權，皮毛細相，抖擻已微蛀。　銅斗熨，皺似春波無數。酒痕猶涴。歸來未負三年約，死死生生漫訴。凝睇處。歎毳幕氈廬，久把文姬誤。花風幾度。怕白袷新翻，青蚨欲化，重賦贈行句。」

（以上《雜誌》1942 年 11 月號）

六

近代湘社詞人，易中實、叔由昆季，與王夢湘、陳伯弢、況夔笙、程子大齊名，稱湘中後六子。中實尤推重子大，謂「子大閱識孤抱，用能別吾湘詞派而定一尊。」夔笙亦稱子大所著《美人長壽盦詞》，「於宋人近清眞、白

石，其緻密綿麗之作，又似夢窗。於清代近朱錫鬯，《載酒》、《琴趣》兩集勝處，兼而有之。清而不枯，豔而有骨。」同時湘社外之詞人，亦盛稱子大。王幼霞謂「其詞清麗綿至，取徑白石、夢窗、清眞，而直入溫、韋。」譚仲修謂「湘社詞人，齊驅掉鞅。子大芳蘭竟體，騷雅盼䰄。」然予觀子大綿麗之作，大抵氣體脆弱，運思纖巧。其佳句如「月明昨夜倚闌干，只是更無人與說春寒。」「眉痕鎖夢太無情，恨煞一簾春雨不分明。」(《虞美人》)「記取折枝花樣畫羅裙。」「記取裙邊書小字，詩瘦也，比儂家，瘦幾分。」(《江城梅花引》)「春夢膩些些，柳角簾遮。小桃花落謝娘家。溜卻玉釵渾不管，愛嚲雙鴉。」(《浪淘沙》)「此身願化作花箋，疊徧香閨指印玉纖纖。」(《虞美人》)「紅茜衫子不禁寒，生怕月兒移過小闌干。」(前調)「魂向夕陽銷盡，淡煙流水孤村。」(《清平樂》)「憑闌花第一，扶柳月初三。」(《臨江仙》)夔笙以爲得清眞神髓，余謂特特拾浙派詞人之牙慧耳！顧獨愛其《徵招》、《西河》諸闋，氣格蒼秀，魄力沈雄，戛戛獨造，不愧大家手筆。《徵招》贈沈伯華云：「狐奴磧外秋聲送，桑乾一條河水。落日共登臺，黯幽州千里。飄蓬吾與爾，怨關柳、只催徵騎。雁外天低，戍邊人瘦，馬嘶愁起。　擊筑少年場，今何似、人海兩鷗而已。自古帝王州，只消磨才子。勸君須醉耳。況有個、雙鬟能倚。聽今夜、畫角吹寒，變一天霜氣。」《西河》諸闋，以其所佔篇幅太多，不復徵引。

七

　　吳江周迦陵先生，古今體詩，規撫蘇黃，卓然大家。近年以其餘力，習倚聲之學，著有《匏盦詞》、《信芳詞》各一卷。小令啼香怨粉，怯月淒花，不減南唐風格。慢詞俯仰悲歌，雄渾蒼茫，有傲睨一世之概。茲錄其小詞《浣溪沙》四闋云：「憶昔妝臺燭乍停。代收鸞鏡索調箏。定情還把守宮盟。　促坐渾忘更漏盡，擁衾不覺曉窗明。驚殘好夢是鶯聲。」「殘夢惺忪被未溫。倚牀聊把藥籠薰。落紅偏又點重茵。　壓帳簾鉤纖似月，窺窗花影淡於人。最難排遣是黃昏。」「涼月如丸冷照時。花陰沈寂漏聲遲。劇憐無處寄相思。　紈扇慵歌金絡索，瑤琴愁按玉參差。強燒紅燭寫烏絲。」「徙倚雕闌強自持。落花飛絮數歸期。爲郎瘦損小腰肢。　望斷青山空有約，拋殘紅豆不成詩。一春心事訴誰知。」又《浪淘沙》四闋，《敘》云：「僕本畸人，生逢濁世。啼花怨鳥，空興淪落之思；依翠偎紅，易醒繁華之夢。織盡機中之

錦，只剩箋愁；題殘漢上之襟，獨工寫恨。流虹豔覯，還期緣結三生；秀水風懷，早已情忘兩廡。流風未沫，遭遇斯同。爰借俳詞，聊存影事。豪情逸興，都流浪於金迷紙醉之間；俯唱遙吟，極纏綿於燈炧酒闌之後。大雅君子，幸恕清狂；幼婦外孫，還祈賞析。」詞云：「簷際雨颸颸，笛按梁州。江南回首又清秋。淒絕曲終人不見，無限離愁。　　往事記從頭，同倚高樓。月斜燈炧話綢繆。欲向羅幃尋舊夢，夢也難留。」「咫尺泰娘橋，新築香巢。荼蘼花下醉葡萄。蝶夢惺忪鶯語澀，眞箇魂銷。　　雲漢碧迢迢，風急天高。無情雨打可憐宵。冰簟銀牀愁不寐，數盡更譙。」「閒泛木蘭橈，十里橫塘。雨絲風片促歸裝。載得畫中人去也，妬煞鴛鴦。　　好事最難長，轉眼淒涼。煙波橋畔倦尋芳。綠意紅情收拾起，付與斜陽。」「春夢正朦朧，意密情濃。箇中消息卻愁儂。六曲銀屏遮不住，燭影搖紅。　　人去杳無蹤，鸞鏡塵封。妝臺懶復繡芙蓉。欲寄相思何處是，雲樹千重。」

八

王靜安論詞，標舉境界。所著《人間詞話》，謂：「有境界則自成高格，自有名句。五代北宋之詞所以獨絕者在此。而境界非獨謂景物也。喜怒哀樂，亦人心中之一境界。故能寫眞景物，眞感情者，謂之有境界，否則謂之無境界。」余謂詞人觸景生情，感物造端；亦復融情入景，比物連類；故外界之物境與其內在之心境，常化合爲一。當其寫物境也，往往以情感之滲入，而鎔鑄爲主觀之意境，非復客觀之物境。當其寫心境也，往往借景色之映託，而寄寓於外界之物境，非復純粹之心境。是故能寫「眞景物」者，無不有「眞性情」流露其間；能寫「眞性情」者，亦無不有「眞景物」渲染於外。心物一境，內外無間，超乎迹象，而入乎自然化境。自然化境者，詞中最高之境界。

物境者，景也；心境者，情也；情景交融，則構成詞之境界。故情以景幽，單情則露；景以情妍，獨景則滯。譬若體態之與衣裳，膚貌之與粉黛，互相映發，百媚斯生。是以善言情者，多寄寓於景；善寫景者，多融入於情。如：「玉樓明月長相憶，柳絲嬝娜春無力。」（溫飛卿《菩薩蠻》）「花落子規啼，綠窗殘夢迷。」（同上）「春水碧於天，畫船聽雨眠。」（韋莊《菩薩蠻》）「樓前綠暗分攜路，一絲柳、一寸柔情。料峭春寒中酒，交加曉夢啼鶯。」「黃蜂頻撲秋千索，有當時，纖手香凝。」（吳文英《風入松》）「情如水，小樓薰

被，春夢笙歌裏。」（吳文英《點絳唇》）「驚起半牀幽夢，小窗淡月啼鴉。」（劉小山《清平樂》）「試問閒愁都幾許，一川煙草，滿城風絮，梅子黃時雨。」（賀鑄《青玉案》）此皆託景以寫情者也。如：「小窗斜日到芭蕉，半牀斜月疏燈後。」（無名氏《玉樓春》）賀裳《詞荃》謂其寫迷離之況，止須述景，不言愁而愁自見。「燕子漸歸春悄，簾幕垂清曉。」（韓持國《胡搗練令》）沈夔笙謂此中有人，如隔蓬山。但寫境而情在其中。又如：「黃葉無風自落，秋雲不雨常陰。」（孫洙《河滿子》）「月孤明，風又起，杏花稀。」（溫飛卿《酒泉子》）「江上柳如煙，雁飛殘月天。」（溫飛卿《菩薩蠻》）皆「淡遠取神，只描取景物，而神致自在言外。」（借用夔笙語）此融情以入景者也。

九

詩人比物連類，寄託遙深，詞人亦然。余最愛玉田句云：「楊花點點是春心，替風前，萬花吹淚。」（《西子妝慢》）「恨西風，不庇寒蟬，便掃盡，一林殘葉。」（《長庭怨》舊居有感）一寫春色，一寫秋景，淡淡著筆，而感慨無窮，殊耐人玩味。又如賀方回（鑄）《踏莎行》詠荷花云：「斷無蜂蝶慕幽香，紅衣脫盡芳心苦。」下云：「當年不肯嫁東風，無端卻被秋風誤！」辭旨哀怨，含蓄不盡，自是騷雅遺音。

一〇

唐人詩：「曲終人不見，江上數峰青。」善寫悵惘之情。司馬溫公《西江月》：「笙歌散後酒微醒，深院月明人靜。」更覺悵惘難堪。較之柳屯田「今宵酒醒何處？楊柳岸，曉風殘月。」有過之，無不及。故沈義父《樂府之謎》謂「以景結情最好。」余亦謂「善言情者多寄寓於景」也。

一一

詞家有當行，多用本色語。如清眞「最苦今宵，夢魂不道伊行」。「天便教人，霎時廝見何妨！」「許多煩惱，只為當時，一晌留情。」「多少暗愁密意，惟有天知！」「拚今生，對花對酒，為伊淚落！」雖屬當行家語，為後世詞人所推崇，然余終病其率直，殊無意味。所謂「單情則露」也。本色語之動人者，多以淺顯之辭，達幽隱之情；造語貴乎曲折，則語愈轉而情愈深。如蕭淑蘭《菩薩蠻》：「去也不教知，怕人留戀伊。」孫夫人《風中柳》：「別

離情緒，待歸來都告；怕傷郎，又還休道。」孫光憲《謁金門》：「留不得，留得也應無益！」宋徽宗《燕山亭》：「天遙地遠，萬水千山，知他故宮何處。怎不思量，除夢裏、有時曾去。無據。和夢也、新來不做！」此外不可多得，蓋質勝文之難也！

（以上《雜誌》1942 年 12 月號）

一二

　　靜安於境界中，分有我之境與無我之境。謂：「淚眼問花花不語，亂紅飛過秋韆去」，「可堪孤館閉春寒，杜鵑聲裏斜陽暮」，有我之境也。「採菊東籬下，悠然見南山」，「寒波澹澹起，白鳥悠悠下」，無我之境也。有我之境，以我觀物，故物皆著我之色彩。無我之境，以物觀物，故不知何者為我，何者為物。余謂詞人於物境心境，化合為一，而自成詞境，在此境中，處處著我，斷無「無我之境」。「淚眼問花花不語，亂紅飛過秋韆去。」「可堪孤館閉春寒，杜鵑聲裏斜陽暮。」藉物境以寫心境，固為「有我之境」。至若「採菊東籬下，悠然見南山。」「寒波淡淡起，白鳥悠悠下。」此乃融心境於物境，初非「以物觀物」之謂。必有超脫之心境，斯得超脫之物境；此物境者，固為我心境之象徵，而妙合於自然化境，安得遂謂之「無我之境」！詞人自有詞心，以詞心造詞境，以詞境寫詞心，固處處著我，初無「無我之境」也。

　　馮延巳《謁金門》：「風乍起，吹皺一池春水。」唐中主李璟戲問延巳曰：「吹皺一池水，干卿何事？」似可謂「無我之境」矣。顧此非「以物觀物」而專寫物境也，寫物即寫我，寫物境即寫心境，融心境於物境之中，而入乎自然化境，其高妙在此。蓋我心之未接於物，寂然不動，正若一池平靜之春水；忽為外物所感，則情緒繚亂，有不能自禁者矣。「風乍起，吹皺一池春水」，正此種心境之象徵，固亦一「有我之境」也。至若范石湖《眼兒媚》下半闋：「春慵恰似春塘水，一片縠紋愁。溶溶洩洩，東風無力，欲皺還休。」雖其思路與延巳相似，而點明「春慵」，又著「恰似」兩字，以示取譬於物境，辭意固較明顯，終不若延巳融心物於一境之為高妙耳。

　　詞人寫心境而取譬於物境者，多屬名句。如李後主《相見歡》「自是人生長恨水長東！」《虞美人》「問君能有幾多愁？恰似一江春水向東流！」《清平樂》」「離恨恰如春草，更行更遠還生」等句，皆是也。

一三

　　靜安辯詞境，又有「隔」、「不隔」之別。謂：白石寫景之作，如「二十四橋仍在，波心蕩冷月無聲」，（按此係《揚州慢》中之句）「數峰清苦，商略黃昏雨」，「高樹晚蟬，說西風消息」，雖格韻高絕，然如霧裏看花，終隔一層！……如歐陽公《少年遊》詠春草，上半闋云：「闌干十二獨憑春，晴碧遠連雲，千里萬里，二月三月，行色苦愁人。」語語都在目前，便是不隔。至云「謝家池上，江淹浦上」，則隔矣！……白石「酒祓清愁，花消英氣」，則隔矣。余謂凡詞之融化物境、心境以寫出之者，皆爲「不隔」；了無境界，僅搬弄字面以取巧者爲「隔」；「隔」無「不隔」之分野，惟在此耳。「謝家池上，江淹浦上」，「酒祓清愁，花消英氣」，此數句皆僅在字面上搬弄取巧，謂之「隔」也，宜矣！至若白石《揚州慢》下半闋，乃感懷杜牧而作。杜牧詩云：「二十四橋明月夜，玉人何處教吹簫？」今白石之過揚州也，（按白石於淳熙丙申至日過揚州）昔時之簫聲，早已絕響，而美人名士，亦俱歸黃土，惟橋與月尚如故耳！故有「二十四橋仍在，波心蕩，冷月無聲」之句，不可謂非「語語都在目前」，而含思淒惋，有絃外之音，眞可謂千古絕唱！靜安僅以寫景視之，自難領悟；其於白石之詞境，殆亦如「霧裏看花，終隔一層」歟！靜安嘗推崇南唐中主詞「菡萏香銷翠葉殘，西風愁起綠波間。」謂「大有眾芳蕪穢，美人遲暮之感。」然則白石「數峰清苦，商略黃昏雨。」「高樹晚蟬，說西風消息。」融心境於物境中，其遲暮之感，沈鬱之致，更是淒然欲絕；隔於何有？乃靜安獨賞南唐，貽譏白石！「故知解人，正不易得！」（即用靜安語）

一四

　　唐人詩「江頭數盡南來雁，不寄西風一幅書！」描摹入神，自是好詩。蓋當其「數雁」時，在每隻雁上，含有幾多熱望！誰知數盡來雁，而終不得一幅之書，又是幾多失望！凡此神情，悉流露於寥寥十四字中，此其所以能動人也。張武子《西江月》過拍：「殷雲度雨井桐凋，雁雁無書又到。」襲取其意，而神情俱失！以視玉田「寫不成書，只寄得相思一點！」含思綿邈，超神入化，不著刻鏤痕迹；於此可悟詞筆之高下。

一五

　　好詞要有境界，要以我之詞心寫我之詞境，貴乎戛戛獨造，不容勦襲！清眞融詩以入詞，昔人譏其「頗偸古句」，原非上乘。後之詞人，拾人牙慧，往往翻詞句以入詞。如徐山民《阮郎歸》：「妾心移得在君心，方知人恨深！」乃脫胎於顧敻《訴衷情》：「換我心，爲你心，始知相憶深！」聶勝瓊《鷓鴣天》：「枕前淚共階前雨，隔箇窗兒滴到明。」乃襲取溫飛卿《更漏子》：「梧桐樹，三更雨，不道離情正苦。一葉葉，一聲聲，空階滴到明。」王士禛《花草蒙拾》亦謂：「俞仲茅小詞云：『輪到相思沒處辭，眉間露一絲』，語本李易安之『才下眉頭，卻上心頭』，其前更有范希文『都來此事，眉間心上，無計相迴避』，李語特工耳！」他如蘇東坡《卜算子》：「才始送春歸，又送君歸去。若到江東趕上春，千萬和春住。」黃山谷《清平樂》：「春歸何處？寂寞無行路。若有人知春去處，喚取歸來同住。」王碧山勦襲其意，加以變化，譜入慢詞云：「怕此際春歸，也過吳中路。君行到處。便快折湖邊，千條翠柳，爲我繫春住。」只是拾取昔人舌尖上幾句聰明語，愈刻畫，愈纖巧；愈變化，愈薄弱。要知，詞固有詞境，有詞心，以我之詞心，造我之詞境。譬若釀秫爲酒，繅繭爲絲，有其本源。若以他人已釀之酒，已繅之絲，而再釀之，再繅之，宜其所成者，質薄而味淡矣！傾閱《蕙風詞話》，載陳夢弼《鷓鴣天》詞：「指剝春蔥去採蘋。衣絲秋藕不沾塵。眼波明處偏宜笑，眉黛愁來也解顰。　　巫峽路，憶行雲。幾番曾夢曲江春。相逢細把銀釭照，猶恐今宵夢似眞。」歇拍係用晏叔原「今宵剩把銀釭照，猶恐相逢是夢中」句，亦套語耳！乃蕙風謂「恐夢似眞，翻新入妙！不特不嫌沿襲，幾於青勝於藍！」推崇過當，殆阿私之言歟！

一六

　　李清照《武陵春》：「聞說雙溪春尙好，也擬泛輕舟。只恐雙溪舴艋舟。載不動、許多愁！」蔣竹山《虞美人》：「樓兒忒小不藏愁，幾度和雲飛去覓歸舟。」詞筆清雋可喜，開後世纖巧一路。

一七

　　南朝豔曲，好爲廋詞。廋詞猶隱語。如「蓮」隱含「憐」意；「芙蓉」隱

含「夫容」──夫君之容貌之意;《子夜歌》:「霧露隱『芙蓉』,見『蓮』不分明。」「絲」隱含「相思」之意,「匹」隱含「匹偶」之意;《子夜歌》:「始欲識郎時,兩心望如一,理『絲』入殘機,何悟不成『匹』!」又如《丹陽孟珠歌》:「適聞『梅』作花,花落已成子」。其中「梅」字,隱含「媒」意。《華山畿》:「將懊惱,石闕晝夜『題』,『碑』淚常不燥。」其中「題」字隱含「啼」意,「碑」字隱含「悲」意。大率取其諧聲,含情隱約,較風騷比興之旨,尤爲宛轉,耐人尋味。唐人作絕句,間有承其遺風者。如「東邊日出西邊雨,道是無『晴』還有『晴』。」「晴」「情」諧聲,亦廋詞也。詞之小令,本以婉麗勝,而《金荃》、《香奩》、《花間》、《尊前》諸集,絕少廋詞。惟牛希濟《生查子》云:「新月曲如眉,未有團圞意。紅豆不堪看,滿眼相思淚。終日劈桃穰,人在心兒裏。(桃穰中有桃仁,『仁』『人』諧聲。)兩耳隔牆花,早晚成連理。」通篇連類屬辭,含思婉約;兼比興之長,極廋詞之妙。蓋吾國文字多諧聲,聲既相諧,義亦雙關,遂成廋詞。此實爲吾國文學上獨擅之絕技,彼異域之士,以衍音成文者,不特無由獲此技巧,抑亦未易領悟其妙趣也。

(以上《雜誌》1943 年 2 月號)

一八

詞之淡,在脫不在易。所謂脫者,天然好語,脫口而出。昔人云:「文章本天成,妙手偶得之。」又云:「得來容易卻艱辛」。近代蕙風詞人更下一轉語云:「自然從追逐中來。」初非率易之謂也。丁飛濤曰:「月是何色?水是何味?芝蘭之香何香?水煙山霧之氣何氣?其間皆有自然化境。」此我之所謂詞之淡也。而此自然化境,惟妙手偶得之耳。余於飛卿詞,最愛其《更漏子》一闋,(詞見前節)以其語彌淡而情彌苦。他如韋莊《女冠子》:「不知魂已斷,空有夢相隨。除卻天邊月,沒人知。」李後主《相見歡》:「剪不斷,理還亂,是離愁。別有一般滋味在心頭。」皆姿致幽渺,神味綿遠;不假粉飾,自然入妙。又如張星耀(砥中)《洗鉛詞》《烏夜啼》:「也知夢去還相見,無奈不成眠。」彭孫遹(羨門)《延露詞》《菩薩蠻》:「春夢太分明,關人半日情。」陳玉璂(賡明)《耕煙詞》:「夢裏和愁,愁時如夢,情似越梅酸。」(詞牌不復記憶)郭麐(頻伽)《浮眉詞》《賣花聲》:「夾衣初換又

添錦，只是別來珍重意，不爲春寒。」袁棠（湘湄）《濃睡詞》《阮郎歸》：「歸期已近怕書來，書來未擬回。」許肇篔（壎友）《蝶戀花》：「喚到侍兒何處使？秋韆架外尋梅子！」皆著墨無多，尋味不盡，亦異乎穠豔爲佳者矣。

詞之厚，在意不在辭；詞之雄，在氣不在貌；詞之靈，在空不在巧；詞之淡，在脫不在易。

有沈雄之氣魄，乃能有雄健之筆力；有雄健之筆力，乃能寫蘇、辛一派豪放之詞。蓋詞之豪放，由於才氣之橫溢，初不斤斤於字句間也。清初陳維崧迦陵詞，氣魄絕大，骨力絕遒，幾可突過蘇、辛。其《醉落魄》詠鷹云：「寒山幾堵，風低削碎中原路。秋空一碧無今古，醉袒貂裘，略記尋呼處。　男兒身手和誰賭。老來猛氣還軒舉。人間多少閒狐兔。月黑沙黃，此際偏思汝！」是何等懷抱！有此懷抱，出語自豪。余嘗塡《臨江仙》，歇拍云：「一丸涼月照人間，老狐啼破冢，靈鬼嘯空山。」雖無多大魄力，自謂尚有意境。

顧貞觀華峰營救吳兆騫一事，詞家記載綦詳，其《金縷曲》一闋，膾炙人口。所著《彈指詞》，自謂「不落宋人圈襀，可信必傳。」曹溶（秋嶽）評其詞「有凌雲駕虹之勢，無鏤冰剪綵之痕。」余最愛其《青玉案》：「天然一幀荊關畫，誰打稿，斜陽下？歷歷水殘山賸也。亂鴉千點，落鴻孤咽，中有漁樵話。　登臨我亦悲秋者，向蔓草平原淚盈把。自古有情終不化。青娥冢上，東風野火，燒出鴛鴦瓦。」又《夜行船》登鬱孤臺云：「爲問鬱然孤峙者，有誰來，雪天月夜？五嶺南橫，七閩東距，終古江山如畫。　百感茫茫交集也！儭忘歸，夕陽西掛。爾許雄心，無端客淚，一十八灘流下。」以飛揚跋扈之氣，寫嶔崎歷落之思，如渴驥奔泉，怒猊下阪，其品格當在東坡、稼軒之間。

一九

自袁綯謂：「東坡詞當令關西大漢，執鐵綽板，唱『大江東去』；屯田詞可令十七八女郎，按紅牙拍，歌『楊柳岸，曉風殘月』。」後人奉爲美談，遂論詞派有婉約與豪放之分，此僅辨別其粗枝大葉耳！昔吾邑（吳江）郭麐頻伽與金匱楊伯夔仿司空表聖《詩品》之例，撰《詞品》各十二則，辨別極爲精細。茲摘錄其精華於左。頻伽《詞品》：

幽秀　　時逢疏花，娟若處子；嫣然一笑，目成而已。

高超　　即之愈遠，尋之無蹤；孤鶴獨唳，其聲清雄。

雄放	海潮東來，氣吞江湖；快馬斫陣，登高一呼。
委曲	美人有言，玉齒將粲；徐拂寶瑟，一唱三歎。
清脆	芭蕉灑雨，芙蓉拒霜；如氣之秋，如冰之光。
神韻	明月未上，美人來遲；卻扇一顧，群妍皆孋。
感慨	鉛水迸淚，鵾雞裂絃；如有萬古，入其肺肝。
奇麗	鮫人織綃，海水不波；淒然掩泣，散為明珠。
含蓄	陽春在中，萬象皆動；一花未開，眾綠入夢。
遒峭	清霜警秋，微月白夜；其上孤峰，流水在下。
穠豔	雜組成錦，萬花為春；異彩初結，名香始薰。
名雋	名士揮麈，羽人禮壇；微聞一語，氣如幽蘭。

伯夔《詞品》：

輕逸	天風徐來，一葉獨飛；千里飄忽，鶴翅不肥。
綿邈	秋水樓臺，澹不可畫；時逢幽人，載歌其下。
獨造	洞庭隱鱗，蒼梧逸猿；元氣紛變，創斯奇觀。
淒緊	松篁幽語，獨客泛琴；落花辭枝，淒入燕心。
微婉	美人何許，短琴潛弄；捲簾綠陰，微雨思夢。
閒雅	茶煙晝清，鬻藤一枝；秋老茆屋，簷蟲掛絲。
高寒	俯視苔石，行歌長松；千葉萬吹，凜然噓冬。
澄淡	鷺鷥立雨，浪花一肩；采采白蘋，江南曉煙。
疏俊	卓卓野鶴，超超出群；田家敗籬，幽蘭逾芬。
孤瘦	空山沍寒，老梅古愁；遙指木末，一僧一樓。
精鍊	鉥心搯胃，韜神斂光；水為沈流，星無散芒。
靈活	荷露入握，菊香到瓶；四無人語，佛閣一鈴。

　　其所標詞品，雖間有指功力者，如「獨造」、「精鍊」，而大抵皆屬意境。要之，迹象可求，意境難辨。就詞之迹象言，則婉約與豪放之分，亦可得其大較。而就詞之意境言，則頻伽、伯夔之所標舉者，差可奄有眾妙。惟其間剖析微茫，可意會而不可言傳耳。

二〇

　　《西廂》：「繫春心，情短柳絲長；隔花陰，人遠天涯近。」在曲中，非

當行出色之語，蓋北曲專重白描，不尙辭藻；若以此兩句作詞看，卻是絕妙好詞。

二一

　　吾邑詞人，在郭麐以前卓然名家者，如女作家葉小鸞及葉元禮（舒崇）、徐釚（電發），其最著者也。元禮豐神雋逸，不減衛玠。其風流韻事，播於藝林，傳爲佳話。朱彝尊（竹垞）《慶春澤》一闋即爲元禮而作。元禮少時，嘗隨其兄學山（舒胤）過流虹橋，（在今吳江城西門外）有女子在樓上見而慕之，問其母曰：「有與葉九秀才偕行者，何人也？」母漫應之曰：「三郎也。」女積思成疾，將終，語母曰：「得三郎一見，死無恨矣！」氣方絕，元禮適過其門，母以女臨終之言告。元禮入哭，女目始瞑。竹垞詞云：「橋影流虹，湖光映雪，翠簾不卷春深。一寸橫波，斷腸人在樓陰。遊絲不繫羊車住，倩何人、傳語青禽？最難禁。倚遍雕闌，夢遍羅衾。　　重來已是朝雲散，悵明珠佩冷，紫玉煙沈。前度桃花，依然開滿江潯。鍾情怕到相思路，盼長堤、草盡紅心。動愁吟。碧落黃泉，兩處難尋！」（見《江湖載酒集》）元禮著有《謝齋詞》，啼香怨粉，怯月淒花；清雋秀麗，一如其人。嘗客會稽，每入市，窺簾者夾道。時宋副使琬，觀察越中，曰：「是將『看殺衛玠！』」因招之入署讀書。（見朱彝尊《靜志居詩話》）元禮既至西泠，遇雲兒於宋觀察席上，一見留情，時尙未破瓜也。雲兒居孤山別墅，密簡相邀訂終身焉。別五年，復至湖頭，則如彩雲飛散，不可蹤跡矣！元禮撫今追昔，情不自禁，援筆賦《浣溪沙》四闋。（見徐釚《南州草堂詞話》）其一云：「彷彿清溪似若耶。底須惆悵怨天涯。青驄繫處是儂家。　　生小畫眉分細繭，近來綰髻學靈蛇。妝成不耐合歡花！」其二云：「柳暖花寒懊惱時。春情脈脈倩誰知。簾纖香雨正如絲。　　團就鏡臺烏鰂墨，寄來江上鯉魚詞。此身有分是相思！」其三云：「潛背紅窗解佩遲。銷魂爾許月明時。羅裙消息落花知。　　蝶粉蜂黃拚付與，淺顰淡笑總難知。教人何處懺情癡！」其四云：「斗帳脂香夜半侵。幾番絮語夢難尋。清波一樣淚痕深。　　南浦鶯花新別恨，西陵松柏舊同心。一番生受到而今！」雲兒即阿芸，元禮別有《寄阿芸》一律，可資考證。

二二

葉小鸞字瓊章，一字瑤期，自號煮夢子，紹袁幼女。葉氏一門風雅，其母沈宜修（宛君）有《鸝吹詞》，姊紈紈（昭齊）小紈（蕙綢）均善倚聲，而瓊章尤爲傑出。所著《疏香閣詞》，不特可冠《午夢堂集》，（葉氏總集）在徐乃昌《小檀欒室彙刻閨秀百家詞》中，亦可壓卷。其《如夢令》辛未除夕云：「風雨簾前初動，早又黃昏催送。明日縱然來，一歲空憐如夢。如夢。如夢。惟有一宵相共！」又《踏莎行》歇拍云：「無端昨夜夢春闌，絲絲小雨花爲淚。」格韻高妙，氣體秀脫，方之漱玉，無多讓焉。年十九卒，紹袁哭之慟，作《續窈聞》云：余家恭設香花幡幢，敦延吳門泖庵大師。問以亡女瓊章。師曰：「瓊娘向係月府侍書女史，因遊戲人間，故來君家，今仍歸緱山仙府。」隨爲遣使招之。少頃即至，題句云「帷風瑟瑟女歸來，萬福尊前且節哀」。二語即止，似哽咽不能成者。又作詩呈泖，有「從今別卻芙蓉主，永侍猊牀沐下風」之句；云：「願從大師授記，不往仙府矣。」師云：「皈依必須『受戒』，『受戒』必須『審戒』。我今一一審汝！」師云：「曾犯殺否？」云：「曾犯——曾呼小玉除花虱，也遣輕紈壞蝶衣。」「曾犯盜否？」云：「曾犯——不知新綠誰家樹，怪底清蕭何處聲。」「曾犯淫否？」云：「曾犯——晚鏡偷窺眉曲曲，春裙親繡鳥雙雙。」又審「四口惡業」。「曾妄言否？」云：「曾犯——自謂前生歡喜地，詭云今坐辯才天。」「曾綺語否？」云：「曾犯——團香製就夫人字，鏤雪裝成幼婦詞。」「曾兩舌否？」云：「曾犯——對月意添愁喜句，拈花評出短長謠。」「曾惡口否？」云：「曾犯——生怕簾開譏燕子，爲憐花謝罵東風。」又審「意三惡業」。「曾犯貪否？」云：「曾犯——經營縑帙成千軸，辛苦鶯花滿一庭。」「曾犯嗔否？」云：「曾犯——怪他道蘊敲枯硯，薄彼崔徽撲玉釵。」「曾犯癡否？」云：「曾犯——勉棄珠環收漢玉，戲捐粉盒葬花魂。」師曰：「子固一綺語罪耳！」遂予之戒，名曰「智斷」，字絕際。其事雖窈渺難信，而所引皆瓊章詩句，足見其才思之敏妙也。

二三

與頻伽研討倚聲之學者，曰袁棠，字湘湄。湘湄所著詞集，曰《洮瓊》，曰《濃睡》。其詞清雋綿麗，卓然名家。顧以布衣終老，無籍甚名，其詞亦遂

湮沒不彰。譚復堂獻，輯《篋中詞》，始選錄之。余猶恨其表彰不力，未探驪珠。嘗屢爲摘句，以入詞話。茲更錄其《河傳》、《唐多令》兩闋，皆《篋中詞》所未選者也。《河傳》云：「春曉，雨小；陰陰院宇，落紅多少！聽他雙燕呢喃；闌干，東風寒不寒？　欠申微度吹蘭息，香幃揭；小玉低聲說：略從容，下簾櫳；休慵！羅衣添一重！」《唐多令》題爲《白門使院桐花下作》，詞云：「濃綠結陰涼，疏花作穗長，漏苔階，點點斜陽。隔院不知誰拜月？飄一縷，水沈香。　團扇記追涼，輕容玉色裳。倚梧桐，冷著思量。一樣黃昏人立地，多幾曲，短迴廊！」「湘湄舊藏宋帝賜周益公洮瓊硯，希世之寶也，故以名其館及詞。」聞之鄉先輩陳去病云。

（以上《雜誌》1943 年 4 月號）

顗齋詞話

何嘉 著

《顗齋詞話》，刊於《永安月刊》1943 年第 48 期。著者署名「碩父」。何嘉（1911～1990），字之碩，號顗齋、碩父，江蘇嘉定（今上海）人。曾任中央大學教授、南方大學教務長。「反右」運動中獲罪，遠放青海，後任青海省西寧市政協常委等。何嘉爲夏敬觀弟子，午社中年少者，精倚聲，專攻小令，詞集有《顗齋樂府甲乙稿》，毀於「文革」動亂，另有《和陽春集》一卷。著有《詞調溯源箋》。又長於書畫章草，遺稿有《千章草堂叢話》等。

一

元高安周德清（挺齋）撰《作詞十法》，謂作詞大抵先要明腔，後要識譜，審其音而作之，庶無劣調之失云。周氏所舉十法，爲知韻、造語、用事、入聲作平聲、陰陽、務頭、對偶、末句、定格等是也。元人之所謂詞即今之所謂北曲，然周氏十法，亦可通之於詞也。

二

務頭之說，後之學者每不知其究竟，而各家之說，亦時有出入。近人任氏中敏云：「學者倘一時不解何處爲詞之務頭者，但看譜中某調注明某某字必當去上，去平，上平，去上平等等不可移易者，即知是該調聲音美聽之處。填詞時若嚴守之，而文字又務求精警，務令聲文合美，則雖不悉中爲務頭之處，要亦相去不遠。」此與吳瞿安先生「每一曲中，必須有三音相連之一二語，或二音相連之一二語，即爲務頭處」之論，蓋相符也。

三

明陸深《溪山餘話》云：「歌詞代各不同，而聲亦易亡，今世踵襲，大抵分爲二調：曰南曲，曰北曲，胡致堂所謂綺羅香澤之態，綢繆宛轉之度，正今日之南詞也。登高望遠，舉首高歌，而逸懷浩氣，超乎塵垢之表，近於今之北詞也。」詞曲分南北之說，始於明人，蓋北音高亢，南音柔靡，地域使然，有不能強同者矣。至於宋賢詞則婉麗與豪健者並有之，在當時殊無南北之說也。

四

詞貴守律，前賢言之者多矣。（清人詞有極不守律者）自陽羨萬氏樹（紅友）《詞律》一書出，學詞者往往奉爲規臬也。夫古人作詞或前後兩首，偶有不同，亦爲習見。承學之士，往往以此爲藉口，率爾亂塡，或妄自製腔調，滋可厭也。坊肆有所謂詞譜者，每於古人詞旁，亂注可平可仄，最爲誤人。微特平仄須當注意，即四聲陰陽，亦以不苟爲是。一調之中，豈無數字自以互用，然必無通篇可以隨便通融之理，學詞入手時，應嚴格自繩，他日受用不盡也。

五

自塡詞之說盛，而唱詞之法亡。南渡以降，樂譜亡佚，元曲大行，其音節已非。故今人而欲求唱詞之法，殊非易事。余維崑曲、南詞，多沿用宋詞調名，如《風入松》、《臨江仙》、《二郎神》、《洞仙歌》、《採桑子》……等均是，以爲必尙有宋樂遺意，（譬如六十年前之鼓詞，其調沿襲至今，詞意內容，雖常有改作，而其調依舊）以此推之，殆亦相去不遠矣。

六

余爲探求唱詞之法，曾求教於當世諸詞學名家，而所以見授者，不過爲哦詩之法，私心不然也。乃更從南曲老樂工學，俾於崑曲之歌宋詞者以歌詞。詎知崑曲中，同一詞牌，往往唱法各異，甚至每曲之歌同一調名，亦各不相同。（如《紅梨記》亭會一折，小生所唱之《風入松》，與旦唱之《風入松》，其所吹之工調，不盡相同）因此而轉覺茫然不知所從焉。

七

解唱曲者，於詞學大有裨益，如《千鍾祿‧八陽》一折，蓋北詞遺意也，其《傾杯玉芙蓉》「受不盡苦雨淒風帶怨長」句，曲之唱音最高亢處也，非至唱時，不知其上去聲搭配之妙，「苦雨」、「帶怨」四字若易以他字，決唱不到，亦決不能如此動人。日後填詞時，便深知四聲之不可不講求矣。

石淙閣詞話

何嘉 著

《石淙閣詞話》，著者署名「碩父」。刊於《永安月刊》1943 年第 52、54 期。

一

錢君西園，郵示鄉前輩周保璋先生《鏡湄軒長短句》。先生為邑名諸生，澹泊自持，不慕榮利，著書自遣，意宴如也。晚歲築室清鏡堂上，因自號曰鏡湄居士。其詞不務紛華，自見眞色，亦可觀其為人也。精音韻之學，著有《聲韻雜論》等書，未刊。其論詞之音律有云：「詞出於詩，詩原於《三百篇》，上而《卿雲》、《南風》，皆已被之絃歌。《書》曰：詩言志，歌永言，聲依永，律和聲。觀此數言可知音律之大概也。四聲之說，於古無傳，《三百篇》之韻，多平仄通叶，後世一字數音者，古音多略，究未知古人有無平仄之別，其為詩也，豈有斟句酌字以求合律者？詩成而歌之，一詩有一詩之性情，即有一詩之音節，於是以樂器和之，所謂聲依永也；協之以律，定其某韻某調，使聲之高下清濁雜而不越，所謂律和聲也；高山流水，聽其聲而可知其志，殆亦音節之出於性情者，後世詞家自度之腔，或務求悅耳，未必盡合古意，而因情生聲，尚近自然。……」文長不能悉錄，夫近世詞人於四聲之說，爭辯紛呶，引古證今，莫衷一是，聞先生之言，其亦可以休乎！

二

《花間》一集，詞華紛茁，錯彩鏤金，所謂古蕃錦者是也。然學其字面之縟麗，不如學其情境之濃摯。陽春翁於時名輩雖較後，然語淡而意眞，實

開晏氏父子、歐陽、子野一脈。夫學詞者不可不自小令入手，學小令應以陽春爲矩範，既可免雕飾之病，詠歎比興，亦可以知其大概焉。

（以上《永安月刊》1943 年第 52 期）

三

大鶴山人與張孟劬丈書，論詞極精，可爲學詞者之藻鑒，今摘錄其言於下：「沈伯時論詞云：『讀唐詩多，故語多雅淡。』宋人有隱括唐詩之例。玉田謂：『取字當從溫、李詩中來。』今觀美成、白石諸家，嘉藻紛縟，靡不取材於飛卿、玉溪，而於長爪郎奇雋語，尤多裁製。嘗究心於此，覺玉田言不我欺。因暇熟讀長吉詩，刺其文字之驚采絕豔，一一彙錄，擇之務精。或爲妃儷，頓獲巧對。溫八叉本工倚聲，其詩中典要，與玉溪『獺祭』稍別，亦自可粹以藻詠，助我詞華。必不臆造纖靡之辭，自落輕俗之習，務使運用無一字無來歷。熟讀諸家名製，思過半矣。」夫詞者詩餘也，兩宋名家多有裁剪唐人詩句入詞者，自明人造作纖仄柔靡之辭，詞之博雅風格爲之掃地，故欲求詞境之高，詞句之典，多讀唐人詩，爲不二法門也。

四

仁和吳伯宛先生（昌綬），博通群籍，爲一代名士，歿後遺作多未梓行，詞稿亦不知散佚何處。頃見其和張山荷《壽樓春》詞《有懷吳門舊燕》云：「慚衰顏梔黃。聽鹽聲鵲外，蜜語蜂旁。猶記揉雲梨夢，膩脂蓴鄉。敧寶瑟，如人長。鳳城南，秋衾宵涼。恨卸朵鬢花，凝冰淚酒，輕別踏謠娘。　　嗟漂泊，浮江湘。贈迴文錦字，年少疏狂。誰遣蕉抽心卷，藕連絲量。悲弱絮，懷猗桑。問空梁、燕泥存亡。誤石上三生，吳宮屐廓春草香。」自注云：此詞不惡，但用字太多，有類《演雅》，然不忍棄也云。先生寓居吳下時，嘗數與朱漚尹侍郎相和唱，侍郎恒稱道其詞學之邃焉。

（以上《永安月刊》1943 年第 54 期）

雙白龕詞話

陳運彰 著

《雙白龕詞話》，陳運彰著。分別刊於《雄風》月刊第二卷第二期，民國三十六年（1947）出版；《茶話》民國三十六年（1948）第 23 期。均署名「蒙庵」。其中刊於《雄風》者 21 則，刊於《茶話》者亦 21 則，總計 42 則。陳運彰（1905－1955），原名陳彰，字君謨，一字蒙安、阿蒙、蒙庵、蒙父、蒙公，號華西，又用孝成、證常、仄夷、華民、鏤冰、吳絲詞客，因排行第二，故又稱陳二、陳中子、陳仲子，居室名則有蓬齋，紉芳簃（盦）、須曼那閣、華西閣、證常庵、五百蘭亭室等等。原籍廣東潮陽銅盂，生長於上海，「狂放自傲」，爲上海「十大狂人之一」。（見陳巨來《安持人物瑣憶》）陳氏爲南社社員，曾任之江文理學院、太炎文學院及聖約翰大學教授。工書畫，善治印。又爲況周頤入室弟子，以詞名於時，與詹安泰、易孺等人唱酬，曾爲陳乃乾所編《清名家詞》題寫各卷篇名。陳運彰的詞學著述除《雙白龕詞話》和《紉芳簃說詞》外，另有《紉芳宦讀詞記》，刊於《之江中國文學會集刊》（1940 年）第 5 期，是陳氏關於詞籍版本、校勘、輯佚方面的著作。

一

小題大做，不如大題小做。一則刻意經營不免張脈憤興。一則隨手拈來，自然妙契機微。

二

以一己之意思。能使古人就我範圍，此選家之能事。然結果反爲古人所

圍。束縛之，馳驟之，乃至不能自脫。

三

沈伯時《樂府指迷》云：「孫花翁有好詞，亦善用意，但雅正中，時有一二市井語。」此病至深，不可不知，昔人評書，所謂「如王謝家子弟，縱復不端，正奕奕有一種風氣」。此則關乎性情懷抱，益以讀者洗伐之功，不可強求者也，彼三家村學究，孤陋寡聞，使其描寫珠光寶氣，雍容華貴之意象，必致愈裝點，愈覺其寒傖，何以故？以其未曾夢見，心所本無故。

四

《楊柳枝》，本唐人樂府，劉、白諸作，純乎唐音，及《花間》所收，則不能不名之爲詞，然詩詞界限，究竟若何而分，難言也。劉、白非《花間》，《花間》亦決非劉、白。斯不可誣耳。

五

碧山詞與《山中白雲》較，信爲勁敵，叔夏之流美，聖與之凝練，爲草窗、山村所不逮。其弊也，乃病滑與琢，兩家別集，愼加抉擇，則精者亦不過十之三四而已。

六

淩次仲（廷堪）論詞，以詩譬之，其言日：「慢詞如七言，小令如五言。慢詞北宋爲初唐，秦、柳、蘇、黃如沈、宋，體格雖具，風骨未遒。片玉則如拾遺，駸駸有盛唐之風矣。南渡爲盛唐，白石如少陵，奄有諸家，高、史則中允、東川，吳、蔣則嘉州、常侍。宋末爲中唐，玉田、碧山，風闊有餘，渾厚不足，其錢、劉乎？草窗、西麓、商隱、友竹諸公，蓋又大曆派矣。稼軒爲盛唐之太白，後村、龍洲，亦在微之、樂天之間。金、元爲晚唐，山村、蛻岩，可方溫、李，彥高、裕之，近於江東、樊川也。小令唐如漢，五代如魏、晉，北宋歐、蘇以上如齊、梁，周、柳以下如陳、隋，南渡如唐，雖才力有餘，而古氣無矣。」次仲塡詞，守律最嚴，於詞雖不專主一家，而深解

音律，其微尚固與白石老仙爲近也，且其詞集名曰《梅邊吹笛譜》，又嘗乞張桂巖（賜寧）爲畫《暗香》、《疏影》詞意小照，可知其瓣香所在矣。

七

情與境，不可以戶說而眇論也，須身受而意感之。漬漸之功，在乎自養。

八

以研經考史之功治詞學，與自己了不相干，此是爲人。以語錄話頭之言說詞境，使人家永不明白。不但欺人，直是自欺。

九

初學爲詞，以不看論詞之書，爲第一要義。以其精警處決不能瞭解，瞭解處即非精警。且各有看法不同，不可以躐也。

一○

《蕙風詞話》曰：「余嘗謂北宋人手高眼低。其自爲詞，誠夐乎弗可及。其於他人詞，凡所盛稱，率非其至者，直是口惠，不甚愛惜云爾。後人其聞其說，奉爲金科玉律，絕無獨具隻眼，得其眞正佳勝者。流弊所及，不特薶沒昔賢精誼，抑且貽誤後人師法。」按清代詞人乃反是，其流傳論詞之語，議論之精闢，乃有夐絕古人者，迨其自爲之，乃多不踐其言，不僅爲眼高手低已也，是以讀宋人論詞語，當別白是非，讀清人說詞，尤當知其所蔽，昔人以初學塡詞，勿看元以後詞，余謂閱詞話諸書，於清代諸家，非愼選嚴擇，其流弊亦相等也。

一一

張氏《詞選》，如惜抱之《古文辭類纂》，然而《宋詞三百首》，其湘鄉之《經史百家雜鈔》乎？

一二

《湘綺樓日記》有言：「古豔詩，惟言眉目脂粉衣裝，至唐而後，及乳胸胶足，至宋、明乃及陰私，亦可見世風之日下也。」按此言詩體云然。若倚聲之作，殆又甚焉。五代、北宋之豔詞，其骨豔，其意摯，愈樸愈厚。南宋之作，不免刷色，自此以降，徒以佻色揣稱爲能事。僄薄相尚，尖新纖巧，無所不用其極，直可覘世運之遞降也。劉改之《沁園春》指、足二闋，爲龍洲詞中最下下者，而世豔稱之。即賢者如邵復孺（亨貞），亦嘖嘖稱道，刻意追摹，《蛾術詞選》卷三，（復孺詞集名）《沁園春》序云：「龍洲先生，以此詞詠指甲、小腳，爲絕代膾炙，繼其後者，獨未見，彥強庚兄，示我眉目二作，眞能追逐古人於百歲之上，不既難矣。暇日偶於衛立禮坐上，以告孫季野丈，爲之擊節不已，因相約同賦，翼日而成什焉。」龍洲詞於宋人中，未爲上乘，其橫放傑出之才，要不可厚非。復孺爲元代詞人，亦卓然名家。其集中擬古十首，若《花間》、雪堂、清眞、無住、順庵、白石、梅溪、稼軒、遺山、龍洲，靡不神似。可見其功力之深至。後世盛稱復孺詞，亦僅及其《沁園春》眉、目兩詞，失其眞矣。至若竹坨、葆馚、秋錦諸公，偶事遊戲，分和賡詠，愈出愈奇，出人意表，捃摭故實，餖飣成文，縱不至於穢褻，究無當於大雅。可憐無補費精神，致斯道爲之不尊。未始非諸公扇此隳風也。

一三

學詞要從相信自己起，不相信自己止。塡詞要不學古人起·能學古人止。能事畢矣。

一四

《憶雲詞》刪存稿《菩薩蠻》，戲仿元人小令云：「夜來風似郎縱憨，曉來雲似郎情薄。窗外柳飛綿，問郎心那邊。　　誓盟全是假，只合將花打。見面說相思，知人知不知。」此種詞，直是元人豔曲，古人固有此一格，然其中自有消息，亦不必再學之也。蓮生詞爲復堂所推重。吳瞿安乃謂與《靈芬館詞》同一流弊，其致毀之由，當屬此種。

一五

讀《古詩十九首》，不外傷離怨別，優生年之短迫，冀爲樂之及時。其志愈卑下，而其情彌眞切。爲僞道學家所萬不敢言者，此其所以爲千古絕唱也。自有寄託之說興，詩詞遂成隱謎。自有派別之說起，語言乃不由衷情。故南宋以下，遂無眞文字矣。

一六

田山薑（同之）《西圃詞說》云：「後來詩詞並稱，余謂詩人之詞，眞多而假少。詞人之詞，假多而眞少。如《邶風》《燕燕》、《日月》、《終風》等篇，實有其別離，實有其擯棄，所謂文生於情也。若詞，則男子而作閨音。其寫景也，忽發離別之悲。詠物也，全寫捐棄之恨。無其事而有其情，令讀者魂絕色飛，所謂情生於文也，此詩詞之辨也。此論殊精警。惟所謂眞多假少，假多眞少，尚須視乎其人，非漫然生情，及言之不文者，所能概之耳。

一七

以婉曲之筆，達難言之情；以尋常之語，狀易見之景。此閨襜中人，所獨擅其長。其病也，或患於淺，或傷於薄。然情眞則語摯，意足乃神全。是語益淺近，而愈覺其深厚，景至平庸，而不礙其韶秀，要本出之自然，不假雕琢，斯爲得之。此惟《漱玉詞》近之，世以幽棲居士與之並稱，非其偶也。

一八

彭瑟軒（鸞），評《獨弦詞》云：「疇丈（按謂端木子疇）肆力古文辭，餘事倚聲，奇氣自不可掩。亦有工致棉密，神明規矩之作。《獨弦詞》（按《獨弦詞》吳縣許鶴巢玉琢著），同工異曲，卓然名家，足當厚、殼、秀三字。」瑟軒與子疇、鶴巢、半塘諸公相唱和，嘗取子疇《碧瀣詞》、鶴巢《獨弦詞》、半塘《袖墨詞》益以吾師蕙風先生《新鶯詞》，序而刻之，爲《薇省同聲集》。當時詞風，爲之丕變，譚復堂所謂「四人，人各有格，而衿抱同棲於大雅者也」。半塘論詞，以重、拙、大三字，爲揭橥，乃人人所習聞者，此厚、殼、秀三字，則知者鮮矣。嘗謂能厚、殼、秀，始能達重、拙、大之境，此固互相表裏，亦塡詞之六字眞言也。

一九

仇山村稱張玉田詞，「律呂協洽，當與白石老仙相鼓吹」。然《山中白雲》，用韻至爲泛濫，眞、文、庚、青，闌入侵、尋；元、寒、刪、先，雜用覃、臨。句中於雙聲疊字，亦有安之未洽者，讀之頓覺戾喉棘舌，如《新雁過妝樓》賦菊云：「瘦碧飄蕭搖梗，膩黃秀野發霜枝。」飄、蕭、搖三字連用，政恐未易上口。惟用入聲韻，則又極爲謹嚴，屋、沃，不混入覺、藥；質、陌，不混入月、屑，極爲可法。

二〇

宋尙木（徵璧）曰：「詞稱綺語，必清麗相須。但避癡肥，無妨金粉。譬則肌理之與衣裳，鈿翅之與環髻，互相映發，百媚斯生。何必裸露，翻稱獨立。且閨襜好語，吐屬易盡，率露之多，穢褻隨之矣。」尤展成（侗）云：「近日詞家，愛寫閨襜，易流狎昵。歸揚湖海，動涉叫囂，二者交病。」此清初二詞家，論詞精語，切中當時之弊。展成能言之，而躬自蹈之，何也？

二一

俳詞與雅詞，僅隔之間，俳詞非不可作，要歸醇厚。情景眞，雖庸言常景，自然驚心動魄，本不暇以文藻之爲妝點也。第一須避俗，俗不在乎字面，而在乎氣骨，此不可以言傳也，多讀古人名作，自能辨之。尤展成《西江月》詠新嫁娘云：「昨宵猶是女孩兒，今日居然娘子。」此等句，看似新穎，實則淺俗，一中其病，將終身不克自拔。

（以上《雄風月刊》1947 年第二卷第二期）

二二

世人爭說夢窗詞，不免有西崑諸公撏撦義山之譏。欲求蘭亭面，苦乏金丹。能換凡骨者，誰邪？

二三

囊侍臨桂先生坐。一日，先生忽詔予曰：「欲作詞，須讀古人詞五千首，

然後下筆。」當時未嘗不驚怖其言，若河漢也。由今思之，始忧然而歎曰：嗟乎！此先生不惜心法傳授者，政復在此。差幸不誤落塵網中，端賴受此當頭一棒。試問：從古至今，何曾有五千首，可供我讀之佳詞，即讀得五千首佳詞，又有何用？默察世趨，則此五千之說，尚嫌其少。何則，不如是，不足以別白是非也。「讀千賦然後能賦」與「說法四十年，未曾道著一字」同一義理。要悟到此境，方合分際。

二四

《蘋洲漁笛譜》，《減字木蘭花》題序云：「西湖十景，尚矣。張成子嘗賦《應天長》十闋，余曰：『是古今詞家，未能道者。』余時年少氣銳，謂：『此人間景，余與子，皆人間人，子能道，余顧不能道耶？』冥搜六日而詞成。成子驚賞微妙，許放出一頭地。異時，霞翁見之，曰：『語麗矣，如律未協何？』。遂相與訂正，閱數月而後定。是知詞不難作，而難於改；語不難工，而難於協。翁往矣，賞音寂然。姑述其概，以寄余懷云。」填詞協律之說，百年以來，學者精研討索，各有創獲。舊譜既亡，亦徒具成說而已。觀夫草窗十詞，試比勘其音節句法，能得其與霞翁數閱月相與訂正之苦心否？即此可見南宋時，樂律已不能俱守。易安所譏「句讀不葺之詩」，霞翁黜削當時「官譜」諸曲以為「繁聲」者。則謹守古詞遺譜，亦當慎知所採擇。畏守律，以為古調放失，輒便自恣，與泥古法，而穿鑿付會，有乖雅音，其弊適均。寧失之拘，毋失之放。是一折衷之一道。

二五

清人詞之所以不及五代北宋者，以其看得太正經，又一面則太隨便也。

二六

《湘綺樓詞》，《水龍吟》《題岳雲聞笛圖》自序云：「圖為程穆庵為其師顧印伯作，印伯為余弟子，葉煥彬誤以康有為為我再傳弟子，故戲比之。時久不作詩，偶題二絕句寄去。又於案頭得來紙索題者，因檢案頭易實甫《琴思樓詞》本，和其第一篇《水龍吟》韻，以期立成，蓋文思不屬時，非和韻

必無著手，以此知宋人和韻，皆窘迫之極思也。印伯溫文大雅，必無無聊之作。見此必憐我之忽忽矣？如張孝達，則又無此捷才，而印伯亦師之，弟子不必不如師，康南海又何諱焉？」壬秋作此詞時，年已八十有三。老懶不復精思，故作此鶻兀語，然以和韻啓發文思，此理卻極精。況先生教初學塡詞，多和古人韻。即此法也。

二七

入聲字在詞中，用之得當，聲情激越，最是振起其調。此惟美成、堯章兩家，獨擅其勝。蓋出天成自然之音節，有定法，即非有定法。當驗諸脣吻齒牙之間。不能泥守一字一聲，鍥舟守株以求之也。昧者爲之，步趨不失，而未有不捵喉棘舌者。

二八

彊邨丈自述學詞之次第云：「予素不解倚聲。歲丙申重至京師，半塘翁時舉詞社，強邀同作。翁喜獎借後進，於予則繩檢不少貸。微叩之，則曰：『君於途徑，固未深涉，亦幸不睹明以後詞耳。』貽余四印齋所刻詞十許家，復後約校《夢窗四稿》。時語以源流正變之故，旁皇求索，爲之且三寒暑。則又曰：『可以觀今人詞矣。』示以梁汾、珂雪、樊榭、稚圭、憶雲、鹿潭諸作。」以上諸家，並彊丈得力之所由，其晚年手定清詞爲《詞蒨》，以繼《宋詞三百首》者，仍此志也。凡所願學，於兩宋之外，輔以上述諸家別集，涵泳而玩索之，神明變化，終身以之可也。

二九

彊邨丈選《宋詞三百首》，蓋幾經易稿，嘗與先臨桂師斟酌討論，商量取捨，二公論詞宗旨，於此尙可略見端倪。厥後剞劂斷手，尙復更加增損，而印本流行不能追改矣。重訂之本，散在人間，亦有數本，本各不同，江寧唐氏箋本，即其一也。先師亦有十四家詞之選，其目爲：溫飛卿、李後主、晏同叔、晏叔原、歐陽永叔、蘇子瞻、柳耆卿、周美成、李易安、辛幼安、姜堯章、吳君特、劉會孟、元裕之。又備選三家：馮正中、秦少游、賀方回。惜其稿已佚。異日當重爲寫定，以爲《詞蒨》之先。

三〇

先師爲《宋詞三百首》作序云：「大要求之體格神致，以渾成爲主旨。夫渾成未遽詣極也，能循途守轍於三百首之中，必能取精用閎於三百首之外。」此二公不惜金針度與人之旨。略更繼以《詞荺》一編。則臨濟宗風，於焉大昌矣。

三一

《唐詩三百首》爲村塾陋書，其稱名頗苦不韻，彊邨丈援之以題所選詞，詎爲便於初學計邪？竊附諍議，不敢逃「輕議前輩」之譏。

三二

談「柳」學「吳」，爲近二十年來，盛行之事，亦時會風氣使然。彊丈選詞，三變存詞多，而黃九竟盡刪，（原選山谷《鷓鴣天》（黃菊枝頭），《定風波》（萬里黔中）各一首）當有深意存其間，然後學固莫能測也。

三三

涪翁詞正是詞家正脈，其爲秀師所訶之語，特飾辭爲其作詩高位置耳。

三四

柯山存詞不多，如《風流子》（亭皋木葉下）一首，其意境當在少游之上，既選而復刪之，何也？

三五

《宋詞三百首》所選諸家僅存一二首而屢見於宋人總集者，似可不錄。

三六

岳忠武「怒髮衝冠」一闋，自是天地正氣，不當以文辭論，若「詞以人

重」計，何不易以《小重山》。

三七

覺翁是彊丈瓣香所在，故所選最多。宣洩宗風，正復在茲，特恐索解人不得耳。（以上數則《宋詞三百首》校記）

三八

《聽秋聲館詞話》：「孫文靖爾準《論詞絕句》云：作者誰能按譜填，樂章琴趣閱三千。誰知萬首連城璧，眼底無人識畹仙。蓋為吾鄉王畹仙中翰（一元）作。畹仙寄籍奉天，冒吳姓，舉京兆。康熙癸未捷南宮，工駢體文，善倚聲。所作幾萬首，顧自來選家，咸未錄及，里中人鮮有知其姓氏者。余亦僅見詠物詞一卷。」按：《詞綜續編》云：「自訂詞一千六百餘首，釐為二十卷，名《芙蓉舫集》。」清代詞家別集之繁富，若陳其年《湖海樓詞》三十卷，戈寶士《翠薇花館詞》十九卷。王君所作，庶幾相類，顧名字翳如，可慨也。其年之意氣才華，寶士之持律正韻，並一時無兩。顧茲鉅帙，轉滋多口。乃知下筆之不可不慎。「愛好，貪多」，宜自反矣。

三九

趙伸符（執信）《飴山詩餘》，《減字木蘭花》云：「陸居非屋，三徑幽偏溪一曲。水與追尋，把臂風期，似竹美林。清言狂醉，問著時流都不會。隔斷仙津。妝鏡欹斜似美人。」自注，虹，別名美人，見《詩疏》。李武曾（良年）《秋錦山房詞》，《解連環》《送孫愷似陪使朝鮮》云：「歌殘朝雨。都聽人豔說，酒樓孫楚。才幾日，天子呼來，見鞭影麴影，采風東去。塠杏程荒，夢不到，朱蒙舊部。想名藩冠帶，紫羅黃革，遍逢迎處。　　書生據鞍慣否？脫絺衣掛晚，短亭談虎。膩小艇，鴨綠江油，信繭紙吟秋，鬢雲遮暑。渡口楊花，惜過了，一天春絮。看雌圖，別敘紛綸，棧車載五。」自注：「雌圖」、「別敘」，並《孝經緯》，周廣德中高麗所進。清初詞家為詞，喜掉書袋，援引僻典，上及經子，非自注不能明，其實與詞之工拙無關也。即如趙詞之用《詩疏》，李詞之引《孝經緯》，細按之，究亦未當，抑且色澤不侔，自注之，

則味同嚼蠟。不注，則人莫知所謂。好奇之過，知所勉夫！

四〇

有一種詞，純以天分性靈出之，好在無意求工，自然流露天眞。若遇事「著色」「勾勒」，便墮阿鼻犁。

四一

姚梅伯（燮）《畫邊琴趣》，《解連環》觀女郎解九連環云：「金絲細剪。恁鸞環裊就，看時零亂。背花陰，掩袖凝思，驀響瓊纖纖，扣來銀釧。玉指雙挑，把恨結，無端尋遍。笑圓圓樣子，層層抱住，到頭不斷。　似緣蟻珠宛轉，似青蟬離蛻，綠蠶卸繭。便輸伊，鐵石心腸，怕幾度迴來，也須柔軟。解慧鸚哥，隔煙影，頻頻偷看。總憐如繞疑山，只明一半。」此題絕新穎，詞亦稱題。然至換頭處，已現舉鼎絕臏之勢。故下乎此，則堆垛字面矣。此等詞學不至，未有敗者。而頗爲初學者所喜。以梅伯之纖媚猶若是，他可知矣。

四二

王西樵（士祿）《炊聞詞》，《點絳唇》閨情云：「雨嬲空庭，夢迴失卻桐廬路。春愁相赴。又是紅窗暮。卜損金釵，怕見芳園樹。微寒度。水沈銷炷，且伴春風住。」「嬲」字入詞，殊不多見。按：《廣韻》：嬲，奴鳥切，音嬈，擾。《集韻》：乃老切，音腦，義同。王荊公詩「嬲汝以一句，西歸瘦如臘。」又「細浪嬲雪於娉婷」。西樵此字，蓋從此出。《四庫全書提要》嘗譏其「失之雕琢，過於求奇之病。非詞家本色也。」此雖非篤論，然過於求奇之病，當知所戒。

（以上《茶話》1948 年第 23 期）

紉芳簃說詞

陳運彰　著

《紉芳簃說詞》，陳運彰著。《潮州志·藝文志》著錄，注云：「潮陽陳運彰撰，況蕙風門人。」輯者所見刊於《永安月刊》第 118 期，1949 年三月號。《紉芳簃說詞》所論均涉及清代詞學，可以說是專說清詞的一部詞話。

十數年前，曾作《詞述》一卷，雜敘聲家雅故，詞籍源委，間抒臆見，或事目論，隨筆抒寫，都無詮次。薦經亂離，積稿散失，亦既忘之矣。朋輩中偶存殘帙，用以相示。深悔少作，益增慚惶。顧有謂一得之愚，亦堪節取；十駕之至，要在頤步。遂忘讕陋，賡為札錄。或訂舊制，別標新意。庶幾他日，更為論定。三十八年一月十五日紉芳簃寫記。

一

《復堂日記》云：「廉訪（按：此指張蔭桓。）亡友謝韋庵，有《白香詞譜箋》稿本，網羅亦富，所託未尊，不能追屬箋《絕妙好詞》也，屬予校正付刻。」按此書今刻入《半庵叢書》中。《白香詞譜》實為陋書，謝箋亦無甚精要。復堂雅人，何取於此？觀《日記》「託體未尊」之語，弦外之音，蓋可知矣。

二

清代詞派凡更數變，可就當時撰錄覘之。若王漁洋、鄒程村之《倚聲集》，

朱竹垞、王蘭泉之《詞綜》，皆屬別出手眼，能使古人就其模範，一時風氣，為之丕變。張（惠言）、董（士錫）結集，切箴時弊，實奠常州詞派之始基。而周（濟）、潘（德輿）乃首為發難，《詞辯》之選，即其職志。介存自云「全稿厄於黃流」者，乃其飾辭，觀其擬目，則「正」、「變」兩卷，儼然與張、董為敵國。其它瑣瑣，乃不足論矣。復堂於光緒初元，主持風雅，最為老師，《篋中》之集，《詞辯》之評，亦此志也。然一派之盛衰，其是非利鈍，及行之久暫，則時代為之，有非大力者所能左右者矣。

三

彊邨詞自記云：「予素不解倚聲，歲丙申，重至京師，半塘翁時舉詞社，強邀同作。翁喜獎借後進，於予則檢繩不少貸。微叩之，則曰：『君於兩宋途徑，固未深涉，亦幸不睹明以後詞耳。』貽予四印齋所刻詞十許家，復約校夢窗四稿，時時語以源流正變之故，旁皇求索，為之且三寒暑。則又曰：『可以視今人詞矣。示以梁汾、珂雪、樊榭、稚圭、憶雲、鹿潭諸作。』以上為彊邨丈得於半塘之指授，其晚年手定清詞為《詞葪》，以繼《宋詞三百首》，仍本此旨。

四

《詞葪》所選十四家，為毛西河、陳其年、朱竹垞、顧梁汾、曹珂雪、成容若、厲樊榭、張皋文、周稚圭、蔣鹿潭、王半塘、鄭叔問、朱彊村、況夔笙，此選與張遯堪問訂，以己作入選，遂逕題張氏名。民十五，彊邨丈作《望江南》《雜題我朝諸名家詞集後》二十六首，凡三十三人，上列十三家外，益以屈翁山、王船山、王貽上、李武曾、李分虎、周保緒、項蓮生、嚴九能、王壬秋、陳伯弢、陳蘭甫、莊中白、譚復堂、文道希、徐湘蘋、萬紅友、戈順卿、陳述叔。萬、戈二氏，一以「律」，一以「韻」，徐湘蘋則閨秀之領袖也。以詞論，實三十人，武曾、分虎，以兄弟並稱；壬秋、伯弢，以湘詠自標；中白、復堂，則常州別子也。別裁偽體，截斷眾流，三百年鉅製，差備於是。惟翁山、船山二家，以明代遺民，列之新朝之首，恐竊於義未安耳。

五

彊邨《望江南》以屈、王二家冠首，題屈集云：「湘真老，斷代殿朱明。不信明珠生海嶠，江南哀怨總難平。愁絕庾蘭成。」王集云：「蒼梧恨，竹淚已平沈。萬古湘靈聞樂地，雲山韶濩入淒音。字字楚騷心。」此則身世之感，後先同揆，故知有所託而言者。

六

潘梅岩（廷章）《南柯子》《歸山》序云：「余少年亦喜爲詞，然不能避《花間》、《草堂》熟徑。中頗厭之，因而棄去。近日詞場飈起，爭趨南宋，猶詩之必避少陵，而趨劍南也。鄙亦不盡謂然，而故情復萌，聊以自豎犢鼻，然而崑崙琵琶，已棄樂器者，幾十年矣。自伊璜來築萬石窩，代爲乞緣，勉強有作，後於應酬間，亦時時及之。其將按牙拍乎？抑付鐵綽板乎？知其未有當也。」詞云：「打破夢中夢，撐開山外山。嬴顚劉蹶幾何年？一齊收拾交付、大羅天。　問我真休歇，從人乞小緣。齊州九點破蒼煙。揀定一處風定、月高眠。」此所言清初詞派也。風氣所趨，賢者不免。中間有一二大力者爲之主持，則移潛默化，有不期然而然者。及其既衰，則又不期然而變者矣。清代二百數十年，詞格數變，每變而益高，而門派愈多，黨爭遂起，一派之興，亦各主持數十年，彼非一是非，尚不知其所屬也。

七

趙伸符（執信）《飴山詩餘》，《減字木蘭花》：「陸居非屋，三徑幽居溪一曲。誰與追尋，把臂風期似竹林。清言狂醉，問著時流渾不會。隔斷仙津，妝鏡欹斜似美人。」自注：「虹，別名美人，見《詩疏》。」李武曾（良年）《秋錦山房詞》，《解連環》《送孫愷似陪使朝鮮》云：「歌殘朝雨，聽都人豔說，酒樓孫楚。才幾日，天子呼來，見鞭影麴塵，采風東去。堠杏程荒，夢不到，朱蒙舊部。想名藩冠帶，紫羅黃蓋，遍逢迎處。　書生據鞍慣否？脫絺掛晚，短亭談虎。膩小艇，鴨綠江油，信繭紙吟秋，鬢雲遮暑。渡口楊花，惜過了、一天春絮。看雌圖，別敘紛綸，棧車載五。」自注：「雌圖」、「別敘」，並《孝經緯》，周廣德中高麗所進。清初詞家爲詞，喜掉書袋，援引僻典，上及經子，非自注不能明其所指。其實與詞之工拙無關也。即如趙

詞之用《詩疏》，李詞之引《孝經緯》，細按之究亦未當，自注之，則味同嚼蠟。不注，則人不知所謂，好奇之過，知所勉夫！

八

草窗西湖十景詞，自序云：「西湖十景，尚矣。張成子嘗賦《應天長》十闋，誇余曰：『是古今詞家，未能道者。』余時年少氣銳，謂：『此人間景，余與子皆人間人，子能道，余顧不能道耶？』冥搜六日而詞成。成子驚賞敏妙，許放出一頭地。異時，霞翁見之，曰：『語麗矣，如律未協何？』遂相與訂正，閱數月而定。是知詞不難作，而難於改；語不難工，而難於協。翁往矣，賞音寂然。姑述其概，以寄余懷云。」按：填詞協律之說，百年來，學者精研討索，各有創獲。舊譜既亡，亦徒具成說而已。觀草窗十詞，試比勘其音節句法，能得其與霞翁數閱月相與訂正之苦心否？即此可知南宋時，樂律已不能具守。易安所謂「句讀不葺之詩」，霞翁刪削當時「官譜」諸曲以爲「繁聲」者，則謹守古詞遺譜，亦當愼所抉擇。畏守律，則古調放失；輒便自恣，與泥古法，而穿鑿附會，有乖雅音，其弊適相等。寧失之拘，毋失之放，亦或折衷之一道。

九

守四聲，比陰陽，以爲能守律矣。踤踤焉，不敢稍軼，而自甘於桎梏，且援仇山村所謂不惶「協律言謬」之譏以自解。不知四聲之出入，未必合於律也。佻言寄託，皮傅騷雅，適成其猜謎射覆也。一則徒見其言之謬，一則難測其意所寓，此近代詞之一劫。

附錄　民國詞品二種

　　品評批評是中國古代文學批評方式的一種，在批評史上具有獨特價值。以品論詩以鍾嶸《詩品》與司空圖《二十四詩品》最爲著名。就詞學批評而言，清代的郭麐、楊伯夔均有《詞品》著作。民國之時，也有品詞之作，陳永年與高文的《詞品》即爲其證。陳永年，生平未詳。其《詞品》刊於《河南政治》1936 年第六卷第四期《文苑》，仿鍾嶸《詩品》之例，以上、中、下三品論兩宋詞家，時有卓見。高文（1908～2000），字石齋，江蘇南京人。1926 年考入金陵大學中文系，師從黃侃、吳梅、胡小石等人，1942 年，擔任金陵大學中文系主任，建國後調入河南大學中文系任教授。高文《詞品》刊於金陵大學中國文學研究會創辦的《金聲》雜誌 1931 年第一卷第一期，其《詞品》仿司空圖《詩品》之例，提鍊詞之風格亦有勝義。陳、高二人的《詞品》對認識詞學批評的方式與特點不乏價值，故將其整理附錄於此，以饗詞學研究者。

詞　品
——仿鍾嶸《詩品》之例略述兩宋詞家流品

陳永年　著

上　品

一　蘇軾

東坡天才高曠，挾天風海雨之氣，洗綺羅香澤之習；其興到神運之作，若鵬翱雲表，鶴鳴九皋，俯視下士，不啻學鳩螿蚗，譬諸詩家之太白，靈氣仙才，未可以學而能也。

二　柳永

耆卿鋪敍展衍，曲折盡意，狀難狀之景，達難達之情，一出以自然；而才力亦足包舉其文，幽秀溫婉中具渾然之氣。千載以下，未可以人廢言也。

三　秦觀

少游，古之傷心人也。其詞寄慨身世，情兼雅怨，體被文質，粲溢今古，卓爾不群，後主而後，一人而已。

四　周邦彥

清眞，集大成者也。其詞涵渾汪洋，千態萬狀，吐納眾流，範圍百族，況諸詩家，則猶老杜，古今詞人，鮮能與京。余嘗謂最高之文學，要在獨創與共喻。人人筆下所無，斯爲獨創；人人意中所有，斯能共喻。清眞詞，可謂極獨創與共喻之能事矣。

五　辛棄疾

稼軒負管樂之才，不能盡展其用，滿腔忠憤，一寄於詞，悲歌慷慨，不

可一世。豪放似東坡，而當行則過之。劉後村云：「公所作，大聲鏜鞳，小聲鏗鎗，橫絕六合，掃空萬古，其穠麗綿密者，亦不在小晏、秦郎之下。」信然。

六　吳文英

夢窗學清眞，最爲神似；其詞典麗沈雄，幽邃綿密，虛實兼到之作，雖清眞不能過，玉田之言，殆不盡然也。

七　姜夔

白石嘐求稼軒，脫胎耆卿；而孤標絕俗，如邈姑冰雪，一塵不染。雖集大成之清眞，猶若有不能範圍者；況其下邪？

中品

一　晏殊

元獻承五代餘緒，和婉明麗，不減延巳。

二　晏幾道

叔原俯仰身世，所懷萬端，沈思往復，字字珠玉，視《花間》不徒娣姒而已。子晉謂晏氏父子，具足追配李氏，洵爲知言。

三　歐陽修

永叔原出南唐，婉約明雋，開北宋之風，故《藝苑巵言》云：永叔詞勝其詩。

四　張先

東坡謂子野詩筆老妙，歌詞乃其餘技，今觀其詞，清脆雋永，韻格亦高，唯才不足，無大起落。

五　賀鑄

方回原出永叔，鎔景入情，詞采穠麗，唯時不免俗耳。

六 李清照

易安天才極高，詞頗清新婉秀。

七　史達祖

梅溪雋快輕靈，長於詠物，唯骨格塵下，去姜彌遠；雖可平視方回，斷難分鑣清眞；張鎡之言，故是溢美。

八　蔣捷

子晉稱竹山語語纖巧，眞世說靡也，字字妍倩，眞六朝隃也。然其詞多睠戀故國、感懷身世之情，沈挫嗚咽，頗似稼軒，固不獨以纖麗勝也。

九　王沂孫

碧山最爲雅正，詠物諸作，言近旨遠，寓有麥秀黍離之感，著力不多，而天分高絕，所謂意能尊體者也。

一〇　張炎

玉田氣象寬和，情辭綿邈，故是大家。且生丁末葉，茹亡國之痛，所作詞往往蒼涼激楚，即景抒情，備寫其生世之感，非徒以剪紅刻翠爲工也。

下品

一　黃庭堅

山谷偶有豪放峭健之作，而時俚俗不堪。

二　晁補之

無咎服膺少游，其詞亦婉秀可讀。

三　程垓

正伯詞境凄婉，《提要》稱其近東坡，始未然也。

四　毛滂

澤民雖非端士，而擅才華，其詞情韻特勝。

五　李之儀

端叔詞近秦柳，長於景語情語。

六　朱敦儒

希眞天子曠逸，其詞沖遠高潔，似不食煙火人語，惟辭氣局促，終不能與白石相提並論也。

七　万俟詠

其原出於耆卿，有雍容鋪敍之才，但無沈著透快之筆。

八　陸游

劍南驛騎東坡、淮海間，奄有其勝，而皆不能造其極。

九　劉過　劉克莊

二劉學辛，未免傖俗，但亦有豪放或婉秀可誦之作，如改之《六州歌頭》，後村《唐多令》、《清平樂》等是也。

一〇　周密

草窗雕鏤文字似夢窗，風骨沈厚殊不逮，然其情文相生，豐約適體之作，正亦未可輕議。

一一　高觀國

竹屋與梅溪齊名，實遠不及梅溪，然立意清新，格調頗高，故其詞亦間有可取者。

一二　呂渭老

聖求詞婉媚深窈，間有可上擬耆卿者。

一三　陳與義

去非詞雖不多，然頗有語意超絕可誦者。

一四　陳師道

　　無已自謂他文未能及人，獨於詞不減秦七、黃九，今觀其詞，實不及秦遠甚，與黃伯仲耳。

詞品五則

高文　著

淒緊

　　蘆花南浦，楓葉汀州。關河冷落，斜照當樓。白楊蕭瑟，華屋山邱。試聽悲笳，淒然似秋。風露泠泠，江天悠悠。銀灣酒醒，殘月如鈎。

高曠

　　神遊太虛，包舉八紘。萬象在下，俯視眾生。野闊沙靜，天高月明。參橫斗轉，銀漢無聲。意趣所極，不可為名。如臥北窗，酒醒風輕。

微妙

　　雲斂氣霽，獨坐夜闌。遙聽琴韻，聲在江干。心無塵慮，始得其端。如臨秋水，寫影曾巒。蘋花漸老，菡萏初殘。蓬窗秋雨，小簟輕寒。

神韻

　　靈機偶觸，忽得真旨。不名一象，自然隨喜。婉約輕微，神會而已。即之愈遠，望之似邇。白雲在天，靡有定止。一曲琴心，高山流水。

哀怨

　　文章百變，以情為原。瀟湘聽瑟，三峽聞猿。能不感傷，動其煩冤。秋墳鬼唱，旅穀朱門。纏綿悱惻，敦厚斯存。班姬之思，屈子之言。